Gedruckt mit Unterstützung der Hochschule München für Angewandte Wissenschaften.

ClimatePartner°
**klimaneutral**

Verlag | ID: 128-50040-1010-1082

Dieses Buch wurde klimaneutral hergestellt. $CO_2$-Emissionen vermeiden,
reduzieren, kompensieren – nach diesem Grundsatz handelt der oekom verlag.
Unvermeidbare Emissionen kompensiert der Verlag durch Investitionen
in ein Gold-Standard-Projekt. Mehr Informationen finden Sie unter: www.oekom.de

Bibliografische Information der Deutschen Nationalbibliothek:

Die Deutsche Nationalbibliothek verzeichnet diese Publikation in der Deutschen
Nationalbibliografie; detaillierte bibliografische Daten sind im Internet
unter http://dnb.d-nb.de abrufbar.

© 2013 oekom, München
oekom verlag, Gesellschaft für ökologische Kommunikation mbH
Waltherstraße 29, 80337 München

Satz und Layout: Markus Miller, München
Umschlaggestaltung: Elisabeth Fürnstein, oekom verlag
Umschlagabbildung: Ruth Gschwendtner-Wölfle
Druck: Digital Print Group, Nürnberg

Dieses Buch wurde auf 100%igem Recyclingpapier gedruckt.

ISBN 978-3-86581-422-7

RECYCLED
Papier aus
Recyclingmaterial
FSC® C100550
FSC
www.fsc.org

# DISZIPLINLOS

Eigensinnige Lebensbilder zwischen
Wissenschaft und Kunst

herausgegeben von
Eduard A. Wiecha

# Inhaltsverzeichnis

## Prolog

Franz Hohler

**Die Schöpfung**

7

## Einführung

Eduard A. Wiecha

**Das Prinzip *Disziplinlos* und seine Praktiker**

9

## Vorbilder

Katharina Neukirchinger

**Frau und Forscherin: Marie Curie**

21

Rainer E. Zimmermann

**Kritiker der Disziplin: Albert Einstein**

39

Frauke Liesenborghs

**Vordenker zum Umdenken: Hans Peter Dürr**

67

Klaus P. Hansen

**Wissenschaftler aus dem Wilden Westen:
Thorstein Veblen**

83

Begoña Prieto Peral

**Denkerin in Bewegung: Hannah Arendt**

107

Eduard A. Wiecha
**Poet nach Auschwitz: Richard Exner**
129


# Selbstbilder


Rainer E. Zimmermann
**Der Philosoph als ›armer Märzhase‹**
157

Eduard A. Wiecha
**Der Pate Humboldt**
185

Christoph Zehntner
**Die Marke Christus**
247

Heike Anna Koch
**Theater der Rituale**
273

Ruth Gschwendtner-Wölfle
**solo mit pinsel**
289

Wilfried Hiller
**Selbstporträt in Künstler-Begegnungen**
309

Elisabet Woska
**Selbstporträt mit Hiller**
327

Autorenliste
331

**Franz Hohler**

# Die Schöpfung

Am Anfang war nichts außer Gott.

Eines Tages bekam er eine Gemüsekiste voller Erbsen.

Er fragte sich, woher sie kommen könnte, denn er kannte niemanden außer sich.

Er traute der Sache nicht ganz und ließ die Kiste einfach stehen, oder eher schweben.

Nach sieben Tagen zerplatzten die Hülsen, und die Erbsenkugeln schossen mit großer Gewalt ins Nichts hinaus.

Oft blieben dieselben Erbsen, die in einer Hülse gewesen waren, zusammen und umkreisten sich gegenseitig.

Sie begannen zu wachsen und zu leuchten, und so wurde aus dem Nichts das Weltall.

Gott wunderte sich sehr darüber. Auf einer der Erbsen entwickelten sich später alle möglichen Lebewesen, darunter auch Menschen, die ihn kannten. Sie schrieben ihm die Erschaffung des Weltalls zu und verehrten ihn dafür.

Gott wehrte sich nicht dagegen, aber er grübelt bis heute darüber nach, wer zum Teufel ihm die Kiste mit den Erbsen geschickt haben könnte.

Sie lachen jetzt, aber die Geschichte ist durchaus ernst gemeint. Die Entstehung der Welt ist eines der Mysterien, über die ich immer wieder nachdenke. Wer könnte darüber Bescheid wissen, hab ich mich vor ein paar Jahren gefragt, und da kam mir Stephen Hawking in den Sinn, der englische Astrophysiker mit seiner Nervenkrankheit, und ich kaufte mir sein Buch mit dem vielversprechenden Titel »A Brief History of Time«, freute mich zunächst über die absolut persönliche Art, in welcher er beschrieb, wie er in die Forschung über die schwarzen Löcher hineingeriet, nämlich wegen einer Frau, in die er sich verliebt hatte und die er heiraten wollte, und weil zu dieser Zeit eine anständig bezahlte Assistenzstelle auf diesem Gebiet frei war. Aber als er zum Wesentlichen kam, merkte ich, dass ich ihm nicht folgen konnte, dass ich schlicht nicht verstand, was er mir über die Entstehung des Weltalls zu sagen hatte. Ist das möglich, fragte ich mich leicht verärgert, dass der so viel gescheiter ist als ich? Er ist doch gar nicht viel älter ... Zugleich ahnte ich, dass der Rückstand von mir zu ihm nicht aufholbar war. Und da beschloss ich aus Trotz, jeden Tag, während ich sein Buch las, eine Schöpfungsgeschichte zu schreiben, und das war eine davon. Später habe ich diese eine ins Englische übersetzen lassen und hab sie Stephen Hawking geschickt, als Echo auf seine Theorien. Er hat nie darauf reagiert, aber etwa vor zwei Jahren ging eine Mitteilung durch die Presse, die Hawking der Welt zu machen hatte, nämlich dass das ganze Weltall ursprünglich nicht größer gewesen sei als eine Erbse. Da hab ich gedacht: Stephen, Stephen; wo hast du das her? Aber natürlich würde es mich freuen, wenn die kurze Geschichte etwas zur Erkenntnis der Dinge beigetragen hätte, denn dazu ist sie durchaus in der Lage.

(Vorstehender Text ist Franz Hohlers Band *Das Kurze. Das Einfache. Das Kindliche. Ein Gedankenbuch*, Sammlung Luchterhand 2010, entnommen. Abdruck mit freundl. Genehmigung des Luchterhand Literaturverlags München.)

Eduard A. Wiecha

## Das Prinzip *Disziplinlos* und seine Praktiker

> Alle wahre Einsicht bildet Wirbel.
> Zeitig wider die Richtung des kreisenden Stromes schwimmen.
> *Walter Benjamin*

### Erbsen

Die kleine, feine Doppel-Geschichte im Prolog zu diesem Buch setzt ein humoristisches Ausrufezeichen, mit der berühmten Wahrheit dahinter. In phantasievoller Annäherung, so sagt sie uns, lässt sich eine Frage der Fragen, die nach dem Wie des *Ganzen*, anschaulich beantworten. Ihrem wissenschaftlichen Pendant hat sie einiges voraus. Wer sich an eine allumfassende »Weltformel« mittels physikalischer Experimente und mathematischer Kalküle anzunähern versucht, muss mit dem Scheitern rechnen. Die Erklärbarkeit der »letzten« Dinge weist unwiderruflich zurück auf Bilder und Mythen – dorthin, wo Franz Hohlers Erbsen immer schon waren. Anders ausgedrückt: Der Zufall, diese unberechenbare »Schwundstufe« des Schicksals, holt die Wahrscheinlichkeit ein. Deren theoretische Fixierungs- und praktische Anwendungsversuche haben im Grunde die Aussagekraft eines »Roulettes«. (Enzensberger, 9ff.) Mittlerweile befriedigt die Erzählung von der Verbreitung und Bewegung formvollendeter Samenkörner um sich selbst die kindliche Neugier. Einer wissenschaftlich glaubhaften Ausgangsposition liefert sie zudem ein Versuchsmodell, mit Kräften arbeitend, die gleichsam aus dem Nichts hervorbrechen. Deren vielfache Wirkungen in Raum und Zeit lassen sich beobachten und berechnen. Dafür hat es denn auch Generationen kundiger wie mutiger Gelehrter gebraucht. In den folgenden Kapiteln wird von einigen die Rede sein.

Das Experiment geht noch weiter. Die im Raum schwebende zweite Frage, die nach dem Urheber der Welt, spitzt sich in der realen, gleichzeitig spielerischen Annäherung des Schöpfers der Erbsen an den prominenten Wissenschaftler zu. Wenn dieser das ihm zugespielte Corpus Delicti negiert, um es später in einem gewiss glamourösen Medienauftritt zu rehabilitieren, gesteht er indirekt die oben angezeigte Verlegenheit ein. Inzwischen hat Hawking Gott für überflüssig erklärt, (vgl. Hawking/Mlodinow) um in einem Anflug von Maßlosigkeit quasi sich selbst als dessen Ersatz zu inszenieren. Kann aus »Nichts« etwas werden? Hat es einen Sinn, den Beweggrund aller Dinge (genauer: seine Personifizierung) von einem Sockel zu stürzen, auf dem er gar nicht sitzt? Oder irrt sich der Forscher im Messinstrument? Wie dem auch sei: Die Leugnung des »Schöpfer«-Motivs verstärkt nur dessen ironische Präsenz. Zum Helden der geschilderten unmöglichen Begegnung dürfen wir ihren Erzähler und Autor küren. Hohler richtet listig und respektlos den Zeigefinger auf das Evidente. Das Publikum hätte dies aus Ehrerbietung vor den Strohfeuern des Totalwissenschaftlers nicht gewagt. Ein Trost für uns, dass Phantasie und Mut, die Künste Davids vor der Allmacht Goliaths, auch hier obsiegen.

## Disziplinlos

Damit ist das Wesentliche gesagt. Wir widmen uns im vorliegenden Buch zunächst einer Gruppe von *Vorbildern*, besser Vordenkern: Persönlichkeiten mit ungewöhnlichen Lebenswegen und -leistungen. In entscheidenden Momenten gehorchten sie ihren Fähigkeiten und Überzeugungen, ließen Normen und Konventionen hinter sich und errangen jene Freiheit, aus der heraus gültige Einsichten und Werke entstehen. Der Grad ihrer »Prominenz« ist nicht entscheidend. Darum zeichnen wir im zweiten Teil eine Reihe von *Selbstbildern*. Hier geht es um Personen, die sich diesen oder anderen Vorbildern verpflichtet fühlen. Sie sind bemüht, Wissen zu erzeugen, es weiter zu geben oder künstlerisch gestaltend über den Tag hinaus sicht- und hörbare Zeichen zu setzen. In Fakultäten, Akademien, Schulen, Labors, auch in privaten Zusammenhängen, liefern sie je nach Bedarf den Sand oder das Öl im Getriebe. Den Mainstream, verantwortlich für das koordinierte Mittelmaß, lassen sie gerne hinter sich. An Funktionsträger und Richtungsgeber, die Platzhalter der Disziplin, stellen sie notfalls die Frage nach dem Sinn des Regel-Apparats. Neugier, Experimentierfreude, Wahrhaftigkeit, Verachtung kurzlebiger Interessen, nicht zuletzt heitere Gelassenheit sind die Ingredienzien ihrer Energie. Bloße Provokation oder gar Destruktion in einzelkämpferischer Pose liegt ihnen fern. Sie überantworten ihr Tun der einzigen nicht hintergehbaren Beurteilungsinstanz: dem Souverän des Gemeinwesens, der politisch mündigen Öffentlichkeit und ihren legitimen Anliegen. Wer dies anzweifelt, lese einfach die ersten fünf Artikel des Grundgesetzes. Derart verstandene Disziplinlosigkeit, Institutionen-kritisch, Subjekt-getragen und kreativ, dient am Ende einem höheren Ideal von Disziplin.

Anerkanntes Wissen entsteht und etabliert sich in Form von *Paradigmen*. So hat Thomas S. Kuhn die in Fachkreisen gängigen und mittels Begriffen, Theorien, »Schulen«, Publikationen usw. fixierten Lehrmeinungen bezeichnet. Die Instanzenreihe wäre um Professuren und Dozenturen, Förderungsgelder und Anwendungsprojekte zu ergänzen. Aus ihrer Mitte heraus erfolgt die Änderung von Paradigmen: permanent und zwangsläufig, jedoch nicht ohne Widerstände und Konflikte sachlicher wie persönlicher Art. (vgl. Kuhn, 76ff., 104ff.; 115) Die Wirksamkeit des subjektiven Faktors lässt sich also an der Vorgeschichte und der Entstehung wichtiger Theorien ablesen:

Etwas muß wenigstens einigen Wissenschaftlern das Gefühl geben, daß der neue Gedanke auf dem richtigen Wege ist, und manchmal sind es nur persönliche und unartikulierte ästhetische Erwägungen, die das tun können. Manch einer ist durch sie zu einer Zeit bekehrt worden, da die meisten der technischen Argumente, die sich artikulieren ließen, in die andere Richtung wiesen. Bei ihrer Einführung hatten weder Kopernikus' astronomische Theorie noch De Broglies Theorie der Materie viel anderes für sich. Sogar heute noch zieht die Einsteinsche allgemeine Theorie die Menschen in erster Linie aus ästhetischen Gründen an, eine Anziehung, die nur wenige Nichtmathematiker nachempfinden können.

(ebenda, 168/169)

Auch die institutionellen Gegebenheiten sind subjektiver getönt, als es den Anschein hat. Wer dort die Macht in Händen hält, hilft ganz offenkundig auch dem Recht auf die Sprünge. (vgl. ebenda, 179) Der Begriff »Deutungshoheit« schlägt eine Brücke zu den disziplinären Aktionsfeldern. In ihnen kommt er zum Tragen; naturgemäß in den historisch-kulturellen Fachgebieten und in den Künsten unmittelbarer als in den Naturwissenschaften. Wobei sich dort auch die Gegenkräfte schneller und heftiger formieren. (vgl. ebenda, 220) Disziplinen sind nicht unschuldig. Festgelegte Rituale, »Akte sozialer Magie«, Traditionen und Kommunikationsformen konstituieren sie, nominieren bzw. etablieren ihre Mitglieder und statten sie mit Privilegien aus. (Bourdieu, 175ff.; Arnold) Daraus entsteht, nolens volens, eine Art Kartell, das seinen Status nicht mehr freiwillig aufgibt. Außenstehende hält es fern, das eigene Tun (etwa in der Forschung) leitende materielle Begierden verschleiert es. Gedanken und Handlungen, die den etablierten Funktionszusammenhang in Frage stellen, unterzieht es Kompatibilitäts-Kontrollen. Einzelinitiativen haben zunächst kaum eine Chance, sich zu behaupten. Doch keimt gerade in der (im Wortsinne) bornierten Verhärtung der Disziplin die Notwendigkeit ihres Aufbrechens, die Möglichkeit der Neujustierung ihres Gefüges. Die Akteure werden quasi systemimmanent zur entgrenzenden Öffnung des Blicks befähigt. Die mutigen unter ihnen wagen den Sprung ins Wasser und durchschwimmen, Benjamins Anregung (s. Eingangsmotto) aufgreifend, den Strudel, bis sie hinausgelangen ins Freie.

Noch weit entfernt von einer (kritischen) Theorie disziplinärer Macht und eigensinniger Gegenmacht, liefern wir in diesem Buch ein gewisses Anschauungsmaterial. Wir verlassen uns auf Erfahrung und Augenschein. Soviel steht fest: Die Aufhebung künstlicher Trennungen, etwa zwischen Natur und Kultur, Mensch und Gesellschaft, Wissen und Humanität, ist periodisch (und heute in besonderem Maße) überfällig und bricht sich Bahn in der Souveränität unerschrockener Individuen. Gerade die »exakte« Wissenschaft lehrt uns: Im Bereich des Lebendigen hängt jedes Detail mit jedem zusammen; Aussagen sind stets unsicher und von begrenzter Gültigkeit; weshalb der produktive Zweifel und die Phantasie nicht zu verachtende Ratgeber darstellen. (vgl. Feynman, bes. 21ff.) Die nachfolgenden Texte machen diesen Zusammenhang an vielfältigen Selbstäußerungen fest. Diese haben nichts Statisch-Gesetzmäßiges an sich. In ihren Versuchen, aus falschen Ordnungen auszubrechen und in neue einzutreten, drängt ein gerne übersehenes kreatives Potenzial nach Verwirklichung. (vgl. auch Negt/Kluge, den »Klassiker« des *Eigensinns*; unsere Sammlung ist bescheidener, dafür konkreter.)

## Lebensmodelle

Die Wirklichkeit von Biografien ist reich an Facetten, selbst wenn man aus ihr bestimmte »Essenzen« herausfiltert. Welche Einflüsse und Erfahrungen in welchem Maße das »Profil« eines Einzelmenschen ausmachen, welche inneren und äußeren Umstände die Persönlichkeit formatieren, ließe sich allenfalls in detaillierter Langzeit-Beobachtung ermessen. Es kann freilich nicht darum gehen, Vergleichsmaßstäbe für das Individuelle, Unverwechselbare zu errichten. Wir begrenzen die Systematik der Annäherung an Personen und Themen auf ein Minimum. Eine epochale und »disziplinäre« Gruppierung bietet sich an. Sie schart sich um jeweils drei Pole: die Wende zum 20. Jahrhundert, die Jahre zwischen den Weltkriegen, schließlich die Zeitspanne zwischen Nachkrieg und Gegenwart. Die »Berufsgruppen« sind Naturwissenschaftler, Philosophen und Geisteswissenschaftler, dazu Künstler; die Einzelprofile können sich überschneiden. Das Verhältnis von etwa einem Drittel Frauen und zwei Dritteln Männern ergab sich zufällig. Ein gewisses Qualitätsmerkmal der hier versammelten Essays dürfte auch in den unterschiedlichen Frageweisen oder Schwerpunktsetzungen, nicht zuletzt in den nur wenig vereinheitlichten Darstellungsformen liegen. Die folgende Skizze gibt einen Überblick.

*Marie Curie* (1867-1934) war die erste weibliche Chemikerin und Physikerin, die sich mit außergewöhnlicher Tatkraft in diesen Männer-Domänen Respekt verschaffte und in beiden Disziplinen den Nobelpreis gewann. Ihren wissenschaftlichen Erfolg musste sie mit Entbehrungen und Schikanen persönlicher und politischer Art bezahlen, wie Katharina Neukirchinger auch vor dem Hintergrund der nationalen Spannungen des frühen 20. Jahrhunderts darlegt.

*Albert Einstein* (1879-1955), ebenfalls Nobelpreisträger, gilt gewiss zu Recht als bedeutendster Wissenschaftler des 20. Jahrhunderts. Rainer R. Zimmermann vollzieht Genese und Geltung der allgemeinen wie der speziellen Relativitätstheorie anschaulich nach. Er zeigt aber auch den Menschen Einstein, wie er von Kindheit an gegen Vorbehalte und Widerstände seine unbestechliche Gedankenschärfe behauptete. Nebenbei macht der Essay den Meinungsprozess deutlich, der einen subversiv gestimmten Normalmenschen zum öffentlich bewunderten »Genie« mutieren lässt.

Mit *Hans-Peter Dürr* (geb. 1929), Träger des Alternativen Nobelpreises, meldet sich ein legitimer »Enkel« Einsteins zu Wort. Der Quantenphysiker kultiviert nicht nur als Wissenschaftler dessen Erbe. Sein Lebensweg führte ihn zum weltweiten Engagement für Frieden und Erhaltung der Lebensgrundlagen. Von den biografischen Exempeln in diesem Buch transportiert seines am

Nachdrücklichsten die Gewissheit: Disziplinäre Einfriedungen können nicht länger als Maßstab gelten. Wie sehr seine Forderung nach einer Neuorientierung des Denkens nicht nur vagen ethischen Erwägungen entspringt, sondern von wissenschaftlichen Notwendigkeiten her begründet ist, dokumentiert Frauke Liesenborghs.

Um 1900 war die Wissenschaftslandschaft, ob in Europa oder den USA, stark normiert. *Thorstein Veblen* (1857-1929), ein Vorläufer moderner historischer Sozial- und Kulturwissenschaft, ließ sich nicht in herrschende disziplinäre Schemata pressen. In gewissem Sinne konnte er nicht anders auftreten denn als Provokateur und Sonderling. Seine Wirkung blieb weitgehend auf den Bannkreis seiner Förderer begrenzt, die seine intellektuelle Kraft erkannten und ihm Protektion gewährten. Inwiefern sein wissenschaftliches Vermächtnis bis heute eher bescheiden blieb, untersucht Klaus P. Hansen in seinem Beitrag.

*Hannah Arendt* (1906-1975), Sozialphilosophin und Politiktheoretikerin, ist eine der originellsten Denkerinnen der Gegenwart. Virtuos bewegt sie sich zwischen den Schulen und Ideologien. Als Kind jüdischer Eltern in die deutsche Katastrophe des 20. Jahrhunderts hineingeworfen, befreit sie sich vom Druck der nationalen und kulturellen Lager. Ihre Radioskopie des Nazi-Täters enttarnt einen Menschentypus, den die totalitären Systeme zuhauf hervorbringen: von gefühlskalter Intelligenz, banalem Alltags-Gehabe und verbrecherischem Opportunismus. Ihre Theorie des Handelns hebt dem gegenüber die menschliche Conditio auf die Höhe aktiver Praxis sozialen Miteinanders. Begoña Prieto-Peral weist die Stationen ihres Denkens und Lebens auf, um an sie persönliche Bezüge postnationalen Daseins zu knüpfen.

*Richard Exner* (1929-2008) tritt eine Generation nach Arendt seinen Weg an, um Erfahrungen und Einsichten, die den ihren nahe kommen, zu verorten und aufzubewahren. Dichter, Literat, Wanderer zwischen den Kontinenten, beseelt ihn das Motiv, eine bleibende Konsequenz aus dem *Auschwitz*-Trauma zu ziehen: im ungeschminkten Erinnern und im Vertrauen auf die mythische Kraft des poetischen Bildes, die die Suche nach dem Anderen geleitet. Nicht die Anhäufung modischer Gesten entscheidet, ob ein Autor stil- und bewusstseinsbildend wirkt.

• • •

Der »arme Märzhase« ist der unverstandene Philosoph. *Rainer E. Zimmermann* verfolgt das Motiv der (Selbst-)Distanzierung über ihre autobiografischen Etappen hinweg: Berliner Schulzeit, reflektierende Präsenz bei den großen Musikfestivals der 60er, »Zaungast«-Position bei dem, was sich um 1968 in der Gesellschaft bewegte, Studium in Berlin und London, forschende Teilnahme an den fortgeschrittensten Theorien von Physik und Philosophie, jahrelange Durststrecke in einer Behörde, Selbstbehauptung als akademische Randerscheinung, schließlich Berufung an eine Hochschule und Sprung in die internationale Gelehrten-Republik. Der Wissenschaftsbetrieb entpuppt sich als Welt-Theater.

An der eigenen Person führt der *Herausgeber* in einer Art Doppelbeitrag ein *Bildungs*-Experiment durch. Dabei gerät ins Bewusstsein, was »Pate Humboldt«, genauer: beide Brüder dieses Namens, schon wussten: Der Januskopf der Institutionen kann Helfer oder Verhinderer bei der Entfaltung einer »vollen« Persönlichkeit sein. Es kommt auf die gewährten wie errungenen Freiräume an und auf die Dichte der Beziehungen in sozialer Nähe. In teilweise mikroskopischen Einstellungen schälen sich vor dem Hintergrund der Bildungsidee und ihrer Geschichte ein nichtlineares personales Lern-Spiel und eine Art Lebens-Kaleidoskop heraus. Hohe Ansprüche und niedere (politische) Wirklichkeiten spiegeln sich dort in den europäischen Verhältnissen des letzten »guten« halben Jahrhunderts.

Auch *Christoph Zehntner* ist ein wacher Zeitgenosse, der außerhalb »normaler« Instanzen denkend handelt, Theorie und soziale Praxis, Ökonomie und Ästhetik mit organisatorischer Phantasie verbindet. Im Spiel der Namen und Rollen greift er weit ins Religiöse aus, zwischen den monotheistischen »Disziplinen« oszillierend. Eines seiner Projekte beschreibt er so:

> Geld beschäftigt mich als Künstler. So gibt es zum Beispiel meine Aktion *In God We Trust*, in der tausend 10-US-$-Noten zum Wert von je 100 SFr verkauft werden sollen. Als Kunstwerke (jede 10-$-Note ist von mir signiert: *Christus*). Der Erlös kommt einer sozialen Institution zugute. Ein Kunstwerk für »nur« hundert Franken kann sich auch ein Jugendlicher leisten. Als mögliche Kapitalanlage, notabene!
>
> Folgende Rechnung: Ich kaufe für ca. 10.000 Franken 10-$-Noten und signiere jede einzelne mit *Christus*, klebe Note um Note auf je ein Blatt Papier und beschrifte Blatt für Blatt mit *In God We Trust* 1/1000, 2/1000, 3/1000... 1000/1000. Das gibt einen Gesamterlös von 100.000 SFr. An mich gehen davon 10% für Materialkosten und noch einmal 10% für meine Arbeit. Blieben 80.000 SFr für das Soziale. (*In God We Trust* steht bereits auf jeder Dollar-Note.)

Für *Heike Anna Koch* ist das Theatralische Lebensinhalt und Vorlage für ihr literarisches Schreiben. Beides, Realität und Fiktion, findet in einer sich zeitlich ordnenden und entkrampfenden Lebenserfahrung zusammen und bestärkt das Subjekt bei der Selbst-Findung in und mit der Sprache. Auf die Figur *Lena* bezogen, drückt die Autorin es so aus:

> ... das Geschichtenerzählen garantiert nicht nur Aufmerksamkeit und die schützende Liebe der Zuhörenden, sondern eben auch die Freiheit der Fantasie, die alles möglich macht, nicht nur die Dämonen der Nacht, sondern auch, und das ist hier passiert, spirituelle Kraft, Mut und das Suchen neuer Wege.

*Ruth Gschwendtner-Wölfle* lässt uns am Prozess ihrer Selbstbefreiung aus der Verklammerung einer nur scheinbar unorthodoxen Ehe teilhaben. Ihr paralleler Weg hin zur eigenen künstlerischen Handschrift vollzieht sich in atemberaubender Dichte. Ihr Leben begreift sie als Gesamtkunstwerk, das ihre Gestalt fortwährend ändert. Ihre Haltung ist transdisziplinär, ihr Formwille poetisch und gleichzeitig kompromisslos. Das Flüchtige fasst sie ins Auge und übersetzt es in sichtbare, hörbare und begehbare Sprachebenen, so dass sie Bedeutung zeigen. Ihren Materialien nähert sie sich mit liebevoller Behutsamkeit. Das »Lesen der Welt« ist ihr Thema. Sie entdeckt eine Ästhetik der Veränderlichkeit, der Vergänglichkeit und der Auflösung – allerdings nicht im nihilistischen Sinn. Vielmehr bezieht sie sich auf die tiefgründige Heiterkeit jenes buddhistischen Meisters, der sagt:

> Die Dinge der Welt erscheinen uns so real wie eine Luftspiegelung, ein Traumbild oder das Bild des Mondes auf einem spiegelglatten See, obwohl ihnen jegliche innewohnende Existenz fehlt.

*Wilfried Hiller* ist Schlagzeuger, Komponist, Musikdramatiker und Festivalorganisator mit Hang zu mythischen Stoffen und märchenhaftem Erzählen. Seine bayerischen Wurzeln hindern ihn nicht daran, in seiner Person neben dem Arsenal der Moderne ein ganzes Archiv der Welt-Klänge zu vereinen. Seine Werkliste weist an die hundert Kompositionen (ohne Lieder und Chöre) aus. Wie wichtig ihm persönliche Begegnungen sind, stellt er mit seiner Porträtreihe dar. Seine Nähe zum Buch-Thema illustriert er mit einer Anekdote:

> Disziplin, von discipulus, der Schüler, abgeleitet, bedeutet Einhaltung von Regeln. Die Beziehung zu meinem Kompositionsprofessor Günter Bialas war von Anfang an gespannt. Wenn ich in einem Stück die große Terz C-E geschrieben hatte, besserte er es aus, indem er die Zwischentöne Des und Es einfügte. »Das klingt aber nicht schön!« rief ich. »Neue Musik darf nicht schön klingen«, klärte er mich auf, »sie muss weh tun!« Zuhause radierte ich alle seine Korrekturen wieder aus. Bialas fing an, gegen mich zu intrigieren, schlug dem Intendanten des Staatstheaters am Gärtnerplatz vor, meine bairische Mär *Der Goggolori* abzusetzen und stattdessen seinen *Gestiefelten Kater* ins Programm zu nehmen. Als ich an der Bayerischen Akademie der Schönen Künste Mitglied wurde, begann Bialas zu verbreiten, ich und mein Kollege Bertold Hummel seien dort die Müllmänner. Eines Tages nahm mich der Präsident, Wieland Schmid, zur Seite: »Lieber Hiller, in einem irrt ihr verehrter Kollege: Müllmänner schütten nicht den Müll über etwas, sie tragen ihn weg!«
>
> Ich wohne im 5. Stock eines Hauses, in dessen zweiter Etage der Zahnarzt von Bialas seine Praxis hatte. Eines Morgens raste ich hinunter, um rechtzeitig im Bayerischen Rundfunk zu sein. Ich traf Bialas auf der Treppe. »Günter«, sagte ich zu ihm, »jetzt kommst Du mir nicht aus. Warum intrigierst Du überall gegen mich?« »Hiller«, war die Antwort, »Du komponierst so, wie ich Dich gelehrt habe, dass Du nicht komponieren darfst, und Du hast damit mehr Erfolg als ich.« Da wurde mir klar, dass mich mein disziplinloses Verhalten dorthin gebracht hatte, wo ich hin wollte.

*Elisabet Woska*, Hillers Partnerin seit vier Jahrzehnten, in vielerlei Hinsicht der »Fixstern« der gemeinsamen Arbeit, setzt eine wunderbare Schlusspointe. Sie fügt ihr eigenes, selbstbewusstes Gegenporträt an. Darin entfernt sie ein Stück weit die Maske, die das Antlitz des Künstlers verdeckt, und zeigt uns: Siehe da, ein Mensch!

## Biografiearbeit

Mehr und mehr Menschen schreiben heute ihre Lebensgeschichte auf, ganz oder in signifikanten Erinnerungs-Stücken. In Frankreich, wo die »Biografie-Bewegung« bis in die 70er Jahre zurück reicht, spricht man gar von einer »société biographique«. Akademische Einrichtungen, öffentlich geförderte Schreibwerkstätten, private Zusammenschlüsse zur Pflege der (literarischen) Selbsterfahrung und der Weitergabe des biografischen Prinzips bilden ein Aktivitäten-Netz, vergleichbar dem in den USA. (vgl. Wiecha) Daneben wird autobiografisches Schreiben in der Sozialarbeit, vornehmlich mit Jugendlichen, Alten oder Strafgefangenen, aber auch in Psychotherapie und Weiterbildung praktiziert. Wenn es zur Selbst-Konstruktion von Lebensläufen und der selbstbewussteren Existenz seiner Urheber beiträgt, erfüllt es gewiss eine sozialisierende und kultivierende Funktion. Wenn es jedoch im Verwaltungs- und Unternehmensbereich der Steuerung menschlichen Verhaltens und der gängelnden »Optimierung« der Arbeitskraft dient, ist Vorsicht geboten. (vgl. Herzberg/Kammler; die Beiträge dieses Panoramas aktueller Biografieforschung verdeutlichen die Doppelbödigkeit der »Bewegung«.) Ein »normativer Individualismus«, der die Bevölkerung, besonders ihre in prekären Verhältnissen lebenden Teile, zum »Selbstmanagement« auffordert, redet deren »Selbstverdinglichung« herbei. (Delory-Momberger, ebenda, 34ff.) Auch die grassierende Ratgeber-Literatur, vorrangig am Konsum ihrer Produkte interessiert, gibt ein zynisches Beispiel ab für den großflächigen Entmündigungsversuch der Menschen. (vgl. Beck, ebenda, 70ff.) Hier gilt erneut: Ohne den Faktor *Disziplinlos* lässt sich ein einigermaßen freies menschliches Zusammenleben kaum verwirklichen.

Am Beispiel eminenter Köpfe der Geistesgeschichte hat Karl Heinz Bohrer wesentliche Merkmale für »unabhängiges Denken« herausgearbeitet. Sein erstes Kriterium lautet »Individualität«. Nur eine subjektzentrierte Haltung, die sich nicht aus vorhandenen (medialen) Angeboten speist, lasse innovatorische Gedanken aufkommen, geeignet, den »dominierenden Denkmotiven« zu widersprechen. Anders gewendet: Es braucht »eigenständige Unvoreingenommenheit«, um »nachdrückliche« Aussagen und »Wahrheits«-Vorgaben zu relativieren. Dazu gehört auch die Aufwertung der »Einbildungskraft«, also des ästhetischen Faktors, gegenüber der »Urteilskraft«. (Bohrer, 8ff.) Die Tätigkeit des Erzählens bietet selbst bestimmtem Sammeln und Arrangieren von Erfahrungen Raum. Im Genre des Essays führen Augenblicksbilder des Wahrnehmens zum Verstehens von Wirklichkeit.

Eines der jüngeren vom Autor angeführten Exempel ist Hannah Arendt. Es hat auch in unserer Porträtreihe ihren Platz. Das älteste ist Michel de Montaigne, Landadeliger des von Glaubenskriegen gebeutelten 16. Jahrhunderts, Parlamentsrat zu Bordeaux, Erfinder der Essay-Form. Wie es ihm gelingt, im »Momentanismus der Existenz« (ebenda, 12) die Pole von Ich und Welt mit Leichtigkeit zu verbinden, bleibt sein Geheimnis. Ein Stück weit mag es damit zu tun haben, dass seine Fähigkeit, sich unbekümmert-ungeschminkt selbst zu beobachten, der Welt-Erfahrung die Tür öffnet:

> Seit die Vorbesitzer der Güter, die heute mir gehören, ihren Platz an mich abtraten, liegen Haushalts- und Geschäftsführung in meinen Händen – wo ich doch gar nicht rechnen kann (...).
>
> Einst mutmaßten die Athener bei einem Mann, den sie einen Haufen Reisig geschickt einteilen und bündeln sahen, eine Begabung für Mathematik. Sähe man mich dabei, käme man gewiß zum genau entgegengesetzten Schluß – würde ich doch selbst dann, wenn man mir alles zum Bereiten einer Mahlzeit erforderliche gäbe, verhungern.
>
> Anhand dieser Teile meines Geständnisses kann man sich leicht eine Vorstellung von sonstigen Charakterzügen machen, die gegen mich sprechen. Doch wie auch immer – wenn ich mich so zu erkennen gebe, wie ich bin, bleibe ich meinem Ziel treu.                    (Montaigne, Kap. »Über den Dünkel«, 324f.)

## Literatur

**Markus Arnold,** Disziplinierung & Initiation. Die kulturellen Praktiken der Wissenschaft, in: Markus Arnold, Roland Fischer, Hg., Disziplinierungen. Kulturen der Wissenschaft im Vergleich, Wien 2004, 18ff.

**Karl Heinz Bohrer**, Selbstdenker und Systemdenker. Über agonales Denken, München 2011

**Pierre Bourdieu,** Les rites d'institution, in: Ders., Langage et pouvoir symbolique. Préface de John B. Thompson, Paris 2001 (Originalausgabe 1982), 175ff.
(Der Vortrag ist bislang offenbar nicht ins Deutsche übersetzt.)

**Hans Magnus Enzensberger,** Fortuna und Kalkül. Zwei mathematische Belustigungen, Berlin 2009

**Richard P. Feynman**, Was soll das alles? Gedanken eines Physikers. Übers. Inge Leipold, 2. Auflage München/Zürich, 2003 (1998)

**Stephen Hawking, Leonard Mlodinow**, Der große Entwurf. Die neue Erklärung des Universums. Übers. Hainer Kober, Reinbek 2011 (2010)

**Heidrun Herzberg, Eva Kammler**, Hg., Biografie und Gesellschaft. Überlegungen zu einer Theorie des modernen Selbst, Frankfurt/M., New York 2011

**Thomas S. Kuhn**, Die Struktur wissenschaftlicher Revolutionen, Frankfurt / M. 2003 (erweiterte Ausgabe von 1976; Originalausgabe 1962)

**Michel de Montaigne**, Essais. Erste moderne Gesamtübersetzung von Hans Stilett, 2. Auflage Frankfurt/M. 1998

**Oskar Negt, Alexander Kluge**, Geschichte und Eigensinn, Frankfurt/M. 1981

**Eduard A. Wiecha**, Das biografische Prinzip zwischen Wissenschaft, Leben und Spracharbeit, in: Fremdsprachen und Hochschule, 79/80, 2008, 161ff.

**Dank an Rainer R. Zimmermann für seine konzeptionelle und Ruth Gschwendtner-Wölfle für ihre gestalterische Hilfe.**

# Vorbilder

Katharina Neukirchinger

# Frau und Forscherin: Marie Curie

## Eine schwer fassbare Persönlichkeit

Die Vereinbarkeit von Wissenschaft und Weiblichkeit wurde in der Gesellschaft Europas erst im Laufe des 20. Jahrhunderts als akzeptierbares Modell zur Lebensgestaltung verankert. Auch heute noch, zu Beginn des 21. Jahrhunderts, lebt in vielen Köpfen nicht nur älterer, sondern auch jüngerer Menschen das »klassische« Rollenbild der Frau fort. In der Zeit, in der Marie Curie lebte und forschte, war die Vereinbarkeit von Wissenschaft und Weiblichkeit kaum vorstellbar und überhaupt nur durch Überwindung großer Hürden zu leben.

Noch bemerkenswerter erscheint Marie Curies Biografie bei Betrachtung all der anderen Umstände, die sich ihr entgegenstellten. Sie war nach allen Zeugnissen ein außergewöhnlicher Mensch. Das gilt nicht nur bezüglich ihrer außerordentlichen Begabung und Intelligenz. Dies hätte nicht ausgereicht, um aus ihr die herausragende Persönlichkeit werden zu lassen, als die sie die Menschheit kennt. Sie war zudem eine geradezu Getriebene, eine Frau mit einer Berufung, die mit ungeheurer Beharrlichkeit und Zielstrebigkeit ihrem Wunsch nachging, immer neu zu lernen und ihr Wissen anzureichern. Um sich diesen Wunsch zu erfüllen, war Sie bereit, eine jahrelange, wenig erfüllende Tätigkeit als Gouvernante auf sich zu nehmen, dazu ein Leben in Armut während ihres Pariser Studiums, die Entfernung von ihrer Familie, speziell vom Vater, den Verzicht auf Freundschaften, auf Ablenkungen und Liebe.

Das Leben von Marie Curie war geprägt von Disziplin: einer außerordentlich hohen Selbstdisziplin. Auf der anderen Seite blieb ihr Leben »disziplinlos« oder genauer: jenseits der Disziplinen. Sie studierte Physik und Mathematik und erhielt doch ihren zweiten Nobelpreis in der Disziplin Chemie. Sie hatte sich im Laufe ihrer Forschungen zusätzlich zu ihrer Kompetenz als Physikerin die Fähigkeiten einer herausragenden präparativen Chemikerin angeeignet. »Disziplinlos« verhielt sich Marie Curie auch in ihrer Eigenschaft als Mutter. Die Rolle einer sich um Haus und Kinder kümmernden Frau entsprechend, der zu ihrer Zeit gültigen Vorstellung, konnte und wollte sie im Interesse ihres Berufes nicht erfüllen.

Frauen wie Marie Curie, die sich unter großen Anstrengungen ihren Platz in einer von Männern dominierten Welt suchen mussten, galten schon zur damaligen Zeit als Wegbereiterinnen der sich entwickelnden Frauenbewegung, die gleiche Rechte und Möglichkeiten für Frauen und Männer forderte. Selbstverständlichkeiten von heute wie die freie Wahl des Studienortes oder ein – nahezu – ungehinderter Zugang von Naturwissenschaftlerinnen in akademische Laufbahnen existierten am Ende des 19. Jahrhunderts nicht. Die Mühen, denen sie sich unterzogen, ermöglichten in Verbindung mit ihrer Ausdauer einen Wandel im Denken der Gesellschaft. Sie unterstützten, zumindest in westlich orientierten Ländern, die auch heute noch nicht abgeschlossene Hinwendung zur Gleichberechtigung der Frau. Obwohl Marie in vielen Bereichen ein emanzipiertes, selbst bestimmtes Leben führte und sich stets für Belange von Mädchen und Frauen einsetzte, agierte sie nicht kämpferisch oder gar als Frauenrechtlerin. Sie legte allerdings größten Wert auf die Anerkennung ihrer ureigensten wissenschaftlichen Leistungen, unabhängig von ihrem Geschlecht.

Über Marie Curie wurde sehr viel geschrieben, unter Verwendung ihrer noch erhaltenen Tagebuchaufzeichnungen und Briefe, ihrer akribisch geführten Notizen über Ausgaben und alltägliche Begebenheiten, dazu weiterer schriftlicher Quellen aus ihrem Umfeld und ihrer Zeit. Trotzdem bleibt sie als Mensch und als Frau schwer fassbar, zumal sie erklärtermaßen der Öffentlichkeit gegenüber keinerlei Gefühle zeigen wollte.

## Marie, das Mädchen

Marya Sklodowska wurde am 7. November 1867 in Warschau geboren. Sie war das letzte von fünf Kindern zweier gebildeter Eltern. Zusammen mit ihren Geschwistern wuchs sie in einer liebevollen Familie und einer intellektuell äußerst anregenden Umgebung auf. Ihr Vater, Professor für Physik und Mathematik, beherrschte mehrere Sprachen und verfasste selbst Gedichte. Er vermittelte seinen Kindern seine Begeisterung für Literatur, Architektur und Naturstudien. Auch Maries Mutter hatte eine gute Ausbildung erhalten und war zuletzt als Leiterin eines Mädchenpensionats tätig. Ihre Berufstätigkeit gab sie, bedingt durch Umzug und Krankheit, erst 1867 auf. Marie hatte in ihr ein wichtiges Vorbild bezüglich der Vereinbarkeit von Mutterschaft und Beruf. Früh zeigte sich ihr Wunsch nach wissenschaftlichem Experimentieren, den die Eltern förderten. Bereits in ihrer Kindheit las sie mit Leidenschaft und verschlang alle Bücher, derer sie habhaft wurde. Die Schule besuchte sie gern. Auf Grund ihrer enormen Wissbegierde und ihrer hervorragenden Leistungen schloss sie bereits mit 16 Jahren das Gymnasium ab. In der Familie Sklodowski wurde es als selbstverständlich angesehen, allen Kindern ein Studium zu ermöglichen. Kindheit und Jugend der Marie Curie waren aber auch geprägt von finanziellen und persönlichen Problemen der Familie. Maries Vater verlor als nicht angepasster Pole im russisch besetzten Gebiet 1873 seine Dienstwohnung, verbunden mit einer Gehaltskürzung. 1876 starb Maries Schwester Zosia an Typhus, 1878 ihre Mutter an Tuberkulose. Von da an lebte die Familie in räumlich und finanziell beengten Verhältnissen, da der Vater zur Aufbesserung seines Einkommens in der Wohnung Schüler als Untermieter aufnahm.

Ganz offenkundig zeigte sich bereits in jungen Jahren, was Marie Curie während ihres gesamten Lebens auszeichnen sollte: ihre große Ernsthaftigkeit, verbunden mit Wissensdurst, Ausdauer und Fleiß. Dazu kamen Willensstärke, Eigensinn, Perfektionismus und Beharrlichkeit. Bereits nach Abschluss des Gymnasiums war Marie physisch und psychisch so erschöpft, dass ihr Vater ihr ein Orientierungsjahr bei Verwandten auf dem Land vorschlug. Dem Zeugnis ihrer Tochter Eve zufolge war dies die einzige Phase in ihrem Leben, in der sie sich Ruhe und Nichtstun gönnte. In dieser Zeit entdeckte sie ihre Liebe zur Natur und zum Landleben.

## Marie, die junge Frau

Zurückgekehrt nach Warschau, schloss sich Marie einem Kreis von Positivisten an. An der illegalen *Fliegenden Universität* bildeten sich junge Polinnen und Polen weiter und vermittelten ihr Wissen z.B. an Arbeiterinnen, um die Bildung des Volkes zu heben und geistiges »Kapital« im besetzten Polen zu sammeln.

> Die Möglichkeiten des Wirkens waren gering, und die erreichten Ergebnisse konnten nicht beträchtlich sein. Dennoch halte ich an dem Glauben fest, dass die Ideen, die uns damals leiteten, die einzigen sind, die zu einem wahren Fortschritt führen können. Wir dürfen nicht hoffen, eine bessere Welt zu erbauen, ehe nicht die Individuen besser werden. In diesem Sinn soll jeder von uns an seiner eigenen Vervollkommnung arbeiten, indem er auf sich nimmt, was ihm im Lebensganzen der Menschheit an Verantwortlichkeit zukommt, und sich seiner Pflicht bewusst bleibt, denen zu helfen, denen er am ehesten nützlich sein kann.
>
> (zitiert nach Eve Curie, 42)

Hier zeigen sich weitere Wesenszüge von Marie Curie: ihre Selbstlosigkeit und ihr Verantwortungsbewusstsein gegenüber der Gesellschaft. Diese Eigenschaften bestimmten ihre Handlungen sowohl in der Wissenschaft als auch im humanitären Bereich während des Ersten Weltkriegs. Marie fühlte sich aber auch ihrer Familie gegenüber in der Verantwortung. Der Wunsch ihrer Schwester Bronia, in Paris Medizin zu studieren, ließ sie den Plan fassen, zunächst einer Erwerbstätigkeit nachzugehen und das Studium der Schwester zu finanzieren. Später könnte sie selbst in Paris mit Unterstützung der berufstätigen Schwester ein Studium aufnehmen. Nach einer ersten, schlecht bezahlten Stelle fand Marie eine Anstellung als Gouvernante bei einer wohlhabenden, angenehmen Familie in dem kleinen polnischen Dorf Krasiniec. Hier konnte sie sich neben ihren Erziehungsaufgaben an den (freilich disziplinlosen) Kindern ihren eigenen Interessen nachgehen und viel lesen. In ihren Erinnerungen hält sie fest:

> Die Literatur interessierte mich ebenso sehr wie die Soziologie und die Naturwissenschaften ... Dennoch gab ich mir in diesen Arbeitsjahren alle Mühe, darauf zu kommen, wo meine eigentliche Vorliebe lag, und so wendete ich mich endlich der Mathematik und Physik zu ... Meine einsamen Studien waren reich an Schwierigkeiten. Die wissenschaftliche Bildung, die mir das Gymnasium gegeben hatte, war sehr lückenhaft, weit geringer als die des französischen Bakkalaureats. Ich versuchte, sie auf meine Art zu ergänzen, mit Hilfe von Büchern, die ich auf gut

Glück zusammenbrachte. Diese Methode war nicht sehr wirksam, aber ich gewöhnte mich dabei an selbständiges Arbeiten und erwarb eine ganze Menge von
Kenntnissen, die mir später nützlich waren.                                    (ebenda, 54)

Zudem gründete sie mit der Tochter der Familie ein Projekt zur *Aufklärung des
Volkes* und unterrichtete Bauernkinder heimlich im Lesen und Schreiben der
polnischen Sprache. Als sie sich in den Sohn des Hauses verliebte und dessen
Eltern eine Heirat verboten, verlor sie jede Hoffnung auf eine eigene erfüllte
Zukunft. Sie fühlte sich unglücklich und wurde allmählich bitter. Ihre Energie verwendete sie auf ein Durchhalten – »…Oberstes Prinzip: sich nicht un-
terkriegen lassen, nicht von den Menschen und nicht von den Ereignissen.«
(ebenda, 59) – auf das Verbergen ihrer Gefühle und auf die Förderung ihrer
Geschwister. An ihren Bruder Jozef schrieb sie 1887:

> Die Begabung, die ohne Zweifel in unserer Familie vorhanden ist, darf nicht ver-
> lorengehen und muss in einem von uns zum Durchbruch kommen. (ebenda, 57)

und an ihre Freundin Kazia 1888:

> …Was mich betrifft, so bin ich sehr heiter – und oft genug verberge ich hinter
> einem Lachen meinen völligen Mangel an Heiterkeit. Das habe ich nämlich ge-
> lernt: Menschen, die alles so stark empfinden wie ich, und die nicht imstande
> sind, diese Veranlagung zu ändern, müssen sie wenigstens so gut als möglich
> verheimlichen.                                                    (Ksoll/Vögtle, 29)

Nach dem Auslaufen ihrer Stelle 1889 folgte Marie der Einladung ihrer
Schwester nach Paris nicht, aus Hoffnungslosigkeit und Sorge um Vater und
Geschwister: »Glück hatte ich nie, habe ich nicht und werde ich nie haben.«
(zitiert nach: Eve Curie, 61) Sie zog zu ihrem Vater nach Warschau, wo sie erstmals in einem als Museum getarnten Labor Experimente durchführen konnte. Dies gab ihr erneut Auftrieb, und sie bat ihre Schwester um Aufnahme in
Paris, da sie nun doch an der *Sorbonne* studieren wollte. Ein Studium in Warschau war damals ausschließlich Männern vorbehalten.

## Marie, die Studentin

Im November 1891 schrieb sich Marie an der Sorbonne, in der Naturwissenschaftlichen Fakultät, ein. Ein Traum ging für sie in Erfüllung, den sie wie
folgt beschreibt:

> Alles, was ich Neues sah und lernte, begeisterte mich. Vor mir tat sich eine
> neue Welt auf, eine Welt des Wissens, zu der mir endlich Zutritt gestattet war.
>                                                                (Röthlein, 63)

Problemen mit der Sprache und ihren mangelhaften mathematischen und
physikalischen Vorkenntnissen begegnete sie mit der ihr eigenen eisernen

Disziplin. Um der Universität näher zu sein und mehr Ruhe als im Haus ihrer Schwester zu haben, zog sie trotz finanzieller Knappheit ins Quartier Latin und widmete sich während der kommenden drei Jahre nahezu ausschließlich ihrem Studium. Aus dem gesellschaftlichen Leben, das sich auf die polnische Gemeinde beschränkte, zog sie sich im Laufe der Zeit vollständig zurück und lebte in großer Einsamkeit und in bitterer Armut in einem Zimmer ohne Heizung, Licht und Wasser. In einem Brief an ihren Bruder berichtet sie 1892:

> Ich arbeite tausendmal mehr als am Anfang meines Aufenthalts; in der Rue d'Allemagne hatte mein kleiner Schwager die Gewohnheit, mich endlos zu stören. Er konnte es absolut nicht vertragen, dass ich mich, in seinem Hause wohnend, mit anderen Dingen beschäftigte, als gemütlich mit ihm zu schwatzen. (Eve Curie, 76)

Zwei Jahre später fügte sie hinzu:

> Mein Leben ist so einförmig und im Grunde so uninteressant, dass es mir schwerfällt, es Dir im Einzelnen zu schildern. Ich leide aber nicht unter seiner Eintönigkeit und bedaure nur, dass die Tage so kurz sind und so schnell vergehen. Man bemerkt nie, was schon getan ist: man sieht bloß, was noch zu tun ist, und wenn man seine Arbeit nicht liebte, könnte man den Mut verlieren.      (ebenda, 84)

Viel Zeit verbrachte sie in der – geheizten – Bibliothek und auch im Laboratorium, dessen Atmosphäre des Schweigens und der Konzentration sie Zeit ihres Lebens liebte. Ihre spartanische Lebensweise und die Missachtung ihrer eigenen körperlichen Bedürfnisse blieben nicht ohne Folgen für ihre Gesundheit, die sich beispielsweise in Ohnmachten vor Erschöpfung äußerten. 1893 schloss sie als erste Frau an der Sorbonne ihr Physikstudium mit dem Lizentiat ab und erwarb 1894 zusätzlich das Lizentiat in Mathematik, beide mit herausragenden Noten.


## Marie, die Ehefrau und Partnerin

1894 begegnete Marie in Pierre Curie ein Gleichgesinnter. Pierre, der zu dieser Zeit bereits eine Reihe von naturwissenschaftlichen Entdeckungen gemacht hatte, urteilte über das andere Geschlecht:

> Geniale Frauen sind selten. Und wenn wir, von einer mystischen Liebe getrieben, ein der Natur entgegengesetztes Leben beginnen wollen, wenn wir alle unsere Gedanken auf eine Arbeit verwenden, die uns von unserer Umgebung entfernt, so sind es die Frauen, mit denen wir kämpfen müssen, und der Kampf ist fast immer ungleich. Denn im Namen des Lebens und der Natur streben sie danach, uns zurückzuführen.      (zitiert nach Reid, 54)

Pierre war wie Marie ein genialer Geist und lebte für Wissenschaft und Forschung. Ähnlich wie Marie war er an akademischen Ehrungen nicht interessiert, wie ihn auch der gesamte Hochschulbetrieb mit seinen internen Machtkämpfen eher abstieß. Auch die Veröffentlichung seiner Ergebnisse bedeutete Pierre im Gegensatz zu Marie nicht viel. Er bat Marie, ihn zu heiraten oder wenigstens mit ihm zusammen zu leben und zu arbeiten. Marie zögerte lange, auch weil eine Verbindung mit einem Franzosen für sie die geplante Rückkehr in ihre Heimat ausschloss. Schließlich gab sie ihren wachsenden Gefühlen zu Pierre nach. 1895 heiratete das Paar, welches während der eher kurzen gemeinsamen Zeit eine tiefe Liebe verband. Das harmonische Zusammenleben beider wurde gestützt durch weitere gemeinsame Neigungen, besonders das Interesse an der Natur. In ihren Ferien unternahmen sie Wanderungen und Fahrradtouren und genossen dabei die Ruhe und das Alleinsein.

Um möglichst wenig Zeit mit Hausarbeiten verbringen zu müssen, die ihr nach der klassischen Arbeitsteilung in einer Ehe zufielen und die sie immer pflichtbewusst erledigte, richtete Marie ihre Wohnung »pflegeleicht« und nur mit den notwendigsten Gegenständen ein. Die Beziehungen zu den jeweiligen Schwiegerfamilien waren freundschaftlich. Das Paar besuchte regelmäßig an Wochenenden Pierres Eltern in Sceaux, wo es auch die Möglichkeit hatte ungestört weiter zu arbeiten. Weiter reichende Kontakte pflegte das Paar nicht, wie man einem Brief Maries an ihren Bruder entnehmen kann:

> Unser Leben ist immer das gleiche einförmige. Außer der Familie sehen wir niemanden. Wir gehen fast niemals ins Theater, gönnen uns keinerlei Zerstreuung.
>
> (Eve Curie, 114)

Die Forschungsarbeiten im Rahmen ihrer Dissertation, die Marie an Uranverbindungen durchführte, fanden so großes Interesse bei Pierre, dass er seine eigenen kristallographischen Untersuchungen zurückstellte, bis zu seinem Tod kontinuierlich an Maries Projekt mitarbeitete und Ergebnisse stets gemeinsam mit ihr veröffentlichte. Marie präzisierte hierzu:

> Wir waren während dieser Zeit von dem neuen Gebiet, das sich dank einer unverhofften Entdeckung vor uns erschloss, gänzlich in Anspruch genommen. Trotz unserer schweren Arbeitsbedingungen waren wir sehr glücklich. Unsere Tage verbrachten wir im Laboratorium. In unserem armseligen Hangar herrschte tiefe Ruhe; manchmal, wenn wir irgendeine Prozedur überwachten, gingen wir auf und ab und sprachen von gegenwärtiger und zukünftiger Arbeit; wenn uns kalt war, stärkten wir uns mit einer Tasse heißen Tees, die wir beim Ofen einnahmen. Wir lebten wie in einem Traum, von der einen, einzigen Sache erfüllt.   (ebenda, 138)

Ihrer Schwester Bronia teilte sie darüber hinaus mit:

> Es war alles und mehr, als ich mir je erträumen konnte, als ich mich mit ihm verband. Meine Bewunderung für seine außerordentlichen Eigenschaften wuchs von Tag zu Tag. Er schien mir manchmal wie ein fast einzigartiges Wesen in seiner Losgelöstheit von jeder eitlen Regung, von der Kleinlichkeit, die man an sich und anderen wahrnimmt und nachsichtig beurteilt, nicht ohne einem vollkommeneren Ideal zuzustreben.   (ebenda, 198)

In einem anderen Brief an Bronia heißt es:

> Oft bin ich ganz traurig über meine Einsamkeit. Sonst kann ich mich über nichts beklagen, da es uns körperlich nicht schlecht geht; das Kind gedeiht gut, und ich habe den besten Mann, den man sich nur wünschen kann; ich hätte nie gedacht, einen solchen zu finden. Es ist eine wahre Gottesgabe, und je länger wir zusammenleben, desto mehr lieben wir uns.                          (ebenda, 140)

Mit der Zeit zeigten sich bei Marie und Pierre ernste gesundheitliche Beeinträchtigungen, die von der Arbeit mit den radioaktiven Substanzen herrührten. Beide waren andauernd erschöpft und müde. Pierres Erschöpfung führte vermutlich dazu, dass er 1906 durch ein Pferdefuhrwerk ums Leben kam. Marie reagierte auf seinen Tod wie versteinert, kaum in der Lage, ihren Kummer zu zeigen. Umso klarer belegen ihre Aufzeichnungen eine tiefe Verzweiflung über den Verlust des Partners. Im Tagebuch bleibt Pierre ihr Adressat:

> Ich verbringe meine Tage arbeitend im Laboratorium, das ist alles, was ich tun kann! Dort ist mir besser als irgendwo anders. Ich kann mir nichts mehr vorstellen, was mir Freude bereiten könnte, die wissenschaftliche Arbeit vielleicht ausgenommen – doch nein, denn wenn mir etwas gelänge, könnte ich nicht ertragen, dass du nichts davon wüsstest.                          (ebenda, 210)

In einem Brief an die Freundin Kazia drückt sich neben Verzweiflung ein geradezu trotziges Verantwortungsbewusstsein aus:

> Mein Leben ist so zerstört, dass es sich nie mehr einrichten wird. So ist es, so wird es bleiben, und ich werde nicht versuchen, es zu ändern. Ich habe den Wunsch, meine Kinder so gut wie nur irgend möglich zu erziehen, doch sind auch sie nicht imstande, mich zum Leben zu erwecken. (ebenda, 218)

## Marie, die Mutter

Obwohl sich Marie wohl Kinder wünschte, fühlte sie sich durch die gesundheitlichen Einschränkungen, an denen sie während ihrer ersten Schwangerschaft 1897 litt, stark in ihrer Arbeit behindert. Sie geriet nach der Geburt ihrer Tochter Irène in einen Konflikt zwischen ihrer klassischen Rolle als Mutter und ihrem Selbstverständnis als Wissenschaftlerin. Erleichtert wurde ihr das Arbeiten und Forschen durch den Umzug von Pierres gerade verwitwetem Vater in ihren Haushalt, da er dort die Betreuung von Irène und später auch von Eve weitgehend übernahm. 1903 erlitt Marie eine unglückliche Fehlgeburt. Sie erkannte selbst, dass sie sich durch ihren schonungslosen Umgang mit ihrem Körper zu viel zugemutet hatte. Doch konnte sie nicht von ihrer Arbeit, ihrer Leidenschaft, lassen. Als Ende 1904 ihre Tochter Eve geboren wurde, legte sie nur eine kurze Pause ein. Knapp zwei Monate später unterrichtete sie wieder an der *Ecole Normale Supérieure*, an der sie schon seit 1900 als Lehrerin tätig war.

Die Erziehung ihrer Töchter nahm Marie, unterstützt von ihrem Schwiegerva-
ter und verschiedenen Gouvernanten, sehr ernst. Dazu gehörte auch, dass ihre
Töchter Sport trieben, Kochen und Nähen lernten und sich früh mit geistiger
Arbeit beschäftigten. Außerdem war es ihr ein Anliegen, ihren Kindern mitzugeben, was sie selbst erfolgreich gemeistert hatte: den Kampf gegen seeli-
sche Anfälligkeiten. Zusammen mit Kollegen organisierte sie ein zwei Jahre
dauerndes Schulprojekt für die gemeinsamen Kinder, bei dem diese täglich
von den Wissenschaftlern im Labor mit originellen Experimenten oder auch
in der Universität lernen konnten.

Trotz aller Liebe und Bemühungen durch die Mutter erlebte Eve nach ihren
eigenen Worten keine glückliche Kindheit. Dies mag in erster Linie daran gelegen haben, dass Marie ein introvertierter Mensch war, eine Persönlichkeit, die
ihre Gefühle auch im privaten Umfeld nur schlecht zeigen konnte. Über Eigenschaften wie Leichtigkeit, Heiterkeit und die Fähigkeit zu genießen verfügte
sie, so wie es sich aus den Biographien darstellt, nur in geringem Maße. Dazu
kam, dass sie sich im Laufe der Zeit immer mehr in ihre eigene Welt zurück-
zog, die sie bis zu dessen Tod nur mit Pierre geteilt hatte. In ihren Briefen und
Tagebuchaufzeichnungen, vor allem denen an die Töchter und den verstorbenen Mann, gelingt ihr der Ausdruck von Gefühlen noch am ehesten. In ihrer
1937 erschienenen Biographie beschreibt Eve ihre Mutter mit distanzierter Bewunderung, ja Verehrung: »Das durchgeistigte Gesicht von slawischem Typus
konnte es sich leisten, auf Frische und Heiterkeit zu verzichten.« (ebenda, 226)
Die Tochter wird nicht müde, all ihre guten Eigenschaften hervorzuheben und
sie als einen absolut ungewöhnlichen, fehlerlosen Menschen darzustellen.

Maries Verbindung zu ihren Kindern riss nie ab. Immer wieder wird von
gemeinsamen Aktivitäten berichtet. So unternahm Marie, als sie sich von ihrer schweren Krankheit erholt hatte, 1913 mit beiden Töchtern, Albert Einstein
und dessen Sohne eine Wanderung durch das Engadin. Die drei Frauen verbrachten gemeinsame Urlaube, lebten und arbeiteten zusammen. Eve verall-
gemeinert im Nachhinein:

> Bis ans Ende wird ihre Zärtlichkeit über das Schicksal ihrer beiden so verschie-
> den gearteten Kinder wachen, ohne jemals eines dem anderen vorzuziehen. Irène
> und Eve werden in allen Wechselfällen des Lebens in ihr eine Beschützerin und
> warmherzige Verbündete finden.                                    (ebenda, 256)

Marie, die immer sehr viel von sich selbst verlangte, übertrug dies auch auf
ihre Töchter. Zu Beginn des ersten Weltkriegs erinnerte Marie beispielsweise
die ältere der beiden, die sich mit Eve und einer Gouvernante in der Bretagne
aufhielt, an ihre Verantwortung:

> Liebe Irène, ... Paris ist so unweit der Grenze, dass die Deutschen sehr nahe kom-
> men könnten. Das darf uns aber nicht daran hindern, für Frankreich den endgül-
> tigen Sieg zu erhoffen. Also Mut und Vertrauen! Denke an Deine Rolle als ältere
> Schwester, es wäre an der Zeit, sie ernst zu nehmen.              (ebenda, 241)

Irène, die der Mutter in Vielem nacheiferte, nahm die Herausforderung an und drängte nunmehr darauf, ihren Beitrag für die Heimat zu leisten. Im Verlauf des Krieges unterstützte sie ihre Mutter bei der Ausrüstung und dem Betrieb der von Marie entwickelten Röntgenwagen. Sie half mit in den Röntgenstationen an der Front und sie unterrichtete in der von Marie gegründeten Röntgenlehranstalt. Bei der Wahl ihrer Berufe ließ Marie beiden Mädchen freie Hand, auch als Eve sich nicht wie erhofft den Naturwissenschaften zuwandte. Eve allerdings fühlte sich dadurch überfordert, in ihrer Reife überschätzt. Sie hätte sich eher eine »feste Hand« gewünscht. Es ist, als sei Marie Curie von drei Kindern in ihrem Leben begleitet worden, ihren beiden Töchtern und einem dritten »Kind«: ihren Forschungen bzw. ihrer Wissenschaft, der Physik.

## Marie, die Forscherin

Pierre Curie besaß einen wesentlichen Anteil an Maries Entwicklung als Forscherpersönlichkeit in der Zeit nach ihren Studien an der Sorbonne. Maries Pläne sahen ursprünglich vor, nach Polen zurückzukehren, ihren Vater zu versorgen und als Lehrerin die Jugend Polens zu unterrichten, ihr zu Selbstbewusstsein und nationaler Identität zu verhelfen.

Nach dem Studium forschte sie zunächst bis 1897 über die magnetischen Eigenschaften verschiedener Stähle und veröffentlichte ihre Ergebnisse. Für ihre praktischen Laborarbeiten hatte ihr Pierre Räume an der *Ecole de Physique et de Chimie*, an der er unterrichtete, vermittelt. Neben ihren Arbeiten besuchte Marie Sitzungen der *Physikalischen Gesellschaft* und hörte sich Vorträge über neue Forschungsgegenstände an.

Marie entschied sich, für ihre Dissertation, die sie 1903 mit der Promotionsprüfung abschloss, die von Uranverbindungen ausgehende und von Henri Becquerel eher zufällig entdeckte Strahlung zu untersuchen. Diese Strahlung nannte sie später »Radioaktivität«. Auch für diese Arbeiten wurde ihr an Pierres Schule ein Raum zur Verfügung gestellt – kein Labor mit entsprechender Ausstattung, sondern ein kleiner und feuchter Lagerraum. Trotz derart ungünstiger Arbeitsbedingungen machte sie auf Grund ihrer Überlegungen und der Präzision und Exaktheit ihrer Messungen relativ rasch grundlegende Entdeckungen. Sie erkannte, dass die Strahlung aus Uranverbindungen der Menge an Uran entspricht, dass Thorium aktiv ist und die meisten anderen Elemente nicht aktiv sind. Allein dafür waren eine Vielzahl von Experimenten nötig, die Marie in unermüdlichem Fleiß und mit verblüffender Zähigkeit durchführte. Ein wichtiges für ihre Arbeiten eingesetztes Messinstrument war das von Pierre Curie in früheren Jahren entwickelte piezoelektrische Elektrometer. Bald fand sie heraus, immer unterstützt durch ihren Mann, dass sich in den von ihr untersuchten Verbindungen noch mindestens ein weiteres, sehr aktives Element befinden musste. Diese Erkenntnis führte letztlich zur Entdeckung der Elemente Radium und Polonium.

Da Marie wie auch Pierre kein Mitglied der *Académie des Sciences* war, sie ihre Ergebnisse aber immer möglichst schnell veröffentlichen wollte, ließ sie diese durch Kollegen in der Akademie vortragen. Nach dem ersten Vortrag über ein mögliches noch unentdecktes radioaktives Element 1898 vermuteten eine Reihe von Physiker- und Chemikerkollegen, dass eher ein Fehler bei ihren Experimenten vorlag. Ihr naturwissenschaftliches Weltbild war in Gefahr, noch dazu durch eine Frau. Dennoch postulierten die Curies in einer weiteren Sitzung 1898 dieses zweite Element (Radium) mit extrem hoher Radioaktivität.

Marie reagierte nicht resigniert auf die sich ihr entgegenstellenden Vorbehalte, sondern beschloss, zum Beweis die postulierten Elemente zu isolieren. Gemeinsam mit Pierre arbeitete sie die nächsten vier Jahre unter für heutige Vorstellungen unvorstellbaren Bedingungen. Dem Ehepaar Curie fehlte es nahezu an allem: an Geldmitteln, geeigneten Räumen, Mitarbeitern und dem besonders teuren Rohstoff für ihre Untersuchungen, der Pechblende, die in St. Joachimsthal in Böhmen gewonnen wurde. Da die Curies trotz ihrer selbst gewählten Isolation über ein gewisses wissenschaftliches Netzwerk verfügten, gelang es ihnen mit der Zeit, alle Hindernisse zu überwinden. Als Labor diente ihnen eine Baracke (der »Hangar«) in Pierres Schule, mit undichtem Glasdach und Asphaltboden. Das Rohmaterial für die Experimente, Rückstände aus der Aufarbeitung von Pechblende, stiftete ihnen auf Intervention eines Professors der Wiener Akademie der Wissenschaften die österreichische Regierung. Die Curies mussten mit ihrem Ersparten für die Transportkosten von einer Tonne Material aufkommen. Trotzdem stellt Marie im Nachhinein fest:

> Und doch waren die Jahre in dem elenden alten Hangar die besten, glücklichsten, einzig und allein der Arbeit gewidmeten Jahre unseres Lebens. Oft habe ich dort unser Essen zubereitet, um nicht eine besonders wichtige Tätigkeit unterbrechen zu müssen. Manchmal musste ich einen ganzen Tag lang eine siedende Masse mit einer Eisenstange umrühren, die fast ebenso groß war wie ich. Abends war ich zum Umfallen müde. (ebenda, 136)

Den beiden Forschern entging nicht der ästhetische Wert ihrer Arbeit. Sie waren entzückt über das zarte Leuchten, das von den radioaktiven Salzen in der Dunkelheit ausstrahlte. Da sie dieses Leuchten nicht missen mochte, befand sich immer eine Ampulle mit Radiumsalz in ihrer Nähe.
Marie leistete harte »Männerarbeit«:

> Ich habe manches Mal bis zu zwanzig Kilo Materie auf einmal behandelt, ... Es war eine erschöpfende Arbeit, die Behälter zu transportieren, die Flüssigkeiten umzugießen und die siedende Materie stundenlang in einem eisernen Zuber umzurühren. (ebenda, 137)

Bezeichnend für ihre Zielstrebigkeit und ihren absoluten Willen ist die Tatsache, dass sie für ihre Arbeiten nicht nur auf ihr physikalisches Wissen zurückgriff, sondern sich zudem weitreichende Fachkenntnisse in der präparativen anorganischen Chemie aneignete. Sie entwickelte einen speziellen Trennungsgang, mit dem sie die verschiedenen Verbindungen der Pechblendenschlacke voneinander abtrennte und einzelne Stoffe isolierte.

Zugunsten ihrer gemeinsamen Arbeiten an der Isolierung des Radiums lehnte Pierre Curie sogar das Angebot einer Professur in Genf mit einem Labor, Mitarbeitern und der Zusage auf Maries Anstellung ab. Seine Bewerbungen auf verschiedene Lehrstühle an der Sorbonne blieben dagegen erfolglos. Nach den Berichten zweier deutscher Wissenschaftler über physiologische Wirkungen der Strahlen, mit denen die Curies arbeiteten, unternahm Pierre einige Selbstversuche. Die Gefährlichkeit der Strahlung lernten die beiden erst mit der Zeit einzuschätzen. Zunehmend litten sie an Müdigkeit, Schwäche, Niedergeschlagenheit und weiteren gesundheitlichen Einschränkungen.

Mit ihren gemeinsamen Veröffentlichungen begann das Paar schon im Jahre 1899. Ab 1900 pflegten beide einen schriftlichen Austausch mit Wissenschaftlern aus anderen Ländern. Bereits hier zeigte sich ihre Großzügigkeit im Hinblick auf die Weitergabe ihrer Ergebnisse. Später waren sie ebenso freigebig mit dem von ihnen isolierten Radium, ohne das beispielsweise die bahnbrechenden Entdeckungen Ernest Rutherfords zur Alphastrahlung und zum atomaren Aufbaus nicht möglich gewesen wären. Auch die neuen Möglichkeiten der strahlenden Substanz Radium für die Medizin, speziell die Bekämpfung bestimmter Krebsarten, waren schnell erkannt. Dank der uneigennützigen Bereitschaft der Curies, ihre Ergebnisse der Wissenschaft zu überlassen, erzielte man rasche Forschungsfortschritte auf diesem Gebiet. Wenn von der Haltung des Ehepaars die Rede ist, taucht immer wieder das Wort *désintéressé* auf, das uneigennützig und selbstlos bedeutet. Marie bemerkt dazu:

> Im Einvernehmen mit mir verzichtete Pierre Curie darauf, aus unserer Entdeckung pekuniäre Vorteile zu ziehen: wir haben kein Patent auf sie genommen und ohne jede Einschränkung die Ergebnisse unserer Forschungen veröffentlicht, ebenso wie das Herstellungsverfahren des Radiums. Wir haben überdies allen Interessenten jede Auskunft erteilt, die sie wünschten. Dies war eine große Wohltat für die Radiumindustrie, die sich frei entwickeln konnte    (ebenda, 166)

1903 war ein bedeutendes Jahr für Marie und ihren Mann. Im Juni wurde Marie als erste Frau an der Sorbonne in einem naturwissenschaftlichen Fach promoviert. Im selben Jahr erhielt Pierre eine Einladung zu einem Vortrag an der *Royal Institution* in London, wobei Marie als erste Frau an einer Sitzung dieser Einrichtung teilnehmen durfte. Die goldene *Davy*-Medaille, mit der beide von der *London Royal Society* geehrt wurden, erhielt die kleine Irène als Spielzeug. Im Dezember erfolgte die Verleihung des Nobelpreises für Physik an Henri Becquerel, daneben an Pierre und Marie Curie. Pierre hatte auf eine Nachfrage aus Schweden hin dafür gesorgt, dass nicht nur, wie ursprünglich vorgesehen, die beiden Männer bedacht wurden. So wurde Marie die erste Frau in der Geschichte, die einen Nobelpreis zugesprochen bekam. Zur Preisverleihung fuhr das Ehepaar nicht nach Stockholm, da es beider Gesundheitszustand nicht erlaubte und sie zu viel anderes zu tun hatten. Die Curies, später Marie allein, forschten unermüdlich weiter. Ruhm interessierte sie nicht, Rivalität kam bei ihrer Zusammenarbeit offensichtlich nicht auf. Vielmehr würdigte gerade Pierre immer wieder die Leistungen seiner Frau. (vgl. Friedrich/Remane) 1904 stellte Marie entnervt fest:

> Immer der gleiche Rummel. Die Leute hindern uns an der Arbeit, soviel sie nur können. Nun habe ich mir vorgenommen, tapfer zu sein und keine Besuche zu empfangen – aber man stört mich trotzdem. Die Ehrungen und der Ruhm haben unser Leben vollständig zerstört.                                  (Eve Curie, 176)

Und weiter:

> Gestern hat mich ein Amerikaner schriftlich um die Erlaubnis gebeten, ein Rennpferd nach mir zu benennen. Und natürlich Hunderte von Bitten um Autogramme und Photographien! Ich beantworte keinen dieser Briefe, verliere aber Zeit mit dem Lesen.                                                        (ebenda)

Dank des Geldbetrages, der mit dem Nobelpreis verbunden war, konnte Pierre seine Tätigkeit als Physiklehrer aufgeben. Marie behielt in ihrer Eigenwilligkeit dagegen ihre Stelle als Lehrerin. Mit einem Teil des Geldes unterstützten sie Verwandte, aber auch polnische Studenten und wissenschaftliche Gesellschaften. Vermutlich typischerweise für die damalige Zeit erhielt die Nobelpreisträgerin Marie Curie 1904 nur eine feste Anstellung als Assistentin ihres Mannes. Dieser war soeben auf einen für ihn eingerichteten Lehrstuhl für allgemeine Physik berufen worden und verfügte nun über Laborräume und drei Mitarbeiter. Die Ehrenpension, die die französische Regierung Marie nach dem Tod ihres Mannes anbot, schlug diese aus mit der Begründung, sie wolle selbst für ihren Lebensunterhalt aufkommen. Immerhin sagte sie zu, als Lehrbeauftragte den verwaisten Lehrstuhl und das Labor ihres Mannes zu übernehmen. So hielt ab 1906 zum ersten Mal in der langen Geschichte der Sorbonne eine Frau Vorlesungen an der Pariser Universität. Marie stellte sich der Herausforderung trotz innerer Unsicherheit und im Gedenken an ihren Mann:

> Du hast mir oft gesagt, du würdest es gerne sehen, dass ich Vorlesungen an der Sorbonne hielte. Und ich möchte mich wenigstens bemühen, unsere Arbeiten fortzusetzen. Manchmal scheint es mir, dass es mir auf diese Art am leichtesten fallen wird, zu leben, dann wieder glaube ich, dass ich verrückt bin, mich darauf einzulassen.                                                    (ebenda, 209)

1908 wurde Marie schließlich an der Sorbonne zur Titularprofessorin ernannt. Neben ihrer Tätigkeiten in der Lehre und im Labor fand sie Zeit für Veröffentlichungen, darunter noch im selben Jahr ein sechshundert Seiten starkes Werk über das Schaffen Pierre Curies.

Das Jahr 1911 brachte für Marie sowohl beruflich als auch persönlich tiefste Niederlagen, aber auch den größten Erfolg ihrer Karriere als Wissenschaftlerin. Zum einen lehnte die Académie des Sciences ihre Bewerbung ab. Marie war hierbei nicht nur Opfer der gegen sie entfachten Presse-Kampagne wegen ihrer Liebesbeziehung zu dem Physiker Paul Langevin, sondern auch der in akademischen Kreisen – und nicht nur dort – herrschenden Frauenfeindlichkeit. Auf der anderen Seite erhielt sie 1911 ihren zweiten, dieses Mal ungeteilten Nobelpreis, den für Chemie. 1912 nahm sie nach langer Krankheit ihre Arbeiten wieder auf. 1913 reiste sie nach Warschau und weihte das neue Radium-Institut ein, dessen Ehrendirektorin sie wurde. In Paris begleitete sie aktiv und unter Einbringen vieler eigener Ideen den endlich begonnenen Bau des Radium-Instituts in der Rue Pierre Curie. Dabei kümmerte sie sich sogar liebevoll um die Bepflanzung der Außenanlagen.

In dem Institut entstanden Laborräume, wo sie mit einer größeren Arbeitsgruppe, ausgestattet mit entsprechenden Mitteln und unter modernsten Bedingungen, würde forschen können. Die Einweihung des Gebäudes im Juli 1914 fiel allerdings mit dem Beginn des Ersten Weltkriegs zusammen. Marie fand sich als Leiterin ihres eigenen Instituts zwar am Ziel ihrer Wünsche, aber ohne Mitarbeiter wieder.

Während des Krieges ließ Marie Curie zugunsten ihres Einsatzes für verletzte Soldaten ihre Forschungen weitgehend ruhen. Allerdings nahm sie sich die Zeit, höchstpersönlich ihr kostbares Gramm Radium, das mit der Bleiverpackung mehr als 20 Kilogramm wog, trotz der Kriegswirren im Zug vom gefährdeten Paris nach Bordeaux zu bringen, um es dort in einer Bank zu deponieren. Auch wollte sie Paris nicht verlassen, um ihr Institut und die darin befindlichen Geräte im Notfall schützen zu können. Ihre Leistung während des Krieges lag in der Erkenntnis (und deren Umsetzung in die Praxis), dass Röntgenstrahlung zur Untersuchung von Verwundeten sinnvoll einzusetzen sei. Zudem suchte sie erfolgreich nach Anwendungsmöglichkeiten für die von Radium ausgehende Strahlung und das von Radium freigesetzte Edelgas Radon bei Kriegsverletzten. Das notwendige Material stellte sie aus ihrem Laboratorium zur Verfügung. Am Ende des ersten Weltkrieges stand Marie relativ mittellos da, weil sie ihr in Kriegsanleihen investiertes Geld verloren hatte. Neben der aufreibenden und zeitraubenden Suche nach Mitteln und Geräten und der Aufnahme ihrer unterbrochenen Laborforschungen schrieb Marie ein Buch über die *Röntgenologie des Krieges*, in dem sie ihre Erfahrungen mit der Untersuchungsmethode an Kriegsverletzten darstellte.

Als 1922 der Völkerbundsrat Marie Curie zum Mitglied der Internationalen Kommission für geistige Zusammenarbeit ernannte, nutzte sie das Amt, um die Gründung eines internationalen Studienfonds zur Förderung des wissenschaftlichen Nachwuchses zu unterstützen. Sie war der Meinung, das geistige Potential junger Menschen sei zu wertvoll, um es brach liegen zu lassen. Obwohl sie selbst nie materiellen Nutzen aus ihren Forschungen ziehen wollte, machte sie sich für den Schutz des geistigen Eigentums und der Urheberrechte stark, wobei ein Teil der Gewinne in die Forschung zurückfließen sollte. Auch widmete sie sich zunehmend der Beschaffung von Geld- und Sachmitteln für ihr Institut. Aber bis zum Ende ihres Lebens hielt sie sich besonders gerne in ihrem Labor auf, wenn ihre anderen Aktivitäten und ihr sich verschlechternder Gesundheitszustand es erlaubten. Sie fertigte Präparate und leitete die Gruppe junger Wissenschaftler an, die dort forschten. Neben ihrem Bedürfnis, sich ständig neues Wissen anzueignen, war Marie immer auch bestrebt, ihr Wissen an andere Menschen weiterzugeben.

In ihren letzten Lebensjahren, als sie immer mehr unter den Folgen des permanenten Umgangs mit radioaktiven Substanzen litt, fiel es ihr zusehends schwerer, ihre Forschungen weiter zu betreiben. Doch sie konnte nicht anders, wie einem Brief an ihre Schwester Bronia 1927 zu entnehmen ist:

> Manchmal geht mir der Mut aus, und ich sage mir, ich sollte aufhören zu arbeiten, aufs Land ziehen und mich mit Gartenbau beschäftigen. Doch tausend Bande halten mich fest, und ich weiß nicht, ob ich mich so einrichten könnte. Ich weiß auch nicht, ob ich, selbst wenn ich wissenschaftliche Bücher schreibe, das Laboratorium entbehren könnte. (ebenda, 303)

Marie Curie veröffentlichte bis zuletzt ihre eigenen Forschungsergebnisse. Ein Jahr nach ihrem Tod erschien ihr letztes Buch mit dem Titel *Radioaktivität*.

## Marie, die Frau in der Gesellschaft

Gefördert durch die Atmosphäre in ihrem Elternhaus, in dem gegenseitige Unterstützung eine Selbstverständlichkeit war, zeigte Marie schon früh ihr soziales Engagement. Dieses bezog sich auf die Mitglieder ihrer Familie, denen sie sich immer verbunden fühlte. Der Ausbruch des ersten Weltkriegs weckte in Marie das soziale Gewissen. Sie reiste nicht ihren Töchtern in die Bretagne nach, sondern überlegte, wie sie der selbst gewählten Adoptiv-Heimat Frankreich helfen könnte. Sie erkannte, dass ein erheblicher Mangel an mobilen Röntgenstationen bestand, die sich zu den Verwundeten in den Feldlazaretten transportieren ließen. Wie bei allem, was Marie anpackte, widmete sie sich auch ihrer selbst gestellten neuen Aufgabe ohne Rücksicht auf ihre Gesundheit oder sonstige Bedürfnisse. So wie sie zielstrebig, unter Überwindung der sich ihr entgegenstellenden Hindernisse geforscht hatte, betrieb sie nun die Rekrutierung der Ausrüstung von ihr selbst entwickelter Röntgenautos und die Einrichtung von nahezu zweihundert Röntgenstationen. Sie brachte sich die Bedienung der Röntgengeräte bei, erwarb den Führerschein, reiste zu den verschiedenen Kriegsschauplätzen, überwachte den Betrieb der Röntgengeräte und bildete in der von ihr gegründeten Röntgenlehranstalt Röntgenhelferinnen aus. Sie lebte, wenn sie unterwegs war, völlig anspruchslos und arbeitete, ohne auf ihren Gesundheitszustand zu achten, viele Stunden ohne Pause in den Lazaretten. Ernest Rutherford, der sie während des Krieges traf, beschreibt sie als »ziemlich grau und abgekämpft und müde.« (Reid, 210) Als weitere Unterstützung für ihre neue Heimat investierte Marie das Geld ihres zweiten Nobelpreises in Kriegsanleihen. Zu ihrer Freude brachte das Ende des Ersten Weltkriegs auch die Befreiung ihres ursprünglichen Heimatlandes Polen.

Sehr wichtig, auch in ihrer schweren Zeit um 1911, waren für Marie Curie die beständig gepflegten Beziehungen zu den Mitgliedern ihrer Familie, ihrem Vater, ihren Geschwistern und ihren Töchtern. Allen literarischen Quellen zufolge unterhielt sie ansonsten nur wenige Bekanntschaften. Viele ihrer Freunde waren naturgemäß Männer. Mit einem von ihnen, dem Physiker Paul Langevin, Pierres Schüler, mit dem sie an der Sorbonne zusammen arbeitete und gemeinsame Interessen teilte, verband sie eine sich intensivierende Freundschaft. Ausgelöst durch Langevins Ehefrau, die von ihm getrennt lebte, entfachte Frankreichs Boulevardpresse 1911 eine beispiellose Hetzkampagne gegen Marie Curie, die angebliche Ehebrecherin. Nur die damals herrschenden Moralvorstellungen und die nationalistische Stimmung vor dem Weltkrieg lassen halbwegs nachvollziehen, wie man ihr Privatleben mit Hilfe eines sensationsgierigen, mitleidlosen Publikums ausschlachten konnte. In der Öffentlichkeit wurde sie, auf die man jahrelang stolz gewesen war, nun als Fremde und Polin verunglimpft. Sogar an der Sorbonne vertraten viele Kollegen die Ansicht, sie solle nach Polen zurückkehren. Es kam so weit, dass Journalisten und Schaulustige ihr Haus in Sceaux regelrecht belagerten und Marie nicht mehr wagte, es zu verlassen. Ein alter Weggefährte, der Chemiker André Debierne und eine Freundin holten sie ab und brachten sie in deren Wohnung. Marie litt so sehr unter dem Rufmord, der vor allem den Namen Curie befleckte und ihren Töchtern schadete, dass sie schwer krank und depressiv wurde und sogar an Selbstmord dachte. (vgl. Reid, 183) Es ist schwer auszumachen, ob Marie Curie die öffentliche Meinung tatsächlich wichtiger war als eine eventuelle neue Partnerschaft, oder ob sie es nur nicht ertragen konnte, wenn ihr Privatleben in der Öffentlichkeit diskutiert wurde. Jedenfalls führten die Ereignisse zum Ende der Beziehung von Marie und Paul.

Unterstützt von ihren Geschwistern und Freunden, blieb Marie in dem Land, dem sie sich durch ihre Forschungsarbeiten und ihren Mann verbunden fühlte. Allerdings tauschte sie für einige Zeit den Namen Curie gegen ihren Geburtsnamen Sklodowska. 1912 lebte sie in einem Haus bei Paris, dann in einem Sanatorium und anschließend bei einer Freundin in England, stets unter geheim gehaltenen Adressen.


## Marie und der Ruhm

Marie zeichnete sich, auch als sie bereits weltberühmt und vielfach ausgezeichnet war, durch äußerste Bescheidenheit aus. Einstein sagte von ihr: »Madame Curie ist unter allen berühmten Menschen der einzige, den der Ruhm nicht verdorben hat.« Am Tag nach der Verleihung des ersten Nobelpreises 1903 schrieb Marie an ihren Bruder:

> Wir sind von Briefen und Besuchen von Photographen und Journalisten überschwemmt. Man möchte sich unter die Erde verkriechen, um Ruhe zu haben.

Aus Amerika haben wir die Aufforderung bekommen, eine Reihe von Vorträgen über unsere Arbeiten zu halten. Sie fragen, welche Summe wir dafür verlangen. Wie immer die Bedingungen auch wären, haben wir die Absicht, abzuschlagen. Mit großer Mühe ist es uns gelungen, die Bankette zu vermeiden, die man uns zu Ehren veranstalten wollte. Wir lehnen mit dem Mut der Verzweiflung ab, und die Leute verstehen, dass nichts zu machen ist.                    (Eve Curie, 170)

In der Einleitung ihres Vortrages zur Verleihung des Nobelpreises für Chemie 1911 betonte Marie den erheblichen Beitrag ihres Mannes Pierre zu ihren erfolgreichen Forschungen. Selbstbewusst wies sie aber ausdrücklich auf die von ihr allein gemachten Entdeckungen hin. Im Laufe der Jahre wurde sie mit vielen Ehrendoktoraten, Mitgliedschaften in Akademien und Preisen bedacht. Das Ritterkreuz der Ehrenlegion, das ihr 1910 verliehen werden sollte, lehnte sie im Andenken an ihren Mann Pierre ab.

1920 empfing Marie, die Interviews allenfalls zu wissenschaftlichen Fragen gab, die amerikanische Journalistin Marie Meloney. Nach mehreren Gesprächen stimmte sie einer Reise nach Amerika zu. In diesem Zusammenhang äußerte sie den Wunsch nach Radium für Forschung und Medizin sowie einem eigenen Institut in Südfrankreich. Mrs. Meloney, die Marie bewunderte, organisierte die Reise mit großem Einsatz. Sie warb speziell bei begüterten Stiftern und Stifterinnen Gelder ein und erreichte sogar, dass ein Gramm Radium aus amerikanischen Beständen an Marie Curie zur freien Verfügung übergeben wurde. Die Überreichung dieses äußerst wertvollen Geschenks durch Präsident Harding im Mai 1921 stellte den Höhepunkt der Amerikareise dar. Das offizielle Programm mit Pressekonferenzen, Besuchen von Instituten und Universitäten, der Entgegennahme von Ehrungen und Preisen, umrahmt von Ausflügen, strengte Marie über die Maßen an. Sie musste sich teilweise von ihren Töchtern, die sie begleiteten, vertreten lassen. Die »geduldige Feindin des Ruhms«, wie Eve ihre Mutter nennt, konnte sich in Amerika kaum der permanenten Beobachtung durch die Medien und ihre Verehrerinnen und Verehrer entziehen. Da Marie jede Publicity und auch Menschenansammlungen fürchtete, bedeutete diese Reise für sie ein großes persönliches Opfer, das sie der Wissenschaft und ihrer Lebensaufgabe brachte. Bezogen auf die Mittel, Geräte und Chemikalien, die sie für ihre Forschungen erhielt, war sie denn auch ein voller Erfolg. Im Gegenzug wurde Mrs. Meloney auf Betreiben von Marie Curie später in die Ehrenlegion Frankreichs aufgenommen. Die Zusammenarbeit beider Fauen führte überdies zu einer lebenslangen Freundschaft.

Nach ihrer so erfolgreichen ersten Amerikareise unternahm Marie eine Reihe von weiteren Reisen in verschiedene Länder, um Vorträge zu halten und Forschungsmittel einzuwerben, immer begleitet von großer Aufmerksamkeit und überhäuft mit Ehrungen. In ihrem Heimatland Polen erfüllte sich 1932 mit der Einweihung des neuen Radium-Instituts in Warschau ein Traum für sie. Frankreich ehrte seine berühmte Mitbürgerin durch die Vergabe einer »nationalen Entschädigung«, die Marie Curie eine gut dotierte Jahresrente sicherte.

## Marie, die Frau in der zweiten Lebenshälfte

Durch ihre Tochter Eve werden Begebenheiten berichtet, die darauf schließen lassen, dass Marie Curie mit zunehmendem Alter gelassener und auch heiterer wurde. Sie konnte Urlaube genießen, hatte Freude am Schwimmen und nahm nun gerne an privaten Gesellschaften im Kreise von Freunden teil. Aus ihren späteren Jahren existieren eine Reihe von Anekdoten, die sie als menschlich, teilweise sogar rührend naiv beschreiben. Am Leben ihrer Töchter nahm Marie weiterhin großen Anteil, wobei sie die ernsthafte, wie die Mutter hauptsächlich wissenschaftlich interessierte Irène besser verstand als die etwa auch für Mode begeisterte Eve. Zusammen mit ihren Töchtern lebte Marie Curie, seit sie finanziell dazu in der Lage war, in einer großen Wohnung in Paris. Ihr Desinteresse an Äußerlichkeiten und materiellen Dingen spiegelte sich in einer nach wie vor schlichten Einrichtung. Auch ihr persönlicher Aufwand blieb bis zuletzt bescheiden. Der einzige Luxus, den Marie Curie sich in späteren Jahren gönnte, waren zwei Ferienhäuser, davon eines am Mittelmeer. Dort genoss sie in ihren Ferien die Ruhe und die Wärme und konnte sich von ihrem anstrengenden Leben erholen. Bereits in jüngeren Jahren hatten sich gesundheitliche Folgen ihrer Arbeit mit radioaktivem Material gezeigt. Oft war sie außergewöhnlich müde und erschöpft, an den Händen hatte sie Verbrennungen. Anfang der 1920er Jahre kamen rheumatische Schmerzen, Ohrensausen und eine rapide Verschlechterung der Sehfähigkeit hinzu, die Marie mit teilweise originellen Tricks zu verbergen suchte. Zuletzt sah sie so schlecht, dass sie sich mehreren Augenoperationen unterziehen musste. Obwohl ihr die Gefährlichkeit radioaktiver Strahlung durchaus geläufig war, wehrte sie sich lange gegen die Erkenntnis, dass ihre dauernden gesundheitlichen Probleme vom intensiven Umgang mit radioaktiven Präparaten herrührten. Dabei hatte es in den Jahren davor bei Menschen, die mit radioaktiven Stoffen regelmäßig in Berührung kamen, eine Reihe von Todesfällen gegeben. Schließlich diagnostizierten die Ärzte bei Marie eine spezielle, durch radioaktive Strahlung ausgelöste Form der perniziösen Anämie, an der sie am 4. Juli 1934 in Gegenwart ihrer jüngeren Tochter starb.

## »Disziplinlos«

Marie Curie drang unbekümmert in eine traditionell von Männern dominierte Dömane, die Naturwissenschaften, ein. Sie selbst setzte für die Beschäftigung mit Mathematik, Physik und Chemie ausschließlich Interesse und Begabung voraus, unabhängig vom Geschlecht. Mit ihrer stillen Hartnäckigkeit gelang es ihr, sich schließlich als weltweit anerkannte Forscherinnenpersönlichkeit zu etablieren. Über die Grenzen der einzelnen Disziplinen setzte sie sich hinweg. Einen ihrer Nobelpreise erhielt sie für Physik, den anderen für Chemie. In diesem Zusammenhang ließe sich auch Maries Umgang mit ihrer eigenen Gesundheit als disziplinlos bezeichnen. Auf der einen Seite fürchtete sie sich vor Krankheiten und reagierte besorgt angesichts ihrer Schwäche- und Erschöpfungszustände. Aber auf der anderen Seite überwog ihr intensives Bedürfnis, sich zu betätigen, im Labor, in der Lehre, beim Einwerben von Mitteln für ihre Forschung, bei der Betreuung ihrer Mitarbeiterinnen und Mitarbeiter oder dem Verfassen von Fachaufsätzen und Büchern. Eine weitere Disziplinlosigkeit stellte Marie Curies Engagement im von Russland besetzten Polen dar. Im Rahmen der illegalen Fliegenden Universität in Warschau und später im von ihr mit gegründeten Projekt Aufklärung des Volkes unterrichtete sie polnische Landsleute, die nur wenig oder keinen Zugang zu Bildung hatten.

Ihr lebenslanger, ungeheurer Drang zu forschen und zu lernen und ihre »Disziplinlosigkeit« bewirkten, dass Marie Curie auf vielen Gebieten Wegweisendes vollbrachte. Beinahe 100 Jahre nach ihrem Tod ist sie weltbekannt und wird weiterhin bewundert. Junge Forscherinnen verdanken es auch ihr, wenn sie unabhängig vom Geschlecht im Wissenschaftsbetrieb als vollwertig akzeptiert werden; die Förderung junger Begabungen als potenzielles »Kapital« eines Landes, die Marie mit initiierte, wird heute durch Stiftungen mit Nachdruck betrieben; bahnbrechende Entdeckungen auf den Gebieten der Physik, der Chemie und der Medizin sind durch Marie Curies uneigennützige Weitergabe von Forschungsergebnissen oder Präparaten möglich geworden. Ihre Nutzung der eigenen Berühmtheit zur Finanzierung von Forschung und Entwicklung wurde vorbildlich für andere.

Das Bild des Menschen Marie Curie wird wohl immer verschwommen bleiben. Wir begegnen einer Persönlichkeit, die unterschiedliche Empfindungen wie Sympathie und Bewunderung, aber auch Unverständnis oder Ablehnung auslöst. Sie selbst wollte nur durch ihre Forschungen, nicht aber ihre Gefühle und Charaktereigenschaften wahrgenommen werden. Um dies für die Zukunft sicherzustellen, vernichtete sie eine Menge persönlicher Unterlagen, Briefe und Tagebuchaufzeichnungen. Konkret fassbar geblieben ist Marie Curies enorme wissenschaftliche Leistung, zumal sie immer Wert darauf legte, die Ergebnisse ihrer Forschungen zu dokumentieren und mit der Allgemeinheit zu teilen.

## Literatur

**Philip Ball**, Brillante Denker, kühne Pioniere, Weinheim 2007

**Eve Curie**, Madame Curie. Die weltberühmte Biographie der Nobelpreisträgerin, die das Radium entdeckte. Frankfurt/M. 1952

**Christoph Friedrich, Horst Remane**, Marie Curie: Chemie-Nobelpreisträgerin 1911 und Entdeckerin der Elemente Polonium und Radium, in: Angewandte Chemie 123, 2011, 4848-4854

**Barbara Goldsmith**, Marie Curie. Die erste Frau der Wissenschaft, München 2010

**Peter Ksoll, Fritz Vögtle**, Marie Curie, Reinbek 1988

**Robert Reid**, Marie Curie. Biographie. Düsseldorf, Köln 1980

**Brigitte Röthlein**, Marie & Pierre Curie. Leben in Extremen. Köln 2008

Rainer E. Zimmermann

# Kritiker der Disziplin: Albert Einstein

## Genies sind disziplinlos

Jede Gesellschaftsepoche hat ihre *Helden*. Die erste Hälfte des 20. Jahrhunderts hatte zum Beispiel Einstein. An seiner Person kann leicht ausgemacht werden, was einen Helden bestimmt: Weit davon entfernt, dass ihn alle, die ihn verehren, auch verstehen, weit davon entfernt, dass sie ihn persönlich schätzen, wird der Held durch ein Ressentiment bestimmt. Das heißt, er (oder sie) hat etwas Wesentliches geleistet, das der Gesellschaft außerordentlich nützlich ist, wie immer das auch beurteilt werden mag. Worin sich aber jene Nützlichkeit bestimmt, das entscheidet am Ende nur die kleine Teilgruppe der Gesellschaft, welche legitimiert ist, den Fachinhalt eines Werkes einzuschätzen. Im Falle Einsteins sind das die Physiker. Gegenwärtig befassen sich weltweit rund 1000 von ihnen mit fundamentalen theoretischen Fragen; zu Einsteins Zeiten waren es bestenfalls 100, von denen vielleicht zehn vergleichsweise bekannt wurden.

Wenn die Mehrheit dieser Bezugsgruppe die Auffassung gewinnt, eines ihrer Mitglieder habe Wesentliches geleistet, dann wird dieses Mitglied entsprechend gefeiert, indem es auf Kongresse eingeladen wird, indem ihm Preise verliehen werden, indem über ihn in der Fachpresse berichtet wird und indem es vor allem eines erhält: eine zureichend gut dotierte Stelle an einer geeigneten Forschungseinrichtung (Universität, Institut, Akademie der Wissenschaften). Auf diese Weise geht er/sie in die Lehrbücher seiner/ihrer Zunft ein. Dieser Prozess läuft freilich abseits der allgemeinen Öffentlichkeit ab. Für diese aber wird die herausgehobene Person lediglich durch Hörensagen als eine solche bezeichnet, ohne dass die meisten Menschen wissen (oder auch nur wissen können), worin eigentlich genau die gefeierte Leistung bestanden hat.

Das ist der Augenblick, in welchem das Ressentiment zum Tragen kommt: Einerseits wird fraglos akzeptiert, dass es jene privilegierten Gruppen geben muss – das ist im Grunde dem Prinzip der Arbeitsteilung geschuldet, denn nicht alle wollen Physik studieren – andererseits beneidet man die Privilegierten. Ein Physiker verdient kein Vermögen, im Unterschied etwa zu einem Fußballspieler. Dafür können die letzteren nicht besonders lange arbeiten und das, was sie tun, ist ziemlich leicht zu verstehen und unterhält doch. Das wahrhafte Privileg besteht jedoch darin, dass die derart ausgezeichnete Person genau das tun darf, was sie tun möchte, dass sie ihre Fähigkeiten und Vorlieben zureichend erforschen kann, ohne einer wesentlichen Kontrolle ausgesetzt zu sein.

Und wie äußert sich das Ressentiment? Es wird zu der betreffenden Person eine Legende entworfen, aus welcher Episoden überliefert werden, welche die Möglichkeit eröffnen, bei aller Anerkennung der überlegenen Leistung doch eine kleine Korrektur im Urteil anzubringen und den Betreffenden dadurch wieder auf die eigene Ebene herabzuholen: Über Einstein wird man unter anderem kolportieren, er sei (wie alle Professoren) recht zerstreut und käme schon einmal zu öffentlichen Veranstaltungen mit zwei verschiedenen Socken. Ganz abgesehen davon, dass die konkrete Überprüfung eines solchen Befundes schwierig sein dürfte, kann der Befund selbst durchaus zutreffen. In der Regel wird nämlich nicht der mitunter böse Humor einer gefeierten Persönlichkeit in Rechnung gestellt, welche die Verbreitung solcher Episoden durchaus absichtlich ermutigt. Bei Einstein kann man das zum Beispiel daran erkennen, dass er später anlässlich von Geburtstagswünschen, die er beantwortet, verbunden übrigens mit einem Spendenaufruf, selbst gedruckte Ansichtskarten mit seinem Porträt verschickt, auf dem er überdeutlich die Zunge herausstreckt. Ein neuerer Biograph hat das Verständnis dieser Absichtlichkeit sogar als innovative Einsicht in die Person Einstein gefeiert. (vgl. Fölsing) Weniger humorvolle Genies gehen stattdessen unter oder leiden lebenslänglich, vor allem an den Missverständnissen, die zu erzeugen sie in der Öffentlichkeit nicht umhinkommen. Die meisten aber bleiben ohnehin unerkannt, weil sie es noch nicht einmal schaffen, ihre Fachkollegen gehörig zu beeindrucken.

Anders gesagt: Die Mehrheit der Angehörigen einer Gesellschaft erkennt bei jeder herausragenden Leistung sofort deren Seltenheit. Innovation geschieht immer nur in den gesellschaftlichen Randbereichen – eben, *weil sie* selten ist. So ist die Verteilung von Verhaltensweisen, Auffassungen, Haltungen und dergleichen in der Gesellschaft auch gerade definiert: Die Menge, also die größte Zahl derer, die in der Hauptsache den tradierten Regeln folgen, bestimmt gerade den Mittelwert der Verteilung. Der Begriff *Durchschnitt* besitzt insofern (in der Umgangssprache) nur fälschlicherweise eine abwertende Konnotation. Er bezeichnet nichts weiter als das, was in der Gesellschaft am häufigsten gedacht und gemacht wird. Zugleich aber ist er selbst auf Innovation angewiesen, denn gäbe es diese nicht, dann würde die Gesellschaft in ihrer Entwicklung stagnieren und untergehen (wörtlich: zu Grunde gehen). Es gibt also einen Wettbewerb zwischen Stabilität und Instabilität, zwischen Identität und Differenz. Die Gesellschaft schafft sich Spielwiesen, auf denen sich Privilegierte nach Herzenslust austoben dürfen, und ein genau formalisiertes Verfahren bestimmt den Zugang zu diesen Spielwiesen. Dieses Verfahren wird in der Regel von jenen angewendet, die öffentlich bereits dazu legitimiert sind, es im einzelnen zu definieren und zu interpretieren – von Fall zu Fall.

Kurzum: Der Zufall entscheidet. Daraus folgt sofort: Viele sind berufen, doch nur wenige sind auserwählt. Und über die Berufung entscheidet mitnichten die konkrete, faktische Leistung, denn es gibt keinen objektiven Maßstab. Es ist die Peer Group, die über den Zugang bestimmt, und die ist immer subjektiv verfasst. Wer Künstler ist, zum Beispiel Maler, bestimmt die Kunstkritik, deren Meinung die Galeristen übernehmen und das Feuilleton reproduziert, wenn der Erfolg eingetreten ist, dem dann sofort auch das nötige Einkommen für den Künstler nachfolgt. Das gilt für Bildende Künstler, Schriftsteller und Musiker, aber auch für Philosophen und Wissenschaftler aller Couleur. Alle übrigen, die nicht zu einer der Spielwiesen zugelassen werden und trotzdem nicht imstande sind, sich in den gewöhnlichen Alltag einzufügen, werden ausgegrenzt und enden in einer Klinik oder im Gefängnis.

Somit fällt kein *Genie* vom Himmel, niemand ist mit übernatürlichen Gaben gesegnet, die zum Ausbruch drängen, keiner versteht, sieht, hört mehr als andere. Der Punkt ist, dass nur eine solche Person als Genie anerkannt ist, von der im Nachhinein gesagt werden kann, dass die Gesamtheit ihres Werkes ihre Genialität bezeugt. (Diese Einsicht verdanken wir Jean-Paul Sartre; vgl. dort 1993) Man erkennt deutlich den Zirkelschluss: Eine Person muss im Grunde bereits auf der Spielwiese arbeiten, um zu beweisen, dass sie auf die Spielwiese gehört. Deshalb gibt es auch nur wenige berühmte Wissenschaftler und Künstler. Auf jedes ausgezeichnete Genie kommen 1000 weniger bekannte Kollegen, und auf jeden von diesen weitere 1000 völlig unbekannte, die es auch bleiben werden. Die Physik zum Beispiel zählt seit Galilei ein Genie pro Jahrhundert. Und dieser Zirkel ist nur dann zu durchbrechen, wenn die maßgebliche Differenz subversiv, also zureichend verdeckt, dargeboten wird, dann allerdings mit der gebotenen militanten Schärfe und Durchsetzungskraft. Wie man sieht, ist das primär eine politische Aufgabe. Gewöhnlich aber stehen alle Genies der Politik eher skeptisch gegenüber, weil sie in der Regel vom Wesentlichen ablenkt.

Anita Albus weist zu Recht darauf hin, dass das Errichten eines Gebäudes und das Zusammenheften der Teile eines Kleides im Französischen durch ein und dasselbe Wort ausgedrückt werden: bâtir. Sie zitiert dazu Proust, der im letzten Band der *Recherche* erklärt, er wage nicht in ehrgeiziger Weise zu sagen, er würde sein Buch errichten wie eine Kathedrale, sondern er würde stattdessen sagen, er richte es wie ein Kleid zu. (vgl. Albus, 15) Prousts Bescheidenheit in Ehren, aber er verschweigt die Pointe: Denn so, wie die Kathedralen die wechselhafte Geschichte überstanden haben und als »Summe einer Epoche« heute noch fester Bestandteil des objektiven Geistes der Menschheit sind, wenn sie auch nicht mehr ihre ursprüngliche liturgische Funktion erfüllen, so versteht Proust natürlich auch sein eigenes Werk. Er selbst schreibt in einem Aufsatz über John Ruskin, ein Schriftsteller ersten Ranges benutze eben dieselben Worte, die ihm eine innere Notwendigkeit diktiere, an der er nichts ändern könne, und ohne sich zu fragen, ob sie dem gewöhnlichen Leser gefallen oder ihn vertreiben. (ebenda, 14f.; nach: Ruskin) Und wie der Bau der Kathedralen zielt das so bezeichnete Genie (nicht nur, wenn es Schriftsteller ist) mit seinen Werken auf die Ewigkeit, das heißt wörtlich: auf die Zeitlosigkeit.

Der treffende Begriff bei alledem ist *innere Notwendigkeit*. Gleichwohl besteht darüber ein Missverständnis: Denn die innere Notwendigkeit bedeutet nicht so etwas wie eine von irgendwo oben eingegebene innere Stimme, die einen Auftrag erteilt und von Zeit zu Zeit zur Aktivität mahnt. Stattdessen ist sie einfach die kontingente Summe der Sozialisation einer Person. Präziser gesagt, ist sie die Interpretation dieser Summe zu dem Zeitpunkt, wenn das Kind zum ersten Mal seine Personalisation betreibt und sich von der früheren Konstitution durch seine soziale Umwelt abzulösen beginnt, indem es eine individuelle Perspektive entwickelt. (nochmals Sartre) Und die Summe besteht nicht aus dem einfachen Zusammenzählen der einzelnen Einflüsse, sondern emergiert völlig kontingent in der Reflexion des Individuums als neue Struktur, als innovative Haltung oder Denkweise. Diese letzteren können sich dann auf ähnliche Weise weiterentwickeln wie eine durch Mutation hervorgerufene genetische Struktur in biologischen Systemen: nämlich gemäß den Gesetzen der Darwinschen Selektion; nur mit dem Unterschied, dass im sozialen System das Wechselspiel zwischen den Systemkonstituenten wesentlich komplexer ist.

Das genau ist der Grund dafür, dass wir im Vorliegenden nichts auf die Einstein-Legende geben und nichts kolportieren wollen. Wir können auch nicht wissen, was er sich selbst bei alledem denkt, als er noch ein junger, schlecht bezahlter Beamter in einer Schweizer Behörde ist, der seine Langeweile damit ausfüllt, dass er in der Schublade heimlich Lektüre oder eigene Schriften bereithält, für den Fall, dass gerade kein Kollege vorbeikommt. Was wir aber zur Kenntnis nehmen können und auch müssen, ist die Genese seines Werkes und deren biographische Vorbedingungen.


I


Albert Einstein wird am 14. März 1879 in Ulm geboren. (vgl. zum Folgenden: Hoffmann/Dukas; Fölsing; Wickert) Über seine Kindheit ist wenig bekannt, am besten orientiert man sich an seinen eigenen Äußerungen über diese Zeit. Sein Vater Hermann (geboren 1847) ist Sohn eines Kaufmanns und hat die Realschule in Stuttgart absolviert und das sogenannte »Einjährige« gemacht, scheidet aber alsbald aus der Armee aus, in der er als Offizier jüdischer Abstammung bereits damals erhebliche Schwierigkeiten bekommen hätte. Nach einer kaufmännischen Lehre wird er Teilhaber der Bettfedernhandlung Moses & Levi (beide Kompagnons sind seine Cousins). Im Alter von 29 Jahren heiratet er Pauline Koch aus Cannstadt nach jüdischer Zeremonie, die Tochter eines Getreidehändlers, der sich »königlich-würtembergischer Hoflieferant« nennen darf. Als Albert ein Jahr alt ist, zieht die Familie nach München, wo Hermann mit seinem Bruder Jakob ein Geschäft für Wasser- und Gasinstallationen betreibt. Ein Jahr später wird Alberts Schwester Maria (Maja) geboren.

In dieser Zeit (also 1881) fällt auf, dass Albert in seiner sprachlichen Entwicklung zurückbleibt. Präzise Darstellungen darüber, wie sich das geäußert hat, sind nicht bekannt. Allgemein wird nur von einer »auffälligen Langsamkeit« bei der Formulierung von Sätzen gesprochen, zugleich aber angedeutet, es habe bei ihm der Ehrgeiz bestanden, nur vollständige, korrekte Sätze zu äußern. (vgl. Fölsing, 23) Von Legasthenie weiß man zu jener Zeit wenig. Aber langsame Entäußerung von Sprache wird oft mit retardiertem Verhalten gleichgesetzt (das ist ja auch heute weit verbreitet), weil man in der Regel nicht beachtet, ob die Äußerungen dabei korrekt sind oder nicht. In der Hauptsache kann man zumindest einen Aspekt erkennen: dass nämlich der kleine Albert bereits Schwierigkeiten mit der Kommunikation hat, weil seine Kognition eher allzu *kritisch* angelegt ist. Das heißt, er stellt die Wörter selbst in Frage und versucht, Äußerungen als Ganzheit aus Lexikologie, Syntax und Semantik zu begreifen und diese nicht pragmatisch zu fragmentieren, wie das ansonsten üblich ist. Anders gesagt: Er reflektiert von Beginn an nicht nur die Form, sondern auch zugleich den Inhalt, ein ganzheitlicher Vorgang, der wohl im gewöhnlichen Alltag in der Regel nicht oft auf zureichend strenge Weise stattfindet. Hier scheint mir bereits die noch latent wirkende Wurzel dessen zu liegen, was ich oben versuchsweise »kritische Kognition« genannt, also durch einen Begriff bezeichnet habe, der ja nicht nur auf die reine (passive) Wahrnehmung abzielt, sondern vor allem auf die (aktive) Organisation und Interpretation des Wahrgenommenen. (Sartre hat ein ähnliches Phänomen ausführlich am Beispiel von Gustave Flaubert analysiert, der auch als retardiert galt, im weiteren Leben aber zu allem Überfluss auch noch ein innovativer Schriftsteller geworden ist. (vgl. Sartre 1979)

Insofern kann es nicht verwundern, dass Einstein unter Gleichaltrigen alsbald unter dem bezeichnenden Namen »Bruder Langweil« bekannt ist. Dazu gesellen sich andere Eigenschaften, die ihm nachgesagt werden: Jähzorn (also Ungeduld), häufiges Sich-Wundern über Zusammenhänge, eifrige Lektüre. Somit ist er auf der Grundschule später nicht nur aus Gründen der Konfession eher isoliert. (vgl. Fölsing, 24-29) Man kommt nicht umhin, bereits jetzt (Albert ist noch nicht sieben Jahre alt) Ingredienzien des Genies auszumachen, welche recht eigentlich seine Vorbedingungen erahnen lassen. (Natürlich ist der weitere Prozess kontingent: Wahnsinn und Genie mögen konnotativ zusammengehören, aber das erstere ist allenfalls notwendige, nicht aber zureichende Bedingung für das letztere!) Es ist auffällig, dass Albert im Jahr 1886 von der Klasse IIIa in die Klasse IIIb umgesetzt wird, angeblich aus disziplinären Gründen (also doch gerade wegen *Disziplinlosigkeit?*). Zugleich äußert er bereits als kleiner Junge eine deutliche Abneigung gegen das Militär, zu jener Zeit ein höchst ungewöhnlicher Vorgang! Er kommt 1888 auf das Luitpold-Gymnasium, verlässt aber die Schule 1894 kurz vor dem Abitur.

Über diese Begebenheit gibt es unterschiedliche Aussagen, die aber in der Hauptsache darauf hindeuten, dass ihm offenbar sein Griechisch-Lehrer Degenhart das Ausscheiden nahegelegt hat, wiederum aus Gründen der Disziplinlosigkeit. Angeblich soll der Lehrer den Eltern gegenüber den berühmten Ausspruch getan haben: »Aus Ihrem Sohn wird nie etwas Ordentliches werden!« (vgl. Fölsing, 41; Hoffmann/Dukas, 27) Streng genommen, hat er damit Recht gehabt, denn er verstand unter etwas »Ordentlichem« bestimmt nicht das, was Albert darunter verstand (und wir heute darunter verstehen). Gleichwohl ist die Angelegenheit unklar, weil andererseits Albert keineswegs ein schlechter Schüler war. Der spätere Direktor des zwischenzeitlich umbenannten Gymnasiums (Münchener Neues Realgymnasium) hat sich 1929 aus Anlass des 50. Geburtstages von Einstein die Mühe gemacht, die ziemlich guten Noten Alberts bei immerhin acht bis zehn Wochenstunden Latein und sechs Stunden Griechisch darzulegen.

Es sieht stattdessen so aus, als würden mehrere Gründe eine Rolle spielen: Um 1888 herum beginnt nämlich das Interesse Alberts an der jüdischen Religion, und er hat eine »strenge« Phase in jener Zeit. Diese kollidiert aber alsbald mit dem, was er sich durch seine Lektüre naturwissenschaftlicher Werke aneignet. Unter der Anleitung seines älteren Freundes Max Talmud (sic!) liest er Büchners *Kraft und Stoff* und lernt dabei auch die französischen Materialisten kennen, Bernsteins *Naturwissenschaftliche Volksbücher*, immerhin eine zwanzigbändige Ausgabe, Humboldts *Kosmos*, auch kein Leichtgewicht, Spiekers *Lehrbuch der ebenen Geometrie*. Das letztere Buch soll ihn besonders beeinflusst haben. Und er liest immerhin Kant, für sein Alter durchaus eine ungewöhnliche Lektüre. Das führt zu zwei verschiedenen Konsequenzen: Zum einen entfremdet er sich schnell wieder der Religion, zum anderen hat er kaum Zeit, seinen Interessen nachzugehen, wie man anhand des Stundenplanes deutlich erkennen kann. Beides führt vermutlich zu dem risikoreichen Schritt, die Schule ohne Abitur zu verlassen (womit er übrigens auch einen Lebenstraum seines Vaters, der keine Möglichkeit gehabt hatte zu studieren, zerstört). Spätestens hier offenbaren sich jene strukturellen Elemente der Biographie Einsteins, die auch künftig beibehalten werden: das Misstrauen gegen jede Autorität, kraftvolle Unabhängigkeit des Geistes, Mut, Dinge in Frage zu stellen – geboren freilich aus der Dissonanz häufig nicht gelingender Kommunikation, aus persönlicher Isolation und aus dem Rückzug in die Lektüre. Hier scheint mir die Wurzel für Disziplinlosigkeit in einem produktiven Sinne durchaus sichtbar zu werden. (vgl. Hoffmann/Dukas, 31)

Heutzutage ist es schwer vorstellbar, wie groß das Risiko des Schulabbruchs zu jener Zeit tatsächlich gewesen ist. Im Grunde befindet sich Albert danach in einem Moratorium, in welchem die Erwartungshaltung seiner Familie (er verbringt einen Teil der Zeit bei den Eltern, die sich zwischenzeitlich in Mailand befinden) ihn unter Druck setzt. Seine Aufnahmeprüfung an der ETH Zürich im Jahr 1895 endet erfolglos. Er muss einer Auflage nachkommen und an der Aargauischen Kantonsschule zusätzliche Leistungen nachweisen. Es gibt auch Schwierigkeiten mit seinem Alter: Bei der Bewerbung ist er noch nicht 18 Jahre alt. Interessant ist, dass er in einem Aufsatz, den er anlässlich der Bewerbung schreiben muss (»Mes projets d'avenir«), seine Zukunftspläne so bezeichnet, dass er an der ETH Naturwissenschaften studieren möchte, weil er über ein mathematisches Talent verfüge, und dann in den Lehrerberuf gehen wolle. Tatsächlich kehrt er im Oktober 1896 zurück und wird an der ETH Zürich im Fachlehrer-Studiengang immatrikuliert. In Zürich treffen sich zu jener Zeit die fortschrittlichen Protagonisten aller Nationen. Im Unterschied zu Deutschland gibt es dort bereits zahlreiche Frauen, die studieren. Einstein wohnt zunächst in dem Zimmer, in welchem vor ihm Rosa Luxemburg gewohnt hat.

Er stellt erstmals ausführliche Kontakte zu Mitstudierenden her: unter anderem zu Marcel Grossmann, dem er lange verbunden bleiben wird, und zu seiner späteren Ehefrau Mileva Marić. Er begegnet zum ersten Mal Minkowski. Er wird mit sozialistischen Denkweisen bekannt. Er besucht ungern die Lehrveranstaltungen. Er liest lieber inoffiziell das, was ihn interessiert: zum Beispiel Maxwell, dessen Theorie noch als unseriös gilt. (s. w. u.) Später schreibt er:

> Aber bald lernte ich ... dasjenige herauszuspüren, was in die Tiefe führen konnte, von allem anderen aber abzusehen, von dem Vielen, das den Geist ausfüllt und von dem Wesentlichen ablenkt. Der Haken dabei war freilich, daß man für die Examina all diesen Wust in sich hineinstopfen mußte, ob man nun wollte oder nicht.                                                                       (Einstein 1979, 6)

Dem Zwischenexamen im Wintersemester 1898/99 folgt die abschließende Diplomprüfung im Frühsommer 1900. Einstein besteht mit der Gesamtnote 4.5, was wahrlich nicht gerade glänzend ist. Nur Mileva Marić schneidet noch schlechter ab (mit 4.0) und besteht das Diplom nicht. Leider muss Einstein gleich anschließend, als er sich noch im September auf eine Assistentenstelle bewirbt, erkennen, dass er keine Förderer hat an der Hochschule. Er wird von seinen potenziellen Vorgesetzten nicht als »pflegeleichter« Student eingeschätzt. Man kann, ohne groß zu spekulieren, vermuten, dass Einstein seine unorthodoxen Vorgehensweisen aus der Schulzeit in die Studienzeit hinübergerettet hat und nicht von allzu freundlichen Augen beobachtet wird.

Es gibt eine merkwürdige Duplizität der Episoden: Ronald Clark überliefert nämlich, dass auch sein Vermieter in Zürich zu den Eltern gesagt haben soll, Einstein werde es *zu nichts* bringen. (vgl. Clark, 23) Dagegen steht eine andere Episode aus späterer Zeit: Als Charlie Chaplin Einstein zur Galapremiere seines Filmes *City Lights* einlädt, umdrängt die Menge die Limousine, um Einstein und Chaplin zu begaffen. Erstaunt wendet sich Einstein an Chaplin und fragt, was das zu bedeuten habe. Worauf Chaplin antwortet: Nichts. (vgl. Hoffmann/Dukas, 11) Auf diese Weise hat sich die Prophezeiung am Ende tatsächlich bewahrheitet: Einstein hat es zu nichts gebracht. Zu einem Nichts. Dieses aber gehört zu einer modernen, sehr lautstarken Sorte von Nichts, zu einem Nichts, das sich mit enormem Aufwand umgibt, um zu verbergen, dass es selbst im Grunde nichts ist. (Wir dürften diese Figur im heutigen Hochschulbetrieb wiedererkennen.)

Besser kann Einsteins Position wohl schwerlich bezeichnet werden: Er erscheint den meisten anderen im Wortsinne als »Idiot« (was ursprünglich im Griechischen »Einzelnheit«, »Individuum« bedeutet), wie Flaubert ist er der »Idiot der Familie«, wenn auch in einem milderen Sinne, aber mit den gleichen Auswirkungen: Er beantragt ein Promotionsverfahren, zieht den Antrag aber Ende 1901 von selbst zurück, weil er sieht, dass es nicht vorankommt und niemand Interesse an seiner weiteren Beförderung hat.

Nach dem Tod des Vaters im Jahr 1902 nimmt Einstein schließlich eine Stelle am Patentamt von Bern an. Bis dahin verbringt er die Zeit mit Tätigkeiten als Hilfslehrer in verschiedenen Positionen. In Bern beginnt eine Freundschaft mit Maurice Solovine und Conrad Habicht, die mit ihm gemeinsam die »Akademie Olympia« begründen, einen Debattierkreis zu philosophischen Fragen. Im nachfolgenden Jahr heiratet Einstein Mileva, und im Mai 1904 wird der erste Sohn Hans-Albert geboren. Einstein beginnt seine lebenslange Freundschaft mit Michele Besso. Und er beginnt nochmals mit der Dissertation. Das Jahr 1905 wird sein bedeutsamstes Jahr der wissenschaftlichen Ergebnisse (allenfalls gewinnt noch das Jahr 1915 an ähnlicher Bedeutung). Unter anderem schreibt er die Arbeit über Lichtquanten, für die er 1921 den Nobelpreis für Physik erhalten wird. (Bezeichnenderweise erhält er den Preis nicht für seine Relativitätstheorie, weil das dem Komitee zu riskant wäre.)

Im Juli des Jahres wird er an der Universität Zürich promoviert. Aber sein erstes Habilitationsgesuch wird sogleich wieder zurückgewiesen. Erst im Februar 1908 gelingt ihm die Habilitation in Bern und die Verankerung dort als Privatdozent. Seine erste Vorlesung über die Theorie der Strahlung wird von drei Hörern besucht. Ein Jahr später wird er als außerordentlicher Professor an der Universität Zürich angestellt. Die Zeit im Patentamt hat sieben Jahre gedauert (die schon in der Bibel erwähnten der dürren Art). Aber die Wanderschaft geht noch eine Weile weiter: Im April 1910 ist er an der Deutschen Universität in Prag, Zürich bietet eine Gehaltserhöhung an, um ihn weiter zu binden, mit Wien laufen Berufungsverhandlungen, ein anonymer Spender (tatsächlich: Franz Oppenheim) lässt ihm eine stattliche Spende zukommen. Schließlich wird er Anfang 1911 an die ETH Zürich berufen und kommt auf Betreiben von Max Planck im April 1914 schließlich nach Berlin.

Was wir an diesen Wanderjahren ablesen können, ist vor allem eines: Obwohl seit 1905 die Fähigkeiten Einsteins deutlich offen zutage liegen, obwohl er von Beginn an von Max Planck unterstützt wird (wenn auch nicht sofort von Sommerfeld, der bis 1907 skeptisch bleibt), obwohl er bereits 1909 zum Naturforscher-Kongress in Salzburg eingeladen wird und 1911 zum ersten Solvay-Kongreß in Brüssel, wo er die Crème der Physik trifft (darunter Marie Curie), dauert es immerhin noch *neun Jahre*, bis er letztendlich an der Preußischen Akademie der Wissenschaften zu Berlin etabliert ist. So sieht man die Wirkung der Peer Groups. Insofern erübrigt sich auch die Frage, weshalb Einstein nach Berlin gegangen ist, obwohl er keine besondere Vorliebe für Deutschland hatte: Planck hat ihm ein Angebot (consiglio) gemacht, das er nicht ablehnen konnte.

Aus der Akte Einsteins bei der Akademie kann man gleichwohl entnehmen, dass auch Planck keinen leichten Stand gehabt hat. (vgl. Grundmann) Nur sein Einfluss als Sekretär der physikalisch-mathematischen Klasse, ein Amt, das er seit 1912 innehat, und als Rektor der Berliner Universität (1913-14) hat offenbar den Ausschlag gegeben. Übrigens auch die Unterstützung durch seinen Mitarbeiter Nernst, der gemeinsam mit Leopold Koppel die Gründung der Kaiser-Wilhelm-Gesellschaft (der späteren Max-Planck-Gesellschaft) betreibt und den Kaiser hocherfreut. Dabei muss auch mitbedacht werden, dass Wissenschaft zu jener Zeit noch nationales Anliegen war (also dem politischen Wettbewerb zwischen den Ländern diente). Aus der Sicht der für Einsteins Berufung maßgeblichen Protagonisten auf Seiten der Regierung muss Einstein somit »... mehr [als] Objekt [denn] als Subjekt der Politik« angesehen werden. (ebenda, 75)

In Berlin angekommen, ist Einstein mittlerweile 35 Jahre alt. Erst jetzt ist er imstande, seiner wahren Arbeit in aller Ruhe nachzugehen. Und diese Gelegenheit ergreift er allerdings: Zwischen dem November 1915 (nachdem seine wesentliche Publikation über die allgemeine Relativitätstheorie bereits vorbereitet und vollzogen ist) und dem Februar 1917 wird er insgesamt 15 Publikationen vorlegen und damit wissenschaftliche Weltgeschichte schreiben. Allein, die Strafe folgt auf dem Fuße: Seine über die Jahre verschlechterte Beziehung zu Mileva verbessert sich in Berlin nicht wie erwartet, zumal Einsteins Cousine Elsa zwischenzeitlich ein sehr enges Verhältnis zu ihrem Cousin aufgenommen hat. Mileva reist alsbald wieder ab, gemeinsam mit den Kindern (im Jahr 1910 ist der zweite Sohn Eduard geboren worden). Einstein siedelt in die Haberlandstraße im Bayerischen Viertel über, gefolgt von Elsa. Im Februar 1919 wird er von Mileva geschieden. (Gleichwohl kann man zeigen, dass Einstein sich durchaus fürsorglich verhält und eine großzügige Nachlassregelung veranlasst; vgl. Grundmann, 78) Aber 1917 leidet Einstein bereits unter Leberproblemen, Darmgeschwüren und Gelbsucht. Elsa muss ihn längere Zeit pflegen. Offenbar ist er im Zuge seiner Anstrengungen zusammengebrochen. Er wird noch bis 1921 unter den Folgen zu leiden haben.

Durch die Expedition der Royal Society of London unter der Leitung von Eddington am 29. März 1919, bei welcher anlässlich der Beobachtung einer totalen Sonnenfinsternis in Sobral (Brasilien) und Principe (Guinea) Einsteins Vorhersage der Lichtablenkung im Gravitationsfeld der Sonne empirisch bestätigt wird, gewinnt Einstein an weltweiter Berühmtheit. Von da an ist er zu der Kultfigur geworden, als die wir ihn heute noch kennen. Um mit Chaplin zu sprechen: Er ist im Nichts angekommen. Zwei Jahre später wird ihm der Nobelpreis für Physik verliehen (aber eben nicht für die Arbeiten, durch die er gerade eben so bekannt geworden ist).

Die weitere öffentliche Resonanz wirkt zumeist im außerphysikalischen Bereich, insofern Einstein zunehmend zu Veranstaltungen aller Art als Festredner eingeladen wird und gezwungen ist, zu allen möglichen Themen Äußerungen zu fingieren. Das hat die Zahl seiner Schriften erheblich vergrößert, und heute muss man im Nachhinein genau zwischen den wesentlichen und den unwesentlichen Äußerungen unterscheiden, schon, um die weitere Legendenbildung zu vermeiden. Beispielsweise sind die philosophischen Darlegungen Einsteins in der Regel mit Vorsicht zu genießen, zumal er kein ausgebildeter Philosoph gewesen ist. Allerdings wird er während seines Prag-Aufenthaltes, als er den Salon von Max Brod zu besuchen pflegt, stark von der Philosophie Spinozas beeinflusst, die damals gerade in Mode steht, so dass zentrale Grundgedanken Spinozas über die Substanz mit in seine allgemeine Theorie tatsächlich eingehen. Aber auch hier kann man das eine oder andere Missverständnis aufzeigen. (vgl. Zimmermann, 2004) Ähnliches gilt auch für seine diversen Auftritte bei politischen Versammlungen, etwa bei der Liga der Menschenrechte oder als Redner bei der antifaschistischen Einheitsfront im Juli 1932. (vgl. Grundmann, 320-333) Man sollte alle diese Aktivitäten nicht überbewerten.

Durch Selbsteinsicht erhellt, hat Einstein das spätere Angebot, erster Präsident von Israel zu werden, sogleich abgelehnt. Wenn er sagen wird:

> Die Wissenschaft sucht Beziehungen aufzufinden, die prinzipiell unabhängig vom forschenden Menschen existieren. Dies schließt nicht aus, dass der Mensch selbst Gegenstand jener Beziehungen sein mag, oder in der Mathematik, dass von uns geschaffene Begriffe, die keinen Anspruch auf Beziehung zu einer ›Außenwelt‹ machen, Gegenstand wissenschaftlicher Aussagen sein/können.
>
> (Einstein 1979, 53f.)

dann lässt er aber keinen Zweifel daran, an welchem Aspekt er hauptsächlich interessiert ist. Im Grunde ist Einstein immer vor allem Physiker, der freilich von 1919 an (bis zu seinem Tode 1955) zunehmend dem Chaplin-Effekt ausgesetzt ist.

Er hat sich allerdings deutlich gegen die Nazis abgesetzt. Und das veranlasst ihn, zeitig das Land zu verlassen. So begibt er sich noch 1932 auf Auslandsreise und teilt bereits am 13. September dem Ministerium seine Absicht mit, das Angebot Abraham Flexners anzunehmen, das extra für ihn gegründete »Institute of Advanced Studies« in Princeton zu beziehen. Er reist am 10. Dezember aus. Ursprünglich in der Absicht, seine Positionen in Berlin und Princeton über das Jahr hinweg jeweils zur Hälfte wahrzunehmen, wird er aber nicht mehr zurückkehren. Nach einem Aufenthalt beim belgischen Königspaar, mit dem er seit längerem befreundet ist, reist er nach Princeton weiter, wo er im Oktober 1933 eintrifft. Einstein ist jetzt 54 Jahre alt.

Es wird heute noch darüber gestritten, ob Einstein in den letzten zwanzig Jahren seines Lebens, die er in den USA verbringen wird, noch viel Neues produziert hat. Wir wollen dieser Frage hier nicht im einzelnen nachgehen. Wichtig ist aber, dass seine über die Jahre ansozialisierte Grundhaltung auch weiterhin zur Geltung kommt: Richard Feynman charakterisiert Einstein, dem er als Student zum ersten Mal begegnet, als eine Person, die »... Verständnis dafür [hatte], daß die Dinge anders sein konnten als seine Theorie behauptete ...« (Feynman, 105) Da wird ein Punkt angesprochen, der deutlich macht, dass das Genie nur eines sein kann, wenn es sein Denken nach allen Richtungen hin offen hält und sich neuen Anregungen auch dann nicht verschließt, wenn das eigene Werk abgeschlossen scheint. Tatsächlich ist ja Einstein mit seinem Projekt der einheitlichen Feldtheorie nicht zu einem befriedigenden Abschluss gekommen, was natürlich vor allem auch daran liegt, dass er nur zwei der vier heute bekannten physikalischen Kraftfelder berücksichtigen konnte. Wäre er noch weitere zwanzig Jahre älter geworden, hätte er diese Einsichten sicherlich auch noch gemeistert. Zu Lebzeiten wird er als Gegner der Quantenphysik bekannt werden. (vgl. Bernstein, 182) Er streitet darüber mit Bohr und Heisenberg, obwohl alle miteinander befreundet sind. Am Ende wird die Quantenphysik (zu der er ja am Anfang selbst Einiges beigetragen hat und die ein Anliegen und im Grunde auch eine Erfindung seines Förderers Planck war) ihren Siegeszug antreten. Aber heute erkennen wir wieder, dass es doch wesentliche Punkte gibt, bei denen Einstein mit seiner Kritik völlig richtig lag. Und inzwischen sind zahlreiche Aspekte der Quantenphysik neuerlich in Frage gestellt worden. Das Einsteinsche Ziel, das modern »Quantengravitationstheorie« genannt wird, ist immer noch unerreicht.

Nun kann die Person Einstein aber durch diese Abschilderung der biographischen Ereignisse nicht zureichend erhellt werden. Es gilt vielmehr, sein Werk dagegenzustellen, um dann eine Einsicht in den Zusammenhang gewinnen zu können. Wir wenden uns daher nun dem Einsteinschen Werk zu. Es bedarf freilich einiger Geduld, um die Grundgedanken zu erfassen, welche ihm wesentlich zugrunde liegen.

## II

Die Geschichte der Geometrisierung der Physik (vgl. zum Folgenden Zimmermann 1987; ausführlicher: Ders. 2004, viertes Kapitel) – und somit des Begriffswandels von Raum und Zeit zu Beginn des 20. Jahrhunderts – ist vor allem eine Geschichte der Relativitätstheorie Albert Einsteins und hauptsächlich durch dessen Veröffentlichungen in den Jahren 1905 (zur speziellen Theorie = SRT) und 1915 (zur allgemeinen Theorie = ART) charakterisiert. In seinem Lehrbuch »Raum, Zeit und Materie« von 1923 schreibt Weyl: »Wir pflegen Zeit und Raum als die Existenzformen der realen Welt, die Materie als ihre Substanz aufzufassen.« (hier: 6. Auflage 1970, 1) In der Tat stellt sich die Relativitätstheorie als Theorie von Raum und Zeit und zugleich als Theorie von der Materie heraus, wenn auch nur für makroskopische Prozesse. Gerade dieser thematische Rahmen aber führt zu einer Konzeption der Ganzheit und Gesamtheit von Raum und Zeit als des (physikalisch) Welthaften, das in der Kosmologie und in der einheitlichen Feldtheorie bis an ihre Grenzen weitergeführt wird.

Wie die Kunst, so dient auch die Wissenschaft, auf ihre eigene, *objektparadigmatische* Weise, der Außenwelt-Stabilisierung: Die Hintergrunderfüllung (vgl. Gehlen, 56), das heißt, die Erkenntnis von der Stabilität des in Raum und Zeit Vorfindbaren, verschafft dem Reflektierenden Sicherheit im Erleben. In diesem letzteren wird die Zeitordnung zur wahrnehmbaren Dauer, und hiermit erst beginnt der Bruch der Zeitempfindung, die in einen Teil unhistorischer Ur-Zeit und in einen Teil historischer Ereignis-Abfolge zerfällt. (vgl. ebenda, 102; 159; 228-232) Der Grundbestandteil der Zeitempfindung ist die relationale Ordnung der Substanz. In ihr erkennt der Mensch die Vielfalt seiner stofflichen Umgebung und deren Stabilität, die ihm das Universum garantiert.

(vgl. Bloch, 27) Insofern liegt es nahe, dass die Beschäftigung mit der raumzeitlichen Struktur der Dinge zu den ältesten Tätigkeiten der Menschheit gehört.

Auf dieser Grundlage sieht auch Einstein den Zweck der Geometrie »… als Lehre von den Gesetzmäßigkeiten der gegenseitigen Lagerung im wesentlichen starren Körper« und erkennt in ihr den »ältesten Zweig der Physik.« (Einstein 1981, 140-147) Die Lagebeziehungen zwischen (allerdings idealisierten) Objekten« bildeten ohnehin immer schon die Grundlage der euklidischen Mathematik, die einen Raumbegriff im strengen Sinne nicht kannte. Die Eigenständigkeit des Raumbegriffs trifft man vielmehr erst bei Descartes an, hauptsächlich in der formalisierten Darstellung von Koordinatensystemen. Eine *Notwendigkeit* für den Raumbegriff ergibt sich erst bei Newton, weil dieser an den Raum einen physikalischen Zustandsvergleich knüpft, wie noch zu sehen sein wird. Auf Newtonscher Grundlage veröffentlicht Euler noch 1748 seine *Réflexions sur l'espace et le temps* in den Schriften der Berliner Akademie, in denen er das absolute Raum-und-Zeit-Konzept mit dem Begriff »echter Realität« und einer erkenntnistheoretischen Notwendigkeit explizit verbindet. (vgl. Cassirer, 4) Es ist das Verdienst Einsteins, hier zweierlei bewirkt zu haben: Zum einen schafft er in der Trennung erkenntnistheoretischer Auffassungen von denen des rein naturwissenschaftlichen Gehalts Klarheit über das physikalische Konzept von Raum und Zeit (insofern vollzieht er auch die endgültige Trennung von der Naturphilosophie alten Stils). Zum anderen tritt durch Einstein der klassische Dualismus von Materie und Raum-Zeit zugunsten einer einheitlichen physikalischen Auffassung in den Hintergrund. (ebenda, 53; 56)

Diese Synthese des noch bis auf Demokrit zurückgehenden Dualismus ermöglicht schließlich einen Neubeginn, eine neuerliche Annäherung an eine einheitliche (umfassende) Konzeption vom Ganzen der Natur zu versuchen. Darüber hinaus wird in der von Einstein vorgetragenen konsequenten Verarbeitung des Machschen Ansatzes die Problematik lokaler und globaler Physik im Universum auf eine neue Ebene gehoben, woraus sich die moderne Kosmologie begründet. Gleichwohl münden aus heutiger Sicht alle diese Bestrebungen in eine alte Problematik, indem sie nämlich die Frage nach dem Wesen der Realität von Raum und Zeit weitgehend unbeantwortet lassen: Denn ursprünglich ist die Geometrie eine durchaus subjektive Kreation menschlicher Reflexion. Wenn sie nunmehr lediglich Ausdrucksform einer Äquivalenzbeziehung ist, die sie mit dem (angeblich objektiven) Materieinhalt des Universums eingeht, so stößt man hier auf einen fatalen Widerspruch – es sei denn, man räumt auch der Substanz selbst eine subjektive Position ein. (wie von Patton und Wheeler angedeutet; vgl. in: Isham/Penrose/Sciama, 538-605)

Die Physik vor Einstein präsentiert sich mithin als Newtonsche: »Am Anfang … schuf Gott Newtons Bewegungsgesetze samt den notwendigen Massen und Kräften«. (AB 7) In den *Philosophiae Naturalis Principia Mathematica* von 1686 hatte Newton jene Axiomatik zusammengefasst, welche die (mechanische) Physik für rund 200 Jahre bestimmen sollte. Erst in der zweiten Hälfte des 19. Jahrhunderts kündigte sich die Krise der Newtonschen Sichtweise an, die im Sinne eines Kuhnschen *Paradigmenwechsels* ihre entscheidende Wirkung entfalten konnte. (vgl. Kuhn) Die Entwicklung dieser Krise lässt sich am besten am Beispiel dreier Newtonscher Teilaspekte verfolgen: an den Konsequenzen des ersten Axioms (des Trägheitssatzes), des zweiten Axioms (des Kraftgesetzes) und an der Korpuskulartheorie des Lichts. In allen – sagen wir: – *Strängen* der Newtonschen Theorie wird diese letztlich auf eine unbehebbare Schwierigkeit stoßen. Verfolgen wir kurz diese Entwicklung bis ins Jahr 1905:

**1.**

Das erste Newtonsche Axiom – sich auf Ergebnisse stützend, die bereits Galilei in den *Discorsi* von 1638 dargestellt hatte – besagt, dass »...jeder Körper in seinem Zustand der Ruhe oder der gleichförmig-geradlinigen Bewegung beharrt, wenn er nicht durch einwirkende Kräfte gezwungen wird, diesen Zustand zu verändern.« Aus dynamischer Sicht ist mithin die gleichförmig-geradlinige Bewegung die einfachste in der Natur. Allerdings ist sie nur dann sinnvoll fassbar, wenn man ein Bezugssystem angibt, in dem sie beschrieben werden kann. So besteht der eigentliche Sinn des ersten Axioms darin, sicherzustellen, dass überhaupt ein Bezugssystem existiert, in dem sich ein sich selbst überlassener Körper in Ruhe befindet oder im Zustand gleichförmig-geradliniger Bewegung. Ein solches System nennt man »Inertialsystem«. Und als ein geeignetes Inertialsystem bietet sich zunächst eines an, das als am Fixsternhimmel befestigt gedacht wird. Der Begriff der Trägheit (inertia), als universaler Eigenschaft von Körpern, führt dabei zu dem Problem, die Natur »gerader« Linien zu bestimmen, womit sich sogleich die Schwierigkeit ergibt, dass ungleichförmig bewegte Beobachter gleichförmige Bewegungen kaum bestimmen können. Das heißt vor allem, dass kein Beobachter von sich zu Recht behaupten kann, er bewege sich gleichförmig. Das Galileische Relativitätsprinzip, das besagt, dass Bezugssysteme, die Inertialsysteme sind, in Hinsicht auf die Beschreibung physikalischer Vorgänge als gleichwertig angesehen werden müssen, kann diese Schwierigkeit nicht beheben. Es impliziert lediglich eine Familie von Transformationen, die beim Vergleich von Bewegungszuständen gute Dienste zu leisten vermögen. Insbesondere zeigt sich alsbald, dass die Newtonschen Bewegungsgleichungen, gemäß dem zweiten Axiom, unter diesen Transformationen invariant verbleiben. Aber die Frage, was eigentlich festlegt, welche Bezugssysteme Inertialsysteme sind, wird dadurch nicht geklärt. Newton bietet hierzu eine Lösung durch die Einführung des »absoluten Raumes« an: Danach sind inertiale Systeme solche, die sich gegen den absoluten Raum im Zustand gleichförmig-geradliniger Bewegung befinden.

Man erkennt hier sogleich einen möglichen Ansatz für die Kritik, wie sie schließlich auch von Leibniz vorgetragen worden ist: Der relative Raum lässt sich aus der Wahrnehmung heraus nicht vom absoluten Raum trennen, wodurch man sofort wieder auf die rein relationale Betrachtungsweise zurückfällt. Bei Leibniz ist der Raum daher konsequent einfach die Menge der möglichen Positionen gleichzeitig existierender Körper. Mit dem berühmten

Newtonschen »Eimer-Experiment« wird diese Kritik zwar zunächst auf empirische Weise entkräftet, aber Mach wird später zeigen – in dem Bemühen, die
Physik von unbeobachtbaren Größen zu reinigen – dass dieses Gedankenexperiment selbst entkräftet werden kann. (vgl. Kanitscheider)

Man erkennt hier die enge Verflechtung mit dem zweiten Axiom: Dabei
wird die Masse eines Körpers, auf den eine Kraft wirkt, zu einer *passiven* Eigenschaft des Körpers, die dessen Trägheit reflektiert. Das ist der Widerstand,
den der Körper dem Bemühen entgegensetzt, aus seinem bisherigen Bewegungszustand in einen anderen versetzt zu werden. Eine solche Zustandsän-
derung ist eine Beschleunigung: Gerade durch diesen Begriff der Beschleunigung wird der Raum für die Newtonsche Physik notwendig, indem er eine
trägheitsbestimmende Funktion erlangt. Er wird zum Gefäß, in dem sich die
Dynamik der Körper abspielt. (vgl. WB, 140-147) Der Raum ist bei Newton also
eine vom physikalischen Geschehen unberührte »Arena«. Die Materie hat somit nur zwei innere Eigenschaften (neben der Trägheit noch die Schwere), und
um diese Partikeln (Massenpunkten) zuzuschreiben und ihre Bewegung fest-
zulegen, bedarf es der Bestimmung des Ortes zu jedem Zeitpunkt.

Erst Mach ist es, der den absoluten Raum wieder in Frage stellt und das relationale Konzept neu belebt. Ob eine Bewegung gleichförmig ist, kann nach
Mach nur sinnvoll in Bezugnahme auf andere Bewegungen entschieden werden. Was das »Eimer-Experiment« angeht, argumentiert Mach dahingehend,
Newton habe lediglich zwischen zwei Gruppen relativer Bewegungen unterschieden, nämlich zwischen jenen, die relativ sind im Bezug auf den Fixsternhimmel, und jenen, die relativ sind in Bezug auf andere Körper, die sich
gegen den Fixsternhimmel in Ruhe befinden. Andererseits gelte: Kräfte sind
keine Invarianten, sondern relative, koordinatenabhängige Größen (Kovarian-
ten). Und genau an dieser Stelle motiviert Mach die Relativitätstheorie. Und
insbesondere tangiert er die Frage, ob die globale Struktur des Universums die
lokale präformiert. Somit wird der Raum bei Mach zum leeren und daher un-
nötigen Konstrukt. Und Ähnliches gilt für die Zeit. Man kann den Machschen
Einwand auch wie folgt formulieren: »Das Universum agiert selbst, aber nichts
agiert auf das Universum.« (Einstein 1974, 56f.) Damit wird der Weg zum Feld-
konzept freigemacht.

## 2.

Am Ende der *Principia* beschreibt Newton die Gravitation als Ursache der Pla-
netenbewegungen: abhängig von der Masse, welche die betreffenden Körper
enthalten, ihrer Kraft proportional und dem Quadrat der Entfernung zwischen den Körpern umgekehrt proportional. Hierin ist die Erfahrung Galileis
verarbeitet, die besagt, dass Körper mit einer Geschwindigkeitsrate fallen, die
unabhängig ist von ihrer Masse. Diese Beobachtung wird später durch Huygens bestätigt. Hierdurch wird deshalb ein *aktives* Konzept von der Masse eingeführt, wohlunterschieden von der passiven, trägen Masse. Newton vermutet
aber alsbald die Äquivalenz beider Massen und testet in Pendelversuchen ih-

ren Quotienten auf Abweichungen gegen 1, findet jedoch keine. Diese Äquivalenz wird schließlich von Bessel im Jahr 1830 mit noch größerer Genauigkeit bestätigt werden. Und seit der neuerlichen Steigerung der Genauigkeit durch Eötvös im Jahr 1889 gilt das Ergebnis als gesichert. Zudem passt die Newtonsche Gravitationskonstante sehr gut in die Reproduktion der Ergebnisse über die Keplerschen Bahngesetze der Planeten. Insbesondere kann Newton bereits 1684 zeigen, dass die Planeten unter dem Einfluss des »inversen Quadratgesetzes« auf Ellipsen um die Sonne kreisen, wobei die Sonne in einem Brennpunkt der jeweiligen Ellipse steht.

Es verbleibt aber eine Schwierigkeit: Le Verrier weist 1845 nach, dass die beobachtete Präzession der Perihelia des Merkur um 35 Bogensekunden größer ist als nach dem Newtonschen Gravitationsgesetz zu erwarten. Diese Abweichung wird 1882 durch Newcomb bestätigt, der freilich auf 43 Bogensekunden kommt. Nach vergeblichen Bemühungen, eine Erklärung hierfür zu finden, gelangt Newcomb schließlich 1895 zu dem Ergebnis, dass »... die Gravitation der Sonne nicht genau dem ›inversen Quadratgesetz‹ gehorche.« (Art. Merkur, in: Encyclopedia Britannica, 11. Aufl, Bd. 18, 1910/11, 155)

## 3.

Das Newtonsche (im wesentlichen bereits von Descartes begründete) Massenpunktkonzept legt es nahe, für Licht ein Korpuskularmodell anzunehmen, so daß es als ein Teilchenschwarm erscheint, der es ermöglicht, die optischen Effekte, wie Reflexion und Refraktion bei Spiegeln und Linsen, ähnlich zu interpretieren wie Stoßprozesse in der Mechanik (in einem Bild von Billiardkugeln) repräsentiert. Die konkurrierende Wellentheorie von Huygens kann sich dagegen, vor allem auf Grund des großen Ansehens, das Newton genießt, gegen dessen Theorie nur mühsam behaupten. Doch am Ende ist es möglich, mit Hilfe der Wellentheorie nicht nur alle Phänomene eleganter zu erklären, die in dem Korpuskularmodell auftreten, sondern darüber hinaus auch Phänomene wie Interferenz, Diffraktion und Polarisation, für deren Erklärung das Korpuskularmodell komplizierte Kunstgriffe benötigt.

Lange Zeit aber gibt es kein eindeutig entscheidendes Experiment, das zugunsten der einen oder anderen Auffassung hätte herangezogen werden können. Das Studium der Lichtfortpflanzung in brechenden Medien schließlich wird die Möglichkeit eines solchen Tests eröffnen: Denn die Newtonsche Theorie sagt voraus, dass die Lichtgeschwindigkeit im dichteren Medium größer sei als in dünneren, während nach der Huygenschen Theorie gerade das Gegenteil zu erwarten ist. Zu diesem Zeitpunkt besteht auf der Grundlage astronomischer Messungen durch Römer 1676 bereits die Auffassung, dass sich Licht mit *endlicher* Geschwindigkeit ausbreitet. Die erste terrestrische Messung führt aber erst 1849 Fizeau durch, noch genauere Ergebnisse erzielen Fizeau und Foucault im folgenden Jahr. Schließlich kann Foucault 1851 nachweisen, dass die Lichtgeschwindigkeit im Wasser *kleiner* ist als in der Luft. Und 1885 bestätigt Michelson, dass der Quotient aus der Lichtgeschwindigkeit im Vakuum und jener im Wasser gerade gleich dem Brechungsindex des Wassers ist. Mithin sprechen diese Ergebnisse deutlich zugunsten der Huygenschen Theorie.

Daher sind mindestens bis 1864 (bzw. 1873, also der Zeit der Einführung der Maxwellschen Theorie des Elektromagnetismus) alle drei »Hauptstränge« der Newtonschen Theorie auf erhebliche Schwierigkeiten gestoßen: Dem Raumkonzept steht die Leibnizsche Argumentation entgegen, dem Gravitationsmodell der Befund am Merkur, der Korpuskularoptik die Wellentheorie des Lichts. Allerdings kann man diese Punkte noch als »schwache Anomalien« der Newtonschen Theorie ansehen, die nicht unmittelbar zu ihrem Sturz führen. Aber man stößt alsbald auf eine weitere Anomalie, welche die bisherigen bei weitem an Bedeutung übersteigt.

## 4.

Im Jahr 1873 erscheint Maxwells »Treatise«, in welchem Maxwell eine Vereinigung von Optik, elektrischen und magnetischen Kraftwirkungen vorstellt mitsamt der nach ihm benannten, bereits 1864 gefundenen, Feldgleichungen. Die Ergebnisse des Davy-Schülers Faraday (der 1831 unter anderem das Induktionsgesetz formuliert) bilden die Grundlage, auf die sich Maxwell stützt. (Übrigens hat die Naturphilosophie Schellings einen wesentlichen Einfluss auf die Vorstellungen Faradays.) Insbesondere übernimmt Maxwell von Faraday den Kraftfeldbegriff, das heißt, das Prinzip der Übertragung elektromagnetischer Wechselwirkungen im ansonsten körperfreien Raum. Der Umstand, dass elektromagnetische Felder auch als freie Felder existieren können, also unabhängig von ihren Quellen, kollidiert sogleich mit der Voraussetzung eines absoluten Raums: Nach Newton kann dieser nicht, indem er passives Gefäß ist, selbst aktive Wirkungen ausüben. Man benötigt daher ein Medium als Träger der Wechselwirkungen im leeren Raum, und dieses nennt man *Äther*. (vgl. AB, 12ff.) Dabei bewegt man sich also im Kreis: denn mit dem Äther führt man durch die Hintertür wieder den absoluten Raum ein. Da die Maxwell-Gleichungen nicht invariant sind gegen Galilei-Transformationen, wird Maxwell zunächst vermuten, dass sie nur für eine Anzahl bevorzugter Inertialsysteme gelten, nämlich für solche, die sich in Ruhe in Bezug auf den Äther befinden.

Hinzu kommt noch der optische Aspekt: Durch die Einführung der Lorentz-Kraft gelangt eine neue Proportionalitätskonstante in die phänomenologischen Gleichungen, nämlich mit der magnetischen Induktion, die auch im Gesetz von Oersted auftritt. Die Konstante, die im Gaußschen Maßsystem die Dimension einer Geschwindigkeit hat, kann durch das Experiment bestimmt werden und ergibt gerade den Betrag der Lichtgeschwindigkeit. Zudem kann leicht gezeigt werden, dass diese Geschwindigkeit gerade die Ausbreitungsgeschwindigkeit für elektromagnetische Wellen ist. Das heißt, die Maxwellsche Theorie ergibt ganz klar, dass Licht eine elektromagnetische Welle ist und die Lichtgeschwindigkeit eine universelle Konstante. Dieses Ergebnis deckt sich aufs Beste mit der Theorie von Huygens. Gleichwohl wird dieser Ansatz lange Zeit nicht als seriös angesehen, vor allem, weil die Lichtgeschwindigkeit deshalb nicht als universelle Konstante angesehen wird, weil die Maxwell-Gleichungen nicht invariant sind unter Galilei-Transformationen. Erst die zusammenfassenden Arbeiten von Hertz (1890) und die Interpretation von Lorentz werden Klarheit schaffen: Felder sind physikalische Zustände des Raums.

Und damit ist zunächst der Newtonsche Raumbegriff aus den Angeln gehoben. Zu den anderen Problemen kommen also noch neue hinzu: die Einverleibung der Wellenoptik in den Äther ist höchst bedenklich, und die elektromagnetischen Kräfte erfordern elektrische Massen, fast ohne Trägheit, aber mit neuen, im Gegensatz zur Gravitation sogar *polaren*, Wechselwirkungen. Zu allem Überfluss stellt sich auch noch heraus, dass der Äther selbst widersprüchliche Eigenschaften besitzen muss, im Grunde aber gar nicht aufgefunden werden kann. Vorhergesagte Geschwindigkeitsdifferenzen von gegen den Äther bewegten Körpern können nicht gemessen werden. Im berühmten Experiment von Michelson und Morley im Jahr 1887 wird deutlich, dass die Lichtgeschwindigkeit in verschiedene Richtungen in Bezug auf den Äther konstant ist. (Das Experiment ist offenbar durch Maxwells Artikel in der 9. Auflage der Encyclopedia Britannica über den Äther angeregt worden. Vgl. Hawking/Israel, XVIIf.) Es wird künftig eine Hauptaufgabe der Physiker werden, ein Modell für den Äther zu finden, das imstande ist, alle Widersprüche in sich zu vereinigen und aufzuheben. Besonders die Arbeiten von Lorentz und Poincaré tragen schließlich zur Aufklärung bei. Die Lorentzsche »Kontraktionshypothese« von 1904 besagt, dass eine Längenkontraktion von Körpern entlang der Ausbreitungsrichtung gegen den Äther erfolgt. Hierdurch, so die Annahme, würde die Beobachtung des Äthers verhindert. Es ist Minkowski, der widerspricht: Das sei nichts weiter als ein *deus ex machina.* Cassirer zitiert hierzu treffend Leibniz: »Quand il n'y a point de changement observable, il n'y a point de changement du tout.« [Wenn es keine beobachtbare Veränderung gibt, gibt es gar keine Veränderung.] (Cassirer, 31) Es ist genau dieses Argument, mit welchem Albert Einstein, angeregt durch seine Mach-Lektüre, in die Debatte eintritt.

Im Herbst des Jahres 1896 kommt Einstein, im Alter von siebzehn Jahren, auf die ETH Zürich und beginnt sein Studium der Mathematik und Physik. Schon früh erwacht sein Interesse an den Problemen, welche die Maxwellsche Theorie der klassischen Physik bereitet. Dabei muss bedacht werden, dass die Maxwell-Gleichungen zu jener Zeit nicht Gegenstand des offiziell gelehrten Stoffs sind und immer noch als umstritten gelten. Am meisten fasziniert Einstein der Übergang von Fernwirkungskräften zu Nahwirkungskräften in der Feldtheorie.

An dieser Stelle setzt die Grundüberlegung Einsteins schließlich ein, indem er als Hauptsatz (in Gedanken) formuliert: *Die Ätherkontroverse kann nur behoben werden, wenn man die Denkweise über den Äther ändert.* Das bedeutet, dass man sich vom tradierten Vorgehen abzuwenden hat. Die Prämisse ist dabei, dass es als völlig unmöglich erscheint, auf die Maxwellsche Theorie zu verzichten oder sie auch nur irgendwie in Frage zu stellen. Dabei spielen auch ästhetische Aspekte eine zentrale Rolle, denn die formale Eleganz der Maxwellschen Feldgleichungen sticht deutlich gegen die Darstellungsweise der klassischen Mechanik ab. Die Konsequenz wird sein, dass Einstein am Ende auf den Äther völlig verzichtet, was gleichbedeutend ist mit einer radikalen Infragestellung des absoluten Raums, mithin der Newtonschen Theorie.

Man muss sich hier klar vor Augen halten, dass allein schon der Grundgedanke: nämlich eine Infragestellung der Newtonschen Theorie, nichts weiter ist als ein Sakrileg. Heutzutage können wir das gut mit dem Fall vergleichen, dass jemand darangeht, die Einsteinsche Theorie in Frage zu stellen! (Das bedeutet nicht, dass es nicht viele Leute immer wieder versuchen würden. Allein, die Häufigkeit dieser Versuche ist umgekehrt proportional zu ihrer mathematischen Stringenz. Und das ist etwas, was man Einstein im Falle seiner eigenen Annäherung an Newton nicht vorwerfen kann.)

Die Mach-Lektüre ist Einstein (ΛB, 8) dabei hilfreich: Vor dem Hintergrund dieser Lektüre untersucht er den Raumbegriff erneut auf kritische Weise und richtet seine Aufmerksamkeit dabei in der Hauptsache auf das Gebiet, in dem die Maxwellsche Theorie bereits Vieles geleistet hat, die Optik. Einstein fragt sich insbesondere, »... wie die Ausbreitung einer Lichtwelle einem mitbewegten Beobachter erscheinen würde.« (ebenda, 20) Dadurch kombiniert er die Bewegungsprinzipien mit dem Elektromagnetismus. Natürlich ist die Entwicklung des expliziten Argumentationsganges eher Bestandteil der Einstein-Legende, weniger ein konkret nachvollziehbarer Erkenntnisprozess, aber zumindest als Paraphrase kann man sich von diesem Vorgang eine Vorstellung machen:

Wenn sich ein Beobachter auf einer Lichtwelle mitbewegt, dann kann sein Bild wegen der nötigen Reflexion nicht auf einem vor ihm angebrachten Spiegel erscheinen, falls die Lichtgeschwindigkeit nicht unabhängig ist vom Bewegungszustand der Quelle. Was freilich dem Galileischen Prinzip bereits widersprechen würde: Denn diesem gemäß kann man seinen eigenen Bewegungszustand nur im Vergleich mit einem anderen Inertialsystem bestimmen. Mithin könnte man seinen Bewegungszustand einfach dadurch bestimmen, indem man in den Spiegel schaut, das heißt, die Lichtgeschwindigkeit misst. Behält man aber die Auffassung Galileis bei, dann muss ein äußerer Beobachter für das reflektierte Licht vom mitbewegten Beobachter zum Spiegel *doppelte* Lichtgeschwindigkeit messen. Der Ausgang der Messung wäre dann aber nicht unabhängig vom Bewegungszustand der Quelle. Also muss für *beide* Beobachter die Lichtgeschwindigkeit gleich sein. Das ist aber nur der Fall, wenn die Raum- und Zeitdifferenzen, welche allgemein die Geschwindigkeit definieren, für die Beobachter variieren.« (Man erkennt hier die weitgehend intuitive, gleichsam prä-mathematische Gedankenführung Einsteins in der Zeit vor 1905.)

Bei Einstein sind also alle Inertialsysteme gleichberechtigt, in allen mißt man dieselbe Lichtgeschwindigkeit. Dabei wird auf einen absoluten Raum völlig verzichtet, ebenso auf einen Äther. Zugleich gewinnt die Geometrie an Relevanz: Abstände werden bedeutungsvoll und werden sich alsbald als solche erweisen, die oft nicht mehr mit der klassischen Geometrie Euklids kompatibel sind. Denn diese Geometrie der Orte wird jetzt durch eine Geometrie der Ereignisse ersetzt.

In der euklidischen Geometrie werden zwei Punkte eines Raumes, die ein Intervall bilden, jeweils auf drei Koordinaten bezogen (in der Regel x, y, z genannt), so dass die Koordinatendifferenzen zwischen den Punkten (x, y, z) – an den beiden Intervallenden – eine Summe bilden, die nichts weiter ist als eine Umformulierung des Satzes des Pythagoras: $s^2 = x^2 + y^2 + z^2$. In diesem Falle heißt der räumliche Bezugsrahmen *euklidisch*, und die Koordinaten heißen *kartesisch*. Insbesondere gestatten die Galilei-Transformationen, von einem Koordinatensystem zu einem anderen überzugehen und dabei $s^2$ invariant zu belassen.

Setzt man dagegen voraus, dass der Lichtweg invariant verbleiben soll, so benötigt man Transformationen, welche sich auf die verallgemeinerten Koordinatendifferenzen *raumzeitlicher* Abstände beziehen. Ein Abstand dieser Art nimmt nunmehr die Form $\hat{s}^2 = c^2 t^2 - x^2 - y^2 - z^2$ an. Transformationen, welche diese Form invariant belassen, heißen »Lorentz-Transformationen«. Sie stellen eine Verallgemeinerung der Galilei-Transformationen dar. Im Übergang von $s^2$ auf $\hat{s}^2$ liegt die eigentliche Neuerung Einsteins. Im Gegensatz zur euklidischen Abstandsfunktion (Metrik) ist die neue *indefinit*: Das heißt, die Vorzeichensumme der Koordinateneinträge ist nicht mehr positiv. Allein aus diesem vergleichsweise unscheinbaren Umstand kann man alle nötigen neuartigen Phänomene ableiten, welche die spezielle Relativitätstheorie (SRT) bereitstellt. Dazu gehören das »Zwillingsparadoxon«, die »Längenkontraktion« von Körpern und die »Massendilatation«. (vgl. MR, 4ff., 29f.; dazu Penrose, 83-125) Im einzelnen bedeuten diese Phänomene, dass bei einer Reise mit einem lichtschnellen Raumschiff der raumfahrende Zwilling bei der Rückkehr jünger sein wird als sein auf der Erde verbliebener Bruder, dass ein äußerer Beobachter die Länge des Schiffes während der Reise als erheblich verkürzt wahrnehmen würde, dass die Masse des Schiffes beträchtlich zunehmen würde. Alle dies wird aber von der Mannschaft nicht wahrgenommen.

Es ergeben sich nun noch zwei völlig neue Aspekte: Zum einen folgt aus der Form der Transformationen zwingend, dass die Lichtgeschwindigkeit nicht nur konstant ist, sondern auch maximal. Das liegt daran, dass für Geschwindigkeiten, die größer sind als die Lichtgeschwindigkeit, die physikalischen Größen imaginär werden, also nur durch komplexe, nicht mehr durch reelle Zahlen ausgedrückt werden können. Somit gibt die Lichtgeschwindigkeit den *kausalen Rand* des Universums an. Diesen Zusammenhang kann man dadurch deutlich erkennen, dass die Gleichung $\hat{s}^2 = 0$ (die gerade für den Fall v = c gilt) geometrisch den Rand eines Doppelkegels beschreibt, der die Steigung c besitzt. (vgl. MR, 38)

Zum anderen erreicht diese Darstellung eine explizite Zusammenführung der Raum-Zeit-Konzeption mit der Optik. Noch mehr: Auch die Masse eines Körpers wird vom Bewegungszustand abhängig. Das wird Einstein einerseits zu der berühmten Masse-Energie-Äquivalenz führen (bekannt als $E = m\,c^2$), andererseits zu der ersten Vermutung, dass eine geschwindigkeitsabhängige Masse auch zu einer Modifikation des Gravitationsgesetzes führen muss.

Wie Planck, der als erster die Ergebnisse Einsteins würdigt, auf der 78. Naturforscher-Versammlung in Stuttgart (1906) ausführt, ändert sich mit der speziellen Relativitätstheorie nicht nur eine Denkweise, sondern das gesamte physikalische Weltbild, insofern nämlich »…eine Physik der Prinzipien über eine Physik der Modelle triumphierte«. (Die maßgebliche der vier Arbeiten Einsteins von 1905 ist der Aufsatz: Zur Elektrodynamik bewegter Körper, in: Annalen der Physik 17, 891) Interessanterweise führt dieser Umstand gerade dazu, dass eher ältere Physiker die Position Einsteins unterstützen und jüngere diese ablehnen. Das heißt, insofern in der letzten Zeit immer mehr Modelle auf Probleme gestoßen waren, setzt Einstein unter diese Schwierigkeiten einen Schlussstrich, indem er die Grundannahmen überprüft, welche den gängigen Auffassungen unterliegt. Er wählt ein neues Prinzip (oder neue Prinzipien), unter denen sich die Lage völlig neu darstellt.

Wichtig ist dabei, dass die klassischen Auffassungen der Newtonschen Physik dadurch nicht falsch oder ungültig werden, sondern sie erweisen sich lediglich als Spezialfälle der neuen Theorie für eingegrenzte Bereiche. Tatsächlich kann dieser Sachverhalt dazu genutzt werden, die Stringenz der neuen Theorie zu verdeutlichen. Mit anderen Worten: Das Alte geht nicht verloren, sondern wird im Neuen sinnvoll »aufgehoben«. Das heißt auch, für Geschwindigkeiten, die deutlich kleiner sind als die Lichtgeschwindigkeit, bleibt alles beim alten. Kuhn hat als erster diesen Vorgang anschaulich beschrieben. (vgl. Kuhn, 114ff.)

Mit den Ergebnissen von 1905 ist Einstein aber nicht ganz zufrieden. Bei seiner Antrittsrede vor der Königlich-Preußischen Akademie der Wissenschaften anlässlich des Leibniz-Tages am 2. Juli 1914 wird er sein Ziel formulieren: »…zu einer allgemeinen, die Dynamik einschließenden Theorie der Gravitation« zu gelangen. (SB 1914, 742) Zur allgemeinen Überraschung (eine Erwiderung ist in der Regel unüblich) widerspricht ihm Planck anschließend. (ebenda, 743-744) In der Tat fehlt nämlich noch die Einsicht in die tiefe Relevanz der Geometrie, welche diese selbst aktiv werden und nicht mehr passiven Behälter bleiben lässt. In den Arbeiten von 1905 ist dieser Aspekt bereits vorgezeichnet, und Einstein veröffentlicht noch vor seinem Eintreffen in Berlin einige Aufsätze, die in dieselbe Richtung weisen, aber es bedarf zu einem endgültigen Durchbruch noch einiger Vorbereitung. (WB 134ff.; Jahrbuch für Radioaktivität 4, 1907, 411; Annalen der Physik 35, 1911, 898; ebenda 38, 1912, 335; 443)

Hält man am Äquivalenzprinzip (zwischen träger und schwerer Masse) fest, kann man folgendes sagen: In einem Gravitationsfeld findet eine Physik statt, welche dieselbe ist, wenn man einen gravitationsfreien Raum betrachtet, in den man anstatt eines Inertialsystems ein beschleunigtes Bezugssystem eingeführt hat. (AB 25) Deshalb reicht es nicht aus, nach einer Invarianz der physikalischen Gesetze unter Lorentz-Transformationen zu suchen, sondern man muss *nicht-lineare* Transformationen finden. Nach Einsteins eigener Aussage hatte er diesen Gedanken bereits 1908 formuliert. (vg. Weinberg, 4ff.) Dass er noch weitere sieben Jahre benötigen wird, um den Gedanken auszuführen, hängt hauptsächlich damit zusammen, dass er zunächst eine geeignete Form der mathematischen Darstellung finden muss.

Dazu kurz einige Bemerkungen zur Entwicklung der nichteuklidischen Geometrie: Die Geschichte dieser Art von Geometrie kann vor allem als Versuch verstanden werden, das fünfte Postulat Euklids (Parallelen schneiden einander im Unendlichen) nachzuweisen: Es gelingt tatsächlich nicht, dieses Postulat als Konsequenz der übrigen vier abzuleiten. Das Postulat wird aber gerade dann besonders bedeutsam, wenn man es weglässt. Der erste, der über eine Alternative spekuliert, ist der Jesuit Geralamo Saccheri im Jahr 1733. Ernsthaft glaubt er aber nicht an die Möglichkeit einer alternativen Geometrie, die ohne dieses Postulat auskommt, ebenso wenig, wie Lambert und Legendre, die später ähnliche Studien durchführen. Offenbar ist Gauß der erste, der die konkrete Möglichkeit einer nichteuklidischen Geometrie erkennt, der aber seine Ergebnisse nicht veröffentlicht, weil er die Kritik der Kollegen fürchtet. (Nach der strengen Definition war dieser von Kindheit an brillante Mathematiker deshalb kein Genie!) Interessant ist in dieser Hinsicht sein Briefwechsel mit Bolyai, Olbers, Bessel und anderen, zwischen 1799 und 1844. Gauß macht offenbar eine längere Entwicklung durch, indem er noch 1824 nicht bereit ist, nichteuklidische Geometrien öffentlich zu diskutieren. Angeblich soll Gauß sogar ein Dreieck im Harz (zwischen Inselberg, Brocken und Hohem Hagen) vermessen haben, um es auf die Winkelsumme zu prüfen. Schließlich empfängt er 1832 einen Brief von Bolyai, in dem dieser eine nichteuklidische Geometrie angibt, die sein Sohn Janos, ein österreichischer Armeeoffizier, entwickelt hat. Später wird sich herausstellen, daß ein Mathematiker aus dem fernen Kazan, Nicolai Ivanovich Lobachevski, bereits 1826 ähnliche Resultate erzielt hat.

Die zentrale Idee von Gauß besteht nun darin, dass er annimmt, in einer bestimmten Klasse metrischer Räume (der auch die Geometrien von Bolyai und Lobachevski angehören) sei es stets möglich, *lokal* ein euklidisches Koordinatensystem anzugeben, so dass der Abstand zwischen zwei Punkten das Gesetz des Pythagoras erfüllt. Auf diese Weise formuliert er zum ersten Mal die Metrik eines Raumes, die man in der Mathematik als »Gaußsche Fundamentalform« bezeichnet. Diese Größe beruht allein auf der inneren Geometrie des Raumes: Das heißt, man kann die Krümmung einer Fläche angeben (die sich im Wesentlichen aus den zweiten Ableitungen der metrischen Komponenten nach den Koordinaten bestimmt), ohne die Fläche verlassen zu müssen. In seiner berühmten Habilitationsschrift von 1854: *Über die Hypothesen, welche der Geometrie zu Grunde liegen*, wird Riemann schließlich den Ansatz von Gauß auf beliebige, n-dimensionale Räume übertragen. Ergänzende Resultate erzielen von 1870 an Felix Klein und die italienischen Kollegen Ricci, Levi-Civita und Beltrami. Dieser mathematische Apparat nichteuklidischer (also nicht flacher, gekrümmter) Geometrien wird dann von Einstein physikalisch genutzt und neu interpretiert werden.

Den Arbeiten von John Stachel folgend (etwa: ES 428f.), lässt sich nunmehr die Entwicklung der *allgemeinen* Relativitätstheorie (ART) in drei Phasen unterteilen: Die erste verläuft von 1907 bis 1912. In ihr formuliert Einstein das Äquivalenzprinzip in einer modernen Fassung. Dabei setzt er wieder bei Mach an und vergleicht dessen Auffassung mit der Einsicht, die er selbst im Rahmen der speziellen Theorie gewonnen hat. Es geht dabei vor allem darum, dass man die auf eine im Magnetfeld bewegte elektrische Ladung wirkende Kraft ansehen kann als die Wirkung eines elektrischen Feldes, welches in Hinsicht auf ein gegen dieses Feld bewegten Bezugssystems, dem die Ladung angehört, vorhanden ist. (SB 1914, 1031f.) So, wie man also deshalb Felder in der elektromagnetischen Theorie durch Transformationen zwischen geeigneten Bezugssystemen »produzieren« kann, soll dieses nach der Einsteinschen Vorstellung auch mit Gravitationsfeldern möglich sein. Transformationen dieser Art müssen aber die Lorentz-Transformationen auf nichtlineare Weise verallgemeinern. Zugleich verknüpft sich der Schwere-Aspekt der Materie über das Äquivalenzprinzip mit der in der speziellen Theorie gefundenen »Trägheit der Energie«. Und eben dieser Umstand motiviert Einsteins Aufsatz über die Lichtablenkung im Gravitationsfeld der Sonne.

In der zweiten Phase (ab 1912) tritt die geometrische Betrachtungsweise hinzu: Bereits im ersten Papier von 1913 (ES 434) wird die nichteuklidische Geometrie erwähnt. In der Folgezeit werden diese Grundgedanken von Einstein und seinem Freund Marcel Grossmann unter Zuhilfenahme des Tensor-Kalküls weiter ausgearbeitet. (Z. Math. Phys. 62, 1913, 225; dazu 63, 1914, 215) Wie Einstein später selbst ausführt, hat er den Ansatzpunkt hierfür wohl bereits im Zusammenhang mit der Gaußschen Flächentheorie erkannt. (MR 62-64)

Die dritte Phase (1915) führt zur endgültigen Formulierung der Theorie in Gestalt der Feldgleichungen: Denn nun muss das von Newton übernommene Problem der Geraden den neuen Verhältnissen angepasst werden. Das führt zwangsläufig zur Verallgemeinerung des zweiten Axioms der Newtonschen Mechanik (des Kraftgesetzes), denn in diesem sind die Bewegungsgleichungen für Körper im Raum kodifiziert. Mit anderen Worten: Der Transport von Körpern über Kurven muss zur Definition einer neuen Art von Ableitung führen, weil jetzt die übliche Ableitung nach dem Kurvenparameter die Raumkrümmung mit berücksichtigen soll. Einstein ersetzt deshalb die Geraden, die Trajektorien jener Körper (und Teilchen) sind, die sich allein unter dem Einfluss ihrer Trägheit bewegen, durch die Geodätischen, die Trajektorien von Körpern sind, die sich allein unter dem Einfluss der Gravitation bewegen. (Die Trägheitsbewegung wird also mit der Bewegung unter Gravitationswirkung gleichgesetzt: träge Masse = schwere Masse!)

Wie es sich für eine neue Theorie gehört, ergibt sich für die Gleichung der fraglichen Geodätischen in erster Näherung (also für schwache Gravitationsfelder) wieder das Newtonsche Kraftgesetz: Die SRT ist ein Spezialfall der ART für schwache Gravitation, die Newtonsche Theorie ist zudem noch ein Spezialfall der SRT für kleine Geschwindigkeiten.

Im Grunde besteht die neue Einsteinsche Bewegungsgleichung aus zwei Teilen, nämlich einem Newtonschen, der für die Trägheit der Masse zuständig ist, und einem Einsteinschen Korrekturterm, der für die schwere Masse zuständig ist. (MR 80f.) Die Äquivalenz von träger und schwerer Masse zeigt sich elegant in dem Umstand, dass beide Teile zusammen Tensorcharakter haben, einzeln aber nicht.

Es gilt nun, ganz analog zur klassischen Mechanik zu verfahren: In dem Bestreben, die energetischen Verhältnisse von Kraftwirkungen in konservativen Feldern (also in solchen, in denen die Energie allein vom Abstand zur Quelle des Feldes abhängt) durch ein geeignetes Potential zu beschreiben, gelangt man klassisch zur Poisson-Gleichung. Diese Gleichung soll nun durch eine verallgemeinerte ersetzt werden. Tatsächlich gelingt Einstein der Durchbruch, wenn auch nicht sofort: Noch in der Sitzung der physikalisch-mathematischen Klasse der Akademie der Wissenschaften vom 29. Oktober 1914 (mitgeteilt auf der Gesamtsitzung vom 19. November) stellt er eine nicht korrekte Form der erwünschten Feldgleichungen vor. (SB 1914, 1074 – Gleichung 74) Im Nachtrag zur Sitzung vom 11. November 1915 teilt er eine Modifikation mit, der aber noch ein technisches Problem innewohnt. (SB 1915, 800 – Gleichung 16b) Erst nach der Darstellung der Perihelbewegung des Merkurs (gegeben in der Gesamtsitzung vom 18. November 1915) gelangt er schließlich zu den korrekten Feldgleichungen, die er in der Sitzung der physikalisch-mathematischen Klasse vom 25. November 1915 bekanntgibt. (SB 1915, 845 – Gleichung 2a) Einstein erklärt selbst: »Damit ist endlich die allgemeine Relativitätstheorie als logisches Gebäude abgeschlossen.« (SB 1915, 847) Eine Woche später meldet er an Besso: »Die kühnsten Träume sind nun in Erfüllung gegangen.« (Brief vom 10. Dezember 1915)

Die Geometrisierung der Physik wird nun ganz explizit in den Einsteinschen Feldgleichungen ausgedrückt: Durch die Gleichheit sind die gekrümmte Geometrie des Raumes (linke Seite) und sein Materie-Energie-Inhalt (rechte Seite) als äquivalent anzusehen. Ganz konsequent sind die Gleichungen deshalb auch von links nach rechts zu lesen (unabhängig von der formalen Identität der Seiten einer Gleichung). Das heißt: Der Raum in der Umgebung einer Sonne ist nicht durch das starke Gravitationsfeld der Sonnenmasse gekrümmt, sondern, *weil der Raum an einer Stelle besonders stark gekrümmt ist, befindet sich eine Sonne dort.* Auf diese Konsequenz hat bereits Schrödinger hingewiesen. (vgl. Schrödinger, 99)

Genau damit gewinnt die Geometrie das Primat über die Materie. Das wird besonders in der Kosmologie deutlich, in welcher das sich expandierend entwickelnde Universum in seinem Werden Materie überhaupt erst entstehen lässt. (Diese Frage habe ich ausführlich behandelt in: J. Gen. Rel. Grav. 14, 1982, 1051-1060, sowie in: New Physics/Korea 22, 1982, 291-315) Mit anderen Worten: *Die Ergebnisse Einsteins haben nicht nur physikalische Konsequenzen von großer Reichweite, sondern darüber hinaus auch ontologische und epistemologische Konsequenzen.* Nicht ohne historische Ironie findet also die Forschung Einsteins in einem sehr engen, wenn auch fundamentalen, theoretischen

Teilgebiet der Physik statt, greift aber auf alle möglichen anderen Disziplinen mit kraftvoller Wirkung über, denn über die Kosmologie werden auch Philosophie, Chemie und Biologie und sogar die Sozialwissenschaften direkt angesprochen! Somit sind Einsteins Ergebnisse auch in diesem Sinne *disziplinlos*.

Interessant ist in diesem Rahmen, dass Einstein zunächst wesentliche Forderungen Machs einzulösen imstande ist, sich selbst aber zunehmend von Mach distanziert, was auch zum Teil daran liegt, dass seine Ergebnisse nach wie vor keine eindeutige Entscheidung zugunsten der Machschen oder der Newtonschen Sichtweise zulassen. (MR, 100f.) Die Machsche Sichtweise folgt allein aus der Tatsache, dass Inertialsysteme im Sinne der ART durch das lokale Gravitationsfeld bestimmt sind, das als Superposition der nahen und fernen Massenwirkungen aufgefasst werden kann. In einem solchen System bleiben jedoch die Bewegungsgleichungen völlig unbeeinflusst durch die Anwesenheit naher Massen. Zum Beispiel bestimmt die Masse der Sonne die Bewegung der frei fallenden Erde. Beziehen wir aber unser Koordinatensystem auf die Erde, so können wir das Feld der Sonne nicht wahrnehmen. Hier wird das eigentliche Problem Machs tangiert, die Frage nämlich, inwieweit lokale und globale Bereiche auf der Raumzeit miteinander wechselwirken. Man sieht, wie diese Frage mit der Lösungstheorie der Einsteinschen Feldgleichungen zusammenhängt (weil sie in die Bestimmung der Randbedingungen eingeht), und dass man zu bestimmen genötigt wird, wie lokal *lokal* tatsächlich ist. Noch heute ist diese Frage keineswegs abschließend geklärt. Bereits 1916 aber veröffentlicht Einstein linearisierte Lösungen für seine Gleichungen, die ihn zum Konzept der Gravitationswellen führen. Hierdurch wird nochmals das Studium der verschiedenen phänomenalen Bereiche im Universum vertieft.

Die ersten exakten Lösungen der Einstein-Gleichungen werden von Schwarzschild (1916) vorgelegt, sowohl für das Äußere eines Sterns als auch für das Innere, sowie von Reissner (1916) für den Fall eines Gravitationsfeldes, das eine elektrische Ladung beinhaltet. Tatsächlich können Einstein und Straus erst 1945 ein konsistentes Modell für die Fortsetzung einer lokalen Lösung vom Schwarzschild-Typ in die inzwischen entdeckte kosmologische (mithin globale) Friedmann-Lösung angeben. (Review of Modern Physics 17, 1945, 120)

Aber schon 1917 versucht Einstein die wesentlichen Eigenschaften von kosmischen Randbedingungen festzuschreiben. In diesem Ansatz wird jedoch die Trägheit eines Körpers von der umgebenden Materie zwar beeinflusst, nicht aber bedingt. (SB 1917, 144-152). Auf diese Weise wird Einstein schließlich auf eine Verallgemeinerung des Machschen Prinzips geführt, insofern als die Geometrie global gesehen durch die gesamte Massenverteilung bestimmt wird, dieser Umstand sich aber allein in den Randbedingungen von Isotropie und Homogenität des Raumes im Großen niederschlägt, also im *kosmologischen Prinzip*, das nichts weiter bedeutet, als dass die Physik überall im Universum dieselbe ist. Dies ist zweifellos eine vernünftige, bereits bei Newton antizipierte Auffassung, die aber nicht bewiesen werden kann und daher axiomatischen Charakter behält.

Die Physik ist nunmehr darstellbar als Interaktion lokaler und globaler Geometrien. Insofern ist es naheliegend zu versuchen, auch noch den inneren Dualismus der ART aufzuheben, nämlich den zwischen Quelle und Feld. Diese Überlegung führt Einstein zur Idee einer *einheitlichen* Feldtheorie. In der Sitzung seiner Klasse vom 31. Mai 1923 stellt er deshalb weitere Ergänzungen zu seiner ART zusammen, die er zunächst »affine Feldtheorie« nennt und als Vorstufe zu einer einheitlichen Theorie von Elektromagnetismus und Gravitation versteht. (SB 1923, 137-140) Die Grundidee ist dabei, eine solche Theorie als eine universelle Theorie einer übergeordneten Gravitation zu verstehen, die nichts mehr übrig lässt für die restliche Physik, so dass die Feldgleichungen nur eine linke Seite besitzen (als Ausdruck dieser verallgemeinerten Gravitation) und ihre rechte Seite Null ist. Dieses von Einstein noch selbst umrissene Ziel (SB1925, 414-419), mit dessen Ausarbeitung er sich noch weitere 30 Jahre lang beschäftigen wird, ist bis heute nicht erreicht.


## III


Auch in der heutigen Rezeption ist die Sichtweise auf Einstein immer noch von Missverständnissen nicht frei: So moniert zum Beispiel Françoise Balibar das zurückhaltende und irgendwie halbherzige Vorgehen Einsteins anlässlich der Festsetzung des Rektors der Berliner Universität im Zuge der November-Revolution 1918, beschäftigt sich mit seinem mehrmaligen Nationalitätenwechsel, verweist auf seine Eheprobleme. Im Grunde zeigt sie dadurch nur das, was ohnehin immer schon nahegelegen hat: dass nämlich auch Genies nichts weiter sind als gewöhnliche Personen mit ihren Stärken und Schwächen. Denn wie wir gesehen haben, bezieht sich ja die Charakterisierung als Genie stets allein auf die *Werkproduktion*, und weshalb sollte ein genialer Physiker ein guter Familienvater sein? Dabei spricht Balibar den wichtigen Punkt am Ende ihres Aufsatzes selbst an, wenn sie von einem Mann redet, »dessen ›Genie‹ zum großen Teil darauf beruhte, sich von der Welt zu lösen und ungebunden wie der Vogel auf dem Zweig zu leben.« (Balibar, 85) Auch andere, durchaus als brillant ausgewiesene, Autoren haben mit der Darstellung Einsteins ihre Probleme. (vgl. etwa Dürrenmatt; ein ärgerliches Beispiel)

Aber wie sieht nun unser Fazit aus? Wie wird man zu dem, der man ist? In welchem Sinne genau ist ein Genie disziplinlos? Wir sehen zunächst vor allem eines: Einstein ist jederzeit bereit, etablierte Auffassungen in Frage zu stellen. Freilich nicht, indem er sie bloß intuitiv ablehnt. Das mag am Anfang der Überlegungen stehen. Aber je weiter die Zeit voranschreitet, desto mehr bedarf es der expliziten Herausarbeitung der Gründe. Diese Tätigkeit kann nicht einfach auf ein transitorisches Interesse gestützt werden, sondern es muss eine vollständige Ausbildung vorhergehen, denn die Anfechtung etablierter, wissenschaftlicher Theorien ist keine Geschmacksäußerung. Insbesondere muss sie in der verbreiteten Fachsprache vorgetragen werden, weil sonst keine angemessene Kommunikation zustande kommen kann. Esoteriker haben das typischerweise nicht begriffen.

Alle Beteiligten müssen wissen, worüber sie reden. Mithin beginnt die Entwicklung eines Genies zwar mit einer Besonderung hinsichtlich des Sozialverhaltens und ist in aller Regel mit einer Phase der Isolation verbunden. Das Genie kann aber nicht unbegrenzt in dieser Phase verharren, denn Ausbildung bedeutet auch Kommunikation mit Lehrern und Mitstudierenden. Es ist ganz offensichtlich, dass Einstein als Schüler »Bruder Langweil« genannt wird, aber nicht mehr als Student. Ganz im Gegenteil: Seine Konzentration auf das Fach schränkt zum Beispiel eine erfolgreiche Kontaktaufnahme mit dem anderen Geschlecht in keiner Weise ein. (Das gilt übrigens auch für das spätere Leben Einsteins.) Ihm selbst ist der Ansatz in der Isolation nicht verborgen geblieben, er hat ihn aber eher milde beurteilt: »Was am eigenen persönlichen Dasein für einen selbst wesentlich ist, das weiß man selber kaum, und den andern braucht es erst recht nicht zu kümmern. Was weiß der Fisch vom Wasser, in dem er sein Leben lang herumschwimmt? ... Ich lebte in jener Einsamkeit, die in der Jugend schmerzlich, in den Jahren der Reife aber köstlich ist.« (Einstein 1979, 13) Es kann sein, dass diese Sichtweise aus der Perspektive des fortgeschrittenen Alters etwas positiv überzeichnet ist, aber die Richtung wird unmittelbar deutlich. Es geht hier um die Zielerfassung und um das *Beharren auf den Weg dorthin*, aller Widerstände ungeachtet.

Ganz konkret beginnt die Bewegung mit dem Entschluss, einfach probehalber einmal das Etablierte mit allen Konsequenzen in Frage zu stellen. (Was ja auch immer bedeutet, die großen Vorbilder in Frage zu stellen: den verehrten Newton voran.) Für Einstein bildet das originelle *Gedankenexperiment* den naheliegenden Einstieg in seine Argumentationskette. Aber auf das geeignete Gedankenexperiment muss man erst einmal kommen! Einstein stellt sich einen Reisenden vor, der auf einer Lichtwelle reist. Ziemlich absurd das Ganze. Aber er verbindet auf diese Weise *en passant* das Fachgebiet, das vor kurzem Furore gemacht hat (die Maxwellsche Theorie des Elektromagnetismus und die Optik) mit der klassischen Mechanik (der Bewegung von Körpern). Das Ergebnis ist am Ende etwas, auf das kein anderer gekommen ist: *Die Lichtgeschwindigkeit ist eine universelle und maximale Konstante!* Ein ganzes Bündel von Konsequenzen entfaltet daraufhin die spezielle Relativitätstheorie, voran die Ersetzung des Ortsbegriffes durch den Ereignisbegriff. Alles, was bisher etabliert war, ist weiterhin gültig, aber nur als Spezialfall von Verallgemeinerungen. Das heißt, die Physik ist tatsächlich *erweitert* worden.

Ähnlich verfährt Einstein mit Blick auf den Äther: Er fragt, wie müssen die Bedingungen beschaffen sein, damit man auf den Äther (und somit auf den absoluten Raum) verzichten kann? Wenn man das nämlich kann, dann verschwinden schlagartig zahlreiche Schwierigkeiten und alles sieht einfacher und eleganter aus als vorher. Es gibt also auch einen *ästhetischen* Aspekt.

Tatsächlich ist niemals anders verfahren worden: Nils Bohr hat im Bezug auf das Atommodell von Rutherford etwas Ähnliches unternommen. Heutzutage ist eine solche Herangehensweise allerdings eher selten geworden, wahrscheinlich im Zuge der Ökonomisierung des akademischen Denkens. Seit dem Tode Wheelers kann höchstens noch Roger Penrose als ein Wissenschaftler gelten, der in ähnlichen Bahnen denkt (und damit seit 50 Jahren innovativ ist). In anderen Bereichen gab es in den letzten 50 Jahren immerhin mindestens zwei andere dieser Art: Ilya Prigogine (Freie Universität Brüssel, Nobelpreis für Chemie 1977) und René Thom (IHES Paris, Fields-Medaille, eine Art mathematischer Nobelpreis 1958). Als die beiden 2003 bzw. 2002 starben, gab es keine nennenswerte Pressemeldung in Deutschland. Penrose ist weit weniger bekannt als Hawking, dessen Bücher massenhaft verkauft, aber wohl kaum aufmerksam gelesen wurden.

Das *Infragestellen als Lebensweise* ist also der Dreh- und Angelpunkt, der als Wurzel einer Entwicklung aufgefasst werden kann, von der Großes zu erwarten ist, das freilich nicht nur kontingent ist, sondern auch oftmals für immer verborgen bleibt. Natürlich geht es nicht um beliebiges Herumkritisieren, sondern um begründetes Nachforschen hinsichtlich der Notwendigkeit dessen, was in Frage steht. Das ist nämlich genau die Definition von Kritik: *Rekonstruktion des Zustandekommens von Behauptungen und daraufhin deren Beurteilung nach Maßgabe des Kontextes und einer angemessenen Einschätzung dessen, was sich als naheliegend anbietet.* Darauf folgt sofort die Entscheidung darüber, was zu erhalten und was zu verwerfen ist. Und der Weg zum Neuen ist freigelegt.

Der andere Aspekt, der hinzukommen muss, ist ein ökonomischer: Es gilt, mit den eigenen Kräften hauszuhalten. (Weiter geht die Parallele zur Wirtschaft aber nicht.) Das hat Einstein alsbald klar eingesehen, wie dem Schlusszitat zu entnehmen ist. Wir würden uns von den heutigen Studierenden wünschen, dass sie die Konsequenz aus diesem Zitat mehr beherzigen als sie es augenscheinlich zu tun pflegen. Der Appell kann ebensogut an die Kollegen gerichtet werden. Vor allem an jene, die immer noch meinen, eine Hochschule sei wie ein Wirtschaftsbetrieb zu führen. Vielleicht ist in diesem Sinne ein Aufruf zur Disziplinlosigkeit durchaus angebracht. Das Zitat lautet:

> Als ziemlich frühreifem jungem Menschen kam mir die Nichtigkeit des Hoffens und Strebens lebhaft zum Bewußtsein, das die meisten Menschen rastlos durchs Leben jagt. Auch sah ich bald die Grausamkeit dieses Treibens, die in jenen Jahren sorgsamer als jetzt durch Hypokrisie und glänzende Worte verdeckt war. Jeder war durch die Existenz seines Magens dazu verurteilt, an diesem Treiben sich zu beteiligen. Der Magen konnte durch solche Teilnahme wohl befriedigt werden, aber nicht der Mensch als denkendes und fühlendes Wesen. (AB, 1)

## Literatur

**Anita Albus,** Im Licht der Finsternis. Über Proust, Frankfurt/M. 2011

**Françoise Balibar,** Albert Einstein, in: Etienne François, Hagen Schulze (Hg.), Deutsche Erinnerungsorte III, München 2001, 72-85

**Jeremy Bernstein,** Albert Einstein, München 1975

**Ernst Bloch,** Die Lehren von der Materie, Frankfurt/M. 1978

**Ernst Cassirer,** Zur modernen Physik. Erster Teil: Zur Einsteinschen Relativitätstheorie, Darmstadt 1964 (1920)

**Ronald W. Clark,** Albert Einstein. Leben und Werk, München und Berlin 1974 (1973)

**Friedrich Dürrenmatt,** Albert Einstein. Ein Vortrag, Zürich 1979

**Albert Einstein,** The Meaning of Relativity, Princeton 5. Auflage 1974 (1922) (= MR)

**Ders.,** Autobiografisches, in: Paul Schlipp (Hg.), Albert Einstein als Philosoph und Naturforscher, Stuttgart 1979 (1949) (=AB)

**Ders.,** Aus meinen späten Jahren, Stuttgart 1979

**Ders.,** Mein Weltbild, Frankfurt/M. etc. 1981 (1930) (=WB)

Einstein Symposium Berlin, Lecture Notes in Physics 100, Berlin etc. 1979 (=ES)

**Richard P. Feynman,** »Sie belieben wohl zu scherzen, Mr. Feynman!« Abenteuer eines neugierigen Physikers, München 1991 (1987)

**Albrecht Fölsing,** Albert Einstein. Eine Biografie, Frankfurt/M. 1993

**Arnold Gehlen,** Urmensch und Spätkultur, Frankfurt/M. 1975

**Siegfried Grundmann,** Einsteins Akte (Einsteins Jahre in Deutschland aus der Sicht der deutschen Politik), Berlin etc. 1998

**Stephen W. Hawking, Werner Israel,** General Relativity, Cambridge 1979

**Banesh Hoffmann, Helen Dukas,** Einstein. Schöpfer und Rebell, Dietikon-Zürich 1976 (1972)

Sitzungsberichte der Preußischen Akademie der Wissenschaften, Berlin 1914ff. (=SB)

**Christopher J. Isham, Roger Penrose, Dennis W. Sciama** (Hg.), Quantum Gravity. An Oxford Symposium, Oxford 1975

**Bernulf Kanitscheder,** Vom absoluten Raum zur dynamischen Geometrie, Zürich 1976

**Thomas S. Kuhn,** Die Struktur wissenschaftlicher Revolutionen, Frankfurt/M. 1981 (1962)

**Roger Penrose,** The Geometry of the Universe, in: Mathematics Today 1978, 83-125

**John Ruskin,** Sésame et le Lys. Übersetzt und eingeleitet von Marcel Proust, Paris 1906

**Jean-Paul Sartre,** Der Idiot der Familie. Gustave Flaubert 1821-1857, Reinbek 1979 (1970/71)

**Ders.,** Das Sein und das Nichts, Reinbek 1993 (erstmals 1943)

**Erwin Schrödinger,** Space-Time-Structure. Cambridge 1950

**Steven Weinberg,** Gravitation and Cosmology, New York 1972

**Johannes Wickert,** Einstein, Reinbek 1972

**Rainer E. Zimmermann,** Die Geometrisierung der Physik des 20. Jahrhunderts, in: Friedrich Rapp, Hans-Werner Schütt (Hg.), Begriffswandel und Erkenntnisfortschritt in den Erfahrungswissenschaften. Kolloquium im WS 1984/85, Dokumentation der TU Berlin 32, 1987

**Ders.,** System des transzendentalen Materialismus, Paderborn 2004

Frauke Liesenborghs

# Vordenker zum Umdenken: Hans Peter Dürr

## Lebensleistung

Vor über 100 Jahren hatte sich in der Physik eine Revolution ereignet. Das Ergebnis der Forschungen von Max Planck und Albert Einstein, die Quantentheorie, veränderte von Grund auf das physikalische Weltbild und das bis dahin angenommene Wissen über den Aufbau der Natur. Die Quantenphysik eröffnete die Wahrnehmung einer Wirklichkeit, die vielfältig zusammenhängt. »Wir leben also in einer noch viel größeren Welt, als wir gemeinhin annehmen und in dieser großen Welt gibt es unendliche Möglichkeiten, selber aktiv zu werden und zu gestalten«, sagt der Physiker Hans-Peter Dürr. Er erkannte früh, welche Konsequenzen die Erkenntnisse der Quantenphysik auf unser alltägliches Leben haben und begnügte sich deshalb nicht mit rein physikalischer Forschung und Lehre. Sein umwelt- und friedenspolitisches Engagement, für das er vielfach ausgezeichnet wurde, u.a. mit dem *Alternativen Nobelpreis*, mag auf den ersten Blick wie ein Ausflug in einen ganz anderen Bereich aussehen. Doch sein Engagement – er ist Mitglied in über 50 internationalen Organisationen – nährt sich sehr wohl aus seiner naturwissenschaftlichen Arbeit und den dabei erworbenen Erkenntnissen.

Die *rationale* Betrachtung der Wirklichkeit führte in den exakten Wissenschaften ja zunächst zu einem profunden Verständnis der Natur, ihrer Entwicklung und Veränderung. Hans-Peter Dürr sagt dazu:

Durch geeignete Präparation des Gegenwärtigen eröffnete dies prinzipiell die Möglichkeit, die Natur nach Belieben zu manipulieren und sie dem Menschen dienstbar zu machen. Die auf dieser Grundlage entwickelte Technik hat dem Menschen Steuerungsmacht über natürliche Prozesse verliehen und ihm vielfältige Wege eröffnet, sich die Mühen seines Alltagslebens zu erleichtern. Die Industriegesellschaft konnte sich vor allem durch die umfassende Ausbeutung der fossilen Brennstoffe Kohle, Erdöl und Erdgas in der Erdkruste entwickeln. Doch die Probleme der heutigen Industriegesellschaft resultieren weniger aus der durch Wissenschaft ermöglichten Technik, als vielmehr aus der enormen Verstärkung menschlicher Einwirkung auf das Ökosystem durch diesen forcierten Einsatz nicht-erneuerbarer Energieressourcen und die dadurch ausgelöste Beschleunigung natürlicher Prozesse. Offensichtlich stehen die Forderungen der Nachhaltigkeit im Widerspruch zum Wirtschafts-Paradigma der heutigen industriellen Welt, die sich immer noch an einem ungehemmten materiellen Wachstum orientiert. Hierin liegt die große Problematik der jetzigen wissenschaftlich-technischen-ökonomischen Entwicklung. Um die notwendige Umsteuerung zu erreichen, sind dramatische Änderungen der wirtschaftlichen Rahmenbedingungen und Spielregeln nötig. Die menschliche Gesellschaft steht deshalb vor der existentiellen

Herausforderung, die eskalierenden materiellen Wachstumsprozesse durch geeignete Maßnahmen zähmen zu müssen. Staat und Wirtschaft, welche die Macht in unserer Gesellschaft verkörpern, erscheinen als Akteure für eine Umsteuerung kaum geeignet, weil ihr Einfluss immer noch eng mit den Energie- und Stoffströmen zusammenhängt und sie deshalb kaum an deren Einschränkung interessiert sein werden. Der Herausforderung wird deshalb nur erfolgreich begegnet werden können, wenn sich – neben Staat und Wirtschaft – eine geeignete *Dritte Kraft* formiert und sich die Lösung der damit verbundenen Aufgaben zum Ziel macht.

Für Hans-Peter Dürr ist diese *Dritte Kraft* die Zivilgesellschaft. Die Vielfalt an Menschen mit ihren unterschiedlichen Fähigkeiten, Wünschen und Visionen sieht er als Chance eines fruchtbaren Zusammenspiels von Teilen innerhalb eines Gesamtsystems, so dass das Ganze mehr wird als die Summe seiner Komponenten. Solidarisches Verhalten ist deshalb für ihn die Voraussetzung für Zukunftsfähigkeit, denn nur ein Miteinander ermöglicht die Bewältigung von schwierigen Aufgaben und Herausforderungen.

> Weit besser als bei den auf ganz bestimmte Situationen hin starr optimierten Systemen, eröffnen sich für eine individuell hoch entwickelte, differenzierte, pluralistische und kooperative Gesellschaft vielfältige Chancen, auf überraschend veränderte äußere Bedingungen flexibel reagieren zu können und eben darum langfristig überlebensfähig zu werden. Zukunftsfähig ist, was zum Plussummenspiel bereit ist, was im anderen, dem Mitmenschen, der Mitnatur, vornehmlich den *Mit*spieler und nicht den *Gegen*spieler sieht.

Hans-Peter Dürr verweist in seinen Vorträgen und Publikationen immer wieder auf die Bedeutung von Nichtregierungsorganisationen (NGOs), die für ihn auch schon beim Konflikt-Management während des kalten Krieges eine besondere Rolle gespielt haben: etwa Initiativen wie Pugwash Conferences on Science and World Affairs (Pugwash), International Physicians for the Prevention of Nuclear War (IPPNW) oder die Vereinigung Deutscher Wissenschaftler (VDW). Auch das von ihm 1987 gegründete Global Challenges Network (GCN) hat zum Ziel, langfristig ein Netz aus Projekten und Gruppen zu knüpfen, die arbeitsteilig und koordiniert an der Bewältigung umfassender, menschheitsbedrohender Probleme arbeiten. Und Hans-Peter Dürr wird nicht müde darauf hinzuweisen, dass es allerhöchste Zeit ist, unsere drängenden Menschheitsprobleme aktiv zu bearbeiten über die Vernetzung von Projekten und Gruppen, die arbeitsteilig und koordiniert an der Bewältigung der heutigen Probleme arbeiten.

> Der Herausforderung wird deshalb nur erfolgreich begegnet werden können, wenn sich neben dem Staat und der Wirtschaft eine geeignete dritte Kraft, die Zivilgesellschaft, noch stärker formiert. Es ist jedoch für jeden offensichtlich, der sich aktiv an den vielfältigen und mit großem Engagement betriebenen, öffentlichen gesellschaftspolitischen Diskussionen beteiligt, dass die Gesellschaft über ein Potenzial an profunden Einsichten und erprobtem Sachverstand, an konstruktiven Zukunftsvorstellungen und praktischen Umsetzungsvorschlägen sowie an persönlichem Verantwortungsbewusstsein und ethischer Standfestig-

keit in einem Maße verfügt, das weit über das im politischen Raum erkennbare Niveau hinausgeht. Die Aufgabe müsste deshalb darin bestehen, das in der Gesellschaft verborgene intellektuelle, geistige und sittliche Potenzial für die Gesellschaft geeignet zu mobilisieren. Letzten Endes heißt dies wohl: Die sich in unzähligen Initiativen formierende Zivilgesellschaft als ernst zunehmende dritte globale Kraft neben Staat und Wirtschaft voll zu etablieren und als konstruktives, lebendiges, kreatives, kritisches Element in die Gestaltung der zukünftigen Weltgesellschaft einzubinden. Dies kann nur bei einer Dezentralisierung der Gesamtstruktur erreicht werden. Denn Flexibilität verlangt notwendig eine umfassende und unabhängige konstruktive Partizipation seiner Menschen, was nur in relativ kleinen Strukturen (*Small is beautiful*) funktioniert, da sie intensive, wechselseitige Dialoge voraussetzt. Mit den modernen Informationstechnologien braucht dies nicht notwendig kleinräumigen, regionalen Strukturen zu entsprechen, sondern könnte sich auch in der Ausbildung einer globalen Vernetzung von Gleichgesinnten widerspiegeln. Die Kleinheit schafft die Voraussetzung, dass Informationsaustausch nicht inhaltsleer bleibt, sondern zu echter Kommunikation führt, die Betroffenheit und in der Folge Verantwortungsbereitschaft bei den Teilnehmern generiert. Die Beziehung zwischen den Menschen darf sich nicht nur in wechselseitiger Toleranz erschöpfen, wo man die Andersartigkeit des anderen »erträgt«, sondern verlangt wechselseitigen Respekt vor anderen Sicht- und Lebensweisen, die als Bereicherung der eigenen Erfahrung im Sinne des Grundsatzes »Das Ganze ist mehr als die Summe seiner Teile« empfunden wird«.

## Macht & Ohnmacht

Hans-Peter Dürr kämpft regelrecht für seine Überzeugung, dass Konflikte gewaltlos gelöst werden müssen. Er hat Zerstörung am eigenen Leib erfahren, wurde noch in den letzten Kriegswochen als 17-Jähriger eingezogen. Wenige Jahre später erlebte er als Physik-Promotionsstudent in Berkeley, USA, aus nächster Nähe Macht und Ohnmacht der Physiker im Zusammenspiel mit den politischen Kräften. Dieses Gemenge aus traumatischer eigener Kriegserfahrung und der für ihn erschreckenden Faszination, die die atomaren Entwicklungspotenziale auf Wissenschaft, Politik und Wirtschaft ausübten – diese fundamentale Irritation begründet den Einstieg für sein nun schon jahrzehntelanges zivilgesellschaftliches und friedenspolitisches Engagement.

Die Naturwissenschaftler – und allen voran die Physiker – sind die großen Helden unserer Zeit. Ihre Erfindungsgabe ermöglichte ein enormes Wirtschaftswachstum, eine ständige Erhöhung unseres Lebensstandards und einen Zuwachs für uns an Macht über die Natur und unsere Widersacher. Die Naturwissenschaftler werden dafür vom Steuerzahler großzügig gefördert, von Regierungen, Verwaltungen und Wirtschaft hofiert und dekoriert. Aber spätestens mit der Atombombe haben die Physiker ihre Unschuld verloren. Sie wissen das und leiden darunter. Einige entwickelten deshalb den Ehrgeiz, diese tiefe Scharte auszuwetzen und durch eine positive Perspektive zu kompensieren. Sie wollen demonstrieren, dass die Atomkernenergie nicht nur im höchsten Maß zerstören, sondern im gleichen

Maße auch konstruktiv für die Menschen genutzt werden kann: Die Atomkernenergie soll eine wachsende Menschheit langfristig von allen Energiesorgen befreien! Die Physiker wurden deshalb nach dem Krieg zu den entscheidenden Be-
fürwortern und Betreibern einer *friedlichen* Nutzung der Kernenergie.

Dürr wehrt sich dagegen, dass Naturwissenschaftler als die großen Zauberer
angesehen werden, die Probleme lösen und immer Neues erfinden, was das
Leben anscheinend einfacher und angenehmer macht. Damit meint er nicht,
dass wir zu mittelalterlichen Lebensbedingungen zurückkehren sollten, sondern stellt die Frage, wer eigentlich vom sogenannten Fortschritt profitiert. Er
gibt auch gleich die Antwort: Es ist in erster Linie die Wirtschaft, die sich die
Vorstellung vom grenzenlosen Wachstum zu eigen gemacht hat. Nach der Devise: Ist es nicht großartig, dass immer wieder etwas erfunden werden kann,
es scheinbar keine Grenzen gibt?

> Durch das hemmungslose Wirken des Menschen bahnen sich an vielen Stellen
> katastrophale Entwicklungen an. Wie immer schauen die meisten weg. Andere
> glauben voller Resignation, dass es kein Entrinnen mehr gibt. Ich habe Verständ-
> nis für dieses Bedürfnis nach Verdrängung im Gefühl der Ohnmacht und für
> diesen Pessimismus angesichts der bisherigen Geschichte der Menschheit. Aber
> beides entlässt uns letztlich nicht aus unserer Verantwortung. Denn wir alle tra-
> gen – insbesondere wir Naturwissenschaftler – zu dieser Entwicklung selbst bei.
> Obgleich wir Naturwissenschaftler mit unserem Tun die Welt täglich verändern,
> sprechen wir immer noch von Erkenntnissuche, von faustischem Drang und von
> Befriedigung natürliche Neugierde, wir bezeichnen unser Tun als ›Wissen‹schaft,
> was eigentlich schon lange zur ›Machen‹schaft geworden ist.

## Verantwortung der Wissenschaft

Hans-Peter Dürr widerspricht der verbreiteten Aussage, dass Wissenschaft zunächst wertfrei sei und erst durch die Anwendung (Schaden oder Nutzen) eine
Bewertung erhält. Für ihn gibt es kein Wissen ohne Wertung.

> Die moderne Naturwissenschaft hat uns gelehrt, dass es eine objektivierba-
> re Wirklichkeit, eine aus unzerstörbaren Einheiten bestehende dingliche Reali-
> tät gar nicht gibt. Was wir als Wirklichkeit erfahren, hängt wesentlich von der
> Methode ab, mit der wir die Wirklichkeit ausforschen und traktieren. Die na-
> turwissenschaftliche Wirklichkeit trägt immer den Stempel unseres Denkens, sie
> ist geprägt durch die Art und Weise, wie Teile durch unser Denken aus dem Ge-
> samtzusammenhang heraus gebrochen wurden. Jedes Wissen, das wir begrifflich
> fassen, bedeutet deshalb Wertung. Die Wirklichkeit, die wir durch unser begriff-
> liches Denken und insbesondere durch Naturwissenschaft erfassen können, ist
> nicht die ganze Wirklichkeit, die wir prinzipiell erfahren können.

Es ist die Frage nach der Verantwortung des Wissenschaftlers, die Hans-Peter
Dürr beschäftigt. Zudem ist er der Ansicht, dass die heutige stetig steigen-

de Faktenfülle und die begrenzte menschliche Auffassungsgabe es geradezu unmöglich machen, auch nur einen groben Überblick über Wirkungen und Wechselwirkungen zu behalten. Nach seiner Meinung bleibt ein immer spezieller werdendes Fachwissen übrig, was in der Regel nur in sich seine Richtigkeit hat und wenig geeignet ist, mit anderem interdisziplinär verknüpft werden zu können.

Hans-Peter Dürr hat sich nie gescheut, auch in den eigenen heiligen Wissenschaftshallen seine Ansichten zu vertreten. 1996 erschien im Wochenmagazin *Der Spiegel* ein Aufsatz von Hubert Markl, Professor für Biologie und von 1996 bis 2002 Präsident der Max-Planck-Gesellschaft. Markl hatte geschrieben, dass, wenn der Mensch den Planeten retten wolle, er zum ›Manager der Biosphäre‹ werden müsse. Das würde mit Hilfe der modernen Biologie und Gentechnik gelingen, und außerdem habe der homo sapiens ›den Auftrag, die Natur in unsere Obhut zu nehmen, aktiv und positiv aufzunehmen‹. Dürrs Antwort kam in der darauf folgenden Ausgabe des Wochenmagazins (5/1996; Auszug):

(...) Ausgerechnet die ökonomischen, sozialen und wissenschaftlichen Eliten, die für diese Fehlentwicklungen verantwortlich waren und sind, sollen in Zukunft die Biosphäre managen? Eine Biosphäre, von deren wundervollem Funktionieren wir nicht einmal ein Pikoprozent wirklich kennen? Ja, mehr noch, von dem uns (...) auch in Zukunft wohl vieles auf immer verborgen bleiben wird. Da wird doch wahrlich die Katze zur Hüterin der Mäuse gemacht. Der so forsch daherkommende und sich fundamentalistisch gebärdende wissenschaftlich-industrielle Komplex will nun darüber hinaus auch noch ein ganz neues Instrument für die globalen Managementaufgaben anbieten: die Gentechnik. Auch hier gebraucht Markl die erschreckende Sprache des Unmaßes: ›Dass dabei die Schöpfung manipuliert wird, ist richtig. Dass dies notwendig und sittlich geradezu geboten ist, um eben diese Schöpfung vor völliger Zerstörung zu retten, ist jedoch ebenfalls richtig‹.

Und die dunkle Ahnung trügt nicht, dass in dieses globale Biosphärenmanagement auch ein Großteil der Menschheit miteinbezogen werden soll (›der wichtigste Auftrag des Menschen ist es, seine Reproduktion zu zügeln‹, Zitat Markl). So nebenbei erwähnt Markl eine Milliarde Menschen als Obergrenze, um die ökologische Tragfähigkeit der Erde langfristig nicht zu überfordern. Diese Zahl mag für den verschwenderischen Lebensstil eines US-Amerikaners vielleicht eine gute Abschätzung sein. Anstatt jedoch eine solche Zahl zu nennen, die ganz zufällig auch der heutigen Bevölkerung des reichen Nordens entspricht, wäre es wohl besser und humaner, neue, menschenwürdige und freudvolle Lebensstile zu beschreiben und anzupeilen. Sie könnten allen sechs Milliarden heute lebenden Menschen bei einer gerechteren Verteilung der irdischen Güter und Früchte eine Zukunft auf diesem Planeten erlauben. Gerade die Wissenschaftler sollten vorsichtiger und bescheidener bei Versuchen sein, ihre Einsicht in die Zusammenhänge von Natur und Kultur so großzügig mit allgemeinen und gar noch gesellschaftspolitischen Ansprüchen zu verbinden. Und dies nicht nur wegen der erwiesenen Janusköpfigkeit der Wissenschaften, sondern auch wegen des Gebots zur intellektuellen Redlichkeit. Kein Physiker, keine Biologe, Ökonom oder Chemiker ist mehr Experte für das Politische als alle übrigen nachdenklichen Staatsbürger.

## Frühe Einflüsse

Hans-Peter Dürr war ein Kriegskind und hatte Tod und Zerstörung erlebt. Seine Mutter war die Tochter des berühmten Psychiaters Emil Kraepelin, Begründer der ersten Deutschen Forschungsanstalt für Psychiatrie, zog die sechs Kinder praktisch alleine auf, zwei Jungen und vier Mädchen, Hans-Peter war der Dritte in der Geschwisterreihe. Sein Vater war Mathematiklehrer an einem Stuttgarter Gymnasium und kam, wie der Sohn erzählt, immer sehr spät nach Hause. Im Hause Dürr ging es kommunikativ zu; es wurden kleine Theaterstücke aufgeführt und lebhafte Diskussionen geführt. Um den Mittagstisch saßen meistens mehr als nur die Eltern und die sechs Geschwister, denn die Familie engagierte sich vielfältig sozial in der direkten Nachbarschaft. Auch die Musik spielte eine große Rolle. Jedes der Kinder spielte ein Instrument, und Hans-Peter lernte Cello. Sein Menschenbild, sagt er, habe sich damals in der Familie geformt: Zusammenhalten und kooperieren, weil es jedem von uns nützt und wir uns so gegenseitig stützen.

Als im Jahr 1943 die Bombardierungen anfingen, wurden die jüngeren Kinder auf das Land gebracht, die Familie löste sich auf.

> Über die Kontakte meines Vaters kam ich in ein Internat, die Aufbauschule Künzelsau, eine Oberschule mit den Schwerpunkten Leibeserziehung und militärischem Drill. Es war eine schreckliche Zeit für mich. Ich wurde von einigen Lehrern drangsaliert, weil ich so unsportlich war, und bei anderen Gelegenheiten als Prügelknabe hergenommen. Das alles nahm ich ohne Widerspruch hin, war sozusagen klaglos unglücklich.

Eine couragierte Aktion eines Physikprofessors in Heidelberg, der junge Leute vor dem Kriegseinsatz schützen wollte, führte dazu, dass Hans-Peter Dürr in ein Sonderlager für junge Leute kam, die in den Fächern Mathematik und Physik besonders gut waren. Die »Geheimaktion Blücher II« war in einem Schlösschen in Hendorf bei Riedlingen an der Donau untergebracht.

> Wir waren eine ganz komische Gruppe, zwei Klassen von knapp 15- bis 16jährigen Jungen – formell getarnt als ein Ausbildungslager des Volkssturms zur ›Verteidigung der Alpenfestung‹. Die Lehrer waren durchweg parteilos, die Leitung hatte allerdings ein hoher Vertreter der Reichsjugendführung. Der teilte uns mit, dass wir auserwählt wären, für Hitler heimlich eine Wunderwaffe zu bauen.

Aber genau wegen seiner Beteiligung an der Geheimaktion Blücher steckten die Amerikaner Hans-Peter Dürr nach Kriegsende für 14 Tage ins Gefängnis. Es war für den 17-Jährigen, nun eingesperrt in einer Einzelzelle ohne Fenster, eine traumatische Situation.

> Als ich wieder freigelassen wurde, war ich fertig mit allem und überhaupt nicht empfänglich für die Umerziehungsversuche der Amerikaner. Jetzt mussten wir Deutschen Filme über die Konzentrationslager anschauen: Seht her, das habt ihr

getan. Ich dachte nur: IHR seid hundsgemein, denn ICH musste die Toten begraben, die durch eure Bomben verbrannt sind und jetzt kommt ihr her, habt genug zu essen und erzählt uns, was ein guter Mensch ist. Ich hatte überhapt keine Schuldgefühle, nur eine Mordswut im Bauch. Und ich fühlte mich unendlich alt mit meinen 16 Jahren, bereit, dieses Leben als beendet zu akzeptieren.

Der junge Hans-Peter Dürr glaubte keinem Erwachsenen mehr. Er fühlte sich gedemütigt, betrogen und orientierungslos und beschloss, sein Leben jetzt selbst zu bestimmen, selber zu entscheiden und etwas zu machen, was er übersehen und vor allem überprüfen konnte. Er entschied sich für Physik – etwas verstehen, was für ihn noch unverständlich war. Hans-Peter Dürr hatte mit seinem Physik-Studium in Tübingen begonnen, aber er träumte von Amerika und er war überglücklich, als sein Professor ihm 1953 ein einjähriges Stipendium an der University of California in Berkeley vermittelte. Ein Fulbright-Stipendium bezahlte die Schiffsreise. Wegen seiner Diplomarbeit über »Kernmagnetische Resonanz« verzögerte sie sich um drei Monate, da Kernphysiker eine Sondergenehmigung benötigten.

## Edward Teller & Hannah Ahrendt

Endlich in Berkley angekommen, traf Hans-Peter Dürr auf Edward Teller, der erst seit kurzer Zeit an der Universität lehrte und noch keine Promotionsstudenten hatte. Edward Teller war für Hans-Peter Dürr damals noch »ein unbeschriebenes Blatt«. Er erfuhr aber, dass Teller 1930 bei Werner Heisenberg in Leipzig promoviert hatte. Da sich Dürr schon in Deutschland mit großer wissenschaftlicher Begeisterung mit der Heisenbergschen Quantentheorie beschäftigt hatte, konnte er sich keinen besseren Doktorvater wünschen.

Anfangs wusste ich weder, dass Teller ein Hauptbeteiligter des amerikanischen Manhattan-Projektes in Los Alamos war, in dem die amerikanischen Atombomben während des Krieges entwickelt wurden, noch dass er wegen einer Auseinandersetzung mit Robert Oppenheimer, dem wissenschaftlichen Leiter des Manhattan-Projektes, über die Entwicklung der thermonuklearen Wasserstoffbombe, nach Kalifornien gekommen war. Auch ohne dieses Wissen spürte ich jedoch gleich die intensive, hoch angespannte Atmosphäre im Umkreis von Teller und seinen Mitarbeitern.

Mein erstes Gespräch mit Teller verlief außerordentlich freundlich. Ich war ihm sehr dankbar dafür, dass er mir als Deutschem ohne Vorbehalte begegnete. Im Gegensatz zu manchen anderen am Manhattan-Projekt beteiligten Physikern, einschließlich Robert Oppenheimer, der mir zunächst mit spürbarem Unbehagen oder sogar offener Abneigung gegenüber trat. Meine Situation erschien mir damals allerdings ziemlich grotesk, fast wie eine Ironie des Schicksals: Anstatt, wie mir nach den schrecklichen Kriegserlebnissen vorschwebte, mich ganz abseits vom großen Machtgerangel einer philosophisch orientierten Naturwissenschaft zu widmen, war ich nun genau dort angekommen, wo sich Naturwissenschaft und Machtpolitik am engsten berührten: bei der Kernphysik, bei den Physikern und Technikern, welche die menschheitsbedrohenden Massenvernichtungsmittel par excellence entwickelten. Und das nicht nur unterschwellig. Was die ganze Waffenentwicklung nach dem Kriegsende anbelangte, darüber konnte ich mich mit Teller nie einigen. Wir warfen uns gegenseitig Naivität vor. Für ihn war diese Entwicklung eine unverzichtbare Notwendigkeit. Die Vereinigung der größten und jeweils modernsten Machtmittel jetzt und in alle Zukunft in der Hand *der Besten* betrachtete er als die einzige Gewähr dafür, der Menschheit langfristig den Frieden sichern zu können. Für mich andererseits war *das Gute*, was für Ausgleich und Empathie steht, schlicht unverträglich mit dem *militärisch Stärksten*.

Meine wissenschaftliche Arbeit hatte jedoch nichts mit dieser Waffenentwicklung zu tun, die selbstverständlich streng geheim gehalten wurde. Meine häufigsten wissenschaftlichen Diskussionen mit Edward Teller bezogen sich auf prinzipielle Fragen der Kernphysik und der Materie allgemein. Teller war ein Meister der Rhetorik, einfach in der Sprache, phantasievoll an Gleichnissen und eindringlich im Ausdruck. Er strahlte Kompetenz und Urteilssicherheit aus, überzeugte, weil er Diskurse meist wie eine Art Schachspiel inszenierte. Er war kein einfacher Gesprächspartner, aber uns verband die Freude an scheinbar unlösbaren Problemen.

Unsere Wege haben sich auch später immer wieder gekreuzt. Zeit seines Lebens war er ein heftiger Gegner der Kommunisten – er hat 1954 sogar vor dem McCarthy-Ausschuss gegen Joseph Oppenheimer ausgesagt und ihn damit in den Verdacht gebracht, ein Kommunist zu sein. Die deutschen »Grünen«, die als Partei 1980 die politische Bühne betraten, betrachtete er als unglaublich gefährliche Feinde des wissenschaftlich technischen Fortschritts, gar als Neo-Nazis. Mich nannte er wegen meines Engagements für Frieden und Nachhaltigkeit bis zu seinem Tod einen »Populisten«, der sich die Zuneigung der Massen billig zu verschaffen suchte. Es erstaunt und beschäftigt mich immer wieder, dass ich mich mit dem Menschen Edward Teller trotzdem so eng verbunden fühle, obwohl unsere Orientierung, Anschauungen und Wertvorstellungen im Laufe der Jahre immer mehr auseinander klafften.

Eine besonders nachhaltige Begegnung hatte Hans-Peter Dürr mit der Philosophin und Politologin Hannah Ahrendt, die 1955 als Gastdozentin in Berkeley über politische Theorie und über Totalitarismus sprach. Hans-Peter Dürr sagt dazu:

Sie hat es geschafft, bei mir innerhalb von 14 Tagen einen Hebel umzulegen, eine Art Wende in meinem Leben herbeizuführen. An Details ihres Seminars kann mich nicht mehr genau erinnern, außer dass mich ihre Ausführungen durchweg fesselten. Das lag nicht so sehr an ihrem Vortragsstil. Sie wirkte angespannt, fast verkrampft und etwas unnahbar. Gleichzeitig rauchte sie während der Vorlesung eine Zigarette nach der anderen. Im Zentrum ihrer Ausführungen standen vor allem Fragen wie: wie konnte es in Deutschland überhaupt zu Hitlers totaler Herrschaft mit allen diesen schrecklichen Auswüchsen kommen? Das war auch meine Frage, denn meine eigene Vergangenheit lag immer noch schwer und düster auf mir. Ich hatte in den acht Jahren nach dem Ende des Krieges noch niemanden getroffen, mit dem ich über diese Zeit reden, meine eigenen Erfahrungen und Wahrnehmungen teilen konnte. Ich war selbst erstaunt, wie schnell Hannah Arendt mich, den dringend Suchenden, erreichte, trotz oder vielleicht gerade wegen ihrer nervösen Gespanntheit, die doch auch in mir lag und die nach einer Lösung suchte. Oft begleitete ich sie noch nach dem Seminar zum Women's Faculty Club, in dem sie damals wohnte, und suchte das persönliche Gespräch mit ihr.

Von Hannah Arendt sind Hans-Peter Dürr zwei Thesen besonders in Erinnerung geblieben:

1. Die persönliche Schuld, die uns als Mitglied einer Gesellschaft an deren Vergehen trifft, ist im allgemeinen viel kleiner, als die Schuld, die uns Außenstehende hinterher zumessen.
2. Unsere persönliche Schuld ist andererseits viel größer als die Schuld, die wir uns selbst eingestehen.

Die erste Aussage befreite ihn davor, so schildert er es, sich künftig als Kriminellen zu betrachten, nur weil er einem Land angehörte, das so viel unfassbares Leid verursacht hatte. Denn wieviel konnte er damals wirklich wissen? »Die direkt erlebten und durchlittenen persönlichen Erfahrungen an Leid, Tod und Zerstörung sind doch so viel stärker und schmerzhafter als alles andere Schreckliche, das nur über Hörensagen zu uns dringt.« Die zweite Aussage empfand Hans-Peter Dürr als bedrückender: Es trifft uns die größere Schuld, als wir selbst glauben. Warum? Hans-Peter Dürrs Antwort:

Weil wir uns meist nicht frühzeitig und nicht energisch genug gegen die Anfänge einer sich abzeichnenden Katastrophe zur Wehr setzen. Wir machen uns nicht schuldig, wenn wir uns nicht einer zu Tal donnernden Lawine entgegen werfen. Diese würde ungehindert einfach über uns hinwegfegen. Es ist aber wichtig, jemanden am Betreten eines Lawinenfeldes zu hindern, dessen Instabilitäten wir kennen. Aus Bequemlichkeit oder Opportunismus gehen wir oft achtlos an Vorkommnissen vorbei, die uns Sorge bereiten sollten und müssten. Mit der leichtfertigen Redensart ›Wo gehobelt wird, fallen Späne‹ versuchen wir die möglichen Konsequenzen herunterzuspielen, lassen wir die Dinge einfach weiterlaufen. Selbstverständlich ist es meist nicht leicht, zu wissen oder auch nur zu ahnen, ob wir wirklich ein Lawinenfeld vor uns haben oder nicht nur eines der normalen Geröllfelder, die wir schon einige Male vorher, vielleicht mit Mühe, aber ohne große Gefahr und Gefährdung überquert haben. Es verlangt von uns erhöhte Aufmerksamkeit und vor allem gesteigerte Umsicht. Denn im allgemeinen werden wir nicht zu einer angemessenen Beurteilung der Lage kommen, wenn wir nur das betrachten, was direkt vor unseren Füssen liegt, sondern wir müssen den Blick auf das Ganze richten, um uns ein Verständnis der Gesamtsituation zu verschaffen. Wir benötigen dazu eine Rundumorientierung, wir brauchen Kommunikation mit anderen, die andere Einsichten besitzen.

Die Begegnung mit Hannah Arendt hat wesentlich dazu beigetragen, so betont Hans-Peter Dürr bis heute, dass er sich für gesellschaftspolitische Fragen einsetzt. Sie hat ihm gesagt: Du musst dich einmischen, du musst ein Grenzgänger werden, die Leute werden dich nicht mögen, weil sie sagen: Schuster, bleib bei deinen Leisten, aber egal: Es ist für dich wichtig und für die anderen auch. Hans-Peter Dürr zieht es zurück nach Deutschland. Er will sich einmischen, aktiv werden.

## Physiker & Nonkonformist

Es war Franz Joseph Strauß, der Hans-Peter Dürr zu Werner Heisenberg brachte und damit zurück nach München. 1955 wurde Strauß das neu gegründete Bundesministerium für Atomfragen übertragen und als *Atom-Minister* setzte er sich für die Erforschung und zivile Nutzung von Atomkraft ein. 1956 wurde er Bundesverteidigungsminister. Jetzt hatte er die Atombewaffnung der Bundeswehr im Blick und reiste nach Amerika zu Edward Teller.

> Mir war Strauß total unbekannt, ich hatte 1953 Deutschland verlassen. Für Franz Josef Strauß war Heisenberg der Bombenbauer. Ich war bei den Gesprächen zwischen Edward Teller und Franz Josef Strauß dabei – und sah plötzlich meine Chance. Werner Heisenberg sollte damals nach München kommen und das, woran er forschte, war genau die Physik, die ich machen wollte. Und dann hat Strauß von sich aus gesagt: Kommen Sie doch nach Deutschland zurück. Für mich war Heisenberg der Künstler-Wissenschaftler, der die verrückte neue Theorie in die Welt gebracht hatte, die eigentlich eine Revolution für die Physik bedeutet hat, was Strauß sicherlich alles nicht wusste. Und so kam ich 1958 zu Werner Heisenberg nach München.

Heisenberg wurde für Hans-Peter Dürr für zwei Jahrzehnte zum wichtigsten Lehrmeister. Er war eine Art Halbgott für ihn, wie für viele andere Physik-Studenten in dieser Zeit. Werner Heisenberg, der schon mit 23 Jahren Professor für Theoretische Physik war, hatte als Rockefeller-Stipendiat bei Niels Bohr an der Universität Kopenhagen studiert. »Matrizenmechanik, Unbestimmtheitsrelationen, Quantenfeld-Theorie – das waren alles Begriffe, die uns faszinierten, geheimnisvolle Botschaften von einer anderen, von einer besseren Welt.« Hans-Peter Dürr erlebte Werner Heisenberg als einen engagierten, gutmütigen, bescheidenen, auch besonders künstlerisch interessierten Menschen mit einer seltenen Kommunikationsgabe.

> Im Mittelpunkt unserer vielen Gespräche standen immer das zu lösende Problem und der Wunsch, es zu erfassen und zu klären. Man tastete sich heran, spielte es dem anderen zu wie in einem freundschaftlichen Tischtennisspiel, wo beide darauf achten, dass der Ball im Spiel bleibt. Die ganze Aufmerksamkeit war darauf gerichtet, den Gesprächspartner wirklich zu verstehen und ihn nicht sophistisch über seine mangelhafte oder unzureichende Ausdrucksweise stolpern zu lassen. Man konnte stammeln, man konnte vage, ja unverständlich reden und der andere durfte erraten, was man eigentlich sagen wollte, es in eigenen, anderen Worten wiederholen, sodass man oft erfreut ausrufen konnte: ›Ja, genau so ist es!‹ Während eines solchen ausgedehnten und intensiven Gedankenaustauschs verschärften sich die Vorstellungen und Begriffe, ihre Konturen waren klarer erkennbar. Dadurch verstärkten sich die Reibungsflächen, da in der Konkretisierung inhärente Schwierigkeiten und Unverträglichkeiten deutlicher zutage traten. In diesem Stadium konnten die Diskussionen sehr hitzig werden. Heisenberg kämpfte für seine Ideen mit unerbittlicher Hartnäckigkeit. Auf beiden Seiten wurde in aller Schärfe kritisiert, aber keiner musste verletzen, da die Auseinandersetzungen

mehr einem sportlichen Duell glichen. Ein ›Das geht nicht!‹ war für Heisenberg ein Mangel an Phantasie, und er setzte seinen ganzen Ehrgeiz daran, dies auch durch ein geeignetes Beispiel zu erhärten.

1975 erhielt Hans-Peter Dürr, er war seit 1970 Nachfolger Heisenbergs als Direktor am Max Planck-Institut in München, eine Anfrage des damaligen Bundeskanzlers Helmut Schmidt, der auf die Unterstützung von Wissenschaftlern setzte, um den Ausbau der Kernenergie voranzutreiben. In dieser Zeit begann sich in Deutschland der Widerstand gegen die Kernenergie bei der Bevölkerung zu formieren. Ebenso hatte eine große Anzahl renommierter Wissenschaftler einen offenen Brief verfasst, der vom damaligen Präsidenten der Max-Planck-Gesellschaft, Reimar Lüst, und großen Forschungsinstituten unterschrieben war und in dem erklärt wurde, dass nur die Kernenergie die in absehbarer Zeit ausgehenden fossilen Brennstoffe ersetzen könne. Dieser These schloss sich Hans-Peter Dürr nicht an. »Das können Sie nicht tun! Ihr Institut arbeitet doch an dem Uranbrenner. Und der Name Hans-Peter Dürr steht nicht drunter. Sie drücken sich dann vor der Verantwortung in dieser wichtigen Lebensfrage.« So erinnert sich Hans-Peter Dürr an die empörte Reaktion seines Präsidenten.

Dem Vorwurf begegnete Hans-Peter Dürr am 27. September 1977 mit einer schriftlichen Stellungnahme in der *Frankfurter Rundschau*:

(...) Wenn behauptet wird (...), eine moderne Wirtschaft brauche notwendigerweise – etwa um Arbeitslosigkeit zu vermeiden oder weil der Mensch nicht bereit sei, einen Verzicht auf Lebensstandard hinzunehmen – ein jährliches Realwachstum von so und soviel Prozent, das wesentlich an einen höheren Energieverbrauch gekoppelt ist, und dass aus diesem Grund der Bau von Kernkraftwerken unabdingbar sei, dann werde ich mit aller Entschiedenheit dagegen Stellung beziehen. Denn ich sehe nicht ein, warum man immer nur bei der Lösung technisch-wissenschaftlicher Probleme so zuversichtlich der menschlichen Phantasie vertraut, bei wirtschaftlichen und soziologischen Problemen aber wie vor unabänderlichen Naturgesetzen resigniert (...). Die Welt hat sich entschieden gewandelt. Wir können deshalb nicht erwarten, mit den Wirtschaftstheorien und Ideologien des vorigen Jahrhunderts mit der doch heute völlig anders gelagerten Problematik fertig zu werden. Neue Begriffe müssen geprägt, neue Maßstäbe müssen gesetzt werden.

## Engagement in der Tagespolitik

Hans-Peter Dürr war mit dieser Veröffentlichung endgültig mitten im politischen Geschehen angekommen, und es gab ab diesem Zeitpunkt kaum mehr eine friedens- und energiepolitische Kontroverse, zu der sich Hans-Peter Dürr nicht zu Wort meldete – auch weil er um Unterstützung seitens Nichtregierungsorganisationen gebeten wurde, die sich in den Bereichen Frieden, Energie und Umwelt engagierten.

Ein weiteres Beispiel für Hans-Peter Dürrs interdisziplinäres Engagement war seine Reaktion auf die Regierungserklärung von Bundeskanzler Helmut Kohl (CDU) im Jahr 1985. Kohl hatte seine grundsätzliche Zustimmung zum US-amerikanischen Rüstungsforschungsprogramm Strategic Defense Initiative (SDI) gegeben. Die amerikanische Initiative hatte zum Ziel, einen gigantischen Abwehrschirm gegen die feindlichen Interkontinentalraketen zu entwickeln und war vom amerikanischen Präsidenten Ronald Reagan in dieser Zeit des »Kalten Krieges« auf den Weg gebracht worden. Hintergrund war die geplante Aufrüstung der USA und der UdSSR mit fast 25 000 Atomsprengköpfen, was einer Sprengkraft von über einer Million Hiroshima-Bomben entspricht.

Diesmal meldeten sich 350 bundesdeutsche Wissenschaftlerinnen und Wissenschaftler zu Wort. In einem offenen Brief an Bundeskanzler Helmut Kohl lehnten sie, so auch Hans-Peter Dürr, ihre Mitarbeit am SDI-Programm ab. Im gleichen Jahr – 1985 – hielt Hans-Peter Dürr anlässlich der Friedensnobelpreis-Verleihung an die IPPNW (International Physicians for the Prevention of Nuclear War) in Berlin die Eröffnungsrede und nahm die Gelegenheit wahr, diesen ›Sicherheitsheitsschirm‹ zu kommentieren.

> Die neue Wunderdroge heißt SDI, die Strategische Verteidigungsinitiative von Präsident Reagan. SDI soll die Menschheit von der atomaren Geisel befreien, soll Atomraketen unwirksam und überflüssig machen. Eine wissenschaftlich technische Version zur Rettung der Menschheit!? Oder vielleicht eine teuflische Schimäre, welche den Untergang der Menschheit nur noch beschleunigt? (...) Lassen Sie es mich ganz deutlich sagen: Es geht bei SDI nicht allein um Fragen der Sicherheit, um strategische Überlegungen, nicht allein um das viele Geld – um Geld, das wir dringend nötig hätten, die eigentlichen großen und brennenden Herausforderungen unserer Zeit kraftvoll anzugehen – es geht hier vor allem um die vielen Menschen, die vielen jungen Menschen, deren Geist, Phantasie, Einsatzfreude und Kraft auf bedrückende Weise für Unsinniges, Zerstörerisches vergeudet und missbraucht werden, anstatt diesen Fähigkeiten, diesen Kräften die Chance zu bieten, sich der Lösung der eigentlich wichtigen Probleme zu widmen. Wir alle streben danach, unser Leben mit Inhalt und Sinn zu füllen. Wir wollen beitragen, die Not der Menschen auf dieser Erde zu lindern, die schreienden Ungerechtigkeiten zu mildern oder zu beseitigen, unsere Umwelt in ihrer Schönheit und Vielseitigkeit zu erhalten, und dies nicht nur aus reiner Selbstlosigkeit und reinem Altruismus, sondern eingedenk der unmittelbar empfundenen Vorstellung, dass unsere Welt eine große Einheit darstellt, in der nicht Teile leiden können, ohne dass wir nicht selbst leiden müssen. Was wir Gutes den anderen antun, den anderen Menschen, der anderen Kreatur, der Erde selbst, ihrer Atmosphäre, ihren Wassern, ihrem Boden – dieses Gute tun wir uns selbst an. Ich bin es leid, über die bedeutungslose Frage der Machbarkeit oder Nichtmachbarkeit nachzudenken und zu sprechen. Ich möchte aus diesem nutzlosen Gegenstemmen, aus dieser bedrückenden Negativhaltung heraus, die meinen Geist mit Gedanken der Zerstörung verschmutzt, mein Herz mit Sorgen und Traurigkeit, ja mit Resignation erfüllt. Wir sollen und dürften uns nicht darauf beschränken, die augenblicklichen, unheilträchtigen Entwicklungen aufzuzeigen und zu beklagen. Wir sollten

uns dagegen wehren, dass uns der Stempel von Neinsagern, von Aussteigern auf-
gedrückt wird. Wer sich heute für den Frieden einsetzt, ist kein Pessimist, kein
Miesmacher. Im Gegenteil, er ist eigentlich Optimist, denn er hat noch nicht den
Glauben aufgegeben, dass dem Menschen in allerhöchster Not und Gefahr ungeahnte Fähigkeiten der Wahrnehmung, des Lernens und der Einsicht zuwachsen
können, die ihn letztlich vor seinem Absturz zu bewahren vermögen (...).

Keiner verlangt von uns, dass wir uns wehrlos preisgeben. Versuchen wir aber,
unsere Feindbilder abzubauen. Denken wir bei der Sowjetunion nicht nur an ihr
starres System, an ihre uns bedrohenden Waffen. Denken wir an ihre Musik, ihre
Dichtung, ihren Tanz, denken wir an ihre Menschen, an die vielen Menschen, die
wie wir sich nach Frieden sehnen und nach Frieden streben, die wie wir den Frieden brauchen, um die vielfältigen uns schwierigen Probleme ihres Alltags lösen
zu können, die wie wir – und mehr als wir – den Krieg in all seinen schrecklichen
Formen, in all seiner Unbarmherzigkeit und Grausamkeit als lebendige Erfahrung mit sich herum tragen. Die schreckliche gemeinsame Erfahrung des Krieges
bindet uns in Europa zusammen, sie vereinigt uns in dem Willen, dass es einen
krieg nie wieder geben darf. Die Gemeinsamkeit wird uns helfen, das Trennende,
das Freund-Feind-Denken zu überwinden.

Umweltzerstörung, Verknappung von lebenswichtigen Ressourcen, Armut und
Hunger in der so genannten Dritten Welt, soziale Ungerechtigkeit sind wesentliche Ursachen für Konflikte und Kriege. Wenn wir uns diesen Problemen verstärkt
zuwenden, dann tun wir langfristig mehr und Wesentlicheres für den Frieden
und für unsere Sicherheit als durch jede noch so geniale Schutzmaßnahme gegen Atomraketen (...).

Mit seiner klaren Stellung gegen die SDI hat Hans-Peter Dürr viele engagierte
Menschen auf beiden Seiten des Eisernen Vorhangs in ihrer Hoffnung bestärkt
und ermutigt, den Kalten Krieg gewaltlos beenden zu können.

Das hatte ganz wesentlich und letztlich entscheidend mit den engagierten Menschen auf beiden Seiten zu tun, die, bei aller Unterschiedlichkeit ihrer Vorstellungen, in vielfältigen und unermüdlichen Gesprächen über alle Grenzen hinweg an eine gemeinsame Vernunft appellierten und Möglichkeiten für friedliche
Konfliktlösungen ausloteten und engagiert aufzeigten. Einer von ihnen war der
damalige Generalsekretär der KPDSU, Michail Gorbatschow. Wir haben uns 1986
kennen gelernt.

2007 reiste Hans-Peter Dürr zum 20. Jahrestag des großen Friedenskongres-
ses nach Moskau, jetzt unter der Überschrift ›Internationale Konferenz für
Globale Sicherheit und nachhaltige Entwicklung – Ökologie, Ökonomie, Energie‹. Es kamen über tausend Menschen aus aller Welt, um daran zu erinnern: Frieden ist nicht unmöglich, man muss ihn nur wollen. Dort traf Hans-
Peter Dürr auch Michail Gorbatschow wieder, der meistens etwas abseits saß
und auch vorzeitig abreiste, wofür Hans-Peter Dürr Verständnis hatte. Denn
auf dieser Tagung wurde mit keinem Wort erwähnt, was eigentlich die ur-
sächlichen Gründe für das Ende des Kalten Krieges waren und welche Rolle
Gorbatschow in diesem Prozess gespielt hatte. Aus Hans-Peter Dürrs Sicht er-

möglichte Gorbatschows Aufkündigung des Rüstungswettlaufs diese einzig-
artige weltpolitische Entspannung und nicht, wie immer wieder behauptet, die sogenannte Sicherheit durch das von US-Präsident Reagan geplante
Raketenabwehrsystem SDI.

Die weltweit nicht gelösten, drohenden und offenen Auseinandersetzungen,
in Afghanistan, Irak, Iran, Nahost und Afrika, lassen Hans-Peter Dürr bis heute
nicht zur Ruhe kommen. Er ist immer zutiefst betroffen, oft verzweifelt, dass er
auf Vorträge und Reden zurückgreifen kann, die er schon in den siebziger, achtziger Jahren gehalten hat. Aus der zunächst hoffnungsvollen These »Frieden
ist machbar« ist die bange Frage geworden: Ist Frieden überhaupt machbar?

## Botschafter des Neuen Denkens

Die klassische Ansicht der Physik war: Die Materie ist das Primäre und das
eigentlich Wichtige. Materie bleibt Materie, und sie ist deshalb so verlässlich,
weil sie – im Gegensatz zur Form, die sich nach Maßgabe der Naturgesetz-
lichkeit ständig verändert – zeitlich gleich bleibt. Die neue Erkenntnis lautete
nun: Die Form, die Gestalt ist es, die sich im Laufe der Zeit nicht verändert,
und Materie gibt es nicht. Diese bildet sich erst als *Als-ob-Erscheinung* bei größeren Anhäufungen der atomaren Gestaltwesen auf einem räumlich höheren
Niveau heraus. Die ursprünglichen Elemente der Quantenphysik sind also Beziehungen der Formstruktur. Wenn man die neue Physik, die Quantenphysik,
erklären will, so Hans-Peter Dürr, ist es schon deshalb schwierig, weil sie für
unsere Sprache gar nicht geschaffen ist.

> Leider ist unser Gehirn nicht darauf trainiert, die Quantenphysik zu verstehen.
> Mein Gehirn soll mir ja im Wesentlichen helfen, pragmatische Entscheidungen
> zu fällen, wie zum Beispiel, den Apfel vom Baum zu pflücken, den ich für meine
> Ernährung und letztlich für mein Überleben brauche. Unsere Umgangssprache
> ist deshalb eine Apfelpflücksprache. Sie hat sich herausgebildet, weil sie außer-
> ordentlich lebensdienlich ist. Die Vorstellung, dass die Gestalt fundamentaler sei
> als Materie, macht uns erhebliche Schwierigkeiten, weil wir Gestalt und Form in
> unserer Lebenswelt eigentlich immer nur sekundär als Anordnung von Materie
> begreifen. Genau betrachtet stimmt dies aber nicht. Jede Erfahrung und jedes
> Erlebnis ist zunächst eine *Beziehung*, eine unaufgelöste Relation zwischen dem
> Beobachter und dem Beobachteten. Das physikalisch definierte Objekt, der vom
> Subjekt isolierte materielle Gegenstand, ist *Ergebnis einer Abstraktion*. Durch die-
> se Objektivierung gelangen wir zu einer begrifflichen Sprache und einer unserer
> Wahrnehmung objektivierbaren und reduzierbaren Welt.

Dabei spielen im täglichen Leben Beziehungsstrukturen eine weitaus wesent-
lichere Rolle als Materielles. Die zweiwertige Logik Ja-oder-Nein, Richtig-oder-
Falsch, Schwarz-oder-Weiß der Alten Physik, so Hans-Peter Dürr, ist nicht die
Logik der Natur.

Die Quantenphysik beschreibt die Natur viel besser, denn hier herrscht die mehrwertige Logik – das Dazwischen, das Unentschiedene. Auch wenn es zunächst irritierend klingt, aber solange wir uns etwas genau vorstellen können, liegen wir falsch. Aber wenn mir etwas schwammig vorkommt, komme ich der Wirklichkeit am nächsten. Auf emotionaler Ebene haben wir damit weniger Schwierigkeiten. Unsere Gefühle sind ja in diesem Sinne alle ein bisschen schwammig, ohne dabei unverständlich zu sein. Sie sind Bewegung, ihre Grenzen fließen. Wir verspüren eine Ahnung von etwas in uns und deuten dann dies oft als etwas, was sich in uns bewegt und uns zum Schwingen und Klingen bringt. Dies empfinden wir als eine Resonanz mit etwas viel Umfassenderem.

Die Quantenphysik sagt uns also, dass die Wirklichkeit ein großer geistiger Zusammenhang und unsere Welt voller Möglichkeiten ist. Darin steckt ungeheuer viel Ermutigung und Optimismus. Wir leben in einer noch viel größeren Welt, als wir gemeinhin annehmen. Und wir können diese Welt gestalten! Unsere westliche Konsumkultur und das wirtschaftliche Wettrennen stellen nur eine winzige Nische innerhalb unserer Möglichkeiten dar. Die wirtschaftlichen Sachzwänge sind keine Naturgesetze, es sind von Menschen gemachte Zwänge.

Diese Botschaft, nämlich jederzeit selbst handeln und gestalten zu können, ist es unter anderem, die Hans-Peter Dürr vor allem in den letzten Jahren und überall in der Welt zu einem hochwillkommenen Gesprächspartner gemacht hat. Die dramatischen Schieflagen, die sich weltweit verschärfen, verunsichern zunehmend viele Menschen. Hans-Peter Dürr ist kein ›Guru‹, er spricht als Quantenphysiker und begründet wissenschaftlich, wie mit der Neuen Physik nachgewiesen werden kann, dass alles auch ganz anders sein könnte, als es gerade zu sein scheint. Was Hans-Peter Dürr sagt und schreibt, ist also nicht seine persönliche Meinung. Es gelingt ihm allerdings, und das ist dann doch eine ihm eigene Begabung, das Unverständliche, Vage, was nun einmal zur Neuen Physik gehört, in lebensnahe Gleichnisse zu übersetzen. Es sind Bilder, die er vor den Augen der Zuhörer entstehen lässt und Assoziationen, Erinnerungen, Gefühle, die er hervorrufen kann. Diese haben nichts mit Materie zu tun, sondern mit Beziehungen, in die wir vielfältig eingewoben sind. Und mit nichts anderem beschäftigt sich die Quantenphysik. Diese »helle« Sichtweise gibt Hoffnung, eckt aber auch an, wie er auf seinem langen Lebensweg vielfach erfahren musste. Denn noch unterliegen der Großteil der gesellschafts-politischen Strukturen dem Alten Denken – alles soll vorhersehbar, messbar und somit beherrschbar sein. Das *Dazwischen*, worin Hans-Peter Dürr, dem Neuen Denken folgend, die Begründung für das Lebendige sieht, wird als bedrohlich, weil unkalkulierbar bewertet. Aus der alten Sichtweise leitet sich zudem ein Menschenbild ab, an dem immer noch festgehalten wird, dem Hans-Peter Dürr jedoch vehement widerspricht.

Es ist eine falsche Vorstellung, dass wir alle primär Egoisten sind, die nur ihren persönlichen Vorteil im Auge haben. Wir sind Menschen, die insgeheim wissen, dass wir im Grunde alle verbunden sind. Jeder von uns ist auf einer tieferen Ebene ein Freund des anderen, der uns nicht mehr als ganz Fremder begegnet, sondern als eine Art erweiterte und veränderte Form unseres *Selbst*. Wenn es dem anderen gut geht, dann geht es mir auch gut. Das ist das Prinzip, nach dem in einer so relativ kurzen Zeit von drei Milliarden Jahren diese erstaunliche Vielfalt und Komplexität von Lebensformen einschließlich des Menschen entstehen konnte. Wir begeben uns auf den richtigen Weg, wenn wir die Vorzüge von Differenzierung und Vielheit betonen und von der Würde des Menschen sprechen, die es zu schützen gilt. Jeder und jede ist einmalig. Und in der Summe von verschiedenen, einmaligen Menschen verfügt die Menschheit prinzipiell über ein gewaltiges Überlebenspotenzial, um flexibel den Herausforderungen einer offenen Zukunft begegnen zu können. Dies jedoch nur, wenn die Einzelkräfte nicht gegeneinander wirken und sich in einem k. o.-Wettbewerb, einem Nullsummenspiel, das Leben gegenseitig schwer machen, sondern lernen, ein Plussummenspiel zu inszenieren, wo der Vorteil des einen auch zum Vorteil des anderen wird. Das ist kein gönnerhafter Altruismus von toleranten Egoisten, sondern das Ergebnis von offensichtlich positiver Erfahrung: Man kann auf die Unterstützung von anderen vertrauen, wo die eigenen Fähigkeiten versagen.

Ein tibetanisches Sprichwort sagt: *Ein Baum, der fällt, macht mehr Krach, als ein Wald der wächst.* Es ist der wachsende Wald, der das Leben fortführt. Aber wer erwähnt schon den wachsenden Wald? Dieser verändert sich langsam, ganz unauffällig, doch beständig, nur erkennbar, wenn wir über lange Zeit unser Augenmerk darauf richten. Dass das Wachsende, das Aufbauende langsamer gehen muss als das Abbauende, Zerstörerische, ist kein Zufall. Echte Wertschöpfung braucht Zeit, gerade deshalb entgeht sie leicht unserer Wahrnehmung. Lasst uns nicht im Getöse der Zerstörung das langsame Entfalten des Neuen übersehen.

## Literatur

Die Zitate von Hans-Peter Dürr sind persönlichen Gesprächen, Vorträgen, Interviews in Medien und den hier aufgeführten Büchern entnommen.

Vgl. auch: Global Challenges Network e. V. – www.gcn.de

**Hans-Peter Dürr**, Warum es ums Ganze geht – Neues Denken für eine Welt im Umbruch, München 2009

**Ders.**, Das Lebendige lebendiger werden lassen – Wie uns neues Denken aus der Krise führt, München 2011

**Ders.**, Geist, Kosmos und Physik – Gedanken über die Einheit des Lebens, Amerang 2010

**Hans-Peter Dürr, Marianne Oesterreicher**, Wir erleben mehr als wir begreifen – Quantenphysik und Lebensfragen, Freiburg 2007

**Roland R. Ropers, Thomas Arzt** (Hrsg.), Was unsere Welt im Innersten zusammenhält – Hans-Peter Dürr im Gespräch mit bedeutenden Vordenkern, Philosophen und Wissenschaftlern, Berlin und München 2012

Klaus P. Hansen

# Wissenschaftler aus dem Wilden Westen: Thorstein Veblen

## Wegbereiter ohne Wirkung

In der Kategorie »Zu-Unrecht-Vergessen« ist der Amerikaner Thorstein Veblen ein ganz besonderer Fall. Bei vielen der in dieser Kategorie Geführten ist das Vergessen ja berechtigt, und wenn der Wiederentdecker es anprangert, nimmt er heimlich eine Aufwertung vor und wuchtet den Zweitrangigen eine Etage höher. Bei Veblen aber steht die Erstrangigkeit außer Zweifel, und das Fehlen einer angemessenen Rezeption ist und bleibt ein schreiendes Unrecht. Jeder, der sich mit ihm näher befasst, spürt, dass dieser Denker in die intellektuelle Oberliga der frühen Moderne gehört und problemlos den Stammspielern Darwin, Marx und Freud das Wasser reichen kann. Doch den Zeitgenossen war er peinlich, sodass er für die Nachfahren verschollen blieb. Wenn wir ihn an den epochemachenden Namen der Moderne messen, zeigt sich seine Ebenbürtigkeit in dreierlei Hinsicht: Auch er ist inhaltlich ein Wegbereiter; auch er ist in seinen Ein- und Ansichten radikal neu, und auch er nimmt sich genau wie Darwin, Nietzsche und Marx der Themen der Moderne an. Von den Genannten lässt er sich in Maßen beeinflussen, setzt diesem Einfluss aber unverkennbar Eigenes entgegen. Doch er schafft es nicht einmal zum Skandal. Anders als die Stammspieler, die trotz der Außenseiterrolle sofort einige, wenige glühende Anhänger fanden, blieb Veblen fast ohne Schüler und den wenigen, die er hatte, gelang es nicht, sein Andenken wach zu halten. Woran das lag, darüber soll zum Schluss spekuliert werden. Die Missachtung Veblens ging soweit, dass, wenn wir heute Veblens Ideen benutzen, sie nicht nur wiederentdeckt, sondern neu entdeckt werden mussten, wobei die Entdecker die Urheberrechte nicht kannten.

## Die zweite Wirklichkeit

Wenn Darwin die Evolutionstheorie ersann, Marx den Klassenbegriff aus der Taufe hob und Freud Mechanismen der Psychopathologie eruierte, erfand Veblen – fast gleichzeitig, aber doch etwas früher als Max Weber – die Idee des Konstruktivismus. Mithin ist er der Vorläufer von Berger/Luckmann, von Clifford Geertz, vielleicht sogar von Foucault. Eine zweite Idee kommt noch hinzu, die der sozialen Distinktion, worin Veblen Bourdieu vorangeht. Doch die Genannten hatten keine Ahnung von der geistigen Genealogie und wussten von ihrem Urahn nichts. Veblen musste erst fünfzig Jahre tot sein, er starb 1929, bis seine Ideen, sozusagen von alleine und ohne ihn, wiederauferstanden. Berger/Luckmann veröffentlichten ihre bahnbrechende Monographie *The Social Construction of Reality* im Jahr 1966; Geertz machte 1973 mit *The Interpretation of Culture* auf sich aufmerksam; Foucault gehört ebenfalls in die siebziger Jahre wie auch Pierre Bourdieu, der in dieser Dekade seine *Soziologie der symbolischen Formen* veröffentlichte und gut zehn Jahre später *Die feinen Unterschiede* herausbrachte. Alle hätten sie bei Veblen in die Schule gehen können, wodurch – das ist eine reizvolle Spekulation – ihre Theorien vielleicht ein wenig anders ausgefallen wären.

Da Darwin, Marx und Freud ins Spiel gebracht wurden, liegt es nahe, kurz die Frage zu beleuchten, ob und wie weit Veblen von ihnen beeinflusst war. Die Rezeption Freuds, der 1909 auf Einladung des Psychologen G. Stanley Hall an der Clark University im Staat New York fünf Vorlesungen in deutscher Sprache hielt, vollzog sich in der Neuen Welt zwar deutlich schneller als in der Alten, war für Veblen aber nicht schnell genug, um als Fachfremder die Psychoanalyse zur Kenntnis zu nehmen. Was ihm auch nichts gebracht hätte, da der deutsche Seelenarzt über gänzlich andere Dinge grübelte als der technikgläubige Nationalökonom Veblen. Nicht nur von der Zeit her, sondern aufgrund der allgemeinen Verbreitung war Darwins Evolutionstheorie Veblen natürlich geläufig. Er kannte nicht nur den durch Herbert Spencer modifizierten Sozialdarwinismus, sondern muss auch das Original gelesen haben, wie sich an terminologischen Anklängen in seinem Frühwerk *The Theory of the Leisure Class* (1899) feststellen lässt. Diese Anleihen hören aber bald auf, was insofern folgerichtig ist, als Veblen weder biologisch noch genetisch oder mechanistisch argumentierte und auch an der Entstehung der Arten nicht interessiert war. *Natural selection* war ihm fremd, da er die Welt aus spezifisch kulturellen Mechanismen erklärte. Veblen kündigte die von Darwin bis heute zumindest methodisch zementierte Verwandtschaft zum Tier auf, indem er die Krone der Schöpfung durch Bewusstsein, Vernunft und vor allem *imagination* ausgezeichnet sah. Die Besonderheit der menschlichen Kreatur besteht für Veblen darin, dass sie sich mit Hilfe dieser Fähigkeiten eine eigene, sozusagen zweite Wirklichkeit schafft, bzw. wie man im modischen Wissenschaftsjargon sagen würde, konstruiert. Ohne es zu wissen, begibt sich der Amerikaner damit in die Nähe Schopenhauers, der diese zweite Wirklichkeit Vorstellung nennt. Aus dieser Prämisse resultiert Veblens weiteres Vorgehen, denn er studierte das Verhältnis zwischen den beiden Wirklichkeiten, zwischen der natürlichen, materiell gegebenen, faktischen auf der einen, und der durch Deutung und Gewohnheit Imaginierten auf der anderen Seite.

Im Unterschied zu Darwin, der, wenn auch häufig, eher in Nebensätzen auftaucht, wird Marx explizit und in aller Breite diskutiert. Veblen blieb auch keine andere Wahl, da der bei der amerikanischen Mittelklasse verpönte Sozialismus die Intellektuellen begeisterte und Veblens privater Bekanntenkreis aus entweder überzeugten oder doch kokettierenden Sozialisten bestand. In zwei Beiträgen setzte er sich in der von ihm selbst herausgegebenen Fachzeitschrift – *The Quarterly Journal of Economics* – mit »The Socialist Economics of Karl Marx and his Followers« auseinander.[1] Dabei fällt auf, dass er die Teilung der Gesellschaft in zwei Klassen, von denen die eine die andere ausbeutet, unkommentiert lässt, was wohl, da es in den Kosmos Veblens passt, Zustimmung bedeutet. Was die Industrialisierung betrifft – Veblen nennt sie »the era of machine industry« – stimmt er Marx zu, setzt aber, wie wir sehen werden, andere Akzente. Für die Prophezeiung einer klassenlosen Gesellschaft, wobei Marx die Hegelsche Geschichtsvernunft walten lässt, hat Veblen nur Hohn übrig. Ihm, dem Erfinder der Sozialdistinktion, ist eine Gesellschaft ohne Unterschiede undenkbar. Auch bezweifelt er das sozusagen zwangsläufig revolutionäre Potential der Arbeiterklasse.

## Zivilisatorische Effizienz

Der Maßstab, mit dem Marx die Epoche der Industrialisierung maß, war Gerechtigkeit, und die klassenlose Gesellschaft, auf welche die Geschichte zustrebte oder zumindest zustreben müsste, würde diese Gerechtigkeit umsetzen. In gleicher Funktion bringt auch Veblen einen ahistorischen und idealen Maßstab ins Spiel, den man zivilisatorische Effizienz nennen könnte. Sie ist erreicht, wenn alle Ressourcen, die materiellen wie die geistigen, optimal genutzt werden. Effizienz bedeutet, dass Technik und Wirtschaft nur ihrer eigentlichen Funktion folgen und, gemäß der von den Nationalökonomen erstellten Definition, die Bedürfnisse der Staatsbürger befriedigen. Der Ressourcen-Reichtum der Erde, wenn er nur voll genutzt würde, sei so groß, dass jeder bekommen könnte, was er brauche. Diese eigentlich nüchterne Utopie lehnt sich an das Ethos des Ingenieurs an, das bei geringen Produktionskosten nur beste Qualität liefern lässt, und an die Kompetenz des Unternehmers, der Erzeugnisse anbietet, die für jeden erschwinglich sind. Wenn Adorno Veblen naive Technikgläubigkeit vorhält, greift das zu kurz. Schließlich müsste die von Veblen gemeinte zivilisatorische Daseinserleichterung ebenfalls Verteilungsgerechtigkeit einschließen. Wenn, so die Überlegung Veblens, alle im Überfluss der Güter lebten, würde dieser Überfluss jeden Einzelnen erfassen. Da Veblen, genau wie Marx, in seinen Analysen vor allem Mechanismen der sozialen Ungerechtigkeit anprangert, wird seine leider nicht detailliert ausgestaltete Utopie wohl auch Gerechtigkeit schaffen. Nicht durch Enteignung, sondern durch Überfluss. Wie falsch Veblen mit dieser Erwartung liegt, sehen wir an der derzeitigen dekadenten Überflussgesellschaft, die sowohl den Banker-Boni als auch den Hartz-IV Sätzen ihren Segen erteilt.

---

1   Thorstein Veblen, »The Socialist Economics of Karl Marx and His Followers I«, The Quarterly Journal of Economics 20 (1906), S. 578-595; ders. »The Socialist Economics of Karl Marx and His Followers II«, The Quarterly Journal of Economics 21 (1907), S. 288-322.

Warum aber, das ist Veblens entscheidende Frage, wird die zivilisatorische Effizienz nicht erreicht? Die überraschende Antwort lautet: »cultural retardation«. Warum ausgerechnet die Kultur der Schuldige ist, ergibt sich aus einer einerseits kindlichen andererseits tiefsinnigen Überlegung. Schon zur Zeit des Neandertalers bot die Erde die gleichen Bodenschätze wie heute; immer schon gab es Kupfer, Silizium, Uran, Öl und seltene Erden. Ebenso waren die Menschen mit den gleichen Gehirnwindungen oder, wie wir inzwischen wissen, neuronalen Netzen ausgestattet. Von der Materialität her, sowohl was Ressourcen als auch was den Geist betrifft, war die Menschheit in ihren Urtagen nicht schlechter gestellt als zur Zeit Veblens. Warum brauchte es aber so viele tausend Jahre, um Dampfmaschine, Telefon und, um es in unsere Zeit zu verlängern, Computer und Handy zu erfinden oder die janusköpfige Atomkraft zu nutzen? Wenn Veblen es mit »cultural retardation« begründet, dann gibt er den Wirklichkeitsdeutungen und Sinnkonstruktionen der Vergangenheit die Schuld. Anders formuliert, das Denken blockierte das Denken, d.h. die als Gewohnheiten eingebrannten falschen Erkenntnisse behinderten die richtigen. Jedes Zeitalter pflege bestimmte »habits of thought« – hier erkennen wir Veblens hypermoderne Definition von Kultur – mit deren Hilfe man sich die Welt auf- oder zuschließe.

Ein schnelles Beispiel: In Epochen der Mythen und urzeitlichen Religionen herrschte die Wirklichkeitsdeutung des Animismus und Anthropozentrismus. Natürliche wie übernatürliche Phänomene erklärte man sich in Analogien zum Menschen. Pflanzen und Tiere fühlten wie Menschen, und auch Fabelwesen und Götter kannten Ärger, Neid und Schadenfreude. In einem Gewitter beispielsweise sah dieser »habit of thought« den Zorn der Götter oder den zur Umkehr mahnenden Zeigefinger Jehovas, und man versuchte den oder die Erzürnten mit Opfern und Buße zu besänftigen. Da diese Weltsicht kollektiv verankert war, besaß sie eine Art Wahrheitsgewissheit, die weitere Überlegungen und das Suchen nach anderen Ursachen unnötig machte. Erst mit dem 17. Jahrhundert wurde der Animismus durch die Vernunftreligion der Aufklärung und die mechanistische Naturvorstellung zurückgedrängt. Für unser Beispiel vollzog Benjamin Franklin einen Paradigmenwechsel und erklärte Gewitter naturwissenschaftlich. Jetzt war der Blitz eine elektrische Entladung, und diese neue Erkenntnis half die davon ausgehenden Gefahren zu vermeiden. Indem Franklin den Blitzableiter erfand und damit die Häufigkeit von Bränden reduzierte, steigerte er die zivilisatorische Effizienz. »Cultural retardation« heißt also, dass an konstruierten traditionellen Wirklichkeitsdeutungen, selbst wenn sie irren, aus Gewohnheit festgehalten wird.

## Genialer Vereinfacher

Veblen denkt weder in Substanzen noch in ontologisierten Wesenheiten. Anders als bei Locke oder Rousseau beinhaltet Menschennatur für ihn eigentlich nur, dass die Krone der Schöpfung eitel und machtbesessen ist. Diese wenig sozialen Eigenschaften sind aber nicht das letzte Wort, denn sie werden durch den Status als Gesellschafts- und Zivilisationswesen sublimiert. Wesentlicher als die menschliche Natur ist die sich darüber wölbende Kollektivität, die ein Aktions- wie Reaktionsfeld aufspannt, woraus die eigentliche Wirklichkeit resultiert. Und also findet Veblen Wahrheit nur in der Geschichte. Allerdings studiert er sie nicht am konkreten historischen Detail, sondern versucht, ihr durch Systematik, Struktur und Modellhaftigkeit auf die Schliche zu kommen. Veblens Gesamtwerk liefert einen äußerst groben, wenn auch farbigen oder besser grell bunten Holzschnitt der Menschheitsgeschichte von den Anfängen bis heute, der mit allem bricht, was man zur Jahrhundertwende von Kultur- und Zivilisationsphilosophen erwartete.

Schon der die einzelnen Zeitalter gestaltende und das Ganze antreibende Elemente-Cocktail ist ungewöhnlich. Ein Element, vielleicht das wichtigste, ist *the state of the art* der Technik; ein anderes sind die rechtlichen und sonstigen Institutionalisierungen; beide, das wäre ein drittes Element, sind abhängig von den jeweiligen kulturellen Wirklichkeitsdeutungen. Das antreibende, sozusagen alkoholische Ferment dieses Cocktails bilden die erwähnten triebhaften Residuen der Menschennatur, nämlich die Gier nach Macht und die durch Sozialdistinktion zu befriedigende Eitelkeit. Entsprechend schmeckt das Gebräu Veblens nach misanthropischer Spekulation und stark vereinfachter Kausalität.

Doch die unvermeidbaren, gelegentlich groben Verallgemeinerungen leben von faszinierenden Detaileinsichten, welche die Einseitigkeit des Weltgebäudes, das Veblen zimmert, vergessen machen. Veblen ist sicherlich ein Vereinfacher – ein Philosoph mit dem Holzhammer – aber ein genialer, der die Dinge auf den Punkt bringt und dem dadurch Einsichten gelingen, vor allem solche psychologischer Entlarvung, die seiner Zeit weit voraus sind. Denken wir nur an seine Entdeckung des Edelkonsums, den er »conspicuous consumption« nennt. Dieser Begriff Veblens ist der einzige seiner vielen Neologismen, der rezipiert wurde und das totale Vergessen seines Erfinders verhinderte. Der Nationalökonomen Veblen, der mit der Vorstellung des *homo oeconomicus* aufwuchs, beobachtete, dass nicht nur das preisgerechte Produkt gekauft wird, sondern gerade das überteuerte. Mit Hilfe eines solchen ostentativen und symbolischen Kaufs sendet der Konsument die Botschaft: Ich kann es mir leisten. Lange vor Bourdieu entdeckte Veblen die Sozialdistinktion – eine kaschierte Form kollektiver Eitelkeit – ohne die keine moderne Konsumtheorie oder Marketingüberlegung auskommt. Wenn heutige Wirtschaftswissenschaftler in *labels* und *brands* denken, dann weiß kaum einer unter ihnen, dass er ein Konzept des ansonsten unbekannten Amerikaners Thorstein Veblen verwendet.

Um Veblens Menschheitsgeschichte zu referieren, bedarf es keiner didaktischen Anstrengung, da es sich, wie gesagt, um einen Holzschnitt handelt. Jeder Begriff wird definiert, und alle Positionen werden durchnummeriert und systematisiert. Fünf Großepochen oder Zivilisationszeitalter werden angesetzt, »epoch« oder »era« genannt, wobei die zweite in Phasen unterteilt wird. Die dabei verwendete Terminologie verrät zum einen die Technikgläubigkeit Veblens und macht zum anderen deutlich, dass er mit plakativen Abwertungen nicht zimperlich ist. Wenn er Epochen wild oder barbarisch nennt, was heute politisch höchst unkorrekt wäre, dann schreibt er das – und vor allem meint er das – ohne Anführungszeichen. Anders als sein Zeitgenosse, der amerikanische Ethnologe Franz Boas, der damals schon einen modernen Kulturrelativismus propagierte, besitzt Veblen genaue Vorstellungen, was rückständig und was fortschrittlich ist und welche Entwicklungen richtig und welche falsch sind. Als Maßstab dient ihm dabei die bereits skizzierte Idealvorstellung technischer Effektivität. Schreiben wir die Epochen untereinander:

1. the savage state of the industrial arts;
2. the barbarian culture;
    a. the predatory phase;
    b. the peaceful phase;
3. the era of handicraft;
4. the epoch of machine industry;
5. the era of absentee ownership.

Seiner Vorliebe für Technik entsprechend, beginnt Veblens Menschheitsgeschichte nicht mit der antiken Philosophie, sondern mit der Erfindung von Werkzeugen, also in der Steinzeit. Sein »savage state of the industrial arts« umfasst aber nur die sogenannte ältere Steinzeit. Ähnlich wie bei Rousseau und Locke bildet dieses erste Zeitalter eine Art methodischer Folie, welche die Entwicklungen in Richtung Neuzeit deutlich hervor treten lässt. Es zeichnet sich durch folgende Merkmale aus. Die Menschheit ernährte sich von der Jagd und von primitiven (»savage«) Formen der Landwirtschaft, die Veblen, da der Mensch hier sozusagen auch technisch in die Natur eingreift, zu den »industrial arts« rechnet. Zwischen Mann und Frau herrschte eine einfache Arbeitsteilung, d.h. er ging auf die körperlich anstrengende Jagd, und sie versorgte Vieh und Acker.

## Ostentative Verschwendung

An dieser Stelle gelingt Veblen wieder eine geniale Einzelbeobachtung, die, vergessen wie er ist, auch an den *gender studies* vorbeiging. Da ganz zu Anfang die Landwirtschaft den Menschen nicht ausreichend ernährte, blieb die Jagd der hauptsächliche Protein-Lieferant. Da sie Kraft und Schnelligkeit erforderte, war sie naturgemäß eine männliche Domäne, woraus sich mit einer gewissen Berechtigung der »habit of thought« ergab, den Mann als leistungsfähiger einzuschätzen als die Frau. Entsprechend überließ sie ihm die Befehlsgewalt und ordnete sich unter. Sobald aber aufgrund von Verbesserungen die

Landwirtschaft zur Hauptnahrungsquelle aufrückte, wurde die vom Zufall abhängige Jagd überflüssig. Bei den zur Ernährung nötigen Arbeiten resultierte jetzt eine Gleichwertigkeit zwischen Mann und Frau und das höhere Ansehen des Mannes hätte eigentlich zurückgenommen werden müssen. »Habits of thought« sind aufgrund von »cultural retardation« aber zäh, und die angebliche höhere Wertigkeit des Mannes blieb durch alle folgenden Zeitalter erhalten, wobei sie verschiedene Formen annahm. Zur Zeit Veblens war eine von ihnen, dass in der Oberschicht Frauenarbeit verpönt war. Drastisch wie immer, nennt er das »conspicuous waste«, d. h. ostentative, also weithin sichtbare Verschwendung. Der Reiche kann es sich leisten, auf Einkünfte durch seine Ehefrau zu verzichten, wodurch er seinen finanziellen Status nach außen dokumentiert. Diese Dokumentation sieht Veblen durch die damalige weibliche Oberschichts-Mode symbolisch unterstützt. Man trug einschnürende Mieder und hohe Absätze, wodurch körperliche Bewegungen, die Voraussetzung manueller Arbeit, erschwert wurden.

Zu »conspicuous waste« gehörte nach der Überwindung der ersten Menschheitsepoche auch die Jagd. Nachdem sie für die Ernährung nicht mehr gebraucht wurde, konnte sie anderen Funktionen dienen und wurde zum Hobby der Adligen und Reichen, der »leisure class«. Der Mechanismus ist wieder derselbe: Sozialprestige durch Verschwendung. Dem Neandertaler und später dem Wilderer, der seine Familie auf diesem Wege ernährte, ging es um das Nahrhafte seiner Beute, d. h. er war an ihrer Materialität interessiert. Der mit Jagdkostüm und Pferd in den Wald stürmende Großgrundbesitzer hingegen beging keine Versorgungs-, sondern eine Prestigehandlung, indem er die Materialität des Resultats ignorierte. Dabei blieben Relikte der Versorgungshandlung erhalten. Der Neandertaler erbeutete lieber einen kapitalen Hirsch als einen schmächtigen, weil dessen Nährwert größer war. Diese in der Verwendbarkeit begründete Werthaftigkeit emanzipierte und wandelte sich zu einem Ausdruck der Fähigkeiten des Jägers. Aus einem materiell und funktional begründeten Wert wurde ein jeder Logik entbehrendes Symbol. Bei diesen Einzelerkenntnissen beobachtet Veblen nicht nur, sondern liefert die äußerst moderne kulturtheoretische Erklärung, dass pragmatisch funktionslose Handlungen Kollektivzugehörigkeit sichtbar machen und dadurch Sozialdistinktion schaffen. Mit dieser *en passant* an verschiedenen Stellen vorgetragenen Theorie nahm er die Leistungen von Roland Barthes, Clifford Geertz und Marshal Sahlins vorweg.

## Weg zum Privateigentum

Zurück zur frühen Steinzeit. Sie kam über »economics of need«, also über reine Subsistenzwirtschaft, nicht hinaus und produzierte für den sofortigen Verbrauch, wobei der Einzelne auf die Gemeinschaft angewiesen war. Auf die Jagd ging man gemeinsam, und die Beute wurde geteilt. Die einzigen Wirtschaftsgüter waren Früchte, Getreide und Fleisch, also schnell vergängliche Lebensmittel. Es gab nichts, was sich lohnte zu besitzen, so dass sich kein Privateigentum bilden konnte und die natürliche Mitgift des Menschen, Machtgier, Habsucht und Eitelkeit, keinen Anreiz fand. Das Fehlen des Lasters Privateigentum, was Rousseau der moralischen Natur des Menschen zuspricht, die im Naturzustand noch intakt gewesen sein soll, wird in Veblens *Instinct of Workmanship* aus ökonomischen Bedingungen begründet.

Da es nichts zu besitzen gab, existierte auch nicht die Idee des Besitzes. Es herrscht die Übereinstimmung von »habit of life« und »habit of thought«. Von Nachteil ist der umgekehrte Fall, wenn eine Denkgewohnheit oder Wirklichkeitsdeutung ohne Veranlassung durch die reale Wirklichkeit entsteht. Ein Beispiel dafür findet sich im Animismus dieser Epoche. Wie bereits erwähnt, vermenschlicht diese Weltanschauung alle Kreaturen und sogar die unbelebte Natur. Wenn man Eisenerz für einen in dieser Form schon sinnvollen Teil eines anthropozentrischen Kosmos hält, kommt man nicht auf die Idee, damit zu experimentieren, es zu erhitzen und zu schmieden. Die falsche Wirklichkeitsdeutung behindert das analytische Eindringen in die Materialität der Welt, behindert den *homo faber* und den technischen Fortschritt. Aufgrund einer falschen Weltanschauung verharren die »industrial arts« im »savage state«. Wir sehen, Veblen ist zwar Konstruktivist, nach Schopenhauer vielleicht der zweite, aber ein gemäßigter, der von einem möglichen direkten Zugriff auf die Fakten ausgeht.

Im Gegensatz zur üblichen Unterteilung der Steinzeit in eine ältere und eine jüngere, wobei ihre Einheit gewahrt wird, glaubt Veblen zwischen diesen Phasen kategoriale Unterschiede zu erkennen, so dass er sie zu eigenen Menschheitszeitaltern erhebt. Dabei geht er genau wie die bei Frühgeschichtlern übliche Phasendifferenzierung von einer linearen Entwicklung der primitiven Werkzeuge und der auf sie angewiesenen Landwirtschaft aus, hält den erreichten Fortschritt aber für groß genug, um im sozialen Bereich völlig neue Bedingungen zu erkennen. Die Menschheitsepoche, die dadurch entsteht, nennt er mit der ihm eigenen Kaltschnäuzigkeit »barbarian culture«. Sie gründe sich darauf, dass Ackerbau und Viehzucht den »savage state« überwunden hätten und zu vollwertigen »industrial arts« aufrückten, denen es zum ersten Mal gelingt, das menschliche Grundbedürfnis nach Nahrung ganzjährig zu erfüllen. In der Folge erblickt ein neuartiges Phänomen das Licht der Welt: Es sind zum ersten Mal Güter vorhanden, deren Besitz sich über den Moment hinaus lohnt. Zum einen existieren dauerhafte materielle Güter (der getrocknete und so haltbar gemachte Apfel oder der veredelte Apfelbaum), die zum anderen von ebenso dauerhaften geistigen abhängen, d.h. dem »know how«, also beispielsweise dem praktisch nutzbaren Wissen, wie die Ackerbestellung zu erfolgen hat. Mit den neuen Gütern tritt die Institution des »private ownership« ihren Siegeszug an und legt den Grundstein zu einer Tausch- und später Geldwirtschaft. Diese Entwicklung zur »pecuniary culture« bedeutet sicherlich Fortschritt, ermöglicht aber auch neue Formen der Barbarei. Denn

Güter und Privateigentum locken nicht nur zum Tausch, sondern auch zum Raub. War man in Zeiten der Mangelwirtschaft und Güterlosigkeit auf die Gemeinschaft angewiesen, so entfällt diese Verpflichtung jetzt. Mit der »pecuniary culture« setzt der Individualismus mit seinen negativen Auswüchsen ein, die Veblen ungeschminkt als »aggression and predation« (Raub) entlarvt. Den Höhepunkt dieser Auswüchse bildet der aus Habgier unternommene Krieg.

### Prestige der Muße

Der Wegfall der durch Not erzwungenen Gemeinschaftlichkeit eröffnete dem Einzelnen Freiräume, die aufgeweckte Individuen zu Experimenten handwerklicher Art nutzen. So entstehen neue Werkzeuge (Amboss und Hammer), Fertigkeiten und Gebrauchsgegenstände (Tongefäß und Armspange), die das Arsenal der Güter und die Möglichkeiten des Besitzes erweiterten. Wem aber gehörte im Endeffekt das Gros dieser Besitztümer? Veblens Antwort ist so einfach wie schockierend: Den körperlich und geistig Starken, d.h. Häuptlingen, Medizinmännern und Schamanen. Derjenige, der über große Körperkraft verfügte, ebenso wie derjenige, der im Besitz einer Waffe war, raubte den Schwächeren und Unbewaffneten aus. Bei Medizinmännern und Schamanen funktionierte die Umverteilung über einen »habit of thought«: Da man ihnen übernatürliche Fähigkeiten zusprach, wie die Heilung von Krankheiten und den Kontakt zu den Göttern, überließ man ihnen freiwillig einen Teil des eigenen Besitzes. Den Starken und Gefürchteten gesellten sich die Gerissenen, die Projektemacher und die Hochstapler hinzu, und diese Gruppen, die auf verschiedene Weise körperlich oder geistig von ihren Erbanlagen her, also irgendwie materiell überlegen waren, bildeten die Oberschicht.

Aus der materiellen Überlegenheit ergab sich soziales Ansehen. Die Unterscheidung von materiell auf der einen und sozial oder kulturell auf der anderen Seite ist, wie bereits erwähnt, für Veblen insofern von Bedeutung, als sich oft genug Kulturelles wie etwa Ansehen von den materiellen Voraussetzungen emanzipiert und sozusagen ohne Fundament ein Eigenleben führt. Da die Starken und Mächtigen mehr besaßen als die Schwachen, wurde Besitz zum Statussymbol. Damit erreichte er zwei Qualitäten, eine materielle Funktion, die sich aus der praktischen Nutzung des Besitzes ergab, und eine darin begründete soziale Wertschätzung. Durch die gewohnheitsmäßige Verknüpfung kam die Wertschätzung bald ohne praktische Begründung aus. Veblen erklärt das an der Kriegsbeute. Der siegreiche Feldherr schleppte zunächst nur solche Beutestücke, Kleinodien, Schätze oder Frauen, nach Hause, die er für seinen Alltag gebrauchen konnte. Nachdem es aber üblich geworden war, militärisches Geschick am Umfang des Erbeuteten zu demonstrieren, wurde aus dem Feindesland auch das Unnötige und Überflüssige mitgenommen. Die von der Funktionalität emanzipierte soziale Wertschätzung von Besitz und Oberschicht führte noch zu einer weiteren Konsequenz. Da man durch Raub und

Gerissenheit schneller Reichtum erwarb als durch mühsame Arbeit, verlor die produzierende Tätigkeit an Wert. Im gleichen Maße, wie sie an Ansehen verlor, ging der Stern der Muße auf, und der prestigeträchtige Müßiggänger sah auf die Arbeitenden herab. Am lateinischen Wort *negotium*, das Arbeit als den negativen Zustand der Nicht-Muße fasst, lässt sich dieser Hintergrund noch erkennen.

Der Sozialdistinktion Muße widmete Veblen sein erfolgreichstes Buch (*The Theory of the Leisure Class*), in welchem er, so wie vorgeführt, ihren Wirkungsmechanismus erklärt. Muße funktioniert als »conspicuous waste«, d.h. sie symbolisiert einen ökonomischen Zustand, der es sich leisten kann, auf sinnvolle Tätigkeit zu verzichten. Das Widersinnige, hier zeigt sich der Umfang kultureller Emanzipation, wird zum Erstrebenswerten. Den Ursprung der Abwertung der Produktivität finden wir in der Antike, die ja die dafür nötige Trägerschaft in der *nobilitas* besaß, um dann durch den mittelalterlichen Feudalismus wieder aufgegriffen zu werden. Veblen führt seinen Zeitgenossen weiterhin vor, wie das Prestige der Muße in ihrer bürgerlichen Mitte fortbesteht. Wenn, wie bereits ausgeführt, die Arrivierten ihren Ehefrauen die Berufsausübung verbieten und diese ihren Körper in eine Kleidung der Unbeweglichkeit stecken, dann handelt es sich um mittelständische Formen einer ehemals feudalen Verschwendung.

## Machtdifferenzierung

Um zu den großen Linien der Menschheitsgeschichte Veblens zurückzukehren: Der erste Teil, d.h. die »predatory phase« des »barbarian culture« genannten Zeitabschnitts legte mit Raub und Krieg, so erstaunlich es klingen mag, die strukturellen Grundlagen neuzeitlicher Zivilisation. Was noch fehlte, war die Gewaltfreiheit, oder mit anderen Worten, die Barbarei musste erst sublimiert werden, damit sich die Neuzeit entwickeln konnte. Diese Sublimierung setzte mit der nächsten Phase ein, die deshalb auch friedfertig heißt. Während der »peaceable phase« änderte sich wirtschaftlich und sozial wenig, d.h. die materiellen Voraussetzungen wurden nicht angetastet, wohl aber ergab sich ein neuer kultureller, ideologischer und vor allem institutioneller Überbau. Dass Reichtum durch Raub zustande gekommen war, trat, sobald er nach Gesetz und Recht an den Sohn vererbt wurde, in den Hintergrund. Indem das Wissen um die Herkunft schwand, ergab sich Raum für neue Wirklichkeitsdeutungen: Aus der Korrelation von Besitz und Adel wurde eine legitimierende Kausalität, und das Volk war es zufrieden, die Reichen als die in allen Bereichen Besseren zu bewundern. Aus der zunächst rudimentären Unterscheidung von stark und schwach, mächtig und machtlos entwickelte sich die differenziertere der sozialen Klassen, wodurch das Paradox zementiert wurde, dass die fleißig Produzierenden ihre Produkte nicht besitzen. Diese Überlegungen sind nicht weit vom Marxismus entfernt.

Das konstitutive Merkmal der friedlichen Phase bestand in der Schaffung neuer rechtfertigender Deutungsfundamente, auf denen Institutionalisierungen und Legalisierungen vorgenommen wurden. Die der Herkunft nach unfreiwillige Arbeitsfron beispielsweise wurde zum Vertrag umgedeutet, in welchem die Arbeitsleistung der einen Partei durch die Garantie von Nahrung und Sicherheit durch die andere aufgewogen wurde. Dass dem Adligen das Land gehörte und seine Lehnsabhängigen für ihn schufteten, wandelte sich zum institutionellen Grundpfeiler einer allgemein akzeptierten Ordnung. Die Hierarchie des Ständestaates erschien jetzt menschlich gerecht und göttlich gewollt. Gleichzeitig, das ist das zweite Merkmal dieser Phase, differenzierte sich die Machtausübung. Herrschte zuvor der Mächtigste in allen Bereichen, so teilten sich die Kompetenzen jetzt auf. Vereinfacht gesagt, der König übte die politische Macht aus, der Fürst die ökonomisch-soziale und der Richter die judikative, wobei auch die Legitimationstheorien unterschieden waren. Der König rechtfertigte sich als Statthalter Gottes auf Erden, der Feudalherr über seine Fürsorgepflicht und der Richter über die Suprematie des Rechts. Wenn Veblen die Phase, in der diese Veränderungen stattfinden, friedfertig nennt, weist er darauf hin, dass das neue Institutionengefüge Sicherheit und Stabilität schafft. Das ständige Ringen um Besitz und Positionen war beendet; die Übermacht der Starken wird durch die Aufteilung in Kompetenzbereiche gestutzt und die Schwachen werden, nachdem sie ihre Rolle akzeptiert haben, vor punktueller Willkür von oben geschützt. Die Ordnung zementiert zwar die alten Ungerechtigkeiten, aber, da sie allgemein akzeptiert und als Gottes Wille anerkannt wurde, hört der permanente Krieg aller gegen alle auf.

Welche realgeschichtliche Epoche mit der »peacable phase« gemeint ist, darüber klärt der Modellbauer Veblen nur flüchtig auf: Sie umfasst das Mittelalter und den sich anschließenden Feudalismus, liegt also grob in der Zeit vom 8. bis 17. Jahrhundert. Parallel zu ihr soll sich seit dem 15. Jahrhundert, sozusagen in einer Art Abzweigung, eine weitere zukunftsträchtige Konstellation ergeben haben, welche, hier verleiht Veblen ein Gütesiegel, die »era of handicraft« heraufführte. Ab dem 18. Jahrhundert löste sie Feudalismus und Ständestaat ab. Ihre Urheber sind zwei »institutional missfits«, der Handwerker und der Kaufmann, die das alte System fest gefügter Abhängigkeiten störten. Die Störenfriede lebten in der Stadt, und deren Luft machte sie insofern frei, als ihr Lebensunterhalt nicht von Landbesitz und Landwirtschaft abhing. Veblen nennt sie deshalb »masterless men.« Sie verdienten ihren Lebensunterhalt durch Produktion und Verkauf. Da sie außerhalb der ständischen Regeln agierten, sie gehörten ja zum nicht abhängigen dritten Stand, handelten sie selbstverantwortlich und frei. Diese Freiheit nutzten sie, um die »handicraft industry« voranzutreiben, neue Materialien und neue Techniken zu entdecken, sodass sich qualitativ hochwertige und funktionelle Güter herstellen ließen, mit denen Handel getrieben werden konnte. Folgende Bedingungen waren dabei zu beachten. Die Produkte mussten einerseits Bedürfnisse erfüllen, andererseits Qualität aufweisen, und der Preis sollte angemessen sein,

d. h. er hatte Hersteller und Verkäufer auf mittelständischem Niveau zu ernähren. All diese Faktoren schufen das, was wir Marktwirtschaft nennen und
wirkten so weit in die Zukunft.

## Gemeinschaftliche Funktionalität

Diese Voraussetzungen, die für Veblen materieller Natur sind, wurden flankiert
durch »habits of thought«, die, das ist das Neue und Entscheidende, mit der
Wirklichkeit übereinstimmten. Produktion und Verkauf wurden durch den
neuen Eigentumsbegriff getragen, wie er von John Locke definiert wurde. Mir
gehört das, was ich in persönlicher Arbeitsanstrengung herstelle. Das von
mir Produzierte kann ich im Tausch gegen Waren oder Geld veräußern, wobei der Tauschwert vom Umfang meiner Arbeitsleistung abhängt. Dieser Eigentumsbegriff wurde zunächst in Bereich von Handwerk, Vertrieb und Handel praktiziert, um sich dann in weiteren Bereichen zu etablieren. Hier wie
dort stand er aber in Konkurrenz zum feudalistisch dynastischen Eigentumsbegriff. Das ist bis heute der Fall: Mir gehört nicht nur das von mir herge-
stellte Produkt, sondern auch das von den Vätern Ererbte. Des Weiteren, was
Veblen als immensen Fortschritt ansieht, wurde die animistische Weltsicht
durch eine mechanisch-kausale verdrängt. Newton siegte über Paracelsus, was
dem Erfindergeist Auftrieb gab. Zur Demontage des Feudalismus gehörte auch
der Statusverlust der hochherrschaftlichen Muße und ihre Ersetzung durch
*work-ethic*, die bürgerliche Tugenden wie Fachkompetenz, Sorgfalt und Fleiß
propagierten. Anders als Max Weber, der zu ihrer Erklärung auf den Purita-
nismus zurückgriff, sah Veblen sie, was eher einleuchtet, als natürliche Konsequenz des handwerklichen Ethos. Zu den geistigen Waffen der neuen politischen Zeit, die sich in Revolutionen durchsetze, gehörten natürlich auch die
Ideen Freiheit und Demokratie.

   Die »era of handicraft« ist für Veblen eine besondere Epoche, die sich von
allen anderen positiv abhebt und ihm unterschwellig als Maßstab dient. Ihr
Fundament ist »handicraft«. Ihr Protagonist, der Bastler und Tüftler, ist ein
Mensch ohne Gier, Machtwille und Eitelkeit, welcher, das ist sein einziges Ziel,
der Natur auf die Schliche kommen und sie technisch überlisten will. Bei diesem selbstlosen Bemühen ist kein Platz für Barbarei, auch nicht in sublimier-
ter Form. Außerdem zeichne sich die Epoche, wie oben erwähnt, durch Übereinstimmung von »habits of life« und »habits of thought« aus. Es ist eine Zeit
ohne kulturelle Konstruktionen, welche den Blick auf die Wirklichkeit verstel-
len und durch »cultural retardation« Fortschritt verhindern. In dieser Epoche,
das ist ihr Markenzeichen, herrscht uneingeschränkte Funktionalität. Nicht
Einzel- oder Gruppenegoismen bestimmen den Gang der Dinge, sondern, da
Handwerk und Technik den Ton angeben, das »common good«.

   Diese Ausrichtung der »industrial arts« auf Gemeinschaft und Gemeinnützigkeit ist eine der tragenden Vorstellungen Veblens und ruht auf folgender

Überlegung. Der *homo faber* ersinnt Hilfsmittel, Werkzeuge und Maschinen, welche die Herstellung nützlicher Produkte ermöglichen und damit unseren Alltag erleichtern. An dieser Erleichterung, die mit der Weiterentwicklung der »industrial arts« zunimmt, ist immer die Gemeinschaft beteiligt, denn der Erfinder einer Technik greift auf Einsichten der Vorväter zurück und steht somit in einer kollektiven Tradition. Der technische Fortschritt und die Zunahme an Wissen, worauf er basiert, sind somit gemeinschaftliche Vorgänge, bei dem die einzelnen Individuen, genial wie sie sein mögen, nur Teilleistungen vollbringen. Sie schaffen nicht das gänzlich Neue, sondern verbessern das Vorhandene und Gewusste. Handwerk und Technik sind zweifach gemeinschaftliche Unternehmungen: Zum einen baut das neue *know how* auf kollektivem Wissen auf, und zum anderen wird es für die Gemeinschaft zu menschlicher Bedürfnisbefriedigung eingesetzt.

## Antagonismen

Ihre Bestimmung erreichen Handwerk und Technik aber nicht ohne Tausch, Verkauf und Handel. Um in den Besitz lebenserleichternder Güter zu kommen, muss ich sie erwerben, und der Handwerker muss sie, um sich ernähren zu können, verkaufen. Käufer und Verkäufer müssen sich, damit verlässt man den Boden der Funktionalität, auf einen Preis einigen. Für sich genommen, mag das Produkt gemäß seiner Verwendungsmöglichkeit zu bewerten sein – vielleicht sogar objektiv, denn das schärfere Messer ist wertvoller als das stumpfe – doch sobald Produzent und Erwerber ihren Preis nennen, kommen Individualität und Subjektivität ins Spiel. Dem einen ist das Produkt mehr wert als dem anderen; und der eine Produzent schätzt seine Arbeitsleistung höher ein als der andere oder glaubt Anrecht auf einen höheren Lebensstandard zu haben. Diese Subjektivitäten, die sich bei der Preisfindung austarieren, konstituieren, was man den Markt nennt. Noch schwieriger wird die Sache, wenn als dritter der Kaufmann hinzutritt, zwischen Verkäufer und Käufer vermittelt und dafür Bezahlung verlangt. Aber anstatt die Berechtigung aller drei Parteien zu sehen, macht Veblen, so wie vor ihm schon Aristoteles, allein den Kaufmann zum Bösewicht. Sein Beruf führe zu einer speziellen Mentalität des »to get something for nothing«, worin sich der aristotelische Vorwurf, der Kaufmann gehe keiner produktiven Arbeit nach, wiederholt. Was zur Zeit des Kolonialismus der »merchant adventurer« war, der ja spekulativ Kapital einsetzte, wird mit der Industrialisierung der Kapitalgeber und Betriebswirt. Auch sie sind von einer für Egoismus und Geldgier anfällige Mentalität geprägt und huldigen dem Grundsatz »to get something for nothing«. Kurzum, in Veblens Menschheitsdrama kämpfen zwei Antagonistengruppen gegeneinander: die guten, auf die Gemeinschaft ausgerichteten Handwerker und Techniker, und die bösen, nur auf den eigenen Vorteil bedachten Kaufleute, Finanziers und Kapitalisten. Je nach Epoche treten sie in anderen Kostümen auf, als feudaler

Geldgeber und Manufakturbetreiber, als Ingenieur und Fabrikbesitzer, als Entwicklungsabteilung und als Aktionäre.

Im Zeitalter der Industrialisierung verschärft sich der Antagonismus. Getreu seiner Methode, die Epochen von einer zentralen Gegebenheit abzuleiten, führt Veblen alle Merkmale der Industrialisierung auf die Maschine zurück. Ihr Einsatz verändere die Wirtschaft, das Privatleben und das Denken. Der Arbeiter, aus dessen schwieligen Händen das Produkt ursprünglich hervorging, wird zum »attendant of the machine«. Das verlangt neue eher technische als handwerkliche Kenntnisse. Um sie zu gewährleisten, so sieht es Veblen, wurde die allgemeine Schulpflicht eingeführt, und die Arbeiter lernten Lesen, Schreiben und Rechnen. Bedienung und Wartung von Maschinen verlangt darüber hinaus eine spezielle Mentalität, welche die Vermenschlichung des bloß Mechanischen aufgibt. Veblen spricht von der »logic of technology«, und sie ist die Kehrseite dessen, was Max Weber »Entzauberung« nennt. Nicht nur die Umstände der Arbeit ändern sich, sondern auch der Alltag verliert den Kontakt mit den natürlichen Gegebenheiten und wird durch die Routine bestimmt, welche die Maschine vorgibt. »But this routine and its discipline extend beyond the mechanical occupations as such, so as in great part to determine the habits of all members of the modern community.« (Workmanship, 21) Der Alltag wird aber nicht nur verändert, sondern in diesen Veränderungen auch standardisiert. Die durch Maschinen geschaffenen Produkte sind alle gleich, und die Lebensabläufe der Arbeiter und ihrer Familien gleichen sich ebenfalls. Selbst die Freizeit wird uniform mit vorgestanzten Beschäftigungen zugebracht.

Wirtschaftlich verlangt der Maschineneinsatz ein bestimmtes Volumen an Produktion und Umsatz. Die Anschaffung einer Dampfmaschine lohnt sich nur, wenn sie viele Webstühle antreibt, die genügend Stoff herstellen, um den Kredit, der für die Anschaffung aufgenommen wurde, in absehbarer Zeit zu tilgen. Seinen Leisten konnte der Schuster aus der Schatulle seiner Ersparnisse bezahlen, Maschinen aber überfordern das Eigen- und erfordern Fremdkapital. Für die moderne Fabrik ergibt sich daraus die Konsequenz, dass zwei Arten von Experten gebraucht werden, Techniker und Betriebswirte. Die Techniker kümmern sich um das Produkt und den Maschinenpark; die Betriebswirte um Kosten und Finanzierung. Diese Doppelanforderung konnte in Zeiten der Manufakturen noch von einer Person gemeistert werden, wenn beispielsweise ein Handwerker mit in der Nachbarschaft geliehenem Geld Werkzeuge kaufte und Arbeiter einstellte. Aber auch Zweiergespanne kamen vor, indem vielleicht ein Adliger, soweit er über Barschaft verfügte, gegen Gewinnbeteiligung oder Anteile an der Firma Kapital gab. Je größer die Fabriken des Maschinenzeitalters aber wurden, und Größe ist für sie Existenzvoraussetzung, umso schwieriger war die Personalunion. Denn auf beiden Seiten, jener der Technik und jener der Finanzen wurde immer mehr verlangt. Man brauchte neben den technischen Experten solche, die mit den Feinheiten des Kreditwesens und dem kontrollierten Einsatz von Kapital umgehen konnte. Herausragende Pioniere wie etwa der Autokönig Henry Ford beherrschten noch beides. Voller Hochachtung für die Doppelbegabung, die Schumpeter teilen würde, nennt Veblen diese Männer der ersten Stunde »captains of industry«. Solange Personalunionen vorherrschten, hielten sich das Ethos des auf technischen Fortschritt bedachten Ingenieurs und die Profitgier der geschäftlichen Seite die Waage. Sobald diese Personalunion aus Gründen weiterer Arbeitsteilung nicht mehr möglich ist, kommt es zur Rivalität zwischen Bedürfnisbefriedigung und Bereicherung.

## Entpersönlichung

In der »era of absentee ownership« wird die Gemeinnützigkeit, die sich ergeben würde, wenn man den technischem Fortschritt mit Nachdruck betrieb, dem Profitstreben geopfert. Darin erkennt Veblen das herausragende Merkmal dieses jüngsten Zeitalters, in welchem er lebte. Neben »absentee ownership« diagnostizierte er drei weitere Merkmale, die Zunahme von immer größer werdenden Firmenzusammenballungen (corporations and trusts), dann die Aufblähung des Kreditwesens und schließlich »cultural retardation«, d. h. den neuen Kräften der Wirklichkeit stünden anachronistische Institutionen und Gesetze gegenüber, die dem Neuen nicht gewachsen sind. Aber bleiben wir beim Zentralbegriff, mit dem Veblen 1923 den Titel seines Buches über diese Epoche gestaltet: *Absentee Ownership And Business Enterprise in Recent Times*. Die Begriffsverwendung ist allerdings etwas eigenwillig. »Absentee ownership« bedeutet im allgemeinen Sprachgebrauch, the owner resides elsewhere, und diese räumliche Bedeutung wollte den besonderen Umstand hervorheben, dass ein *landlord* nicht auf seinem Land residiert. Jedoch macht Veblen aus der räumlichen Komponente eine emotionale, und insofern meint seine Begriffsverwendung einen Besitz, zu dem keine innere Beziehung besteht. Wir können es uns an der bereits erwähnten Eigentumsvorstellung Lockes, die bei Veblen im Hintergrund mitschwingt, verdeutlichen. Bei Gegenständen, um deren Herstellung man sich im Schweiße seines Angesichts bemühte, fühlt man sich persönlich involviert und besitzt darüber hinaus eine Legitimation, sie für sich zu beanspruchen. Bei »absentee ownership« fehlt sowohl das eine wie das andere. Wenn ein Töpfer im 16. Jahrhundert einen besonders schön geratenen Krug an einen »itinerant merchant«, einen reisenden Hausierer gab, empfing dieser ein Produkt, das ihn nur als Mittel zum Profit interessierte. Ownership stand »absentee ownership« gegenüber. Mit Marx könnte man den Begriff Entfremdung verwenden: Während der Handwerker eine direkte Beziehung hat, ist das Verhältnis des Kaufmanns zum Produkt ein entfremdetes.

Doch Veblen wendet »absentee ownership« viel umfassender an. Auch Verkaufsleiter und Finanzmanager großer Firmen stehen in keiner unmittelbaren und echten Beziehung zu den Produkten, die ihr Arbeitgeber herstellt und von denen sie eigentlich leben. Um es chronologisch anzugehen: Die erste Form von »absentee ownership« ist für Veblen der Raub, wie er während der »predatory phase of the barbarian culture« vorkam. Dass auch der Räuber sich anstrengen muss und von den geraubten Gütern angetan sein kann, bedenkt dabei Veblen nicht, der Vorgang fällt aber insofern unter den Begriff, weil Raub Besitz nicht legitimiert. Zwar wurden später die aus dem Raub entstandenen Besitzverhältnisse im Feudalismus institutionell anerkannt, was aber nichts daran ändert, dass sich der *landlord* um sein Land, worauf das ihn ernährende Getreide wächst, nicht kümmert. Das überlässt er dem Verwalter, der auch nicht selbst hinter dem Pflug geht, und insofern ebenfalls entfremdete Arbeit verrichtet. Mit Locke besitzen beide keine wirkliche Legitimation. Aber auch die Lehnsabhängigen, die auf den Feldern schuften, haben keine natürliche Beziehung zu Grund und Boden mehr, da sie die Früchte ihrer Arbeit nicht für sich selbst ernten. In Abkehr von Marx sieht Veblen auch »hired labor« als eine Form von »absentee ownership«, denn auch Lehns- oder Lohnabhängigkeiten ziehen Entpersönlichung nach sich. Leibeigene und Pächter arbeiten nicht freiwillig und verachten vielleicht diejenigen, die sie dazu zwingen. Zu Zeiten der Industrialisierung stellte sich der Vorgang so dar, dass der Lohnarbeiter seinen obersten Chef nicht kennt und dass ihm eventuell die ganze Firma, bei der er in Lohn und Brot steht, egal ist. Der Höhepunkt wird jedoch mit der Institution Aktiengesellschaft erreicht: Der Aktionär, der die Dividende einstreicht, kennt nur die Bilanz des Unternehmens und weiß nicht genau, was es alles herstellt. Das Desinteresse des Besitzers an seinem Besitz zeigt sich auch daran, dass er die Hauptversammlung nicht besucht und sein Stimmrecht verfallen lässt.

## Krisendeutung

Veblen malt die Periode vor dem *black friday* und dem weltweiten wirtschaftlichen Zusammenbruch in düsteren Farben. Er beschreibt sie anhand der Tendenzen »absentee ownership«, Entpersönlichung, Machtkonzentration und, was heute vertraut klingt, Dominanz des Finanzsektors. Alle diese Tendenzen vereinigen sich darin, dass die Produktion sinnvoller Güter und die Beschleunigung von technischem Fortschritt in den Hintergrund treten. Durch die Überbetonung des Geschäftlichen steht das anonymste und unpersönlichste aller Güter im Vordergrund, das Geld. Interessanterweise sind bei Veblen die Arbeiter ein freiwillig mitspielender Teil dieses Systems. Indem sie faulenzen und schlampig arbeiten, zahlen sie ihren Tribut an das Prinzip des to get something for nothing. Wenn sich die Unternehmer zu Kartellen zusammenschließen, um Preise abzusprechen, gründen die Arbeiter Gewerkschaften, welche die Löhne hoch halten.

Das Alleinstellungsmerkmal Veblens, das ihn von den anderen Kapitalismuskritikern seiner Zeit unterscheidet, ist der Hinweis auf die Inadäquatheit der Wirklichkeitsdeutungen und der auf ihnen fußenden Institutionen und Gesetze. Der entfesselten Industrialisierung steht als Deutung eine biedere

Wirtschaftstheorie gegenüber, die aus der »era of handicraft« stammt. Es ist die noch heute beschworene Theorie der freien Marktwirtschaft, die höchstens auf die Entstehungszeit zutraf, jedenfalls wenn man sie so verklärt, wie Veblen es tut. Den Mechanismen des modernen Kapitalismus erweist sich die simple Theorie vom Markt nicht gewachsen. Auch der Eigentumsbegriff von Locke und die Freiheitsvorstellung der Aufklärung lassen sich auf die komplizierte Dynamik des »machine age« nicht anwenden. Inzwischen, nach den beiden Wirtschaftskrisen des noch jungen 21. Jahrhunderts (Leeman Brothers und Eurokrise), beginnen wir diese Dinge einzusehen, wie wir uns überhaupt immer mehr der Perspektive Veblens annähern. Wir trennen inzwischen Realwirtschaft und Finanzsektor und lernen zu verstehen, dass dieser jener schadet. Wir sehen, dass unsere Regelungsinstrumente nicht ausreichen, die für die Gesamtwirtschaft schädliche Spekulation zu zähmen. Hätte Veblen von Heuschrecken und ihren feindlichen Übernahmen gewusst, hätte er darin den Höhepunkt von »absentee ownership« erblickt. In solchen Fällen sind die Besitzer eines Unternehmens nicht an seinem Wohlbefinden interessiert, sondern sie zerschlagen es. Veblen beschrieb die dahinter stehende Logik zu Beginn des 20. Jahrhunderts, aber niemand nahm ihn zur Kenntnis. Weitsichtiger als Marx gab er die Schuld an Fehlentwicklungen nicht nur den Unternehmern, den Besitzern der Produktionsmittel, sondern auch den Betriebswirten und Bankern.

## Genialität, Disziplin, Konvention

Veblens Weltmodell, daran besteht kein Zweifel, ist innovativ. Wie hoffentlich deutlich wurde, verdient es diese Auszeichnung in dem Sinne, dass in ihm Zukunftspotenzial steckt, das seit den sechziger Jahren ausgeschöpft wird. Mithin war Veblen kein krauser Spinner, sondern einer, der, wie es so schön heißt, seiner Zeit voraus war. Menschen dieser Art bezeichnen wir seit der Romantik als Genies und verzichten damit auf jede kausale Erklärung. Diesem Verzicht will sich die vorliegende Anthologie, darin besteht ihre Daseinsberechtigung, nicht anschließen. Sie geht vielmehr von der Verwobenheit des jeweiligen Individuums in die Gegebenheiten seiner Zeit aus und benutzt dazu die einfache These, dass, wer nicht zu stark in den Konventionen und Disziplinen wurzelt, eher und intensiver zu neuen Ufern aufbricht. Dem, der sich vom Zeitgeist nicht disziplinieren lässt, stehen die Möglichkeiten des Noch-Nicht Gedachten oder der gewagten Kombinationen eher zu Gebote. Diese These, für die man schnell Beispiele findet, leuchtet zwar ein, überzeugt aber nicht ganz.

Wir wollen die These der fehlenden Verwurzelung auf drei Kontexte aufteilen, den lebensweltlichen, den akademischen und den ideengeschichtlichen. Beginnen wir mit Veblens Biographie und fragen wir uns, ob sie disziplinlos war. Nachdem in den neunziger Jahren die Archive des Carleton College, der Columbia University und der University of Chicago umfangreiches Material zugänglich machten, sind die Fakten seines Lebens gesichert und einige Legenden widerlegt, aber eine anspruchsvolle Biographie liegt immer noch nicht vor.[2] Auch ohne eine solche lässt sich folgende Skizze anfertigen. Veblen tanzt insofern aus der Reihe der Geistesheroen, als er nicht aus einer gebildeten Bostoner Familie kam – wie etwa William James oder Henry Adams – vielmehr von norwegischen Einwanderern abstammte, Bauern und Handwerkern, die 1847, zehn Jahre vor seiner Geburt, die Neue Welt betraten und sich in Wisconsin und dann in Minnesota in jeweils noch nicht lange erschlossenen Provinzregionen niederließen. Die Eltern waren weder gebildet noch bildungsfern und schickten ihre neun Kinder, auch die Mädchen, auf gute Schulen. Thorstein war der Bücherwurm und Alleswisser der Familie, der norwegische Literatur und deutsche Philosophen, darunter Kant, im Original las. Da die Eltern nicht religiös waren, neigte auch der bildungshungrige Sohn keinem Glauben zu. Dieser Bildungshunger und Wissensdurst sowie seine schlechte Gesundheit machten ihn zum Außenseiter in einem bodenständigen und pragmatischen Milieu. An ihm nahm Veblen keinen Schaden, wohl aber an den daraus schöpfenden Zuschreibungen seiner Umwelt, die ihn mit den Etiketten bäuerlich und Provinz belegten. Veblens wichtigster Förderer J. Lawrence Laughlin, der ihn an die Cornell University holte und dann mit nach Chicago nahm, hielt große Stücke auf seinen Ziehsohn, was ihn aber nicht davon abhielt, mit Gusto von der ersten Begegnung zu erzählen. Zu einer Art Vorstellungsgespräch erschien der junge Mann in Cordhosen, damals eine Arbeiter- und Bauernbekleidung, und auf seinem Kopf thronte eine große Mütze aus Waschbärenfell. Obwohl er bald diszipliniert Anzüge trug, begleitete diese Anekdote Veblen ein Leben lang und ging auch in die Sekundärliteratur ein. Der Eindruck der bäuerlichen Herkunft verfestigte sich, wenn man Veblen zu Hause besuchte. Er wohnte – to say the least – unbürgerlich, in abenteuerlichen Holzhütten oder auf verlassenen Gehöften. Der angebliche Bauerssohn war auch kein großer Redner. Schüchtern war er und eher zurückhaltend, was zu der Direktheit und Offenheit seiner Schriften nicht passt. Veblen war ein Schreibtisch-Revoluzzer, dem als Persönlichkeit jede Emphase und Überzeugungsrhetorik fehlte. Auch hochschuldidaktisch war er nicht überzeugend.

Mehr als ungewöhnlich war seine Ehe mit Ellen Rolfe, einem Mädchen aus gutem Hause. Sie war Sozialistin, Feministin, Künstlerin und hochgradig neurotisch. Krankhaft verlangte sie, wie wir es heute nennen würden, nach Selbstverwirklichung, was damals, als noch keine Töpferkurse in der Toskana angeboten wurden, schwierig war. Die Ehe war ein Desaster, und niemand weiß,

---

2   Das Buch von Elizabeth Watkins und Henry Jorgensen, das als erste Biographie dieses Material nutzte, ist eher anekdotisch als wissenschaftlich solide. Es zitiert seitenlang Briefe; daneben fällt es zu viele und zu schnelle Urteile. Gegenüber der ersten Biographie von Joseph Dorfman, die zu völlig einseitigen Beurteilungen kam und die zeitgenössische Legende vom Weiberhelden übernahm, bedeutet die Studie von Watkins / Jorgensen einen großen Fortschritt, aber sie zeichnet kein analytisch nachvollziehbares Gesamtbild. Das Buch von Douglas F. Dowd ist mehr eine Darstellung von Leben und Werk, mit Nachdruck auf dem Werk.

warum Veblen sie gegen besseres Wissen und gegen den Willen beider Familien einging und warum er so lange (26 Jahre) mit der Scheidung zögerte. Einen justiziablen Grund hätte er gehabt. Ellens Geschlechtsorgan war nicht voll entwickelt, sodass sexueller Kontakt nicht möglich war und die Ehe nie vollzogen wurde. Damit nicht genug. Ellen war hochgradig eifersüchtig und rächte sich für alle angeblichen Seitensprünge. Sie schrieb Briefe an die Uni-Präsidenten und schwärzte Veblen drei Mal erfolgreich an. Die Prüderie des Viktorianismus war auch in der Neuen Welt noch lebendig, und so musste Veblen die Universität Chicago verlassen, verlor seine Anstellung in Stanford und wurde in Cornell nicht angenommen. Natürlich waren es diese Anschwärzungen nicht allein. Aufgrund seiner bilderstürmenden Werke war Veblen für die Hochschulverwaltung und die Mehrheit seiner Kollegen eine *persona non grata*, und deshalb war man froh um handfeste Gründe von außen. Kurzum: In der allgemeinen Wahrnehmung galt Veblen als Bauer, Weiberheld und Eigenbrötler, was bis zur Biographie von Dorfman (1934) so bleiben sollte.

Welche Figur machte er im Universitätsmilieu? Wenn man sich nur die Namen und Institutionen ansieht, scheint es sich um die normale Karriere eines überdurchschnittlichen Akademikers zu handeln: Studium der Philosophie bei Charles Sanders Peirce, einem frühen Zeichentheoretiker, und Studium der Ökonomie bei John Bates Clark an der Johns-Hopkins Universität; Promotion in Yale unter, wieder ein bekannter Name, William Graham Sumner. Wahrscheinlich Krankheits-bedingt (Malaria) gibt es dann einen Bruch von sechs Jahren. Erst 1891 studierte Veblen mit einem Stipendium in Cornell weiter. Dieses Stipendium und den ersten schlecht dotierten *teaching job* verschaffte ihm der bereits erwähnte Laughlin, ein Nationalökonom, der Veblen an die von Rockefeller gesponserte Neugründung der University of Chicago holte. Dieser Förderer gehörte wohl zu dem gelegentlich vorkommenden Menschenschlag, der selbst äußerst konservativ denkt, von Innovationen aber fasziniert ist. Von 1895 bis 1905 gab Veblen wieder durch die Vermittlung seines Gönners das neu gegründete *Journal of Political Economy* heraus. 1906, zwei Jahre nachdem *The Theory of Business Enterprise*, worin er den amerikanischen Monopolkapitalismus erklärte, die Gemüter erregt hatte, traf der Brief seiner Frau ein, und der unter der Fuchtel Rockefellers stehende Präsident war froh, den Nestbeschmutzer los zu werden. Drei Jahre kam er als Assistenzprofessor in Stanford unter, bis Ellen wieder zuschlug. Danach hören die bekannten Namen auf: 1911-18 unterrichtete er an der University of Missouri; bis 1926 an der *New School of Social Research*, die ein weiterer Gönner mit ihm zusammen gründete. Während dieser Zeit war er nebenbei Herausgeber des radikalen Literaturmagazins *The Dial*. Die letzten beiden Jahre lebte er, nachdem seine zweite Frau früh gestorben war, einsam in einer Holzhütte.

Welches Muster lässt sich erkennen? Insgesamt stehen den großen Namen und Institutionen kleine Anstellungen gegenüber. Veblen war nie gut bezahlt, hatte nie eine vollwertige Professur, und die höchste Stufe seiner Karriereleiter war der *assistant professor*. Warum aber war er bei den ersten Adressen immer an zweiter Position; oder andersherum, warum war er bei den zweiten Adressen nicht an erster Stelle? Man weiß nicht, ob er sich bemühte, an Provinzuniversitäten zu landen, aber irgendwie ist unter amerikanischen Bedingungen auch nicht vorstellbar, dass das verkannte Genie Veblen an eine drittklassige Bildungsinstitution berufen worden wäre. Für das Mittelmaß war er zu belesen und zu scharfsinnig, für die Oberliga aber waren seine Innovationen zu brutal.

Die Überprüfung der Vernetzung Veblens im intellektuellen Kontext seiner Zeit ist schnell geschehen. Diesen Kontext ausführlich durchzugehen, ist insofern unnötig, weil die Ergebnisse negativ sind. Vernetzung gab es nicht, denn Veblen, der Eigenbrötler, nahm keine Anregungen auf und gab auch keine weiter. Die Geschichtsschreibung nennt die Zeit, zu der Veblens Hauptwerke erschienen, die *progressive era,* die aus dem Bezug auf die industrielle Revolution lebt. Die Zeitgenossen Veblens sahen die immer deutlicher werdenden Konsequenzen dieser Revolution und rangen damit, das sich vor ihren Augen Abspielende zu verstehen, was auch für Veblen galt. Diejenigen, welche die sozialen und ökonomischen Auswirkungen ablehnten, hatten außerdem auf Abhilfe zu sinnen und Reformen vorzuschlagen. Gemeinsam sind dem Zeitraum um die Jahrhundertwende also die Versuche, die Industrialisierung zu verstehen, und von dieser gemeinsamen Basis aus ging man dann in verschiedene Richtungen, sowohl was die Erklärungen als auch was die Bewertungen betraf. Die bekanntesten Kontrahenten waren der die Entwicklung gut heißende Sozialdarwinismus und der sie kritisierende Sozialismus. Die Kritiker waren in deutlicher Minderheit, aber, bei allem Streit zwischen verschiedenen Varianten, bildeten sie eine Art Verbund. Zwischen dem christlichen Sozialismus eines William Dean Howells, der übrigens von Veblen angetan war, dem amerikanisierten Marxismus eines Laurence Gronlund und der Sozialutopie Edward Bellamys bestanden erhebliche Unterschiede, aber man fühlte sich einer Gemeinschaft der Gerechten zugehörig. Je schlimmer die Anfeindungen, desto enger rückte man zusammen und schöpfte aus der Kollektivität Kraft. Veblen hingegen, der Sozialismuskritiker, der Marx die Gefolgschaft verweigerte, stand allein auf weiter Flur. Sein Held und Heilsbringer war nicht der Arbeiter, sondern, was keiner verstand, der Ingenieur.

In diesem Zusammenhang ist interessant, dass an der vom Erzkapitalisten und Sozialdarwinisten Rockefeller gegründeten Universität Chicago Veblen der erste und lange der einzige war, der Kurse über Sozialismus unterrichten durfte. Warum nur er? Waren die Kollegen mit dem Phänomen nicht vertraut, oder hatten sie Angst, oder setzte die Universitätsleitung auf den Effekt, dass sogar gesellschaftskritische Außenseiter wie Veblen nicht mit Marx übereinstimmten. Veblens Ehefrauen waren Gesinnungssozialisten und sein Bekanntenkreis wimmelte davon. Er aber gehörte nicht dazu und sah auch keinen Grund sich zu arrangieren.

Wenn wir die Optik jetzt verkleinern und uns die Fachdisziplin ansehen, in der Veblen agierte, bekommt das Stichwort disziplinlos vielleicht Sinn. Veblen studierte Philosophie und, wie man zu seiner Zeit in Deutschland gesagt hätte, Nationalökonomie, eine nicht ungewöhnliche Kombination. Sein spärliches Geld verdiente er sich nicht als Philosoph, sondern als Nationalökonom. Das Anliegen dieses Faches, das nicht mit der heutigen Volkswirtschaftslehre übereinstimmte, war es, das grundsätzliche Funktionieren von Wirtschaft zu beschreiben, wobei man auch die Philosophie und Anthropologie zur Hilfe nahm, zwei Fächer, die oft in Spekulation mündeten. Ganz anders als heute präsentierte man vereinfachende Großtheorien, die Details ignorierten. Das gilt in besonderem Maße für Veblen, der ebenfalls mit Hilfe philosophischer und anthropologischer Spekulation sein Modell einer Menschheitsgeschichte der Wirtschaft präsentiert, das sich wenig um historische Verifizierung kümmert. Das Unverständnis, das er auslöste, kann also nicht am methodischen Ansatz gelegen haben. Wo aber war Veblen disziplinlos?

## Taktlosigkeiten

Die Reaktionen auf sein erstes Buch *The Theory of the Leisure Class* setzen uns vielleicht auf die richtige Spur. Dass es böse Rezensionen gab, meistens kollegialer Eitelkeit geschuldet, ist völlig normal. Wichtiger könnte da der Umstand sein, dass es, egal ob ablehnend oder zustimmend, nur wenige waren. Noch symptomatischer könnte aber eine Wortmeldung sein, die Veblen schockierte: Er sei ein Humorist, der seine Leser zum Lachen bringen wolle. Laut einer Studentenaussage soll der soziologische Kollege in Chicago in seiner Veranstaltung verkündet haben: »...a book to be read for amusement«. (Jorgensen, 72) Was man nicht versteht, wirkt komisch, und aus Verlegenheit tut man amüsiert und beginnt zu lachen. Das Komische ist das Nicht-Normale, aber was war bei Veblen nicht normal? Zweierlei bietet sich an: Veblens pessimistisches Menschenbild und seine Verwendung des Kulturbegriffs. Die Geschichte ist für Veblen eine Chronik des Raubens und Mordens. Wo Historiker mit nationalistischem Pathos von Reichsgründungen schwärmten, sah er das machtpolitische Hobby des »state making« am Werk, dem Kaiser und Könige zu Lasten der Untertanen frönten. Diese Umwertung der Werte ist schon schockierend genug, bei Veblen kommt sie außerdem mit größter Sachlichkeit daher, so als wäre sie selbstevident. Ohne Aufhebens oder Entschuldigung schmückt er seine Epochenbezeichnungen mit Adjektiven wie »predatory« (Raub und Gier) und »barbaric«. Das Unerhörte präsentiert er als das Normale; als das, was doch jeder weiß. Ähnlich Unerhörtes verkündet Nietzsche, aber er bettet es in einen einerseits argumentativ differenzierten und andererseits kulturgesättigten Diskurs. Nietzsche erklärt; Veblen haut dem Leser Selbstverständlichkeiten um die Ohren, die eben nicht selbstverständlich sind. Veblen liefert keine Einzeltheorien, sondern komponiert aus tiefen Kerben einen einfachen, aber umso böseren Holzschnitt.

Das zweite Unerhörte ist die Einbeziehung des Kulturbegriffs, dem Veblen neue Dimensionen entlockt. Dass Kultur nicht nur aus Kreativität und schönen Gedanken besteht, sondern vor allem aus »social habits«, wussten die anglo-amerikanischen Ethnologen seit 1871. In diesem Jahr veröffentlichte Edward Tylor sein Buch *Primitive Culture*, in welchem er die Definition von Kultur als »social habits« vortrug und von alten Konzepten wie Brauchtum, Sitte und Ritual absetzte. Durch die Ausweitung des Begriffs fiel der Unterschied zwischen Primitiv- und Hochkultur. Also schon Tylor tat Unerhörtes: Er stellt die Europäer mit den Hottentotten auf eine Stufe. Veblen dringt noch tiefer in das Phänomen Kultur ein und erkennt ihre symbolische und konstruktivistische Kraft. Lange vor Roland Barthes ist er, vielleicht angeregt durch seinen Lehrer Peirce, der erste Kultursemiotiker. Damit gelangen dem angeblichen Hinterwäldler so ins Schwarze treffende Einzelerkenntnisse wie: Die engen Kleider und hohen Absätze der Oberschichtsfrauen sind ein Statussymbol. Es verkündet: Weil wir nicht arbeiten müssen und damit es jeder sieht, kleiden wir uns so unpraktisch. Die größte Menschheitsbeleidigung war aber wahrscheinlich das Konzept »cultural retardation«. Diese Behauptung, dass wir standardisiertes Denken benutzen, das uns in die Irre führt, war für die Zeitgenossen ein unverdaulicher Brocken.

All diese Provokationen, *to make matters worse*, wurden in einem holprigen und kantigen Stil vorgetragen, der eher an ein Konzeptpapier erinnerte als an einen überarbeiteten Text. William H. Allen soll gesagt haben: »I congratulated him and asked if he had thought of having it translated into English.« (Jorgensen, 73) Das saß, wohingegen die Entschuldigungsversuche des amerikanischen Romanciers Hans Otto Storm daneben gingen, der glaubte, Veblen habe den akademischen Jargon parodieren wollen. (ebenda, 74) Veblen setzte Hammerschlag auf Hammerschlag, machte dabei zwar die streng durchkomponierte logische Struktur sichtbar, quälte aber den Leser. Dennoch bilden Inhalt und Form eine disziplinlose Einheit: Die Taktlosigkeiten eines Weltverbesserers können sich ruhig eines Stils in Wildwestmanier bedienen.

Warum Veblen zu den Wegbereitern von Bourdieu und Foucault gehört, bleibt wohl im Mysterium der Individualität verborgen. Aus den vielen Disziplinlosigkeiten lässt sich zwar ableiten, dass er zur Unkonventionalität neigte, warum sie aber gerade zu diesen inhaltlichen Ansichten führen sollten, lässt sich nicht erschließen. Da nicht nur der Inhalt unkonventionell war, sondern auch die Form der Darbietung, war der Misserfolg vorprogrammiert. Es scheint so, als hätte sich das inzwischen geändert. Doch der Schein trügt. Ohne Berechtigung erhebt Wikipedia Veblen zum bekannten und großen Kulturphilosophen. Das mag an der Tatsache liegen, dass er in der Tat öfter namentlich erwähnt wird. Gelesen und zitiert wird er aber nicht. Soziologen und Kulturwissenschaftler haben irgendwie von ihm gehört und schmücken ihre methodische Einleitung mit einer weiteren Erwähnung und erhalten so für das Literaturverzeichnis einen Eintrag mehr. Eine inhaltliche und differenzierte Rezeption, die Veblens Leistung gerecht würde, hat aber immer noch nicht stattgefunden.

## Texte/Textsammlungen Thorstein Veblens

The Writings of Thorstein Veblen. Reprints of Economic Classics. New York 1964-1975

The Theory of the Leisure Class: An Economic Study of Institutions (1899), with a Review by William Dean Howells

The Theory of Business Enterprise (1904), with a Review by James H. Tufts

The Instinct of Workmanship And the State of the Industrial Arts (1914), ed. with an Introductory Note by Joseph Dorfman

An Inquiry into the Nature of Peace And the Terms of Perpetuation (1917)

The Higher Learning in America: A Memorandum on the Conduct of Universities by Business Men (1918)

The Vested Interests and the Common Man: The Modern Point of View and the New Order (1919)

The Engineers And the Price System (1921)

Absentee Ownership And Business Enterprise in Recent Times: The Case of America (1923)

Essays in Our Changing Order: A Posthumous Collection of Papers from Periodicals (1934), ed., Leon Andzrooni

What Veblen Taught: Selected Writings of Thorstein Veblen (1936), ed. with an Introduction by Wesley C. Mitchell

Essays, Reviews and Reports: Previously Uncollected Writings (1973), ed. Josef Dorfman

Die Theorie der feinen Leute. Frankfurt/M. 1987

## Weitere Literatur

**Theodor W. Adorno,** Veblens Angriff auf die Kultur, in: ders. Prismen, Kulturkritik und Gesellschaft, Frankfurt/M. 1955, 82-111.

**Robert Böhmer,** Der Geist des Kapitalismus und der Aufbau Ost, Dresden 2005.

**John P. Diggins.** The Bard of Savagery: Thorstein Veblen and the Modern Social Theory, New York 1978.

**Josef Dorfman.** Veblen and his America (1934). With New Appendices and Additions to the Bibliography, Clifton 1966.

**Douglas F. Dowd.** Thorstein Veblen, New Brunswick 2000.

**Stephan Edgell.** Veblen in Perspective: His Life and Thought, New York 1953.

**Carl Eugster.** Thorstein Bunde Veblen, Zürich 1952.

**R. L. Duffus.** The Innocents at Cedro – A Memoir of Thorstein Veblen, New York 1944.

**John Kenneth Galbraight.** Introduction. In: ders. (Ed.). Thorstein Veblen, The Theory of the Leisure Class, Boston 1972

**Klaus P. Hansen,** Kultur und Kulturwissenschaft, Tübingen 2011

**Elizabeth Watkins and Henry Irvin Jorgensen**, Thorstein Veblen: Victorian Firebrand, New York 1999.

**Hartmut Isernhagen**. A Constitutional Inability to Say Yes: Thorstein Veblen, the Reconstruction Program of *The Dial,* and the Development of American Modernism after World War I, Real I 1982, 153-190.

**Reinhard Penz/Holger Wilkopp** (Hg.), Zeit der Institutionen: Thorstein Veblens evolutorische Ökonomik, Berlin 1995.

**Renate Rausch**. Die Muße in der amerikanischen Soziologie von Thorstein Veblen bis David Riesman (Unpubl. Diss.) 1955

**David Riesman**. Thorstein Veblen: A Critical Interpretation, New York 1953

**David Seckler**. Thorstein Veblen and the Institutionalists, Boulder/Colorado 1975.

**Rick Tilman.** A Veblen Treasury: From Leisure Class to War, Peace and Capitalism, New York 1993.

**Stephan Truninger**. Die Amerikanisierung Amerikas: Thorstein Veblens amerikanische Weltgeschichte, Münster 2010.

Begoña Prieto Peral

# Denkerin in Bewegung: Hannah Arendt

## Waldwanderung

Wenn jemand das Doppeletikett intellektueller Geradlinigkeit und Beweglichkeit verdient, dann die deutsch-amerikanische Philosophin Hannah Arendt. Über viele Jahre hinweg, beginnend mit ihrer ersten Zeit als Studentin in Marburg, dann als deutsche Emigrantin in den USA, nach dem Krieg als Beobachterin des *Eichmann*-Prozesses und noch einmal durch ihre Gedanken zur politischen Zukunft Israels und Palästinas, rüttelt sie immer wieder an den Mauern politischer und diplomatischer Korrektheit. Arendt geht als Intellektuelle und als Jüdin den Erfahrungen des Krieges, der Emigration und des Holocaust auf den Grund. Sie gibt sich niemals mit einfachen Antworten zufrieden. Ihr ganzer Lebensweg ist disziplinlos: erstens weil sie sich keiner Disziplin unterwirft, weder als Philosophin, noch als Politikwissenschaftlerin oder Essayistin; zweitens, weil sie sich des Öfteren nicht so verhält, wie man es von ihr gemeinhin erwartet hätte, privat wie beruflich.

Arendts Denken verläuft ein wenig wie die Wanderung mitten durch einen urwüchsigen Wald. Es zeichnet ihre intellektuelle Auseinandersetzung mit der Wirklichkeit aus, dass der Blick auf dieselbe nicht von oben, quasi von den Wipfeln herunter geschieht, sondern dass sie sich mitten hinein begibt in die verschlungenen Pfade der Existenz. Der Wald, den man als Leser mit ihr zusammen betritt, ist üppig, wild gewachsen, Respekt und geradezu Furcht einflößend in seiner Tiefe. Man erahnt die Angst, sich verirren zu können, wenn man nicht auf der Hut ist. Aber dann gelangt man immer wieder auf sonnendurchflutete Lichtungen, in Analogie zu Heidegger, der das Sein als Lichtung des Seienden im Menschen definiert, und spürt die Schönheit des Lebens. Man erblickt Seen, an denen der Geist sich öffnet und zu klarem Erkennen vordringt. Nunmehr begegnen wir Arendt auf anmutigen, leicht zugänglichen, transparenten Pfaden.

Ebenso wichtig sind aber auch die »Holzwege«, mit denen wiederum Heidegger die Irrungen des Denkens bezeichnet. Aus Ihnen können wir lernen, das Relevante vom Überflüssigen zu scheiden. Arendt wandelt nicht nur auf bekannten Pfaden; sie wagt sich immer wieder hinein in Seitengänge ohne Absicherung. Eines ihrer Werke trägt nicht zufällig den Titel *Denken ohne Geländer*. Diese randlos-offenen Wege mutet Arendt ihren Lesern zu. Die gemeinsame Fortbewegung erfolgt auf besondere Weise. Wenn der Wald selbst für das Denken steht, stellen die Bäume und die Äste auf dem Weg die Begriffe dar, die Sprache. Die Denkerin führt uns achtsam an der üppigen Vegetation des Waldes entlang. Wörter versteht sie als Lebewesen mit eigener

(Sprach-)Biographie. Sie lässt eine Etymologie entstehen, die sich in Lauf der Geschichte verändert und mit anderen Wörtern verwächst. So zum Beispiel wenn sie den Begriff des Handelns in *Vita Activa* erläutert. Sie begibt sich auf die Suche nach der Bedeutung des griechischen ἄρχειν (anfangen, anführen, befehlen, herrschen) und πράττειν (mit etwas zu Ende kommen, etwas ausrichten, vollenden) und dann der entsprechenden lateinischen Namen, *agere* (in Bewegung setzen, anführen) und *gerere* (tragen, ausführen). Sie bleibt aber bei der etymologischen Erklärung stehen, sondern zeigt uns sogleich die Verbindung zwischen Sprache und Geschichte, hier das antike Verständnis von »führen« und »ausführen«. (Vita activa, 235)

Hannah Arendts Leben ist ganz von Denken und Schreiben geprägt. Die einzige Motivation für ihr Schreiben ist es, zu *verstehen*. Sie übergibt uns dabei dem »Dämmer dieses Wortes«, wie Imre Kertész (71) anmerkt. Ein Schlüssel zu ihrer Methode ist die starke Anbindung an die eigene Lebensgeschichte, die in all ihren Werken zu spüren ist. Jedes Buch, jeder Essay steht für einen bestimmten Abschnitt ihrer lebenslangen Waldwanderung und kehrt über die Jahre hinweg in Ansätzen in anderen Schriften wieder.

Sie legt Lernwege zurück: Der erste führt hinein in das Leben der Rahel Varnhagen, das ihr schreibend gar zum Vorbild wird. Der zweite ist ihre reale Emigration in die USA, wo sie ein Zwischen-Dasein als Jüdin deutscher Prägung und als Amerikanerin führt. Ein dritter, verschlungener Weg besteht in ihrer Abrechnung mit der philosophischen Tradition Heideggers. Auf dem vierten schließlich wagt sie etwas, was wenige nach Auschwitz tun: Sie entdämonisiert die Protagonisten des Nationalsozialismus. Der Eichmann-Prozess wird für sie zum Schlüsselerlebnis. Am 11. April 1961 beginnen in Jerusalem die Verhandlungen gegen den wegen millionenfachen Mordes angeklagten ehemaligen SS-Obersturmbannführer Adolf Eichmann. Das Urteil im Dezember desselben Jahres lautet auf Tod durch den Strang. Arendt ist als Prozessbeobachterin präsent. Zwei Jahre danach veröffentlicht sie ihr wohl bekanntestes Buch: *Eichmann in Jerusalem*. Sie beschreibt den Nazi-Oberen darin als den »größten Verbrecher seiner Zeit«, nennt ihn zugleich aber einen »Hanswurst« (64) und Schreibtischtäter. Kritiker machen ihr den Vorwurf, die Schuld Eichmanns zu banalisieren. Dabei verwechseln sie Subjekt und Objekt.

Arendt konstatiert in der Tat die Evidenz der »Banalität des Bösen«, die sich hinter der Alltäglichkeit und der lächerlichen »Hanswurstigkeit« der scheinbaren NS-Dämonen verbirgt. Sie demaskiert diejenigen, die unter der Alibi-Verkleidung des Dämonisch-Bösen versuchen, ihre Verantwortung als Befehlsempfänger, Selbstmörder oder (vermeintliche) Wehrmachtshelden zu leugnen. Sie klagt diejenigen an, die in ihrer Normalität zu Mördern, Mittätern oder Mitläufern wurden. Ihre Anklage geht noch weiter: an das deutsche Volk, an alle, die geschwiegen haben, die unter der Tarnung der Angst untätig gewesen sind. Eine Frage stellt sich bis heute: Warum haben damals so viele geschwiegen?

Arendt beschreitet ihre Gedankenwege als Paria, als Fremde, die bewusst ihre Position »dazwischen« ausfüllt. Eine Position, deren Grundlage Heimatlosigkeit ist:

> Ich habe nie in meinem Leben irgendein Volk oder Kollektiv ›geliebt‹, weder das deutsche noch das französische, noch das amerikanische, noch etwa die Arbeiterklasse oder was es sonst so gibt. Ich liebe in der Tat nur meine Freunde und bin zu aller anderen Liebe völlig unfähig. Vor allem aber wäre mir diese Liebe zu den Juden, da ich selbst jüdisch bin, suspekt.                    (Ich will verstehen, 65)

Als Spanierin mit deutscher Wahlheimat haben mich die Denkwege Arendts stets fasziniert und sogar mit geprägt. Insbesondere ihre gebrochene Suche nach *Heimat* ist der meinen und der vieler Migranten des 20. Jahrhunderts vertraut. Ebene diese Suche, wie auch die nach kultureller Identität, kennzeichnet in unserer Zeit die Biographien zahlloser Menschen: Krieg, Emigration, politisches Exil, Flucht vor Hunger und Sehnsucht nach einem besseren Leben treiben sie fort aus ihren ursprünglichen Geburts- oder Wohnorten. Dadurch sind multiple »Wahlheimaten« entstanden – ein Konglomerat aus zusammengeschütteten Wahrnehmungen, Bildern und Versuchen, die fern von Heimatort und Heimatsprache gemachten Erfahrungen in das neue Leben zu integrieren. Der zeitgenössische spanisch-deutsche Dichter José F. A. Oliver nennt seine Heimat im Jahre 2007 *Mein andalusisches Schwarzwalddorf* (Buchtitel), nicht

> aus Übermut oder Koketterie, eher eins mit mir im Widerspruch. Zuneigung der Eigenfremde im Balanceakt eingelebter Biographien. Fremde Menschen, die nach und nach eingereist und Land geworden sind. (...) Die einen nennen diese Notunterkunft »Wahlheimat«, die anderen vermuten Zerrissenheit auf diesem Weg. Ich hingegen fühle mich einfach behaust und uferkämmend in diesem grünen Meer, das nach Wald und Dämmerfeuchte riecht. Nach Luft, die luftschmeckt, und nach Gedanken, die in Gefühle münden; die zur Besinnung kommend, weiterreisen und ein MEHR sich ergründen, an Identitäten.        (Oliver, 10-11)

Identitäten (im Plural!) prägen die Suche dieses Dichters nach einem Platz in seiner neuen Umgebung. Er ist Spanier der zweiten Generation. Die Familie war nach Deutschland als Gastarbeiter emigriert, der Vater und die Mutter sind tief in der andalusischen Lebensart verwurzelt geblieben. Er selbst ist das Kind, das in diesem anderen Land aufwächst und dort die verschneite Landschaft lieben, als Teil einer Heimat betrachten lernt. Der Sommer riecht für den Deutsch-Spanier »heugabelnd«, nach »Sensezischen, Feuchtgrün und Saftgeschmack«. (ebenda, 21) Heimat wird im Aufspüren der Bäume, der Berge, der Gerüche lebendig, findet Gestalt und Raum in der Sprache. Oliver schafft sich durch den Gebrauch des Deutschen eine Heimatidentität, seinen eigenen Raum in der anderen Kultur, und er findet durch seine Worte eine Zugehörigkeit zum Volk der Deutschen. Es gibt aber auch »Räume«, in denen seine erste, die spanische Identität sichtbar wird. Sonntags war der Tag, an dem das Kind für alle Deutschen sichtbar spanisch war,

der südländische Gruppenhock – per pedes, mit allen muselmanischen Reminiszenzen und hebräischen Urlauten daherschlurfend – schien sich am Tag des
Herrn um ein Vielfaches feuriger entladen zu wollen. Das musste wohl so sein,
wenn sich die andalusischen Spanier aus jenem kleinen Ort im Schwarzwald zu-
sammenfanden.                                                          (ebenda, 24)

Für José F. A. Oliver ist kulturelle Identität Bewegung zwischen sichtbaren Räumen in der Sprache, in der Öffentlichkeit, aber auch der inneren Wahrnehmung des eigenen Ich: »In Bewegung: Ich. Dazwischen: Bewusstes.« (ebenda,
27) Auf der Suche nach Sprache: Er und der Andere; der Deutsche, der Spanier. Diese Suche nach einem öffentlichen Sprach-Raum, die die Erfahrung
des Exils, der Emigration und der Integration thematisiert, spielt in der Literatur von Emigranten und Exilierten des letzten und des aktuellen Jahrhunderts eine tragende Rolle. Wegbereiterin und prominente Wortführerin ist dabei Hannah Arendt.

## Paria und Parvenü

Sie wird 1906 in Hannover geboren. Ihre Vorfahren mütterlicher- und väter-
licherseits waren russische Juden, die, der deutschen Aufklärung verbunden,
schon im 18. und 19. Jahrhundert nach Deutschland kamen. Sie ließen sich als
Kaufleute in Königsberg nieder. Der Vater findet als Ingenieur in einer Elektri-
zitätsgesellschaft in Hannover eine Anstellung. Die Mutter begleitet ihn dorthin. Als Hannah drei Jahre alt ist, wird der Vater schwerkrank. Die ganze Familie zieht zurück nach Königsberg, ins Haus des Großvaters. Kurz nach der
Einschulung der Tochter stirbt der Vater. Hannah ist ein ungewöhnliches Mädchen. Bereits mit 14 Jahren weiß sie, dass sie Philosophie studieren möchte:
»Das Bedürfnis zu verstehen, das war sehr früh schon da. Sehen Sie, die Bücher
gab's alle zu Hause, die zog man aus der Bibliothek.« (Ich will verstehen, 54)
Nach dem Tod des Vaters ist ihre geliebte Mutter häufig auf Reisen. Das Mädchen ist dreizehn Jahre alt, als sich Martha Arendt wieder verheiratet. Hannah muss sie nun nicht nur mit einem Mann, sondern auch mit zwei älteren
Stiefschwestern teilen.

   Arendt studiert Philosophie, Theologie und Griechisch, u. a. bei Heidegger,
Bultmann und Jaspers, bei dem sie 1928 über den *Der Liebesbegriff bei Augus-
tin* promoviert. Mit Heidegger verbindet sie über viele Jahre eine von Leidenschaft erfüllte, doch ungleiche Beziehung. Er, der Professor, der sich vom Nationalsozialismus begeistern lässt, Rektor an der Universität Freiburg wird und
die »rassische« Gleichschaltung verteidigt. Sie, die Jüdin, die emigrieren muss,
später als »Kriegsgewinnerin« zurückkommt und Heidegger immer noch kon-
taktiert, als er ins Abseits der Nachkriegszeit gerät: als Mitläufer und Verräter
der akademischen Freiheit. Es ist ein umstrittenes Verhältnis, das von Arendts
jüdisch-deutscher Identität genauso geprägt ist wie von der Beschäftigung mit
dem Denken ihres Lehrers:

> Aus der kritischen Auseinandersetzung mit seiner Lektüre [der von Heideggers Schriften] und aus der Beschäftigung mit den anti-politischen Potentialen des Christentums findet sie zu einer Infragestellung der Moderne, die mit seinem Denkweg vieles gemeinsam hat: die Kritik am modernen Subjektbegriff, wonach der Mensch ein über Natur und Welt herrschendes Wesen sei.   (Grunenberg, 21)

Arendt geht weit darüber hinaus. Während Heidegger einen politischen Diskurs der Gelassenheit bestreitet, wird für sie das politische Handeln mehr und mehr zum Hauptanliegen. 1929 heiratet sie Günther Stern und zieht mit ihm nach Berlin. Dort erscheint im selben Jahr ihr Buch über Rahel Varnhagen, mit der sie sich wiederum stark identifiziert.

Rahel Levin wird 1771 als älteste Tochter des jüdischen Bankiers und Juwelenhändlers Markus Levin und seiner Frau Chaie in Berlin geboren. Als Ihr Vater stirbt, übernehmen die Brüder dessen Geschäfte. Die jüngeren Schwestern heiraten, sie selbst bleibt einige Jahre ledig und ist auf den Lebensunterhalt durch Mutter und Brüder angewiesen. Frau, Jüdin, mittellos und noch dazu hässlich – so bezeichnet Arendt die junge Rahel, chancenlos in einer Gesellschaft, die die Juden nur duldet und ihnen die totale Assimilierung, sprich: die Aufgabe ihrer Kultur, abverlangt. Jüdin zu sein ist für die spätere Rahel Varnhagen ein gesellschaftliches Hindernis. In ihrer Biographie schildert Arendt eindrucksvoll ihre erste Reise 1794 nach Breslau: Die kleine Levin besucht die Verwandtschaft. Während des Aufenthalts nimmt Rahel auch an einer Hochzeit nach jüdischem Ritus teil. Dort empfängt man sie, »als käme der Großsultan in ein lange verlassenes Serail« (Rahel Varnhagen, 21) Sie fühlt eine tiefgreifende Scham. Sie, die Jüdin aus Berlin, hat es also geschafft, so zu sein wie die anderen: gebildet, kultiviert, aus einer Familie mit Vermögen. Ist sie damit auch zur Bürgerin unter gleichen geworden? Natürlich nicht. Der Antisemitismus ist längst salonfähig. Weiterkommen kann nur, wer seine Herkunft verleugnet. Einen Ausweg bietet ihr das Denken:

> Rahels Leben ist an die Minderwertigkeit, an ihre ›infame Geburt‹ von Jugend an fixiert. Was kommt, ist nur Bestätigung, ›Verblutung‹. Also jeden Anlass der Bestätigung meiden, nicht handeln, nicht lieben, sich nicht mit der Welt einlassen. Das einzige, was die absolute Weigerung freizulassen scheint, ist das Denken.
> (ebenda, 22)

Einen solchen »Denkweg« betrachtet Arendt als fragwürdig. Er mag am Anfang befreiend wirken, bildet aber rasch einen in sich geschlossenen Raum aus, eine Art See, dessen Existenz sich selbst genügt: autonom, verliebt in sterile Reflexion.

Der Weg der Verneinung der eigenen kulturellen Identität stellt sich als höchst produktiv im gesellschaftlichen Sinne heraus. Rahel Levin gründet einen literarischen Salon. Sie dürstet nach Wissen, nach Wörtern und Poesie, aber auch nach (öffentlicher) Anerkennung. In der »Dachstube« in der Jägerstraße treffen am Anfang Freunde, Bekannte, Studenten zusammen. Herkunft oder Vermögen spielen keine Rolle. Nach ihrer späteren Heirat mit Karl August Varnhagen von Ense verkehren im Haus des Paares Persönlichkeiten wie Jean Paul, Wilhelm und Alexander von Humboldt, Fouqué oder Mendelssohn. Mehrmals besucht das Ehepaar Varnhagen den großen Goethe in Weimar. Der Weg zu Emanzipation und gesellschaftlichem Aufstieg führt jedoch nur über die Taufe. Im Krieg Preußens gegen Napoleons Armeen bekennt Rahel sich als Patriotin, akzeptiert aber dann die Franzosen als »Sieger«:

> Sie lernt fleißig Französisch, das ihr »Europäisch« repräsentiert, sieht in Napoleon den Vertreter der Aufklärung und in seinen Kriegen und mühelosen Siegen den Beginn eines geeinten Europas, das ihr in seiner Weite vielleicht zur Heimat werden wird. (ebenda, 137)

In ihrem Buch thematisiert Hannah Arendt noch eingehender die Anpassung der Juden im 19. Jahrhundert an die Verhältnisse in Deutschland. Sie kritisiert auch die »individuelle Assimilierung« Varnhagens, die gerade als rein persönliches Projekt zum Scheitern verurteilt sei, zumal dabei die politische Dimension der jüdischen Assimilierung nicht zur Kenntnis genommen, ja sogar geleugnet wird. Arendt unterscheidet zwischen zwei Verstehensweisen von Assimilation, wie sie unter den deutschen Juden des 19. Jahrhunderts geläufig sind. Auf der einen Seite sieht sie den *Parvenü*, den nach Aufstieg und Anpassung strebenden Juden, der seine eigene Identität verleugnet:

> Varnhagens Trieb kennen alle Parvenüs, alle, die sich in eine Gesellschaft, in einen Stand, eine Klasse hinaufschwindeln müssen, zu der sie nicht gehören. Der angestrengte Versuch zu lieben, wo einem das Gehorchen übrig bleibt, führt meist weiter als die einfache und ungekünstelte Subalternität. (ebenda, 209)

Das Leugnen der Zugehörigkeit zum Judentum und die daraus folgende Konversion zum Christentum sind für die säkulare Jüdin Arendt ein »Schwindel mit dem der Paria die Gesellschaft auf seine Karriere als Parvenü vorbereitet.« (ebenda) Rahel Varnhagen profitiert vom Aufstieg ihres Mannes, der zuerst als Sekretär auf dem Wiener Kongress und anschließend als preußischer Geschäftsträger in Baden wirkt. Trotzdem spürt sie weiterhin die ablehnende Haltung einer judenfeindlichen Gesellschaft und den Schmerz, den ihr die Verneinung ihrer Kultur bereitet. Erst im Alter versöhnt sie sich mit ihrem Judentum und erkennt im Antisemitismus einen destruktiven Bestandteil der deutschen Realität.

Arendts erstes Porträt der Rahel Varnhagen entsteht also 1929. 1933 ist die endgültige Fassung abgeschlossen. Der Antisemitismus ist in der deutschen Gesellschaft schon seit Hannahs Kindheit erneut spürbar, und es wird wieder heftig über Möglichkeiten der Assimilation diskutiert. Viele jüdische Familien genießen ein Leben, in dem Kultur, Schönheit und Liebe zur Literatur zum Alltag gehören. Sie haben sich längst vom orthodoxen Judentum distanziert. Nach ihrer Konversion können nicht wenige von ihnen sogar in die führenden Ränge deutscher Intellektualität aufsteigen. Hannah stammt aus einer liberalen Familie. Im populär gewordenen Interview mit Günther Gaus erzählt sie von der Unbefangenheit, in der sie aufwuchs: »Ich habe von Hause aus nicht gewusst, dass ich Jüdin bin. Meine Mutter war gänzlich areligiös«. (Ich will verstehen, 52) Die Mutter kommt aus der sozialistischen Bewegung. Der Großvater, bei dem sie mit der verwitweten Mutter aufwuchs, ist Präsident der liberalen Gemeinde und Stadtverordneter von Königsberg. Es ist eine Musterfamilie der Assimilierung. Die antisemitische Haltung der Deutschen spürt sie aber draußen auf der Straße, wenn die anderen Kinder jüdische Mitschüler oder sie selbst beschimpfen; sodann in der Schule, wo der Lehrer gewöhnlich abfällige Bemerkungen über ostjüdische Schülerinnen macht: »...der Antisemitismus ist allen jüdischen Kindern begegnet. Und er hat die Seelen vieler Kinder vergiftet«. (ebenda, 54) Es sind die anderen, die sie zur Jüdin abstempeln. Die Varnhagen-Biographie liest sich an vielen Stellen wie eine Aufforderung, sich zum Anderssein zu bekennen. Sie erhebt vor allem die eindringliche Mahnung gegenüber den Juden der Zeit der Weimarer Republik, den Antisemitismus der 20er Jahre ernst zu nehmen. Sich als Juden und als *Paria*, also als Ausgestoßene und Geächtete zu verstehen, würde auch bedeuten aufzustehen und sich zu wehren. Arendt bekennt sich zu dem Teil der Juden, der sich der Assimilation verweigert, der bewusst das Anderssein akzeptiert und aus dieser Kraft heraus politisch handelt und Verantwortung übernimmt; wie Varnhagen kurz vor Ihren Tod: »Rahel ist Jüdin und Paria geblieben. Nur weil sie an beidem festgehalten hat, hat sie einen Platz gefunden in der Geschichte der europäischen Menschheit.« (Rahel Varnhagen, 237)

Die NSDAP ist 1929 zu einer Massenpartei, der Antisemitismus geschäftsfähig geworden. Arendt ahnt, dass die Assimilation zu nichts führt, dass sie ein Schwindel ist, welcher die ungerechte Haltung der anderen legitimieren hilft. Sie selbst bleibt nicht passiv, sondern wird politisch: »Wenn man als Jude angegriffen ist, muß man sich als Jude verteidigen«. (Ich will verstehen, 54) Sie gründet sofort nach ihrer Emigration 1933 in Frankreich einen Ableger der zionistischen Vereinigung, die *Jugend-Alijah*. Die Anfänge dieser Organisation gehen auf die Zeit unmittelbar davor in Berlin zurück. Recha Freier, Frau eines Berliner Rabbiners, ist besorgt über die zunehmend negative Entwicklung in Deutschland und kommt 1932 zur Einsicht, dass es hier für jüdische Kinder keine Zukunft mehr geben könne. Also entwickelt sie die Idee, Jugendliche in Gruppen nach Palästina zu bringen. Dort sollen sie in Kibbuzim leben und zum Aufbau des Landes beitragen. Offiziell entsteht die Jugend-Alijah am Tag von Hitlers Machtergreifung, am 30. Januar 1933. Arendt schildert dieses Ereignis nicht wie einen Schock, sondern wie etwas, von dem man wusste, dass es kommen würde. Jeder konnte längst sehen, dass eine große Mehrheit des deutschen Volkes hinter der sog. Bewegung stand. Unklar ist demnach nicht, wie die Feinde reagieren, sondern welche Haltung ihre »Freunde« zur Gleichschaltung einnehmen würden; auch die intellektuellen Kreise, in denen sie zu dieser Zeit verkehrt (Heidegger, Benno von Wiese, Richard Alewyn). Sie nehmen die Gleichschaltung in Kauf, profitieren beruflich vom Aufstieg der Nationalsozialisten und machen am Ende Karriere an der Universität.

## Emigration und Exil

1933 emigriert Hannah Arendt also nach Frankreich. 1941 flieht sie in die USA. Dort ist sie als Autorin tätig, wobei sie sich relativ schnell einen gewissen Ruf als politische Publizistin erarbeitet. 1951 erregt sie mit ihrer ersten großen Schrift dieser Periode Aufmerksamkeit im internationalen Maßstab: *Elemente und Ursprünge totaler Herrschaft*. Nachdem sie 1961 als Korrespondentin des *New Yorker* am Eichmann-Prozess teilgenommen hat, gewinnt sie mit ihrem 1964 vorgelegten Bericht *Eichmann in Jerusalem* weltweit geradezu Kult-Status.

Aus der Perspektive des Exils und der traumatischen Erfahrungen des 2. Weltkrieges stellt sie sich nunmehr dem Problem der kulturellen Identität. Über das politische Engagement, für sie Grundlage des Handelns, ja sogar des Weiterlebens, gelangt sie zu einer ganz eigenen intellektuellen Position.

Das Exil bedeutet für Arendt mit dem Verlassen des politischen Raumes Europa zunächst auch ein Nicht-Sichtbar-Sein und deshalb eine Art Nicht-Sein im politischen Raum Amerika. Dieses Gefühl findet sich ebenfalls bei anderen zeitgenössischen Autoren, in Deutschland etwa bei Rose Ausländer (vgl. dort), in Spanien, genauer: Katalonien, bei Max Aub:

> Es gibt keine Heimat mehr für mich. Alles wird weich, unsicher, wackelig. Eine Welt aus Baumwolle, ein Lehmboden, schlüpfrig und schmutzig. Und eine überwältigende Müdigkeit, weil die Hoffnung zu siegen sich verflüchtigt. Wo einen Platz finden? Es gibt keine Welt für uns.[1]

Das Bild der Ortlosigkeit trägt zwei emotionale Wirkungen in sich: die eine äußert sich im Gefühl des Schmerzes über den Verlust der Heimat und der Sprache, die andere führt zur Einsicht, wie schwer es ist, in der neuen Heimat Fuß zu fassen und in der neuen Gesellschaft mitzugestalten. Der Schatten des Paria, des Ausgegrenzten und Ausgestoßenen, breitet sich erneut aus. Arendt bleibt rigoros, ihre Haltung ist durch und durch rational. Sie geht nicht den Weg der Assimilierung, wie ihn Rahel Varnhagen einschlug, sondern versucht sich im Handeln, was ihr in der Folge eine Integration neuer Qualität ermöglicht. 1943 hat sie bereits den Text *Wir Flüchtlinge* verfasst, in dem sie die isolierte Welt der Auswanderer schildert. (vgl. Zur Zeit, 7-22) Sie beschreibt dort die jüdischen Emigranten, die in den USA Zuflucht finden. Diese Menschen haben ihr Zuhause, die Vertrautheit ihres Alltags, ihren Beruf, ihre Sprache und damit die Möglichkeit verloren, ihre Gefühle auszudrücken. Ihre private Welt ist zusammengebrochen. Wieder reflektiert Arendt jenes gerechtfertigte Bedürfnis der Heimaltlosen dazuzugehören, und eine mögliche Konsequenz: die Verneinung ihrer Identität als Juden, das Schweigen über die in Deutsch-

---

1   Übersetzung der Verfasserin aus Luquín Calvo, 161: »Ya no hay tierra para mí. Todo se me vuelve blando, inseguro, bamboleante. Un mundo de algodón, un suelo de barro, escurridizo, sucio. Y un cansancio enorme, porque se va la esperanza de vencer. ¿Dónde poner el pie? Ya no hay mundo para nosotros.«

land geschehenen Schandtaten und nicht zuletzt die schnelle Annahme von allem, was amerikanisch ist:

> Bei uns, die wir aus Deutschland kommen, erhielt das Wort Assimilation eine ›tiefe‹ philosophische Bedeutung. Man kann sich kaum vorstellen, wie ernst es uns damit war. Assimilation bedeutete nicht die notwendige Anpassung an das Land, in dem wir nun einmal zur Welt kamen, und an das Volk, dessen Sprache wir zufällig sprachen. Wir passen uns prinzipiell an alles und jeden an.      (ebenda, 17)

Die Machtergreifung der Nationalsozialisten und die Emigration haben Arendt politisiert. Sie zieht die Konsequenz, die allein schon ihre Biografie Rahel Varnhagens nahe legt: Assimilierung ist für sie eine Farce, bei der die »assimilierte« Gruppe vom kulturell dominierenden Kollektiv zwar oberflächlich aufgenommen wird, aber in dessen Augen für immer verschieden bleibt. Sie sieht im Holocaust sowohl einen Bruch in der jüdischen Geschichte als auch eine Niederlage der Gemeinschaft der europäischen Völker. Sie zerriss, als sie den Ausschluss und die Verfolgung seines schwächsten Mitglieds zuließ. Für Arendt ergibt sich aus diesem Umstand die Notwendigkeit, sich fortan für die Gründung eines eigenen jüdischen Staates einzusetzen. Die Suche nach Identität durch die deportierte jüdische Bevölkerung wird auch für die Holocaust-Überlebenden zum zentralen Thema. 1999 schreibt Imre Kertész:

> ... der wahre Name meiner ›Fremdheit‹ heißt Judentum; damit aber ein Jude heutzutage (und dieses Heutzutage dauert nun schon gut sieben Jahrzehnte) als Ungar akzeptiert wird, muß er bestimmte Bedingungen erfüllen, die – um es kurz und bündig zu sagen – im wesentlichen zur Selbstverleugnung führen. Das Leben ist nämlich entweder Demonstration oder Kollaboration.      (Kertész, 71)

Mit Arendts Worten heißt also die schäbige Wahl: Paria oder Parvenü.

## Den Totalitarismus verstehen

Die Auseinandersetzung mit dem Nationalsozialismus und den Folgen des Holocaust wird für sie zur Lebensaufgabe. 1951 legt sie mit *Elemente und Ursprünge totaler Herrschaft* eine Theorie des Totalitarismus vor. Das Werk wird in New York zuerst auf Englisch veröffentlicht, vier Jahre später erscheint die deutsche Übersetzung. Es handelt sich um eine umfangreiche historisch-politische Untersuchung, an der die Autorin länger als zehn Jahre gearbeitet hat. Das Manuskript der englischen Ausgabe war schon im Herbst 1949 abgeschlossen. Im Vorwort der deutschen Ausgabe gibt sie als Ziel die Analyse einer neuen Herrschaftsform an, die sich im Nationalsozialismus und im Stalinismus konkretisiert hat und die sie Totalitarismus nennt. Dieses System kennzeichnet die völlige Verneinung des Menschen als politisches Subjekt. Arendt zufolge stellt der Totalitarismus ein genuines Phänomen des 20. Jahrhunderts dar. Das Element, das ihn von anderen Herrschaftsstrukturen unterscheidet, ist die Qualität der dort von Amts wegen ausgeübten Verbrechen. Die entsprechenden Regime haben den Antisemitismus zu ihrer Grundlage gemacht und tragen die generelle Vernichtung von Minderheiten als Wesensmerkmal in sich. Arendt legt Wert auf die Wissenschaftlichkeit ihrer Untersuchung. Es geht ihr um die Durchdringung der Ursachen des Totalitarismus statt seiner üblichen Verteufelung und Dämonisierung. Ohne deterministisch wirken zu wollen, legt sie die von Aristoteles beschriebenen Staatsformen (Demokratie, Aristokratie und Monarchie) und deren Verfallsstadien dar: Ochlokratie (Pöbelherrschaft), Oligarchie, Diktatur. Sie weist deutlich darauf hin, dass Nationalsozialismus und Stalinismus geschichtlich einmalige Eigenschaften in sich tragen: das Führerprinzip, die Gliederung des Herrschaftsapparates, die Rolle der Medien, die kooperative Verbindung zwischen Mob und Eliten bis hin zu Terror und Konzentrationslagern:

> Totale Herrschaft, die darauf ausgeht, alle Menschen in ihrer unendlichen Pluralität und Verschiedenheit so zu organisieren, als ob sie alle zusammen nur einen einzigen Menschen darstellten, ist nur möglich, wenn es gelingt, jeden Menschen auf eine sich immer gleich bleibende Identität von Reaktionen zu reduzieren, so dass jedes dieser Reaktionsbündel mit jedem anderen vertauschbar ist.
> (Elemente und Ursprünge..., 907)

Und weiter:

> Die Lager dienen nicht nur der Ausrottung von Menschen und der Erniedrigung von Individuen, sondern auch dem ungeheuerlichen Experiment, unter wissenschaftlich exakten Bedingungen Spontaneität als menschliche Verhaltungsweise abzuschaffen.
> (ebenda, 908)

Terror, getragen von der Masse, organisiert von der Elite, abgesegnet vom Führer, und doch letztlich nicht »erfolgreich«: Totalitäre Bewegungen erweisen sich als unfähig, die Macht, die sie haben, auf Dauer zu erhalten: »Totalitäre Herrschaft gleich der Tyrannis trägt den Keim ihres Verderbens in sich.« (ebenda, 979) Arendt wird explizit »disziplinlos«: Was den Menschen ausmacht, ist seine Pluralität, seine Unterschiedlichkeit, die Tatsache, dass er sich gerade nicht in eine »Disziplin« zwingen lässt: »Seine Kontinuität kann nicht unterbrochen werden, denn sie ist garantiert durch die Geburt eines jeden Menschen.« (ebenda) Diese Fähigkeit und dieser Auftrag, die dem Menschen mitgegeben sind, befähigen ihn, immer wieder anzufangen, sich neu zu erfinden und anders zu sein. Sie implizieren somit bereits den Niedergang jeder »Bewegung«, die diese Eigenschaften zunichte machen will.

Dies ist fast eine theologische Aussage, und selten in einer politischen Analyse zu finden: Der Mensch ist geboren, um sein Leben immer wieder neu zu beginnen. Die Geschichte geht mit den Grausamkeiten des Nationalsozialismus so wenig zu Ende, wie mit ihnen das Schicksal der Menschen besiegelt ist. Die *Elemente und Ursprünge totaler Herrschaft* enden mit einem Zitat von Augustinus: »Initium ut esset, creatus est homo«, »Damit ein

Anfang sei, wurde der Mensch geschaffen.«(ebenda, 979) Ihre differenzierte Auseinandersetzung mit dem Menschen als politischem Individuum setzt Arendt 1958 fort.

## Vita Activa

Ihr philosophisches Hauptwerk, *Vita activa oder Vom tätigen Leben,* erscheint zunächst auf Englisch, unter dem Titel *The Human Condition.* Es beginnt mit der grundsätzlichen Frage, »was wir eigentlich sind, wenn wir tätig sind«. (Vita activa, 14) Das Buch stellt auch eine Weiterführung von *Elemente und Ursprünge totaler Herrschaft* dar. Dort geht es auch um die Beantwortung der historischen Frage, warum die politische Sphäre der Weimarer Republik zerstört wurde und welche Faktoren es ermöglichten, jeweils eine totale Herrschaft in Deutschland und in Russland zu etablieren. Arendt eröffnet wieder einmal neue, heute noch aktuelle »Denkwege«: Zuerst präsentiert sie den Kern einer Theorie politischen Handelns. Darin kristallisiert sich die Trennung zwischen öffentlichen und privaten Räumen als eine der Grundlagen von Politik heraus. Sodann stellt das Buch »eine Gesellschaftskritik und eine Kapitalismuskritik dar, so wie in dem Werk Ansatzpunkte einer Kritik des Neoliberalismus wie eine der Globalisierung, Privatisierung von öffentlichen Dienstleistungen entdeckt werden können.« (Mörth, 4)

Zunächst verlässt die Autorin den politisch-analytischen Diskurs der *Elemente und Ursprünge totaler Herrschaft.* Sie konzentriert ihre Aufmerksamkeit auf den Menschen als politisches Wesen. Drei Grundtätigkeiten lassen sich ihr zufolge bei ihm unterscheiden: Arbeiten, Herstellen, Handeln. Die Frage nach ihrem Verhältnis zueinander und ihrer Bedeutung für den politischen Raum stehen anschließend im Zentrum der Reflexion. Im Herstellen tritt die Individualität des Menschen in den Vordergrund, der Versuch, seine Vergänglichkeit zur überwinden, der Kampf um »die potenzielle Unvergänglichkeit des Geschlechts« (Vita activa, 16) und somit auch sein Verhältnis zur Natur:

> Nur weil wir aus dem, was die Natur uns gibt, die objektive Gegenständlichkeit einer eigenen Welt errichtet, weil wir in den Umkreis der Natur eine nur uns eigene Umgebung gebaut haben, die uns vor der Natur schützt, sind wir imstande, nun auch die Natur als einen ›Gegenstand‹ objektiv zu betrachten und zu handhaben. Ohne eine solche Welt zwischen Mensch und Natur gäbe es ewige Bewegtheit, aber weder Gegenständlichkeit noch Objektivität.          (ebenda, 163)

Im Herstellen wird Objektivität geschaffen; eine Welt, die der Mensch als ihm einzig verfügbare betrachtet und zu der auch die Natur gehört. Diese Aktivität kann aber nur Mittel sein und in sich selbst keinen Zweck tragen. Wenn Herstellen oder Arbeiten zu einem absoluten Zweck oder Ziel degradiert werden, wird der Mensch im Gegenzug nur noch ein Mittel darstellen:

In der Kantischen Formulierung, dass kein Mensch je Mittel zum Zweck sein darf, dass jeder Mensch vielmehr einen Endzweck, einen Zweck an sich darstelle, hat der anthropozentrische Utilitarismus von Homo faber seinen größten und großartigsten Ausdruck gefunden.                                                    (ebenda, 185)

Arendt unterscheidet Arbeiten von Herstellen dadurch, dass Letzteres ein unvergängliches Produkt hinterlässt, während die Ergebnisse von Arbeit wieder verbraucht werden können. Arbeiten ist eine Tätigkeit, die »dem biologischen Prozeß des menschlichen Körpers entspricht. (...) Die Grundbedingung, unter der die Tätigkeit des Arbeitens steht, ist das Leben selbst.« (ebenda, 16) Herstellen führt zu einem Endprodukt: einem Stuhl, einem Buch, etc. Die Arbeit hat kein Ziel, sondern ist ein intrinsischer Bestandteil der menschlichen Natur.

Eine weitere Eigenschaft des Menschen: Er ist kein isoliertes, sondern ein soziales Wesen, was sich in seinem Handeln ausdrückt. Dieses ist, ob gewollt oder nicht, stets auf andere bezogen. Wir befinden uns im Kern von Hannah Arendts Philosophie. Wie Bösch hervorhebt, entwickelt sie »einen freiheitstheoretisch fundierten Begriff personaler Identität, der als Differenzierungsgeschehen handelnder Menschen gedacht werden muß.« (569) Das Politische konstituiert sich durch das Handeln. Es steht damit in Gegensatz zum Herstellen, bei dem ein Subjekt der Objektwelt gegenübertritt: »Das Handeln ist die einzige Tätigkeit der Vita activa, die sich ohne die Vermittlung von Materie, Material und Dingen direkt zwischen Menschen abspielt.« (ebenda, 17) Ein weiteres Merkmal des Handels ist seine Pluralität, da »... nicht ein Mensch, sondern viele Menschen auf der Erde leben und die Welt bevölkern.« (ebenda) Handeln entsteht also unter der Voraussetzung der Vielfalt, aus der Interaktion zwischen Menschen und aus ihrer eigenen Verschiedenheit und Pluralität.

Während Herstellen und Arbeiten in direkter Verbindung mit Welt und Natur stehen, dient das Handeln (zu dem auch das Sprechen gehört) »der Gründung und Erhaltung politischer Gemeinwesen«. (ebenda, 18) Die Räume des Handelns können privat oder öffentlich sein. Bei dieser »menschlichen Dimension« des Handelns wird der Mensch überhaupt erst sichtbar in seiner jeweiligen Individualität, die ihn von der Masse unterscheidet. Ein Negieren dieser Dimension bedeutet mithin auch den Verzicht auf die Eigenschaften, die den Mensch als Menschen ausmachen:

In diesem ursprünglichsten und allgemeinsten Sinne ist Handeln und etwas Neues Anfangen dasselbe; jede Aktion setzt vorerst etwas in Bewegung [...]. Weil jeder Mensch auf Grund des Geborenseins ein *initium*, ein Anfang und Neuankömmling in der Welt ist, können Menschen *Initiative* ergreifen, zu »Anfängern« werden und nicht Dagewesenes in Bewegung setzen. (Initium) ergo ut esset, creatus est homo, ante quem nullus fuit – damit ein Anfang sei, wurde der Mensch geschaffen, vor dem es niemand gab.                                    (ebenda, 215)

Handeln bedeutet schließlich, den anderen zu begegnen, das Gemeinsame zu spüren und sich doch auch der eigenen Besonderheit bewusst zu sein:

> Handelnd und sprechend offenbaren die Menschen jeweils, wer sie sind, zeigen aktiv die personale Einzigartigkeit ihres Wesens, treten gleichsam auf die Bühne der Welt, auf der sie vorher so nicht sichtbar waren.                    (ebenda, 219)

Nicht-Sichtbar-Sein, Sich-nicht-Offenbaren, Nicht-Gesehen-Werden: Das sind exakt die Merkmale der Vertriebenen, Heimatlosen, Unterdrückten, denen das Wesentliche ihrer Menschlichkeit geraubt wurde, ihre handelnde Präsenz auf der Bühne der Welt. Wie konnte es aber in der Moderne dazu kommen, dass »Machen« (Herstellen) an die Stelle von Handeln treten konnte und Arbeiten wertvoller wurde als Denken? Mit dieser Herabstufung geht ja der öffentliche Raum verloren, in dem sich die Menschen aufeinander beziehen. Das Verschwinden des öffentlichen Raums nimmt, Arendt zufolge, mit der beginnenden Industrialisierung seinen Lauf. Dabei entsteht auch das Phänomen der Masse, die keine geschützte Privatsphäre mehr hat, und der – eben weil sie als Masse auftritt – die individuelle Nutzung des öffentlichen Raums versagt bleibt. Diese Entpersonifzierung der Massen findet ihre Spitze im Nationalsozialismus und, parallel dazu, im Kommunismus. Pluralität wird durch Uniformität ersetzt, Handeln und Denken durch Herstellen und Arbeiten.

Könnte *Vita Activa* auch ein Versuch sein, die Irrwege, die Holzwege des Denkens zu entlarven und dem Handeln Möglichkeiten zu eröffnen, sei es auch um den Preis der Infragestellung philosophischer Traditionen? Wäre es möglich, dass dieses Werk auch eine kritische Antwort auf Heideggers Auffassung des Seins enthält? *Vita Activa* basiert auf dem Fundament der aristotelischen Praxis des Philosophierens und beinhaltet eine Ablehnung des platonischen Weges:

> Die platonische Trennung von Wissen und Tun hat sich bis heute als die Wurzel aller Herrschaftstheorien erhalten, die mehr beanspruchen als die Rechtfertigung eines angeblich der menschlichen Natur inhärenten Machtwillens, der prinzipiell unverantwortlich handelt.                    (ebenda, 285)

Wie schon erwähnt, ist Arendt eine Kennerin der philosophischen Tendenzen ihrer Zeit. Die Frage drängt sich auf: Wie sieht nach dem Nationalsozialismus ihre Position zu Heidegger aus, ihrem Lehrer in Marburg und späteren Liebhaber?

## Das prekäre Verhältnis zu Heidegger

1948 veröffentlicht Arendt zusammen mit fünf weiteren Beiträgen den Artikel *Was ist Existenzphilosophie?*, in dem sie eine eigene Position innerhalb dieser Strömung entwickelt, die sie später allerdings nicht weiter verfolgt. Interessant an dem Text ist die explizit kritische Auseinandersetzung mit der Philosophie Heideggers, dem sie eine Nähe zum modernen Nihilismus vorwirft:

Heideggers Versuch, trotz und gegen Kant wieder eine Ontologie zu etablieren, führte zu einer tiefgreifenden Umänderung der überkommenen philosophischen Terminologie. Aus diesem Grund nimmt Heidegger auf den ersten Blick immer sich weit revolutionärer aus als Jaspers und dieser terminologische Schein hat der richtigen Einschätzung seiner Philosophie sehr geschadet. (Was ist…, 67)

Die eigentümliche Faszination, welche der Gedanke des Nichts auf moderne Philosophie ausgeübt hat, ist nicht ohne weiteres Kennzeichen von Nihilismus.«
(ebenda, 49)

Dies ist eine der wenigen Stellen, wo sich Arendt direkt und öffentlich von Heideggers Denkrichtung distanziert. Mit der Analyse des Daseins vom Tode her begründete dieser die Nichtigkeit des Seins. Er beschrieb den Menschen als gottähnliches, zwar nicht »Welt-erschaffendes«, aber »Welt-zerstörendes« Wesen. Dieses Konzept ist weit entfernt von Arendts Auffassung dessen, was der Mensch ist und was ihn außergewöhnlich macht. Sie wendet denn auch direkt ein, dass »der Mensch Gott nicht ist und mit seinesgleichen zusammen in einer Welt lebt« (ebenda, 67) – ein Gedanke, den sie (wie gezeigt) in *Vita Activa* erneut aufgreifen wird: Nicht das Sein, sondern das Handeln macht den Mensch zum Menschen. Heidegger verzichte auf die Kant'schen Begriffe von Freiheit, Menschenwürde und Vernunft, immerhin gedanklicher Grundstock der französischen Revolution. Er reduziere den Menschen auf seine Funktionen in der Welt (das Sein) und spreche ihm Existenz allein durch das Philosophieren zu. Arendt kritisiert scharf Heideggers Begrifflichkeit der 30er Jahre:

Heidegger hat dann später in Vorlesungen versucht, seinen isolierten Selbsten in mythologisierenden Unbegriffen wie Volk und Erde wieder eine gemeinsame Grundlage nachträglich unterzuschieben. Es ist evident, daß derartige Konzeptionen nur aus Philosophie heraus- und in irgend einen naturalistischen Aberglauben hineinführen können. Wenn es nicht zum Begriff des Menschen gehört, daß er mit anderen, die seinesgleichen sind, die Erde zusammen bewohnt, bleibt nur eine mechanische Versöhnung, in der den atomisierten Selbsten eine ihrem Begriff wesentlich heterogene Grundlage gegeben wird. Dies kann nur dazu dienen, die nur sich wollenden Selbste in einem Überselbst zu organisieren, um die in der Entschlossenheit ergriffene grundsätzliche Schuld irgendwie in die Praxis überzuleiten.                    (ebenda, 73)

Dies ist ein Versuch klarer Distanzierung. Trotzdem kann die Autorin ihre philosophische Nähe zu Heidegger nicht verleugnen. Als *Vita activa* 1958 abgeschlossen ist, schreibt sie an ihn:

…ich habe den Verlag angewiesen, Dir ein Buch von mir zu schicken. Dazu möchte ich Dir ein Wort sagen. Du wirst sehen, daß das Buch keine Widmung trägt. Wäre es zwischen uns je mit rechten Dingen zugegangen – ich meine *zwischen* also weder Dich noch mich -, so hätte ich Dich gefragt, ob ich es Dir widmen darf; es ist unmittelbar aus den ersten Freiburger Tagen entstanden und schuldet Dir in jeder Hinsicht so ziemlich alles.          (Briefe 1925-1975, 149)

Arendt begegnet 1924 als junge Studentin in Marburg, der legendären Bastion des Neukantianismus, dem damals 35-jährigen, verheirateten Martin Heidegger. Er hat gerade *Sein und Zeit* geschrieben und bereitet sich auf eine Universitätskarriere vor. Richard Wolin, der amerikanische Ideenhistoriker, schildert in seiner Biografie Hans Georg Gadamers lebendig die Wirkung Heideggers auf den jungen Studenten:

> Nach Gadamer erregte Heidegger – ›dieser Bursche aus dem Schwarzwald, der auf Skiern aufgewachsen war‹ – in Marburg einiges Aufsehen, da er Vorlesungen und Seminare in den Kniehosen und Hosenträgern seiner Schwarzwälder Heimat hielt (von den Studenten der ›existenzielle‹ Anzug genannt) statt im hergebrachten schwarzen Rock. (Wolin, 8)

Heidegger tritt als Professor wie ein Verführer auf und übt auf die Studenten eine geradezu narkotische Wirkung aus. Die Stimmung nach dem 1. Weltkrieg unter den deutschen Studenten trägt apokalyptische Züge: Politische Umbrüche zeichnen sich ab, Unruhe breitet sich besonders im Mittelstand aus. Heidegger nutzt geschickt diese Stimmung. Termini wie »Angst«, »Sorge«, »Eigentlichkeit« oder »Sein zum Tode« bevölkern die Rhetorik seiner Vorlesungen. Nicht Hegel wird gelesen, sondern Platon und Aristoteles, die man als Impulsgeber für aktuelle Fragen und Probleme versteht. (vgl. ebenda, 9) Hannah Arendt gehört zu diesen begeisterten Studenten. Es sind zwei Welten, die sich hier begegnen. Martin Heidegger, der verehrte und bewunderte Professor, katholisch, bodenständig und etwas bieder. Hannah, eine junge, kluge, kultivierte Frau, jüdisch und kosmopolitisch, das »Mädchen aus der Fremde«, wie sich selbst bezeichnet (Briefe 1925-1975, 76) Beide verlieben sich und lassen sich auf eine heimliche Affäre ein. Die Literatur über diese ungleiche Beziehung spekuliert immer noch über die genauere Art des Verhältnisses, das beide verband. Heideggers Anlehnung an den Nationalsozialismus bedeutet für Arendt eine große Kränkung, aber die Beziehung lässt beide nicht los. Der gemeinsame Briefwechsel – die meisten Texte stammen von Heidegger, Arendts Briefe sind dagegen nicht vollständig erhalten – zeigt zwei Menschen, die Lektüren austauschen und von Bach und Beethoven, Rilke und Thomas Mann begeistert sind. Es geht aber auch um die eigenen Schriften zu Platon, Sokrates und Heraklit. Von Anfang an ist klar, dass aus dieser ungleichen Beziehung keine Lebensgemeinschaft in bürgerlicher Form entstehen wird. Heidegger dominiert. Er bestimmt, wann beide sich treffen. Seine Briefe sind voll von Mitteilungen über die eigene Arbeit, und nur selten beziehen sie sich auf die von Arendt. Wenn es ihr schlecht geht, wenn sie Banales und Alltägliches berichtet, zeigt er sich als fürsorglich-väterlicher Schreiber.

1926 geht Arendt von Marburg weg nach Heidelberg. Dort promoviert sie bei Karl Jaspers. Die ersten Anzeichen eines Bruches mit Heidegger sind erkennbar. Sie unterlässt es demonstrativ, ihm ihre neue Adresse mitzuteilen. Er versucht mehrmals, Kontakt zu ihr aufnehmen. Über seinen Studenten Hans Jonas, der mit Arendt befreundet ist, gelangt er an ihre Adresse. Es folgen sporadische Treffen und ein bald wieder nachlassender Briefkontakt. 1928 wird er als Husserls Nachfolger nach Freiburg berufen. In April desselben Jahres trennen sich ihre Wege. Im September 1929 heiratet Arendt Günther Stern, einen weiteren Studenten Heideggers, der später als Günther Anders bekannt wird. Stern schreibt zu dieser Zeit an seiner Habilitation über Musikphilosophie, die nicht die ihr gebührende Anerkennung findet. Er arbeitet schließlich als Journalist. Hannah recherchiert für die Biographie Rahel Varnhagens. 1933, wenige Wochen nach Hitlers Machtergreifung, erlebt die deutsche Universitätslandschaft eine tiefe Veränderung. Jüdische und linksgerichtete Professoren werden entlassen, die Hochschulstrukturen gleichgeschaltet, Spitzenpositionen mit politisch getreuen Professoren besetzt.

In Freiburg gehört Heidegger zu ihnen. Er bekleidet für kurze Zeit das Rektorenamt der Universität. Erst im Winter 1932/1933 finden sich wieder Briefe Heideggers an Arendt. Ob es wahr sei, dass er Juden von seinen Seminaren ausschließe und jüdische Kollegen an der Universität nicht grüße, wollte sie wissen. Heidegger verneint die Anschuldigungen und weist auf Habilitationen und Doktorarbeiten hin, in denen er mit Juden zusammenarbeitet:

> Die Gerüchte, die Dich beunruhigen, sind Verleumdungen, die völlig zu den übrigen Erfahrungen passen, die ich in den letzen Jahren machen mußte.
> (ebenda, 68)

Dies steht im letzten, aus der Zeit vor dem Krieg erhaltenen Brief. Erst 1950 gibt es Hinweise auf eine Wiederaufnahme der Korrespondenz und auch der Beziehung. Zwei Jahrzehnte sind vergangen. Ein Krieg, Emigration, der Holocaust liegen zwischen beiden, Trauer, Verlust und die Feigheit eines Mannes, der seine Privilegien gefährdet sah. Sind das nicht genug Gründe, um den Kontakt für immer ruhen zu lassen?

Als Forschungsleiterin (und später Generaldirektorin) der »Commission on European Jewish Cultural Reconstruction« fährt Hannah Arendt 1949 für vier Monate nach Europa, um die jüdischen Kulturschätze, die die Deutschen geraubt hatten, zu sichten. Sie besucht dabei auch das Ehepaar Jaspers in Basel. Anschließend reist sie nach Freiburg und lässt Heidegger den Namen ihres Hotels zukommen, worauf dieser am selben Abend persönlich bei ihr vorspricht. Der Neuanfang ist distanziert. Im ersten Brief siezt Heidegger sie sogar:

> Ich freue mich über die Gelegenheit, unsere frühe Begegnung als Bleibendes jetzt eigens in die spätere Lebenszeit aufzunehmen. Es wäre schön, wenn Sie heute Abend gegen 8 Uhr zu mir herauskommen könnten.          (ebenda, 73)

Das ändert sich schon am Tag nach dem Treffen. Die alte Verbundenheit und die Liebe sind wieder da: »Liebe Hannah! Ein stilles Morgenlicht blieb, nachdem Du fortgefahren, in meiner Stube zurück (...)«. Arendt erwidert sogleich: »Dieser Abend und dieser Morgen sind die Bestätigung eines ganzen Lebens. Eine im Grunde nie erwartete Bestätigung.« (ebenda, 76) In den Briefen, die beide in dieser Zeit schreiben, finden sich gegenseitige Liebeserklärungen, daneben Bemerkungen Heideggers zur Rolle seiner Ehefrau: »Wenn ich Dir sage, daß meine Liebe zu meiner Frau jetzt erst wieder ins Klare und Wache gefunden so danke ich es ihrer Treue und ihrem Vertrauen zu uns und Deiner Liebe.« (ebenda, 89) Arendt übernimmt für kurze Zeit die alte Rolle der »Lektorin«, der Studentin, die dem Lehrer gegenüber Anmerkungen macht und kluge Hinweise gibt. Aber die Perspektiven haben sich geändert. Arendt avanciert zur bekannten Publizistin. Sie schreibt unermüdlich, reist in die Welt. Beruflich geht es bei ihr steil aufwärts. Heidegger dagegen wird 1950 pensioniert und darf danach noch Übungen halten. Er selbst äußert das Gefühl, dass er nicht mehr in das Universitätsmilieu passt. Die Konfrontation mit seiner Position zum Nationalsozialismus ist in jedem Vortrag, den er hält, präsent. Auch die Presse beschäftigt sich mit seiner Rolle in Freiburg. (ebenda, 118) Hannahs Wiedersehen mit Heidegger hat ein neues Kapitel in dieser bemerkenswerten Verbindung eröffnet, nunmehr bestimmt durch Perioden lebhafter Korrespondenz und solche anhaltenden Schweigens.

Die Frage stellt sich: Warum hat Arendt immer wieder versucht, Kontakt zu Heidegger aufzunehmen? Was ist richtig an der Annahme, die Annette Vowinkel von Richard Wolin übernimmt, »dass Arendt sich weder emotional noch intellektuell jemals aus dem Schatten Heideggers lösen konnte«?

> Sie sei, so Wolin, eine von Selbsthass geplagte Jüdin, und mit ihrem Bericht über den Eichmann-Prozeß in Jerusalem habe sie immanent versucht, Heidegger bei der Entsorgung seines schlechten Gewissen behilflich zu sein, indem sie den Juden die Schuld für den Antisemitismus zugeschoben habe.          (Vowinkel, 18)

Wahr ist, dass sie ein bewegtes Verhältnis zur ihrer jüdisch-deutschen Identität hat. Die Fundamente dafür hat sie schon Ende der zwanziger Jahre in ihrem Werk über Rahel Varnhagen gelegt. In einem Brief an Elfriede Heidegger schreibt sie:

> Ich habe mich nie als deutsche Frau gefühlt und seit langem aufgehört, mich als jüdische Frau zu fühlen. Ich fühle mich als das, was ich nun eben einmal bin, das Mädchen aus der Fremde.          (Briefe 1925-1975, 76)

Hier äußert sich auf einer emotionalen Ebene die Figur des Paria, der Unruhestifterin. Sie sieht sich keineswegs als Opfer. Es scheint ihr darum zu gehen, die Erinnerung wach zu halten an die Studentin aus Marburg, mit der der Ehemann der Adressatin eine Affäre unterhielt. Die Liebschaft mit dem Professor lässt sich als Zeichen von Missachtung gesellschaftlicher Regeln Ende der 20er Jahre lesen. Die Wiederaufnahme der Beziehung in den 50er Jahren offenbart die »Treue« zur Person und daneben eine anhaltende Bewunderung von deren geistiger Arbeit. Die Tatsache, dass Heidegger während der finsteren Jahre nicht in den Widerstand ging, sondern die Nazis bewunderte, fällt anscheinend kaum ins Gewicht. Arendt unterstützt denn auch die Übersetzungen von Heideggers Werk in die englische Sprache. 1954 korrespondiert sie rege mit ihm. Nicht mehr als Schülerin, sondern als ebenbürtige Partnerin bespricht sie mit ihm ihre Arbeit an *Vita activa* und *Elemente und Ursprünge totaler Herrschaft*. Sie ist sich durchaus des geistigen Einflusses von Heidegger auf ihr eigenes Schaffen bewusst. Was wäre gewesen, wenn sie den Kontakt abgebrochen hätte? Was, wenn sie ihren Mentor angeklagt und die öffentliche Konfrontation gesucht hätte? Trotzdem hat man die Fortdauer der Beziehung zu Heidegger zu sehr hochstilisiert. Wichtiger wird die intellektuelle Nähe zu Karl Jaspers und seiner Frau sein, die Arendt besonders nach dem Krieg und nach ihrer Emigration in die USA pflegt. Sie bleibt ihr eigentliches Tor nach Deutschland.

## Banalität des Bösen

Vielleicht liegt hier eine Besonderheit Hannah Arendts: Sie verdrängt und verschweigt nichts, auch nicht die Qualität ihrer Verbindung zu Heidegger. Dabei hilft ihr ihre Perspektive als Jüdin. Sie hat den Antisemitismus erlebt, nicht aber den Holocaust. Sie kennt den Schmerz und die Sprachlosigkeit der Vertriebenen. Sie weiß um den Verlust der Heimat und um die Pervertierung Deutschlands in eine organisierte Mordmaschine. Dies macht sie zur adäquaten Person, um den Eichmann-Prozess zu beobachten und einzuschätzen. 1960 wird der international gesuchte NS-Verbrecher Adolf Eichmann in Argentinien vom israelischen Geheimdienst aufgespürt und nach Israel überführt. Er wird vor dem Jerusalemer Bezirksgericht zwischen April und Dezember 1961 für den millionenfachen Mord an Juden zur Verantwortung gezogen. Am 31. Mai 1962 wird er nach erfolgloser Berufung und Ablehnung seines Gnadengesuchs hingerichtet. Hannah Arendt berichtet über das Verfahren für die Zeitschrift *The New Yorker*. Aus ihren Beobachtungen geht 1963 das Buch *Eichmann in Jerusalem: A Report on the Banality of Evil* hervor.

Mit dieser Veröffentlichung vollzieht Arendt einen Tabubruch. Sie, die emigrierte Jüdin, versucht zu verstehen, warum sich ein großes europäisches Land in eine unvorstellbare Gewaltorgie begeben konnte. Und sie findet eine Antwort. Aber (wie) lässt sich Auschwitz sozusagen von außen erklären? Ein Überlebender wie Imre Kertész, geboren 1929, 16 Jahre jünger als sie, 1944 nach Auschwitz deportiert und 1945 aus dem KZ Buchenwald befreit, stellt noch 1999 Arendts Auffassung in Frage:

> Die unermessliche Drehbühne der historischen Analyse, Hannah Arendts großräumige und tieflotende Vision vom Ursprung und Aufkeimen des Antisemitismus zur Zeit der europäischen Aufklärung, das heißt der Judenemanzipation. Wie aber erklärt sie Auschwitz, die Sonderkommandos, den Alltag des Lagerlebens? Hier spielt sogar der Antisemitismus kaum noch eine Rolle. Hier quält nur noch ein Mensch den andern, modert zuhauf, schwelgt im Gestank verwesenden Fleisches, hier werden nur noch Leichen von den Händen Halbtoter verbrannt und Gegenstände von Magazinarbeitern sortiert; die Welt geht im Innersten zugrunde, was sowohl die Geschichte als auch Verstand und Wissenschaft weit übersteigt...
> (Kertész, 71)

Diese Orgie der Gewalt, dieser Entgleisung des Verstandes soll von »Schreib-tischtätern« verübt worden sein?

Arendt nimmt eine andere Perspektive ein. Sie beschäftigt sich mit Eich-mann als Vertreter einer durch und durch negativ aufgeladenen gesellschaft-lichen Situation. Sie sieht zunächst einen gewöhnlichen Menschen vor sich: einen Streber, der Karriere im NS-Apparat machen wollte, einen Zeitgenossen, den man weder als Dämon noch als Ungeheuer bezeichnen konnte, der seine »Pflicht« tat und sich frei von Schuld wähnt, nach dem Motto: Die anderen, die Großen, haben entschieden, nicht ich. Er wirkt grotesk: Wie ein »Hans-wurst« (Eichmann in Jerusalem, 132) versteckt er sich hinter seiner Amtsspra-che, um der Verantwortung zu entgehen. Die Beobachterin nimmt das Aus-maß der Verbrechen in den besetzen Gebieten in den Blick, wie es der Prozess offenbart; sodann die Rolle der Wehrmacht bei der Tötung von Zivilisten und die Konsequenzen des Reichenau-Befehls vom 10. Oktober 1941. Durch ihn wurden die Massenmorde an der jüdischen Bevölkerung administrativ und detailliert vorprogrammiert – nach Variablen wie Gesundheitszustand, Al-ter und Geschlecht, bis hin zur schwankenden Kapazität von Zügen und Gas-kammern. Arendt nennt Eichmann völlig zutreffend einen »Verwaltungsmas-senmörder«. Mit dem von ihr geprägten Begriff »Banalität des Bösen« stößt sie auf Ablehnung: Sie rede die Naziverbrechen klein. Hier verstrickt sich die deutsche und französische Bedeutung des Wortes »banal« (unwichtig, klein, ir-relevant) mit der englischen, die Arendt benutzt: allgemeingültig, eine Selbst-verständlichkeit. Das »Böse« versteht sie als selbstverständliche Erscheinung, kennzeichnend für die Strukturen des Nationalsozialismus und verbreitet bei der Masse der Menschen. Nur deshalb kann es ohne Weiteres vorkommen, dass die einen tagsüber die anderen quälen, ja vernichten, und dass sie sich abends rührend um ihre eigenen Kinder kümmern.

Arendt stellt auch die Kooperation mit den Nazis bloß, die jüdische Funk-tionäre aller Ränge (von obersten Repräsentanten bis zum Ghetto-Polizisten) geleistet haben. Die Entrüstung in den USA und in Israel ist gewaltig. Gershom Scholem, Hans Jonas oder auch der Historiker Hans Mommsen distanzieren sich von ihr und sprechen ihr jede Urteilsfähigkeit ab, da sie selbst die Situa-tion der Juden in den Konzentrationslagern oder in den Ghettos nicht erlebt habe. Was sie übersehen, ist die Intention, mit der Darstellung von Eichmann als »Hanswurst« oder »Schreibtischstäter« eine Art Typologie der deutschen Bevölkerung während der NS-Zeit zu skizzieren. Es handelte sich um gewöhn-liche Menschen, die aus verschiedenen Gründen mitmachten: die einen wa-ren antisemitisch eingestellt, die anderen (wie Heidegger) wollten Karriere machen, wieder andere fügten sich der Obrigkeit oder schwiegen aus Angst. Hannah Arendt zieht eine bedeutsame Schlussfolgerung: Die latente, die po-tenzielle Möglichkeit, Nein zu sagen, bestand zu jedem Zeitpunkt. Darin liegt vielleicht ihr Tabubruch: offen zu legen, dass gegen das Böse als solches kaum etwas auszurichten ist, wohl aber gegen die Akzeptanz des Bösen als Selbst-verständlichkeit. Die interessanten Gespräche und Briefe zwischen Hannah

Arendt und Joachim Fest sind der Versuch klarzustellen, dass sie weder die Verbrechen der Nationalsozialisten klein reden, noch den Juden eine indirekte Mitschuld am Geschehen geben, sondern eine vertiefte sozialpsychologische Analyse des Gesamtphänomens vorschlagen wollte.

Jeder Mensch, egal welcher Herkunft, handelt, denkt, urteilt, liebt als Mitglied einer Gemeinschaft, getrieben von seiner Sehnsucht nach Kontakt, nach Kommunikation oder Ausdruck. Gleichzeitig ist er oder sie Mitglied einer Weltgemeinschaft und trägt dort auch Verantwortung mit. Wer politisch handelt, so könnten wir Hannah Arendts Vermächtnis auf den Punkt bringen, hat sich seiner Existenz als Weltbürger bewusst zu sein. Die politische Qualität des Menschlichen zeigt sich demnach in einem besonderen Spannungsverhältnis: im Sinne der eigenen Gemeinschaft zu handeln, ohne die berechtigten Interessen anderer Gemeinschaften zu verletzen. Diese Maxime gilt für eine ganze Reihe konkreter Probleme, die die Denkerin berührten: die Rolle des einzelnen in nicht demokratischen Regimen, die Rolle der Vertriebenen, Exilanten und Vaterlosen in der Gesellschaft, und die Möglichkeit der Überwindung von Gewalt und Diktatur. Bis zum ihrem Tod bleibt Hannah Arendt in diesem Sinne wach und aktiv. Nach einem ersten Herzinfarkt 1974 unterrichtet sie und schreibt weiter, bis sie 1975 einen tödlichen Herzinfarkt in ihrem Arbeitszimmer erleidet. Ihre Wirkung hat in den Jahrzehnten seither stetig zugenommen.

## Hannah Arendt und ich

Unsere erste »Begegnung« fand in den 90er Jahren in Heidelberg statt. Ich promovierte gerade als Spanierin über katholische, evangelische und nicht-konfessionelle Frauenvereine in Deutschland am Ende der Weimarer Republik, sowie über deren Positionen gegenüber dem Nationalsozialismus. Ich stieß auf *Elemente und Ursprünge totaler Herrschaft* und fand das Buch äußerst hilfreich. Auch mir ging es um das Verstehen, das Warum. Arendts Erklärung des Aufkommens totalitärer Regime aus der Zerstörung des politischen Raumes erscheint mir bis heute plausibel. Sie ist historisch vielleicht lückenhaft, aber in systematischer Hinsicht konsequent und zwingend.

Noch interessanter erschien mir schon damals der Glaube Arendts an das Gute, das Positive im Menschen, an seine Möglichkeit zum Neuanfang. Besonders überraschte mich bei ihr das Fehlen jeder Verbitterung oder moralischen Überheblichkeit. Dies machte es mir möglich, meine eigene Lebenssituation in Beziehung zu setzen zu ihrem Denken. Während ich mich mit meiner Dissertation und mit der deutschen Sprache in einem kleinen Heidelberger Zimmer quälte, las ich zur Auflockerung auch andere ihrer Schriften: etwa *Zur Zeit* (1989) und *Ich will verstehen* (1996) Ihre Ansichten über die Emigration, den Verlust von Heimat und Identität, die Begegnung mit einer neuen (der englischen) Sprache, deckten sich weitgehend mit meinen Erfahrungen als Spanierin in Deutschland. Natürlich kann man die Umstände nicht vergleichen.

Ich bin in einem freien Europa groß geworden, habe selbst den spanischen Faschismus kaum noch erlebt. Ich bin sozusagen Teil der »Generation Erasmus«, der Europa die Möglichkeit zur Öffnung bat. Mir haben Deutschland und auch Irland Chancen eröffnet. Ich wollte fort von meiner provinziellen Heimat, die ich als kleine, konservative und enge Welt erlebte, brach mit meiner Familie und ließ mein studentisches Netzwerk zurück. Es galt, sich im neuen Sprachraum quasi neu erschaffen. Ich wurde zur »Parvenü« und wollte alles richtig machen. Meine Identität als Spanierin war mir nicht mehr wichtig, obwohl sie für alle anderen erkennbar blieb.

15 Jahre danach stehe ich immer noch fast da wie Rahel Varnhagen. Eines habe ich vielleicht gelernt: Der Zustand der Suche und der Bewegung ist Merkmal jeder Emigration. Er endet nicht, aber führt uns immer wieder auf neue Denkwege. Es ist eine Illusion zu glauben, dass irgendwann so etwas wie Heimat in der Fremde entstehen könnte. Der Weg in die Fremde bedeutet womöglich eine Entscheidung für ein lebenslanges Dasein als Paria. So ist mir Hannah Arendt zum Vorbild geworden. Sie blieb nie bei der Klage über den Verlust von Identität und Heimat stehen. Wie sie schon 1933 im Werk über Varnhagen zeigt, sind für sie Bewegung im Denken und eigenständiges Handeln, dazu die permanente Selbstvergewisserung darüber ein wesentliches Lebensmotiv, darüber hinaus eine Art Fundament der menschlichen Natur.

Nur so sind wir imstande, Identitäten aktiv zu gestalten und uns der Welt zu stellen. In dieser Offenbarung des eigenen Wandels entsteht erst bewohnbarer Raum. Dazu gehört die Annahme »gebrochener« Identitäten: verschieden, aber nicht ausgestoßen zu sein, den Anderen zu gleichen, ohne sich assimilieren zu müssen. Arendt will weder Parvenü noch Paria sein. Sie erobert sich ihren eigenen Raum vermittels ihrer Rolle als Philosophin und Intellektuelle, und sie bringt den Mut und die Kraft zur »Korrektur« auf, wie der jüdischer Schriftsteller David Grossman darlegt. Ethisch handeln, den Raum bewohnen, den eigenen Garten bestellen, bedeutet für Arendt Heimat – im Gegensatz zu Heimat, verstanden als nationale oder ethnische Pflichterfüllung. Können uns solche Überlegungen noch im Jahre 2012 nützlich sein? Sie zeigen vielleicht einen dritten Weg zwischen völliger Integration und Abschottung, dazu einen Diskurs des Handelns zwischen öffentlichen und privaten Räumen. Vermag dies einem geglückten Ankommen heutiger Migranten den Weg zu bereiten, egal woher sie stammen? Ich bin davon überzeugt.

## Verwendete Texte/Textsammlungen Hannah Arendts

Denken ohne Geländer. Texte und Briefe, München 2006

Eichmann in Jerusalem: Ein Bericht von der Banalität des Bösen,
7. Auflage München 1997

Elemente und Ursprünge totaler Herrschaft. Antisemitismus, Imperialismus,
totale Herrschaft, 5. Auflage München 1996

Ich will verstehen. Selbstauskünfte zu Leben und Werk, München 2005

Rahel Varnhagen. Lebensgeschichte einer deutschen Jüdin aus der Romantik,
16. Auflage München 2010

Vita activa oder Vom tätigen Leben, 9. Auflage München 2010

Was ist Existenzphilosophie?, Berlin 1990

Zur Zeit. Politische Essays. Herausgegeben und mit einem Nachwort versehen von
Marie Luise Knott, Frankfurt/M. 1989

**Hannah Arendt, Joachim Fest,** Eichmann war von empörender Dummheit. Gespräche
und Briefe. Herausgegeben von Ursula Ludz und Thomas Wild, München 2011

**Hannah Arendt, Martin Heidegger,** Briefe 1925-1975 und andere Zeugnisse.
Aus den Nachlässen herausgegeben von Ursula Ludz, Frankfurt/M. 1998

## Weitere Literatur

**Rose Ausländer,** Denn wo ist Heimat? Gedichte, Frankfurt/M. 2010

**Michael Bösch,** Pluralität und Identität bei Hannah Arendt, in: Zeitschrift für
philosophische Forschung, 53, 1999, 568-588

**David Grossman,** Die Kraft zur Korrektur. Über Politik und Literatur, München 2008

**Antonia Grunenberg,** Hanna Arendt und Martin Heidegger, in: Einblicke, 44, 2006
(Carl von Ossietzky Universität Oldenburg)

**Imre Kertész,** Ich – ein anderer, Reinbek 2002

**Marie-Luise Knott,** Verlernen. Denkwege bei Hannah Arendt, Berlin 2011

**Andrea Luquín Calvo,** Espacios Vacíos, Narradores Silenciados, XV CONGRES VALENCIA
DE FILOSOFIA, Valencia, Facultat de Filosofia i Ciencias de l'Educación,
1, 2 y 3 d'abril de 2004

**Anita Mörth,** Politische (Frauen-) Bildung am Beispiel von Hannah Arendt. Chancen
für eine dekonstruktive Identitätspolitik bei Arendt, se-leitung: mag. Eva Cendon,
WS 2003/2004, S. 4 (Magisterarbeit Uni Klagenfurt)

**José F.A. Oliver,** Mein andalusisches Schwarzwalddorf. Essays, Frankfurt/M. 2007

**Anette Vowinkel,** Anette: Geschichtsbegriff und Historisches Denken bei Hannah
Arendt, Köln 2001

**Richard Wolin,** Unwahrheit und Methode. Gadamer und die Zweideutigkeit der
»inneren Emigration«, in : Internationale Zeitschrift für Philosophie, 1/2001

Eduard A. Wiecha

# Poet nach Auschwitz: Richard Exner

## Der Freund

Er hatte die Gabe, Menschen um sich zu scharen und zu begeistern. Das erste Mal sah ich ihn auf dem engen Gang des germanistischen Instituts in Nizza. Er war umringt von Studentinnen (und Studenten, von denen es nur wenige gab), die ihn mit Fragen bedrängten – ein in Frankreich durchaus seltenes Bild. Er überragte sie alle um zwei Kopfeslängen. Er sprach langsam, mit sonorer Stimme, in unverkennbar südhessischem Einschlag. Das war im Herbst 1979. Nach seinem Vortrag über Thomas Mann lernte ich ihn bei einem Empfang der Fakultät kennen: witzig und bedächtig, die bei offiziellen französischen Anlässen so beliebten Formalitäten ostentativ missachtend. Was ihn interessierte, war die Literatur in all ihren Ausprägungen und waren die konkreten Menschen um ihn herum – die Studentinnen sichtlich mehr als alle Honoratioren und Kollegen: *l'Américain*.

Er pflegte dieses Image. Als er mich zu sich und seiner Partnerin in die Wohnung einlud, die man den beiden gegenüber der Fakultät zugewiesen hatte, saßen wir bei Whisky auf dem Boden des unmöblierten Raumes. Wir begutachteten die Verursacher des »Deutschen Herbstes«, wo ein blindwütiger Staat aus Angst vor ein paar Terroristen um sich schlug. Wir witzelten erneut über das großmännische und doch blutleere Gehabe französischer Würdenträger, ob in Paris oder hier in der Provinz: Avec plaisir, Monsieur! Bien sûr que non, Madame! Veuillez agréer l'expression de mes sentiments distingués – Mit vorzüglicher Hochachtung! Wir rühmten vergleichend die Schönheit (und die hässlichen Schattenseiten) der Côte d'Azur mit ihrem von den Massen verschonten Hinterland; er schwärmte vom kalifornischen Pendant zwischen Santa Barbara und den Ausläufern der Sierras. Die dortige Universität war seine Welt. Wir trafen uns nun regelmäßig, zu Spaziergängen oder zum Essen in der Stadt. Die Einladung zu einer Molière-Aufführung im Commedia dell'Arte-Stil lehnte er dankend ab. Lieber wollte er auf der Strandpromenade die Nachfolge-Physiognomien jener mediterranen Maskenspieler betrachten und dort auf mich warten. Am Meer, unter der frühen Abendsonne, fühlte er sich wohl und dem Pazifik nahe:

> Langsam / gegen die Berge hin, / und dort unterm erhitzten Blau / der winterlich abgeflachte Strand. // Keine halbe Stunde / seit der Tiefebbe. // Allzu Entblößtes / fast gemächlich und neu / überflutet. // Nur wenige Schwimmer, / einiges Treibholz. // Zwei küssen sich. / Kaum Wind. / Vier, fünf Hunde. // (...) Was gibt es zu sehen? / Wie begrüßen sich / Verstrickte? (Fast ein Gespräch, 13)

Ich vermittelte ihm eine befreundete Studentin, mit der er eine Art Tandem-Konversation in Französisch und Deutsch betrieb. Er stellte für mich den Kontakt zur amerikanischen Fachzeitschrift *Modern Austrian Literature* her. So konnte ich Ernst Jandls bis dahin ungedrucktes »Konversationsstück« *Die Humanisten* in Zusammenarbeit mit dem Autor herausgeben: ein Kuriosum, dass das Werk, von einer ausführlichen Textvorstellung begleitet (bei der mich eine psychoanalytisch beschlagene Kollegin unterstützte), erstmals 1982 in Kalifornien erschien.

Die Verhältnisse in Deutschland waren Richard nach wie vor geläufig. Er pflegte zahllose Kontakte: familiäre, vom Hessischen bis nach Sachsen, und freundschaftliche, zu Menschen, die ihm »gewogen« waren (einer seiner Lieblingsausdrücke). Den Literaturbetrieb zwischen Rhein und Isar hielt er für provinziell. Er erzählte gerne und anekdotenreich: von seinen beiden geliebten Töchtern, von Darmstadt und dem Odenwald, von zwei schmerzlichen Scheidungen. Sein Lachen war ansteckend, auch dann, wenn er dabei – stets direkt, doch nie unversöhnlich – verbiesterte Zeitgenossen ins Visier nahm. Seine Studenten lagen ihm am Herzen. Er förderte sie nach Kräften, und sie dankten es ihm. Für Literatur»päpste« hatte er kein gutes Wort übrig, auch nicht für die jenseits des Ozeans. Über den nimmer endenden Alltagskram der Professoren-»Würde« machte er sich keine Illusionen:

> Statt sagen, denken / und schreiben – / vorsagen, nachdenken / und abschreiben. // Lebenslänglich / in der Tinte. // Habe nun, ach, / statt des erfüllten Tags / einen vollen, / statt der erleuchteten Nacht / Licht auf dem Tisch. // Also nichts geschaffen. // Dafür aber, / nach vielen Berufungen, / den Ruf: / Er hat es geschafft.
>
> (ebenda, 68)

Ja, »nachts« verfasste er Gedichte. Ein erstes Bändchen hatte er 1965 herausgebracht, fünfzehn Jahre nach seiner Auswanderung. Als andere zaghaft, doch hoffnungsfroh, ins Land der Väter zurückkehrten, verließ er als Zwanzigjähriger (zusammen mit seiner Mutter) das zerstörte Darmstadt in Richtung USA. Die Gründe waren in erster Linie finanzieller Natur. Er integrierte sich rasch ins akademische Leben. Seiner Muttersprache blieb er aber in Treu und Glauben verbunden. Die Machart seiner frühen Poesie erscheint vergleichsweise konventionell, wenngleich in ihr eines seiner Hauptthemen bereits deutlich anklingt:

> Ich wäre schon froh, / wenn die Erde, die ich bepflanze, / Namen hätte; andere Namen / als Eigentum, Land oder Heimat / (so wird das Unbekannte sentimental / oder, bestenfalls, patriotisch umschrieben).       (Gedichte 1953-1991, 18)

Der selbst erwählte Status als Einzel- und Grenzgänger zwischen den Sprachen, Literaturen, Kulturen trieb ihn zeitlebens um und wurde ihm zur nie versiegenden Quelle des Schaffens. Er erschrieb sich »drüben« eine Karriere als Wissenschaftler, mit Abhandlungen und Kommentaren vornehmlich zu Hofmannsthal, Goethe, Rilke und Thomas Mann, daneben zur Poetik und Übersetzungstheorie. Er übertrug große englische und amerikanische Lyriker ins Deutsche, dazu deutsche Nachkriegs-Dichter ins Englische. Die ihm zu Ehren 1994 herausgebrachte Festschrift vermittelt Einblicke ins Innerste seiner literarischen Interessen. Unter dem Titel *Poetry Poetics Translation* versammelt sie mehr als 40 Beiträge seiner amerikanischen und deutschen Kollegen (natürlich auch Kolleginnen), seiner Schüler und (Poeten-)Freunde, darunter eine Reihe von Widmungsgedichten und Übersetzungen seiner Lyrik ins Englische bzw. Spanische. (vgl. Mahlendorf/Rickels)

In den späten Siebzigern nahm er seinen zweiten poetischen Anlauf. Während des Nizza-Aufenthaltes befand sich sein Band *Fast ein Gespräch* (1980) schon im Druck. Bei einer Lesung im vollen Hörsaal der Fakultät bekamen die Anwesenden einen Vorgeschmack auf den besonderen Exner-Sound, den der Autor durch 15 Lyrikbände hindurch verfeinerte: in einer Symbiose von Person und Text, die er im mündlichen Vortrag, jede Silbe plastisch artikulierend, in einer Art melodisch rhythmisierendem Singsang und leicht ironisch gefärbt zum Ausdruck brachte. Intensivierte Momentaufnahmen der Wahrnehmung, der Begegnung mit Orten und Menschen, der Erfahrung von Nähe und Konfrontation, gestaltet in einer bilderreichen, syntaktisch verknappten, semantisch zuspitzenden Sprache. Ihr warmer musikalischer Ton nahm auch junge Menschen für sich ein. Für die Instituts-Zeitschrift *Eulen-Spiegel*, von der zwischen 1979 und 1981 elf Nummern erschienen, stellte er mir Gedichte zum Vorabdruck zur Verfügung. Im Sommer 1980 konnte ich aus Mitteln des Goethe-Instituts Marseille besonders interessierten und erfolgreichen Studenten 20 Exemplare des druckfrischen »Erstlings« überreichen. So war er lanciert und der Verlag zum baldigen Wagnis eines weiteren Gedichtbandes bereit.

Von nun an entwickelte sich eine nicht mehr abreißende Brief-Korrespondenz über den Atlantik. Richard sandte mir, wie anderen Freunden, regelmäßig unveröffentlichte Gedichte und Prosaskizzen zu, freute sich über Begutachtung und Ermutigung. Mindestens einmal im Jahr kam er nach Europa, zu Kongressen, zunehmend zu eigenen Lesungen oder zu Treffen der Münchner Akademie der schönen Künste, deren »korrespondierendes« Mitglied er war. Ein unverhoffter Bezug seiner Person zu meiner Heimatregion erneuerte und intensivierte den Kontakt. 1985 lernte ich Charlotte Tangerding, Unternehmerin und Kunstmäzenin aus Donauwörth, kennen. Sie wiederum war schon länger mit Richard befreundet. Ihr Sohn Götz, ein so herausragender wie sensibler (Jazz-)Pianist und Komponist, der leider allzu früh verstarb, schuf bei gemeinsamen Auftritten das kongeniale musikalische Pendant zum Exnerschen Vortrag. Eine (schon wegen des Zulaufs unvergessene) Konzert-Lesung beider organisierte ich an meiner damaligen Schule in Oettingen. An weiteren Abenden war der schwäbisch-bayerische Dialektdichter Alois Sailer beteiligt.

Im Frühjahr 1992 las Richard Exner auch in Brüssel, wo ich, wieder unterstützt vom dortigen Goethe-Institut, Autoren an die deutschsprachige Sektion der Europäischen Schule holte. Angeregt diskutierte er mit unseren Schülern und Schülerinnen. Während er sich sonst mit einer literarisch gedämpften Melancholie umgab, äußerte sich seine Lebenslust am schnellsten im Umgang mit Kindern. In unserem Haus in Waterloo las er im Kollegen- und Freundeskreis, belustigt über den Namen des wallonischen Vororts der belgischen Hauptstadt (und eben auch Schauplatz von Napoleons Schmach). In der Küche »übte« er für seinen öffentlichen Auftritt, mit meiner Frau als Publikum. Unsere beiden Kinder, vier und fünfeinhalb Jahre alt, gewannen ihn und seine Geschichten sofort lieb. Dass sie (altersgemäß) »perfekt« Deutsch und Französisch sprachen, beeindruckte ihn. Dass wir mit ihnen mehrsprachige Lieder sangen, fand er großartig. Für ihn lag im »Musischen«, wenn eingebettet in menschenwürdiges Miteinander, der höchste Ausdruck des Humanen.

Es war das Jahr seiner Rück-Übersiedlung aus den USA nach München (die sich in den Folgejahren mit häufigen Hin- und Herflügen über den Ozean noch einmal ausdünnte). Dass ich fast gleichzeitig dorthin umzog, bedeutete erneut einen die beiderseitige Nähe begünstigenden Zufall. Seit 1989 bereitete sich Richard auf einen selbst gewählten und selbst bestimmten Ruhestand vor. Seine Bibliothek mitsamt dem umfangreichen wissenschaftlichen Nachlass hatte er der University of California in Santa Barbara vermacht. Dort wartet dieser seitdem auf die Erschließung. Er suchte den Neuanfang, um sich nur noch der Tätigkeit als Schriftsteller zu widmen. Seine Wohnung im Stadtteil Lehel, unweit der Isar, war zweckmäßig ausgestattet. Das Wohnzimmer dominierte ein mit Papier übersäter Tisch. Ansonsten erfüllte meditative Leere den Raum. Es gab kleinere Bilder an der Wand, einen Sessel und eine (anspruchsvolle) Musik-Anlage. In der Küche ließen sich Mahlzeiten für Freunde zubereiten, was Richard gerne tat. Auf Fleisch, weitgehend auch auf Alkohol, verzichtete er seit seinem 60. Lebensjahr. Süßes mochte er gern; von den Cafés entsprach vor allem das etwas betuliche Haus Kreutzkamm seinen Ansprüchen, der kleinen und feinen Kuchen und ihrem fernen Dresdner Echo wegen. Allmorgendlich joggte er hinüber zum Englischen Garten. An lauen Abenden konnte man ihn vor der Residenz antreffen, die auch die Akademie beherbergt. Auf dem Mauervorsprung der Südfassade sitzend, die milde Sonne im Gesicht, diskutierte er in einer geradezu sokratischen Szenerie mit ehemaligen tschechischen Dissidenten und Autoren-Kollegen. Mehrmals nahm er mich in die Akademie mit. Beim dortigen Sommerfest führte er mich durch die Reihen und stellte mir, nie um eine schalkhafte Bemerkung verlegen, seine Mitstreiter und andere Figuren des Münchner Kulturlebens vor. Er fühlte sich hier wohl, doch wahrte er unverkennbar seine Distanz gegenüber einer gewissen »altbackenen« Literaturpflege und besonders jeder Form von Klüngelei. München war ihm im Grunde zu »spießig«, der dortige Literaturbetrieb mit seinen selbstgefällig-saturierten Machern geradezu suspekt: Von denen werde er nie einen Preis, nie auch nur eine lobende Erwähnung erhalten. Er behielt Recht.

So erklärt sich ein wenig auch seine Vorliebe für ländliche, bayerisch-schwäbische und auch mittelfränkische Gegenden. Mehrmals besuchte er uns in Mering bei Augsburg. Wir diskutierten die halbe Nacht hindurch über Wohl und Wehe von Literatur, Kultur, Politik. Im Ostallgäuer Kloster Irsee hielt er Poetik- und Schreib-Seminare. Seine treuesten Anhänger, deren Zahl langsam, aber stetig größer wurde, nahmen für seine Lesungen gerne eine Autostunde Fahrt in Kauf. Er bekundete mir gegenüber, dass die einzige deutsche Stadt, in der er sich eine dauerhafte Bleibe vorstellen konnte, Berlin war – West wie Ost. Die Überraschung hielt sich in Grenzen, als er ein paar Jahre später dorthin übersiedelte; zumal er seine neuerliche Liebe nicht geheim hielt, die bald seine dritte Frau werden sollte und in der Hauptstadt lebte. Seine letzten Jahre hätten unbeschwerte sein können, wäre nicht seine Herzkrankheit gewesen. Mehrere Operationen belasteten ihn bis zum Äußersten.

2006, zwei Jahre vor seinem Lebensende, stellte er für mein *Amerika*-Buch einen Zyklus aus vier Lang-Gedichten zusammen, der seine Erfahrungen zwischen den Kontinenten eindringlich thematisiert. Er freute sich über den gelungenen Sonderdruck und bestellte gleich an die 200 Exemplare, um sie seinen Freunden in aller Welt zuzusenden. Sein Tod, welchen er in zahlreichen späten Gedichten antizipierend zu bewältigen, ja zu bannen versuchte, kam bestürzend plötzlich. Ich verstand zu spät, warum er mich in den Monaten davor gebeten hatte, ihn doch bald in Berlin noch einmal zu besuchen. Ein wenig tröstlich ist, dass er in seinen Versen lebt. Das »Werk« eines Menschen war für ihn ohnehin das, was letztlich zählt. Eingedenk des im Gesetz des Lebens begründeten *Abbruchs* (s. u.) unserer Freundschaft möchte ich hier (wohl erstmals) eine knappe, doch dezidierte Gesamtdarstellung von Richard Exners lyrischem Werk wagen. Es gilt den »archimedischen Punkt« freizulegen, der dessen inneren Zusammenklang bewirkt, aber auch eine unbändige Bewegung freisetzt, welche die Leser mitreißt und nimmer zur Ruhe kommen lässt.

## Der Dichter als Außenseiter

»Die Funktion eines Schriftstellers besteht darin, eine Katze eben eine Katze zu nennen.« (Sartre, 167) Die lapidare Aussage lässt sich als doppelte Aufforderung begreifen: zur Authentizität und zum Engagement. Die dichterische Sprache vermag ihr gerecht zu werden (so das existenzialistische Credo), sofern sie sich der Zeit-»Situation« stellt, detailgetreu und schonungslos. (vgl. ebenda, 11; 71; 164) Exner löst das Postulat auf seine Weise ein. In den Versen der frühen achtziger Jahre geht es ihm just um jene Arbeit an der Kraft der Worte, mit der sie die Dinge bezeichnen, wie sie sind, sich in ihre Widersprüche hineinbohren und sie zum Klingen bringen. Das poetische im Gegensatz zum wissenschaftlichen Schreiben erfordert zudem die beobachtend-gestaltende Einbeziehung des eigenen Ich, mit seinen Verirrungen und Beschädigungen. Der Autor bringt sie mit Hingabe zuwege. Er verschmäht nicht die Freiheit, die sich ihm nach seinem Wechsel vom kritischen ins schöpferische Genre auftut. Seine Leistung zeigt sich in der zunehmenden Prägnanz, mit der er (auch schmerzliche) Erfahrungen in die adäquate Form zu gießen versteht. Oft schon nahe am Prosagedicht, hält diese die Balance zwischen dem Bilderrepertoire der klassischen Moderne (besonders dem Rilkes) und Elemen-

ten gewöhnlicher Redeweisen der Gegenwart, mit Anklängen an die Schreib-
art deutscher Nachkriegs-Dichter (Eich, Piontek, Domin). Beides im reimlosen
Zeilenbruch verschränkt. Lyrisch-epische Zeitgenossenschaft, gelegentlich sarkastisch gesteigert, verschmilzt mit gleichsam zeitlos aufbewahrter Sensibili-
tät. Orte und Geschehenes treten in den Blick. Die dialogische Präsenz anderer
Personen schwingt mit. Alltag wird als verlogene Nebensache entlarvt. Intime
Wünsche und Erfahrungen lassen sich nur als problematische formulieren.

*Das Haus*: Ein (heiteres) »Scherzo«, vergegenwärtigt dieses Gedicht die Last
der Verdinglichung:

> Zunächst als Spiel / aus Sand und Schachteln / mit Zwergenmobiliar // (das Ha-
> ben muß man üben). // Der Ernst ist ein Gemisch / aus Überflüssigem / (»auch
> dafür ist noch Platz«) / und Bett und Tisch und Stühlen. // Bauen anstatt leben …
> (Fast …, 25)

*Der Frieden*: Im menschlichen Gebrauch wird ihm selten eine höhere Qualität
zugestanden als die des schalen Hirngespinstes:

> Er ist euch / zu sanft, zu sehr / glättende Hand, zu sehr / Einsamkeit löschender
> Atem, zu sehr / Kuß, der Gesichter entlangkommt. // Der himmlische Frieden. /
> Er geht seit Menschengedenken / an seiner Schönheit / zugrunde. Mögliches /
> ist uns leider der Rede / nicht wert          (Aus Lettern ein Floß, 95f.)

Auch »Natur«-Sehnsucht bleibt Illusion:

> All die Symbolik / von Blüte, Stämmigkeit / und Wurzeln / ist wunschdurchwach-
> senes / Palaver. // Wir brechen nicht / wie Bäume in den Fluß, / aus denen es er-
> neut / emporsprießt, / wie Bäume, die uns, / tot und zurechtgehobelt, / als Kin-
> der schaukeln / und ins Grab          (Mit rauchloser Flamme, 10)

Die Ehe erweist sich als heimtückisches *Gesellschaftsspiel*:

> … Meister wird nur, / wem es gelingt, / einen immer festeren Strick / aus über-
> haupt nichts / zu drehen. // Liebe, / oder was man so nennt, / sorgt für die Pau-
> sen. // Wer emsig ist, / knüpft sogar nachts, / während er schweigt. // (…) Er-
> drosselt oder / umhalst / ist der Partner / erlöst. // Ein Spiel / zum Totlachen.
> (ebenda, 47f.)

Selbst das *Metier* des Schriftstellers verdient keine Schonung:

> Je nach Begabung / und Okkasion / steigen wir / aus Förderkörben / in den Wort-
> bruch. // (…) Am Ausgang herrscht / bei jeder Schicht / Waschzwang: / Die Hände
> / gegenseitig /säubern / oder allein, / wie Lady Macbeth          (ebenda, 54f.)

*Heimat* baut auf Täuschungen auf:

> Wer verfügt, / man solle seine Asche / übers Meer streuen, / hat wenig Recht / auf
> das Thema. // (…) Luftwurzeln also. / Man meint, / sie seien besser / als nichts.//
> Aber ein Windstoß / zerstört sie bereits          (ebenda, 74)

Stellenweise scheint (vor allem im Debüt-Band von 1980) das rhetorische oder das gelehrte Muster durch. Der Stil des Dichters wird sich, virtuoser Selbstreflexion verpflichtet, nach und nach von solchen Hemmnissen befreien. In den wunderbar leichten Reisegedichten diktiert ihn die unmittelbar und im mythischen Symbol ins Bild gesetzte Wahrnehmung:

> Die Mulde / auf dem Kynthos – / bare hundert Meter / über den Wellen / und mohnüberbluteten Steinen. // Endlich / aus der Zeit / und auf seiner Insel sein. // Im Schwirren / von Leier und Pfeil (Fast..., 11)

*Am Meer* ist (für mich) das ausgereifteste Kleinod dieser frühen Phase. Eine beobachtete Tiergeste kreatürlicher Bewegung verdichtet sich im einfachen Vergleich zum poetologischen Programm:

> Wie neulich / der Reiher / im ersten Licht, / der Dünung, / die gerade zu gleißen begann, / den Kopf zuwandte, / so völlig lautlos / möchte ich einmal / Worte setzen, / sie gleiten / und als Wellen / branden lassen / an seinen unbeweglichen / Blick. // Das wäre / der dennoch hörbare / Atem der Schrift. (Mit rauchloser..., 34)

Poesie entspringt der Nähe zum Leben, doch ihre Voraussetzung ist Distanz. Der sich hier äußert, begreift sich als Außenseiter, räumlich, zeitlich, gedanklich. Da er fern von seiner Sprache lebt und schreibt, verdoppelt sich der Abstand. Ein nicht gekannter Klang durchdringt seine Worte, selbst in der Nähe der Koordinaten, denen sich niemand zu entziehen vermag: Leben und Sterben, Ich und Du. Hier liegt das Geheimnis der Lyrik dieses Deutsch-Amerikaners. Grund und Ziel seines Schreibens entfalten sich im Negativ:

> Wen die Götter lieben / dem bleiben / an Händen und Füßen / die Flecken erspart, (...) // der kommt nach der Wegmitte / um das behutsame Einschlafen / an einer Schulter, / (...) um den Moment / als heute früh / den Tod zu blenden / sich die gelbe Rose / in deinen Blick warf / ehe du sprachst. (ebenda, 9)

Beschleunigung der Zeit jenseits der »Hälfte des Lebens«: Per se ist dies kaum mehr als ein Gemeinplatz. In sprachliche Anschauung gebunden, tritt damit jedoch das Äußerste ins Blickfeld. Schrecken und Trost zugleich, stigmatisiert es Körper und Empfinden, um im Zusammentreffen von Vergehen und Augenblick die Möglichkeit lebendiger Fülle zu eröffnen. Der Gestus vollzieht sich, gleichsam rituell, auch in den weiteren Texten. Die Erfahrung der Lebensmitte bedroht (unter diesen Gedichttiteln) das *Gleichgewicht*, überschattet den *Abschied*, führt zur *Bilanz* der Ratlosigkeit – immerhin auch Ausweis geschärften Realitätsgefühls:

> Es ist gerade kein Krieg. // In Manchester werden / (es passierte wieder / in Teneriffa) / Todesanzeigen gedruckt, / im Iran / Menschen wie Wertpapiere / an verschiedenen Orten / verstaut. // Überall / warten sie / auf den nächsten Schritt, / und wie die Börse / darauf reagiert. // (...) Nach München eilen / zwei Intercity-Züge, / die nicht verunglücken / dürfen. // Am Regenhimmel / suche ich heute / dein Gesicht. // Und bringe / nichts von alledem / zusammen. (ebenda, 22f.)

Das lyrische Ich sucht nach einem Halt, und in dieser Suche entfaltet es seine poetische Kraft. Es schlüpft in Situationen, Zeitspannen und Personen hinein, wechselt Perspektive und Gesicht, wird Jugend (*Mit sechzehn*) und Alter (*Ausgewandert, sechsundachtzig*), strandet im Angesicht eines Gegenüber, Objekt des Wunsches, Garant intensiver, doch nur vorübergehender Berührung, in der die Sinne sich ihres Wachseins versichern:

> Ewigkeit // Einmal / wird dein Atem / wieder Wind // und wir müssen / durch die Luft / auf unseren / Worten. // Also bleib / noch einen Tag / und sprich.
> (ebenda, 29)

Aus flüchtiger Wahrnehmung erwächst die Dekonstruktion der großen Metapher, die wiederum einfache Chiffren für die Substanz der Dinge hervortreibt. Die Bedrohung des Daseins bleibt – eine Zwangs-Projektion der Menschen. Bewusst gemacht, ironisch gewendet, dem eigenen Horizont eingepasst, führt sie an den Punkt heran, wo Befreiung möglich wäre. Das Ende erscheint vorerst in personifizierter Gestalt auf den Brettern eines (barocken) Theaters und übernimmt, fast tröstlich, die Rolle des Selbst-Demaskierers:

> Ich, der Tod, / bin aus eueren Ängsten / zusammengeronnen, / aber verkannt, / überschätzt. // Ich besitze nichts. / Die Klapper, die Sense, / die Geige habt ihr / erfunden
> (ebenda, 61)

In der Gruppe der Zeitgedichte gewinnt die epische Dimension an Plastizität, fängt Historisches, Politisches ein, ohne dass das Ich sich als Beteiligter und Gradmesser des »objektiven« Geschehens verleugnen müsste. Damit entsteht jene Verbindlichkeit der Aussage, welche das Fremde, Entfremdende vom Eigenen abzusondern vermag; freilich nicht im Sinne naiver »Identitäts«-Bildung. Das siebenteilige Langgedicht *Dtschld* (dieses bis zum Krieg gebräuchliche Kürzel wurde, wie Charlotte Tangerding anmerkte, gängig auf Feldpostbriefen verwendet) entfaltet den frühen Augenschein deutscher Realität. Diese führte ja zur freiwilligen Emigration des Autors und zu seiner bewusst bezogenen Position zwischen zwei Kontinenten, Sprachen und Kulturen. Die NS-Zeit mit ihrem Todesgeruch stellt die nicht hintergehbare Bezugsgröße her,

> ...die Aschenluft / der vierziger Jahre (...). // Zu Weihnachten spielten wir / Krieg.
> Statt Kerzen / brannte das Land
> (ebenda, 68)

Zeugenschaft bedeutet keinesfalls Distanzierung:

> Ja, / die Willkür / deiner Besieger / und dein barbarischer / Fleiß (›Die Tugenden / der Deutschen sind / ein glänzend Übel‹) / haben nach dem Ende, / wie im Märchen, / zwei aus dir gemacht. // (...) Nein, / ich nehme mich / nicht aus. // Mein Paß / ist eine Maske
> (ebenda, 70f.)

Das Vater-Land als Partner im fiktiven Dialog und die Erinnerung an einen geschundenen Dichter-Bruder, Friedrich Hölderlin, erheben schmerzliche deutsche Wirklichkeit zur Wahrheit des Subjekts:

Ich bin wie du / zerrissen / und nicht mehr / ganz                    (ebenda, 71)

Die Konsequenz ist Ernüchterung:

> Flog ich zu früh / davon und komm ich / jetzt zu spät? // Ganz bin ich nur / auf sechsunddreißigtausend Fuß, / wohin der Rauch, auch mein / zukünftiger Rauch / nicht reicht                    (ebenda, 72)

Die Mehrdeutigkeit dieser letzten Anspielung wird uns noch beschäftigen. Vorerst lässt sie uns den Initial-Entschluss des Autors nachvollziehen: Er nimmt die Bürde einer Freiheit auf sich, welche die Absage an Heimat einschließt, aber auch die an eine vermeintlich »neue« Welt, welche an ihren nicht endenden Deformationen zu zerbrechen droht. Der schon erwähnte Amerika-Zyklus trägt den Titel »Kennst Du das Land?«. Die vier Poeme erstrecken sich thematisch über ein halbes, entstehungsgeschichtlich über ein Vierteljahrhundert. *Dtschld* (von 1982), *Exodus Exodus* (von 1992) und *Amerika* (von 1982) wurden 2005 für die Neuausgabe überarbeitet; *Abbruch* (von 2004) ist hier erstmals veröffentlicht.

Der doppelte *Exodus* greift die biblische Urszene auf und benennt den (1950 vollzogenen) eigenen Wechsel ins »gelobte Land« samt seiner Umstände, sodann den ersten Versuch einer Rückkehr auf Dauer (von 1992) an den fragwürdigen Ausgangsort:

> Ja ich fahre fahre ins verheißne Mutterland in seine / Tränentäler ziehe noch immer mit demselben unsicht- / baren Gefolge mit dem ich einst hier ankam durch die / Länder ziehe aus wie Israel vor mir die Feuersäule bei / Nacht die mich nach D. führen wird und es mir an allen / Ecken ansteckt damit ich mich leichter zurechtfinde / (...) während die Kinder mit Fingern auf mich zeigen und / sagen was soll aus uns werden wenn der Vater zurück / geht und nicht mehr vorwärts                    (Kennst Du das Land?, 121)

Vom »Kreis«, der sich endlich schließt, ist in der letzten Zeile die Rede – mehr Wunsch als Wirklichkeit. *Amerika*, 1982, nach der Reagan-Wahl entstanden, widmet sich den Freiheits-Versprechen, die drüben gegeben und gebrochen wurden. Schon das Motto ist bezeichnend. Es zitiert den Auswanderer aus Kafkas gleichnamigem Roman, in dessen Blick sich Geste und Symbol der (realiter) Fackel tragenden Statue in der New Yorker Hafeneinfahrt ins Zerstörerische wenden: »Ihr Arm mit dem Schwert ragte wie neuerdings empor (...)«. (ebenda, 122) Die sodann evozierte Schlüsselszene hatte 2005 einen makabren Doppelsinn gewonnen: eine Präsidentenwahl, die der Rüstung dient und Krieg schürt. Nicht mehr nur Reagan war gebrandmarkt, sondern auch G. W. Bush, sein Widergänger.

> Im November / der Erdrutsch / wie südlich / von Neapel: / wirkliche Opfer / sind kaum von denen / im Gleichnis / zu trennen. // Dort barst / die Erde, / und hier schoß / die moralische Mehrheit / entrüstet hervor. / Schoß. / Entrüstet. Jetzt ist

sie / bewaffnet. Mit gefalteten / Händen. Der Herr / versteht Englisch. // (...) Wir repräsentieren / den Westen, wo jeder / Bürger die eigene Burg / vor Feinden beschützt. / Mit automatischer / Waffe. (...) // (...) Geschundene kommet zuhauf. / Hier ist jeder willkommen. / Die Freiheitsgöttin legt an            (ebenda, 125-127)

Exner versuchte sich nach 1992 – Rückkehr und Sesshaftigkeit sollten sich als Täuschungen herausstellen – in einem Leben zwischen beiden Kontinenten. Erst 2004 kam der Entschluss, gänzlich in Europa zu bleiben. Diesem Moment also ist *Abbruch* gewidmet, eine tiefe Selbsterforschung, kreisend um Abschiede, Verlorenes, Versäumtes, die nun auch, geradezu trotzig, die Gewissheit des eigenen Endes ins Auge fasst:

Zum drittenmal. // Flucht oder Vertreibung. Tod / oder Geburt. Wer will da / unterscheiden. // (...) Erinnerungen / reißen wie / Gefäße // Und was alles / zerschlagen / wurde. (...) // Totsein- / wollen gilt / nicht. // Stattdessen / die bittere Rück- / kehr dorthin wo / alles begann            (ebenda, 130-133)

Dem äußeren Anlass der Entscheidung gilt die »Nachbemerkung« zum Amerika-Zyklus. Sie schlägt den Bogen von 1945 über 1950 bis zur Gegenwart 2004. Dass ihr Verfasser (trotz meiner Rückfrage) auf dem Faschismus-Vergleich beharrte, zeigt den Grad seiner Ernüchterung und Politisierung am Ende des langen amerikanischen Lebensabschnitts an:

Man hatte jeweils Defizienzen in dem einen Land der beiden Nationen, in dem man beheimatet war, vor sich selbst im Alltag neutralisieren und – bis zu einem gewissen Grade – eben auch kompensieren und dadurch wiederum irgendwie bemänteln und ausgleichen können. Was für ein marodes und scheinbares Weltbürgertum das doch war!            (ebenda, 134)

## Fixpunkt Auschwitz

Wir sind dem historischen und poetischen Fixpunkt auf der Spur, der dem Werk Exners seinen Stempel aufdrückt wie ein Brandmal. Der Autor hat ihn mit seiner gewichtigsten dichterischen Äußerung ausdrücklich gesetzt und diesen Akt hellsichtig begründet. Seine vorangehenden Texte laufen unweigerlich auf dieses Zentrum zu. Die nachfolgenden bleiben dem dort formulierten Anspruch verhaftet. Die biografische Dimension verschmilzt mit der ästhetisch-politischen Jahrhundert-Frage, welche einer dezidierten Antwort zugeführt wird. Zunächst ist das Wolfgang Weyrauch gewidmete Poem aus dem gewichtigen Band von 1982 vollständig in Erinnerung zu rufen. Anschließend versuche ich seine Aussagequalität im Lichte der Erläuterungen des Autors zu entfalten. Zuletzt wird es in den Rahmen der andauernden internationalen Auschwitz-Debatte eingereiht.

*Nach Auschwitz*

1

Keine Gedichte mehr? // Etwa der apologetische / Regierungsbericht / (das Weiß-
buch – o Sprache, / mißbrauchte Sanftheit / des Schnees!), / der langatmig ver-
logne / Roman oder die / Zeitung? // Wie ein Massengrab / spart ein Gedicht /
Raum und Zeit. // Vor Auschwitz, / seit Auschwitz / regnete es Diktaturen, / und
Flüsse und Städte / führten Blut. // Seit Auschwitz / ist die Geschichte / nicht tot-
zukriegen. / Arbeit macht / immer noch frei, / und abends hört / immer noch
Bach / oder Mozart, / wer tagsüber tötet. // Seit Auschwitz / – Hut ab vor diesem
/ Jahrhundert – / ist nichts mehr unmöglich. // Auch Gedichte nicht.

2

Ermuntert, / ihrer Phantasie / freien Lauf zu lassen, / zeichneten Kinder / aus
Kambodscha, / dessen neuester Mörder / letzthin befand, / es gebe dort ganze /
Millionen Menschen / zuviel, / wie man Eltern, / Geschwister und Fremde / auf-
hängte, erschoß / und verbrannte. // Dabei / erkundigte sich ein Mädchen, / was
eine Puppe sei. // Die Luft bebt noch / vom Zuschlagen der Pforten / des Gartens,
/ und eine Stimme, / die Adam und Eva / zur Arbeit befahl / (es war Gnade, glaubt
/ mir, Routine und / Trost der Erschöpfung), / weht noch immer.

3

Heute, / einen Atemzug / vor dem dritten Jahrtausend / des Kreuzes, / fressen /
die erste und zweite Welt / wahllos die dritte. // Strahlend / wird zugrunde gehen, / was nicht verhungert. / Anthropophagen: / o wie das Fremdwort / euch
schont. // Die Apokalypse / (Johannes auf Patmos, / Hieronymus Bosch, / die
furchtbaren / Märchenerzähler) / hat schon lange / begonnen. // Wir leben, / ehe
wir sterben, / ihre Details.

4

Frühmorgens / die Sonne, / die Blumen, / das Erdreich geöffnet. / Natürlich /
schlagen die Amseln / auch im Wald / von Katyn. // Hut ab / vor unserem Jahrhundert. / Sein Fortschritt / ist unübersehbar: / Genickschuß und / Hirnchirurgie
/ pflegt es mit / Akkuratesse. / Es rottet uns aus / wie es und rettet / und ficht
mit dem Krebs / den es gesät. / Kopf ab / vor unserem Jahrhundert. // Komm, /
neues Jahrtausend nach Auschwitz. / Sonst war alles / umsonst.

5

Daß wir weiterlieben / ist ein Wunder. // Seit Auschwitz / schäme ich mich / in
der Umarmung. // Dein Hals pulst / gegen meine Lippen / wie große Vögel /
ihre Beute schlagen. // Unsere Leiber / fahren atemlos / ineinander / und liegen
nackt / verklammert, / als hätte sie einer / zu Tode geduscht. // Solange ich / deine Haut spüre, / schinden sie dich nicht / zu Lampenschirmen. // Wir fahren vor
Dankbarkeit / aus dem Schlaf.

6

Wach auf! / Sie töten im Schlaf, / und südlich von uns / (los desaparecidos) /
wird, was einer geküßt / (die Verschwundenen) / schon wenig später / gefoltert.
// Komm, / eh uns mit Keulen / die Stunde schlägt, / ehe wir, / die Verschwin-
denden, / uns übergeben. // Trotz Auschwitz / ist die Geschichte / nicht totzu-
kriegen. / Aber wir, / aber wir, / und wie leicht.

7
Wach auf, / berühre mich, / warte nicht, / bis die Zeiten / sich ändern. / Sie ändern / sich nie. // Bis Auschwitz / und alle Verschwundenen / vergessen, erinnert, / gesühnt – / sind wir verstummt.

8
Dennoch Gedichte. // Mundtot gesprochen, / gefoltert empfangen. // Nur Menschen / verschwinden spurlos. // Dichter kann man / erschlagen, Namen / werden gelöscht. / Einer, die Hoffnung / vielleicht, brennt sich / die Lettern ins / Hirn. // Weiß, / drucklos, / aus Archipelen / über die Grenzen / mit ihnen. // Und jetzt / schreien, sie laut / und auswendig / schreien: // Die Schrift / als Sturm, / als Rauch von Menschen, / die brannten.          (Mit rauchloser ..., 97-105)

Der Titel konstatiert einen (zunächst) zeitlichen Abstand. Nur aus ihm heraus scheint die erneute Konfrontation mit dem unsäglichen Menschenwerk möglich, das im deutschen Namen dieses polnischen Ortes eingegraben ist. Der erste Strophenteil wirft die berüchtigte, auf Theodor W. Adorno zurückgehende Frage auf. Die lapidar-sarkastische Antwort zielt – gemessen an der Konvention literaturpolitischer »Korrektheit« – auf eine unbequeme Ausweitung der Problematik: Warum sollten Gedichte dem zwingend-historischen Sog entzogen bleiben, der jedem Kulturanspruch spottet, der alles, was Menschen im öffentlichen oder persönlichen Raum tun und äußern, auf das Eine, »vor«, »trotz«, »seit« (Teil 5) und »bis« (Teil 7) Auschwitz, zurückholt? Es folgen aktuelle Belege, die demonstrieren, wie der verbrecherische Ungeist von Auschwitz unter den Nachgeborenen weiterwirkt, und zwar im weltweiten Rahmen. Gleichzeitig öffnet sich ein über das Geschichtliche hinaus weisender mythischer Horizont, in Form des Menschheits-Fluchs über »Adam und Eva« (Teil 2) und des Weltuntergangs-Alptraums der Apokalypse, vorgestellt als keineswegs unrealistisches Werk von »Märchenerzähler[n]« (Teil 3). Die Natur lebt indessen teilnahmslos fort (Teil 4). Das Ich, der einzelne, vermag freilich zu keinem Zeitpunkt mehr unberührt von Erinnerung und Schuld zu handeln (Teil 5 und 6). Ihm bleibt die Suche nach dem Anderen, gebündelt im Appell an die Augenblicks-Zuwendung durch ein geliebtes Wesens (Teil 7). Mit privaten Gesten ist die sich stellende Aufgabe jedoch nicht zu bewältigen. Im Text verleiht der ursprünglich fehlende Epilog (Teil 8) dieser Gewissheit Ausdruck. In der ersten Fassung lauteten die Schlusszeilen, beschwichtigend: »Dennoch Gedichte. // Sprechen, empfangen / ist Leben. // Komm, / berühre mich / und bleib wach!« Die überarbeitete Version bekräftigt nunmehr in radikaler Objektivierung eine immerhin verbliebene Möglichkeit – die der Zeugenschaft des Dichters und in ihrer Folge der schmerzlichen Neugeburt des Wortes. Dieses mag angesichts nicht endender Gewaltexzesse an unschuldigen Opfern in einem letzten Akt des Herausschreiens von den Untaten künden. Das drängende Fazit: Alles ist möglich, nur Schweigen nicht. Es brandmarkt die dichterische Existenz bis zum Äußersten, wie etwa die Gedenk-Verse an Franz Kafka in subtil-meditativer Paradoxie zeigen:

Heute / verstand ich / zum erstenmal seinen Wunsch / nie dagewesen zu sein. // (...) Nie vorhanden / bist du vollkommener / als jemand / der am Ende / eines langen dunklen Ganges / schreibt / und wie ein Tier / gefüttert wird. // Vielleicht / strömt dort / Musik ein / wo nichts mehr / ist.                    (Mit rauchloser..., 35)

Das Auschwitz-Poem umkreist mit seinem Strudel von Assoziationen, Hilfe-rufen, Selbst-Ermahnungen, Fragen jenen Abgrund, auf den die Chiffre des Ortsnamens zielt und der in seinem Sog Alle, Alles, für alle Zeiten hinab zu ziehen droht; es sei denn, in dieser Mimesis des unsäglich Realen bliebe das Geschehene wie im Todesschrei aufbewahrt, selbst wenn ihn nur Wenige als Vermächtnis verstünden. Die Evidenz, dass Geschichte das Leben verändert, lässt uns dieses *Dennoch* ertragen und erfragen – Liebe (als dem destruktiv Bösen radikal entgegen gesetzte Haltung) suchend, doch niemals vergessend.

Für sein Lang-Gedicht wurde der Autor 1982 mit dem Wiener Alma-Johan-na-Koenig-Preis geehrt. Zur Verleihung hielt er eine bewegende, poetologisch bedeutsame Rede. Dieses Dokument der Selbst-Explikation liegt meines Wis-sens nicht gedruckt vor, weshalb ich längere Passagen aus der Abschrift zitiere, die er mir damals zugesandt hat. Exner tritt beschämt vor seine Zuhörer, als

ein Verschonter, der Leib, Gut, Ehr, Kinder und Weib hat und der sich, und das teilt er mit Millionen Menschen, fragt, wozu er eigentlich verschont geblieben ist.

(Rede, 2)

Die eigene Biografie hält eine Antwort auf die Frage bereit. In ihr liegt sei-ne späte Zeugenschaft begründet, die seiner Arbeit den Gegenstand diktiert:

...in der (...) noch übrigen Zeit – ich empfinde sie als unverdientes Geschenk, das verrinnt, ob genutzt, oder verschleudert – auf die Entsetzlichkeiten und Herrlich-keiten hinzuweisen, die wir als Menschen, besonders eben als in Bindungen ein-ander zugeordnete Mit-Menschen teilen.                    (ebenda)

Es folgt die nahe liegende Evokation der Namensgeberin des Preises, einer Dichter-Kollegin deutscher Zunge, die im Frühjahr 1942 »irgendwo im Osten« (ebenda) verschwand. Im Akt des Gedenkens an ihr Schicksal, ihren Namen und ihre Worte, lässt sich die Aufgabe einlösen, die das Poem *Auschwitz* den Überlebenden zuweist. Und unverhofft zeigt sich die konkrete Nähe der einen Toten zur Gemeinschaft der nach ihr schreibend Bezeugenden:

...in ihrem gleichsam testamentarischen Credo, dem zehnten der ›Sonette an Jan‹ sagt sie über den eigenen Tod hinaus, sie suche in einer Welt von Haß ›nach Lie-be, die uns tiefgeheim verbindet‹ und schließt daran eine Reihe von zehn einfa-chen Worten: ›Und davon leb ich, mich erhält nur das: / Ich liebe.‹  (ebenda, 4)

Der Autor zieht Parallelen zu Rilke. Dessen Schlüsselworte und -bilder – wie Atem, Luft, Zunge, Flamme, Sturm, Verbrennen, Rauch – finden sich in Koenigs Versen und in seinen eigenen; gerade auch im Auschwitz-Gedicht, das »... am Ende versucht, sich selbst zu verflüchtigen als Teil jenes furchtbaren Rauchs,

der nicht weicht.« (ebenda, 4f.) Dieser Rauch schlägt eine Brücke zum »Atem
Gottes – Ruach Elohim: und Elie Wiesels Zeile von den Kindern, die sich in
Rauchgirlanden verwandeln.« (ebenda, 5)

Hier tritt das Dilemma der sog. Holocaust-Dichtung hervor: »... etwas in
Worte zu fassen, das man gleichzeitig loswerden und verewigen will...«. (ebenda) Für Exner ist das Rauchgirlanden-Bild, da keine Metapher, noch erträglich;
das hier Verhandelte müsse stets mit dem Verdikt der Sprachlosigkeit rechnen. So gelassen vom Schrecken der Hölle zu dichten wie Dante sei heute nicht
mehr statthaft, zumal dieser sich schon an den Grenzen des Sagbaren wähnte.
Am anderen Ende des Motivbogens reflektiere Thomas Mann nach Kriegsende
im *Doktor Faustus* (1947) noch einmal die Unmöglichkeit, dem Höllischen mit
Reden beizukommen. Ihm gelänge dies im Romankontext nur, indem er das
schlimmste aller Verbote erlasse: ›Du darfst nicht lieben‹. (vgl. ebenda, 7) In
unbeschädigter Form von Auschwitz zu sprechen, sei unmöglich. Wo aber läge
die Alternative? Im (Ver-) Schweigen jedenfalls nicht. (vgl. ebenda, 11) An die
Zuhörer gerichtet, folgt nun das entscheidende, Zeitgenossenschaft als Bürde
auf sich nehmende Bekenntnis:

> ... die Hölle Auschwitz, deren Name hier nun nicht mehr auf dieses eine und nicht
> nur auf dieses deutsche Lager beschränkt zu bleiben braucht, war vor der Spra-
> che geborgen und daher nie völlig denunzierbar. Versuche werden aber immer
> wieder gemacht; sie sind unerläßlich für unser Überleben. Auch ich versuche, um
> meinet- und um Ihretwillen, mit dem Wort Rechenschaft zu fordern für Geschehe-
> nisse, die wie Himmel und Hölle aller Beschreibung spotten.
>
> Es wäre leicht, angesichts einer weiteren literarischen Äußerung über Ausch-
> witz und das Phänomen Auschwitz mit Unmut zu reagieren: es gibt genug bereits,
> und noch ein Gedicht wird die Metanoia, die Sinnesänderung, auch nicht herbei-
> führen. Es ist im vollen doppelten Sinne fragwürdig, ob Auschwitz Hiroshima und
> Nagasaki verhindert hätte, wenn alle diese Manifestationen des Holokaust [sic!]
> chronologisch nicht so eng aufeinander gefolgt wären. Angesichts der in diesem
> geschichtlichen Moment verfügbaren Vernichtungsmittel ist es ein Wunder, daß
> wir uns hier überhaupt noch über Vernichtung unterhalten können. (...)
>
> Wir wissen also: Auschwitz ist noch nicht am Ende. Es ist leider nicht sinnlos,
> noch davon zu sprechen. Für mich persönlich ist es, zusammen mit der Einä-
> scherung meiner Kindheitsstadt Darmstadt, wie schon erwähnt, *eine* wesentliche,
> wenn nicht überhaupt *die* motivierende emotionelle und intellektuelle Urkata-
> strophe meines Lebens. Man entflieht dem nicht, indem man die Staatsbürger-
> schaft wechselt. (...)
>
> Ob man darüber schreiben soll, ist eine Frage, die ich so beantworte: man
> muß es, auf die Gefahr hin, danach überhaupt nicht und nichts mehr schreiben
> zu können. Als ich an diesem Gedicht schrieb, wurde mir meine Scham so bren-
> nend bewusst, daß ich von ihr allein getrieben weiterschrieb; persönliche Erleb-
> nisse hatten mir die Hemmungen genommen, über etwas zu sprechen, das mir
> ins eigene Fleisch schnitt. Ja, es schien mir (und es scheint mir noch heute), als
> hätten sämtliche mich aus dem Gleis bringende Ereignisse in meinem Leben, auf
> die ich entweder mutig oder feige reagiert habe, nur deshalb stattgefunden, da-
> mit ich einmal *darüber* schreiben würde.                    (ebenda, 7-9)

Als sei der Explizitheit nicht Genüge getan, schließen sich Detailerläuterungen zum Gedicht an. Sie sind Verständnishilfen, fungieren aber auch als Indikatoren des Reflexionsgrades und Selbst-Anspruchs des Autors. Die drei wichtigsten seien herausgegriffen. *Nach Auschwitz*, jene in präpositionaler Variierung den Verstext litaneiartig durchziehende Beschwörungsformel, hat neben der zeitlichen eine räumliche Komponente. Diese wird in der Aufforderung an die Menschen aktiviert, sich – erstmals oder ein weiteres Mal, real oder in Gedanken – an den Ort zu begeben und sich an ihm Klarheit zu verschaffen über seine Dimension als Versuchslabor zur historischen Auslöschung des Menschlichen; (vgl. ebenda, 9) damit von dort aus ein persönlicher und ein kollektiver Neubeginn gewagt werden könne:

> Komm, / neues Jahrhundert / nach Auschwitz. // Sonst war alles / umsonst.
>
> (Gedichtteil 4)

Der Text des Poems, so die andere Überzeugung (und Hoffnung) seines Verfassers, muss über die literarische Qualität hinaus auch eine pragmatische, bei den Lesern Einsicht zeitigende Aufgabe erfüllen; wobei die Wirkung von Sprachkunst in Extremsituationen gewaltig, ja schrecklich sein könne:

> Es gehört zu den verständlichen aber grausigen Ironien der Geschichte, daß die Literatur da am tödlichsten sein kann, wo sie am unfreiesten ist. Mandelstam [russischer Dichter, 1938 im Arbeitslager ermordet; E.A.W.] (der letzte achte Teil meines Gedichtes handelt davon) wurde, will man es zuspitzen, für ein Gedicht, das er nicht zurücknahm, ausgelöscht. Tötung, Entleibung – und Wortwerdung: die Sprache am Rande der Existenz, vielleicht nur als Schrei.          (ebenda, 11)

Der letzte, weit reichendste Punkt betrifft Einwände, die von Leserseite aus gegen eine bestimmte Versfolge vorgebracht wurden. Exner reißt nun die Trennwand zwischen Poesie und realer Konsequenz nieder:

> Seit Auschwitz, // seit Auschwitz / schäme ich mich / in der Umarmung. (Teil 5)

Die Vorwürfe lauteten auf Unaufrichtigkeit, Morbidität, Geschmacklosigkeit. Die Antwort fällt dezidiert aus:

> ...es *hat* Auschwitz gegeben, und wir *haben* weitergeliebt. In der Umarmung wird für mich die gewaltsame Auslöschung des menschlichen Lebens aufgehoben. Daß uns bei dem Gedanken an millionenfache Auslöschung Scham befällt, während wir umarmen, halte ich für natürlich – und für ebenso natürlich halte ich es, daß diese Scham uns sogar überleben wird. (...) Ich halte die Frage, ob man ohne die von mir bezeugte Scham nach Auschwitz umarmen kann, für legitimer als die, ob man nach Auschwitz noch Gedichte schreiben darf.          (Rede, 9f.)

Das real existierende Ich hebt also die Differenz zum lyrischen Ich gedanklich auf und gesteht beider Kainsmal ein: eine nicht mehr zu reparierende Beschädigung. Dabei nimmt der Dichter eine folgenschwere poetische Hypothek in

Kauf. Bevor dem Umgang mit ihr in den nach 1982 geschriebenen Gedichten nachgespürt wird, ist der Autor, über seine Selbstauskunft hinaus, grob innerhalb der seit den 50er Jahren nicht verstummenden Debatte und der literarischen Antworten auf die »Jahrhundertfrage« zu situieren.

Adornos Verdikt wurde 1951 erhoben, also sechs Jahre nach der Befreiung der KZ-Häftlinge bzw. dem, was von ihnen übrig war. Es wird meist wie folgt wiedergegeben: »nach Auschwitz ein Gedicht zu schreiben, ist barbarisch...«. (zitiert nach Alt, 483) Die Formel enthält ein Verbot: Über den noch warmen Massengräbern darf nicht auf dem Wege sprachlich-ästhetischen Genusses vom Geschehenen und von den Tätern abgelenkt werden. Dies zielt, wie der Kontext belegt, nicht auf die »absolute« Unmöglichkeit von Poesie (oder Literatur) nach 1945. Der Sozialphilosoph warnt vielmehr vor einer gedankenlos-»medialen«, tendenziell verlogenen Publizistik, die zum Unterhaltungs-Geschäft übergeht, statt mit Anstand dem Verbrecherischen und Inhumanen, für das Auschwitz steht, gerecht zu werden. Aufgrund wiederholter Kritik an seiner (missverstandenen) Position sah er sich später veranlasst, diese mehrmals zu differenzieren und abzuschwächen, bis hin zur *Ästhetische[n] Theorie* (1970 posthum erschienen). Dort, im Ergänzungsteil, rehabilitiert er sogar die »hermetische« Dichtung in der Linie Baudelaire – Mallarmé – Valéry – Celan, die sich von der empirischen Wirklichkeit distanziert, um deren Nerv umso genauer zu treffen.

Die Nähe zu Richard Exner deutet sich nicht nur aus dessen Verehrung für Celan an (s. u.), der mit der *Todesfuge* (1947) eines der gültigsten Auschwitz-Gedichte schuf. Sie wird auf der poetologischen Ebene offenkundig: »Diese Lyrik ist durchdrungen von der Scham der Kunst angesichts des wie der Erfahrung so der Sublimierung sich entziehenden Leids. Celans Gedichte wollen das äußerste Entsetzen durch Verschweigen sagen. (...) Die unendliche Diskretion, mit der Celans Radikalismus verfährt, wächst seiner Kraft zu. Die Sprache des Leblosen wird zum letzten Trost über den jeglichen Sinnes verlustigen Tod.« (Adorno, 477) »Verschweigen« heißt hier in sinnstiftender Weise Aussparen, nicht etwa Verdrängen. Am Exempel Paul Celans und auch Samuel Becketts gelangt Adorno zu allgemeinen Kriterien für eine verantwortungsvolle, auf der Höhe der Zeit befindliche Literatur nach und über Auschwitz: »Der Kunst bleibt die Option der Negativität und das Programm des Widerstandes durch Formen, die im alltäglichen Lebensvollzug nicht mechanisch aufgehoben werden können.« (zitiert bei Alt, 484, der die Auschwitz-Debatte anhand wesentlicher Zeugnisse prägnant zusammenfasst: ebenda, 482ff. Zur von Adorno diagnostizierten Beschädigung des Denkens durch das negative »Geschichtszeichen« Auschwitz vgl. Gamm, 271ff.)

Leicht verdauliche Lesekost, Verdrängen und Vergessen führen in die Sackgasse. Das gilt bis heute. Am glaubwürdigsten sind allemal Zeugnisse der Opfer. Die erschütternden, eine unheimliche Nähe zwischen Gepeinigten und Peinigern herstellenden Erzählungen Tadeusz Borowskis machen sie beispielhaft zugänglich: *Bei uns in Auschwitz* (deutsch 1963; der Autor, selbst

Lager-Überlebender, beging bereits 1951 Selbstmord; vgl. dazu Hamm). Imre Kertészs *Roman eines Schicksalslosen* (1975) schildert den Lager-Alltag aus dem Blickwinkel eines Jugendlichen, der sich keine andere Wirklichkeit mehr vorstellen mag. Daseins-Not in äußerster kreatürlicher Zuspitzung wird nachvollziehbar: »…eine Sichtweise, die noch das Schrecklichste zum Element eines normalen Lebens mit gelegentlich aufblitzenden Glücksmomenten verwandelt. Das Schlafen auf einem festen Strohsack, eine Kohlsuppe, das warme Duschen – am Ort der Vergasung –, die Fahrt in einem Viehtransport lassen, so heißt es, die ›Lebensflamme‹ aufflackern.« (Alt, 488) Erkenntnis fördernd und kathartisch (Scham und Läuterung auslösend) zugleich wirkt die Verarbeitung von Lager- und Prozessakten, wie sie Peter Weiss (*Die Ermittlung*; 1965) oder Heinar Kipphardt (*Bruder Eichmann*; 1982) in ihren Dokumentarstücken vornahmen.

Thomas Manns Essay *Bruder Hitler* von 1938/39 taucht indessen in die personifizierte Urzelle des NS-Terrorsystems ein. Er thematisiert und enttabuisiert die verkrachte Künstlerexistenz dieses Menschen mit ihren zwischen Minderwertigkeit und Selbstüberhebung, Ohnmacht und Allmacht lavierenden Zügen. Eine »heilsame« Gestaltung der fortdauernden Faszination gegenüber diesem Psychogramm und dem von ihm ausgehenden Ästhetik-Muster leisten Hans-Jürgen Syberberg (*Hitler, ein Film aus Deutschland*; 1978) und in jüngerer Zeit Peter Roos (*Hitler Lieben. Roman einer Krankheit*; 1998). Ein jüngstes, grandioses (gleichwohl monströses) Beispiel stellt der Roman *Die Wohlgesinnten* von Jonathan Littell (deutsch 2008) dar. Er zieht alle Register einer Doku-Fiktion dantesken Ausmaßes, um von der komplex gestalteten Psyche einer Täterfigur aus die Gräuel der sog. Endlösung erzählbar, also begreifbar zu machen, die sich am Ende in der deutschen Selbstzerstörung in pervertierter Form verwirklichen sollte.

Der Umgang der genannten Autoren mit Auschwitz hat im Akt der Entdämonisierung seinen gemeinsamen Nenner. Er trägt dem provokativen Diktum Hannah Arendts von der »Banalität des Bösen« Rechnung, das sie 1964, nach dem Jerusalemer Prozess, angesichts der Person Adolf Eichmanns prägte. Als stumpfsinniger, lächerlich, weil marionettenhaft auftretender Kleinbürger steht dieser beispielgebend für zahllose NS-Täter. Aus der Mitte der Gesellschaft kommend, waren sie zu keiner Einsicht fähig. (vgl. Geier, 295ff.) Der bürokratisch legitimierte Völkermord, den sie exekutierten, lässt sich von hier aus als gewöhnliche, jederzeit und überall wieder mögliche Erscheinung unserer gottverlassenen Welt begreifen. Er war weder Naturkatastrophe, noch Gottesgericht, noch Teufelswerk. Seine Maschinerie dreht sich bis heute an anderen Stellen der Welt weiter. (vgl. Alt, 492ff.) Hier deckt sich Arendts Anschauung exakt mit der Richard Exners. Dies mag auch mit beider amerikanisch-pragmatischem Horizont zusammenhängen. Er folgt dem Augenschein und lässt sich von keiner Ideologie blenden. Der Dichter seziert, was in Vietnam, in Hiroshima und letzthin im Irak geschah. *Nach Hiroshima* schließt an das Auschwitz-Poem an:

JA, ICH SCHRIEBE LIEBER / VON ANDEREM. Ich weiß / daß es anderes gibt, gestern / die heiße sternewerfende / Hochsommernacht, das fahl- / helle Grün heute früh um halb / fünf, wenig später den Reiher / am kleinen Fluß, und dann die / zwei Kerzen. Es ändert, Gott / weiß es, den Tag, doch nicht / die Geschichte der Menschheit. // (...)

Daß uns die menschliche / Stadt überlebt und die Landschaft, / ihr Schoß, ist nirgends verbrieft. / Beugt euch statt dessen über die / Apokalypse: Auch das wiedererstandene, / das auf Scheitern und Staub wider- / stehende, zum wievielten Mal aus / Menschen geschichtete Leben, selbst / dies zum Gedächtnis mit einem / in Hiroshima ausgeglühten Kuppel- / geripppe den Himmel gerade noch / stützende Leben, wird stürzen, / weil wir uns weigern zu schwören, / nicht siebenmal, sondern sieben- / mal siebzig mal sieben: WIR WERDEN / MENSCHEN NIE WIEDER VERBRENNEN / LEBENDIGEN LEIBES – in Gruben nicht / in Öfen nicht und nicht / aus der Luft.               (Ein Sprung im Schweigen, 45f.)

## Die Suche nach dem Du

> Komm! Den Andern, / das Andere erkennen. //
> Komm! Mehr / ist es nicht.
> *(Die Zunge als Lohn, 71)*

Die drei Texte des Zyklus *Stätten* (1988; ohne Seitenzahlen) versammeln Chiffren der Ortlosigkeit, »Exil auf Exil« (»Vorspruch«), und enden doch in einem Tableau dauerhaften Verharrens. Auschwitz hallt nach. Der Appell *An Darmstadt* ruft mit dem vom Kriegsbrand gezeichneten Kindheitsort das Menetekel des Atom-Infernos von Japan wach:

JETZT JETZT / kenn ich euch beide an dir Darmstadt / habe ich fliehen gelernt zu dir Hiroshima / bin ich geflohen.               (Stätten)

Es gibt kein Entrinnen. Erst *In Valyermo* vermag das Ich den Abgesang anzustimmen:

Hier wird / auch nach den Feuern noch Welt sein senkrecht / auf einer Verwerfung: / DIES IST MEINE / vor lauter Vergänglichkeit / BLEIBENDE STATT. (ebenda)

Ob Richard hier schon wusste (und wollte), dass die Priorei in der Ödnis der kalifornischen Sierras seiner eigenen Asche zur letzten Stätte werden sollte? Er hielt sich regelmäßig dort auf, um am einfachen, kontemplativen Leben der Mönche teilzuhaben und zu schreiben. Für ihn war es der Ort des Anderen. Die »Notiz« zu *Stätten* kennzeichnet ihn so:

Was mit Hiroshima begann, kann nicht einmal von einer solchen benediktinischen Lebens- und Glaubensgemeinschaft aufgehalten oder gar aufgehoben werden. Und doch stellt diese Communitas eine mögliche Lösung dar. Unendlich vervielfacht wäre sie vielleicht imstande, noch heute die letzten Konsequenzen jener Augusttage des Jahres 1945 zumindest auf unbestimmte Zeit aufzuschieben (...).
               (ebenda)

In »dieser Menschen-Oase« (ebenda) blickt der Dichter jedenfalls, nüchtern, doch heiter gestimmt, auf den näher rückenden Horizont des eigenen Todes. Sein Sprachduktus gehorcht – wie generell seit 1987 – mit Reflexion, Mahnung, Beschwörung den Gesetzen prosanaher Darstellung. Die steigende Zahl veritabler Prosagedichte in seinem Werk bestätigt die Tendenz. Wie in Baudelaires *Petits Poèmes en Prose* (von 1862), dem Prototypen des Genres, besiegeln sie das Ende des Hohen Stils. Sie nehmen gestaltende Rhythmisierungen, Assonanzen, Alliterationen und Satzmelodien zurück, bedienen sich verkürzter und verschränkter Satzteile, lassen den Zeilenbruch nur noch formal gelten, ordnen die Phantasie dem diskursiven Verstehen realer Geschehnisse unter, machen einer dissonanten Außenwelt Platz. Mit dem verbliebenen Rest sprachlicher Ausdrucksmittel treiben sie die stringent gedankliche Konstruktion voran. (vgl. auch Kuhn, in: Baudelaire) Früher gesetzte Motive kehren wieder. Mythische Bilder werden entziffert. Die Grenzen des Daseins treten neben denen der Sprache zutage. Das Gedicht *Immer* besteht aus einem einzigen Satz:

Immer wenn ich / Liebende denke/ die Glieder verschränkt / im Schlaf oder nahe daran / die Lippen leicht / gegeneinander gerichtet // oder ins Spiel / tief eingelassene Kinder / lachend während die Zukunft / bereits über sie hinwäscht // (...) möchte ich schweigen / keine Gitter und Ketten / aus Wörtern mehr schmieden...
(Aus Lettern..., 33)

In *argumentum ex amore* finden die wesentlichen Motive zusammen:

Mexico City: Das schwerste Beben / dieses Jahrhunderts. Tausende tot, / verschüttet, verschollen. Seebeben. / Flutwellen über den Küsten. Messina / Santiago Lisboa / – im Untergang / die verbrüderte Welt. (...) // Verschweig es nicht länger: des Todes / abgewandtes Gesicht, dreh es dir zu, / ist die Liebe, ob Du sie zärtlich / herbeiwirbst, ob sie im Mund, ein Raubtier, / uns anfällt, plötzlich steigt sie / ein Rauch in den Himmel, das Arioso / zur Stimme im Feuer, da siehst Du schon / fast das Gesicht, noch sitzt uns / das Leben, Maßarbeit, prall, angegossen / vom Gott, aber wir, ohne Ausweg, innen, / Mumien im Tuch, einen Atem vor dem / Ersticken, verwechseln die beiden noch immer: / *argumentum*, doppelt bewiesen, so / und nicht anders, verstrickt / und untrennbar.      (Ein halber Himmel, 41)

Parabelhaft evoziert *Bestandsaufnahme* den erneuten, nicht aufzuhaltenden »Länderwechsel« und beschwört die Sehnsucht nach dem Du, freilich in unheimlich-allegorischer Entgrenzung:

Neulich nachts, es geschieht selten, wachte ich auf und wusste, es stand wieder eine Entfernung vor der Tür, drückte sie auf und befahl mir, die Hand in sie zu tauchen. Ich gehorchte. Da legte sie sich auf mich und schrie: Ja, ich erkenne dich! Und schrie nach Licht und schrie nach einem Menschen.      (Die Zunge..., 13)

So steht Exners spätere Lyrik im Zeichen der Konzentration; nicht zu verwechseln mit Formverlust. Ihr Impuls ist aufrichtige Prägnanz. Auch in der Annäherung an (tote) Künstlerkollegen schöpft das Wort Kraft: Goethe, Hölderlin, Kleist, Kafka, Katzantzakis, Bach, Mozart, Hieronymus Bosch, Michelangelo, Renoir, Bonnard, Hokusai säumen den Weg. Mit Paul Celan legt sich die Hypothek vergangenen Unheils wie ein Stein des Anstoßes in den Weg des ohnmächtig Schreibenden. Der emblematischste aller (Nach-)Kriegs-Dichter, aus dem für ihn finsteren Rumänien ins hellere Paris verschlagen, nahm sich in der Seine das Leben. Das Gedenken an den verlorenen Bruder lässt nur ein stammelndes Bekenntnis zu:

> Immer / im Wasser / im Schnee / im Eis in den / Tränen // Am Anfang / wie alle im / fremdesten Dunkel / gewiegt und später / viel später die / gellenden Schnitte / der Möwen. // (...) Triebst / schriebst / das Gesicht / unter den Spiegel / gewandt bliebst / schriebst es / hört ja nie auf / auch auf mir / trankst / ertränktest / Lettern (...) // Paul ich / hätte die / Hand hätte / ein Wort wer / schwimmt schwimmt / ja auf nichts // hätte / aus deinen / Lettern / ein Floß / aus meinen / zumindest / ein Brett dir / in den Fluß / hätte          (Aus Lettern..., 41ff.)

*Boucher im Grand Palais*: Die in Paris versammelten, unschuldig scheinenden Bilder des (1770 gestorbenen) Rokoko-Malers stellen Nacktheit aus: eine Feier aus Mythos und Fleischeslust. Doch verweisen sie ex negativo auf die irreparable Zeitdistanz, die das Material der menschlichen Conditio hervorbringt:

> Im Jahrhundert des Terrors. / Nach den Leibesvisitationen am Eingang: / die Sarabande entblößter Götter und Menschen / im Großen Palais. (...) // Wir, Boucher, sind ganz anders nackt. Wir liegen / noch heute vor der Nacht nackt / und vor Morgen ausgesetzt und eiskalt.          (Ein Sprung..., 58)

Ergreifender, in erneut allegorischer Ambivalenz, tritt uns *La Nuit* vor Augen, die kauernde Frauenskulptur des Aristide Maillol (von 1902). Exner erkundet sie in seinem eindringlichsten, 30 Seiten langen, den Töchtern Bettina und Antonia gewidmeten Zyklus: *Die Nacht* (*Sieben Cantos*). Die mehrstimmigen Miniaturen atmen den Geist der Renaissance-Dichter Dante und Ariost wie den großer amerikanischer Poeten, Whitman oder Pound, deren Wort-Gesänge die Canto-Form zur Vollendung führten. Der erzählend-reflektierende Raum zwischen den Stücken gerät zum Resonanzboden für antike, biblische und klassisch-moderne Stimmen – wieder Goethe und Hölderlin, im Verbund mit Novalis, Rilke, Kavafis. Präsenz des Körpers, Faszination des Weiblichen. Die einzelnen Teile gehen aus von der Betrachtung jeweils einer Seite der Skulptur: »Sichtbare«-, »Unsichtbare«-, »Erschaffene«-, »Nackte sich neigende«, »Verbergende kauernde«, »Lebende«-, »Letzte Nacht«. Eine Kette von Assoziationen modelliert die Wahrnehmung. Zunächst aus mythischer Archaik, untilgbar zwischen Hell und Dunkel, drängt sich erneut die Schreckenshypothek der Gegenwart auf:

> ...*Wir sind nicht von der Nacht / noch von der Finsternis.* (1.Thess. 5:5) // Und sind es doch. Und müssen sprechen. / Für alle. Die schon tot sind, leihen / sich unsere

Stimme. (...) // Ich will, solange ich im Fleische bin, / mich immer wieder einlas-
sen in / dich. (...) / (...) Im Namen Un- / gezählter, die an den Grenzen, die / das
Licht zieht, starben, ehe / du sie umarmtest.                                      (Canto I)

Der selbst gesetzte, prekäre Betrachterrahmen mindert nicht die sinnliche
Wirkung des Frauenbildes. Die Gliedmaßen werden nach Größe, Form, Position, Oberfläche bemessen. Licht und Schatten, Außen und Innen ordnen sie
einander zu. Das Ich, gewillt zum Dialog, entlockt ihm die verborgenen Seiten
und sieht sich doch zum Zurückweichen gezwungen:

> ...dieses eine Mal sah ich dein Gesicht, du hieltest die schweren Lider wie einen
> Mund geschlossen, sprachst kein einziges Wort mit mir aus deinen vollen ver-
> weigerten Lippen, die wenn nicht sprechen hätten küssen müssen, sie schienen
> mir leicht hochgezogen, verächtlich, als wartetest du ungeduldig, ob mich dein
> steinerner Blick nicht endlich überzeugen und ich diesen Aufblick, diesen Her-
> abblick meiden ja fliehen würde, ach, ich bin längst geflohen          (Canto II)

»Umarmung die große / Grundfigur des / Dauerns« (Canto V) mit einem stei-
nernen Sinnbild kann nicht gelingen. Auch weil Nacktheit vom Terror gezeichnet bleibt. Wird diese Evidenz vergessen, drängt sich Auschwitz ins Bild:

> Jahrelang fanden von Staates wegen frenetische Entkleidungs-Orgien statt: Klei-
> der und Haare sind Erkennungs-Chiffren unter Menschen, also ziehen Menschen-
> schlächter als erstes ihr Schlachtvieh aus und scheren es kahl. Nackt und unun-
> terscheidbar, wie sie aus den Leibern ihrer Mütter gekommen waren, wurden sie
> vergast und verbrannt. Wer heute umarmt und vor Wollust nackt neben einem
> Anderen liegt, erinnere sich.                                          (Canto IV)

Erinnerung als Rettung: Die Heimkehr des Odysseus, unbeirrt nach all den
Prüfungen, und die Vereinigung mit der geliebten Penelope »im Schoß des
Labyrinths« bestärken als Urszene alle Irrend-Suchenden. Und so naht das ei-
gene Lebens-Ziel:

> Deutschland, Ithaka, un- / entwirrbar, die Strände / Australiens ... irgendwo / ist
> auch dein unverrückbares / Bett, dein Styx, dein Feuer, / dein Lager, deine ver-
> brannten / Lieben, ihr Rauch, da mußt / du hinüber                     (Canto V)

Der gelassene Blick auf die *Letzte Nacht* beschert dem Dauermotiv des Wan-
derers seine unerwartet lebensbejahende Auflösung:

> Nacht / warte auf / mich. Der Aus- / gestoßene ist ständig / auf der Heimfahrt.
> Seine / Ankunft ist ein Märchen: du bist ich bin / schon / da. // (...) Sieh mich
> an. / Ich ahne, über dir / setzt endlich die Trauer / aus. Ich höre / Kinderlachen.
>                                                                       (Canto VII)

Tod und Erneuerung des Lebens bedingen sich gegenseitig. Wie Exners späte Poesie beide Pole als Teil der einen Grenzlinie gestaltet, wo Irdisches und
Absolutes zusammenfinden, nimmt sie ihren früheren antithetischen Grund-

gestus zurück. *Stele* vergegenwärtigt die tote Mutter, eröffnet mit ihr einen Dialog, vereint vor dem Spiegel beide Gesichter, kündigt das eigene Kommen drüben, im ganz Anderen, an und gipfelt in einem Vermächtnis:

> Laß mich / das noch nieder- / schreiben. Auch für / die Kinder und die Kindes- / kinder, damit sie merken / wie das menschliche Gesicht / von einem Alter in das nächste / muß eh es sich schließt.                    (Ufer, 90)

*Erinnerung* und *Nachher* (zwei Titel aus dem Band *Ufer*) fließen zusammen. Die Liebe ist − nicht erst hier − zu sehr Ideal und Trugbild, als dass sie Sinn stiftete. Was zählt, ist die Berührung des Anderen und durch den Anderen. Der erfüllte Augenblick, der Erfahrenes verbürgt und in Künftiges, sei es das Letzte, hinüber rettet:

> das Verlangen mit dem / einer einen anderen / hält setzt Gezeiten / und Kalen- / der / außer Kraft // Wer einmal so gehalten / neben dir lag, lässt dich nicht mehr los. // Er liegt mit geschlossenen / Augen. Er hofft, bis es ihn wieder / ans andere Ufer / trägt.                    (Ufer, 99)

*Kastanie* bündelt die wesentlichen Impulse Exnerscher Lyrik zu einem Sprach-gebilde von seltener Schönheit. Das Gedicht zeichnet ein pastellfarbenes, fein konturiertes Tableau aus Erinnerungsstücken − Kindheits-Traum, deutsche Wunde, Liebes-Versprechen, flüchtige Erfüllung, Desillusionierung:

> Kastanie mein Liebling mein / Schattenbaum diesmal fahre ich / nicht bis die Blätter verwelkt / sind mit ihren kleinen peitschen- / artigen Stengeln und Rip-pen heuer / lieben wir uns unter den / platzenden Früchten schlaflos (...) // Kasta-nie mein Augenmerk- / baum unzählige Blicke unter / denen du vor der Rückkehr / noch durchmusst. (...) // Kastanie aus dieses Spätsommers / Rosenkranz-Ku-geln sag ich die / Zukunft voraus. Komm wir wollen / uns lieben die Glieder ver-schränken. / Solange sie über uns hinblüht / spür ich wie deine Lippen sich / an mir öffnen. Die eine Hand / die vom Hals abwärts streicht / lässt uns vor Glätte erbeben. / Bleib, nimm mit einer vorlieb. / In der anderen wieg ich die schönste vom vorigen Herbst. / Die gehört / schon dem Fährmann.    (Ein Sprung..., 13ff.)

Ein optisch besonders geglückter Band (von 1998) ist aus der Zusammenar-beit mit dem jungen polnischen Maler Jan Wawrzyniak hervorgegangen. Er stellt zwei Verszyklen des fast 70jährigen Autors 25 kongeniale Aquarelle zur Seite, zum Teil auf Bitumen und Wachskreide fixiert. *Suite Atlantique* heißen die Bildminiaturen. In einer Palette von Braun-Grau-Stufen unterlegen sie den leise-elegischen Texten eine heitere Tönung, suggerieren, scharf konturiert, Transparenz und Bewegung, auf den zweiten Blick Begrenzung und Wieder-kehr. Die Gedichte atmen Dauer. Entlang der Wegstrecke eines Lebens spüren sie dem Ariadnefaden nach, welcher Entstehen mit Absterben, Begegnen mit Abschiednehmen, Wünschen mit Entbehren sinnfällig verknüpft. Sie gehen den Geheimnissen der Schöpfung auf den Grund, nähern sich dem Vergäng-lichen, schaffen vom gelebten Augenblick aus Bilder der Nähe:

am abend / die zuneigung / mit der du anstoßen / kannst kaum hörbar / zun-
genbreit überm / dunkel                                    (Exner/Wawrzyniak, 18)

Die Erfahrung der Zeit bleibt konkret, gerade wo sie sich erinnernd beschleu-
nigt. Weisheit des Alterns: Im durchgängigen Motiv der Dunkelheit erscheint
sie als klarer Blick auf das Ende. Christliche Zitatgesten – Liebesmahl, Handauf-
legen, »... und mitten unter uns / und in uns allen sah ich ihn / ...« ( ) – säumen den Pfad einer dem Diesseits verfallenen Weltsicht. Vor allem der Rhythmik zeitgenössisch-virtuoser Sprachgebung entspringt die komplexe Anmut
dieser Lyrik. Musik am Rand der Nacht. Exners frühere Arbeiten scheinen aufgehoben. Ein Gesamtwerk beginnt sich zu abzuzeichnen.
      Exners Verwendung religiöser Motive (nicht nur im Alterswerk) fällt auf.
Entgegen dem Augenschein bleibt sie flüchtig, fern dem Bigotten oder Kleri-
kal-Dogmatischen. Von einer ästhetisierenden Vergegenwärtigung biblisch-li-
turgischer Versatzstücke könnte man sprechen. Diese dienen, ähnlich mytho-
logisch-antiken Erzählmustern, als Bildervorrat für die dichterisch gewollte
Formgebung des Daseins.
      Dem Verwandlungsakt entspringt eine utopisch-meditative Communio vor
den »Grenzen der Menschheit« – ähnlich dem Impuls, mit dem Goethe im Ge-
dankenpoem dieses Namens »des Daseins unendliche Kette« beschwört. Ob
*Advent*-Variationen, *Vigilie (Totengespräch)*, *Hochzeitslied / kurz vor dem Jahr
Zweitausend* (in: *Ein Sprung*...), *Weihnachten in Valyermo* oder *Karfreitags* (in:
*Die Zunge*...): Das Religiöse tritt ins Irdisch-Menschliche ein – nicht umge-
kehrt. Die unergründliche Präsenz des Göttlichen in den Erscheinungen der
Natur, der *Schöpfung* (ein Schlüsselbegriff des Autors) ließe sich vielfach be-
legen, gerade in den späten Gedichten:

kraniche und wandergänse / liegen auf dem wind wie Gott / und strömen über
tausende / von kilometern // ein ziel in ihren flügeln // im westen steht bereits
die sonne tief / und eine messerscharfe sichel steigt / und wasser ist im letzten
licht / heller als luft und erde        (Erinnerung an das Licht, ohne Seitenzahl)

meer / schier ewig lag es da / und reichte nur an unsere füße
                                                        (Das ganze Leben, 7)

Das Bedrohliche im Angesicht der letzten Dinge ist nicht wegzudenken und
kann (wie hier vor der Herzoperation) bis an den Rand existenziellen Zwei-
felns heranreichen:

Heute nacht hänge ich / am Faden eines Glaubens / der nicht reißen darf / wenn
ich Dich hier zurück- / lasse und Dich dort / wo ich hinmuß / erwarte // Eines
Glaubens der / wie das ewige Licht / in der kleinen Kapelle / brennt // Während
ich / Docht bin und Wachs / und von der offen- / gelassenen Türe / der Wind
                                                        (Die Zunge ..., 57)

Der Symbolkraft liturgischer Theatralik tut es keinen Abbruch. *Kindermesse* (1989, ohne Seitenzahl), begleitet von Mario Schossers in Kreide gezeichneten Körperposen, zelebriert Introitus, Dies Irae, Benedictus, Credo, Dies Illa, Sanctus, Gloria – und knüpft doch weiter am poetischen Band irdischer Verfehlungen, dabei die Topografie der Schreckensorte noch einmal ausweitend:

> Ihr / ihr in / den Tagen / von Tschernobyl / ins Licht Geborene / einem Tod fast / gleichzeitig / der unsichtbar aufsteigt / als Regen als Wind / daherkommt: wir / die ihn züchten / können / aber nicht / zähmen / leben / im tiefsten / Frieden / mit ihm –
> (Kindermesse)

Allein Kinder taugen zu Trägern göttlicher Tugend:

> Ihr / ihr seid / unsere letzte / der Schöpfung / aus dem Gesicht / geschnittene / Hoffnung
> (ebenda)

Die Distanz zum Unbegreiflichen bleibt. Auch wenn das Poem *Berührungen* angesichts der verbrecherischen Neigungen der Menschen die Kluft in Michelangelos Fresco *Creazione dell' uomo* zwischen der Hand des Schöpfers und der Adams beklagt – »Mal sie noch hin, / um uns zu retten, / die wenigen Millimeter« (Fast..., 93): Sie bleibt Sinnbild und Antrieb aller menschlichen Leistung, auch der des Dichters.

Richard Exner war sich dessen wie kein anderer bewusst. Seine Poesie durchmaß immer wieder den winzigen Zwischenraum, der Glück und Unheil, Kommen und Gehen, Gelingen und Scheitern trennt. Mehr als der Schar scharfsichtiger, doch unnachgiebiger Theoretiker menschlicher Existenz (zu der sich der erwähnte Sartre mit Recht zählen mag) neigte er, allen Erfahrungen zum Trotz, den mitfühlenden Erprobern des lebendigen Miteinander zu, für die Albert Camus einsteht, Sartres ungleicher Bruder im Geiste. Sein *Sisyphos* wälzt unentwegt und rebellisch den Stein, »verschwiegene Freude« im Gesicht:

> Im Universum, das plötzlich wieder seinem Schweigen anheim gegeben ist, werden die tausend kleinen, höchst verwunderten Stimmen der Erde laut. Unbewußte, heimliche Rufe, Aufforderungen aller Gesichter bilden die unerläßliche Kehrseite und den Preis des Sieges. Ohne Schatten gibt es kein Licht; man muß auch die Nacht kennenlernen.
> (Camus, 100f.)

## Nachtrag

Die Frage, warum Richard Exner bei deutschen Literaturinstanzen so wenig Gehör fand, bleibt offen. War es seine amerikanische »Ader«, sein ironischer Intellektualismus, sein Darmstädter Zungenschlag? All dies schmälert nicht die Strahlkraft seiner Poesie. »Insider« mögen Anstoß daran genommen haben, dass sich hier einer nicht ohne Weiteres einverleiben ließ; dass ihm »heimische« Hierarchien gleichgültig waren; dass er sich progressiven Posen verweigerte und nicht scheute, scheinbar überkommene (religiöse) Gesten in seine Wort-Luft-Brücke einzufügen, deren Klang in die Moderne hinein und aus ihr heraus ins Weite führt. Unverständnis mag ihm sein Bestehen auf die fortdauernde Auschwitz-Wahrheit eingetragen haben. Seine Kollegen in den USA haben es anders gelesen:

> What spoke out in Exner's poetry from the 1980 publication of *Fast ein Gespräch* on was a voice that certainly his generation recognized as ist own, the voice of conscience that would not let the horrors of Auschwitz, Dresden, Hiroshima settle with history like one more veil of dust.         (Mahlendorf / Rickels, 13)

Die Bürde weiter tragen und nichts vertuschen! Das sollte zu denken geben – nicht nur, aber auch denen seiner Publizisten-Freunde, die ihn gerne zum Traditionalisten oder Wohlfühl-Sänger abstempeln. Ein großer Dichter bleibt zu entdecken.

Der vorliegende Essay zündet wenig mehr als eine Signalleuchte. Detailarbeiten zu den Texten des Autors, auch zum wissenschaftlichen Nachlass, wären zu wünschen. Sie könnten auf gewisse Fragen Antwort geben: In welchem Verhältnis steht Exners Denken zu dem deutschsprachiger Emigranten der NS-Zeit? Was tragen die mythischen Bilder seiner Dichtung zur Herausformung einer (spät)modernen Weltsicht bei? Wie bestimmt sich die Nähe zwischen seiner Nach-Auschwitz-Poesie und Adornos »Reflexionen aus dem beschädigten Leben« (der *Minima Moralia* von 1951)? Inwiefern bilden Richards interkontinentale, terrestrisch-maritime Denk-Schwingungen sein lyrisches Lebens-Elixier und darüber hinaus den atmosphärischen Untergrund (im Sinne von Sloterdijks »Weltinnenraum«) für ein anderes Bewusstsein auf der Höhe unserer Zeit?


## Verwendete Texte/Textsammlungen Richard Exners

Fast ein Gespräch. Gedichte, München 1980

Mit rauchloser Flamme. Gedichte, München 1982

*Rede* gehalten anlässlich der Verleihung des Alma Johanna Koenig-Preises 1982 in Wien, Palais Palffy, am 13. Oktober 1982, unveröff. Manuskript

Aus Lettern ein Floß. Gedichte, München 1985

Ein halber Himmel. Gedichte, München 1988

Stätten. Gedicht-Zyklus, Hauzenberg 1988

Kindermesse. Gedicht-Zyklus. Mario Schosser, Zeichnungen, Hauzenberg 1989 (überarb. Fassung)

Ein Sprung im Schweigen. Gedichte und Zyklen, Stuttgart 1992

Die Nacht (Sieben Cantos), Plön 1992

Gedichte 1953-1991, Stuttgart 1994

Das Kind. Sechs Adventgedichte, Hauzenberg 1995

Die Zunge als Lohn. Gedichte 1991 – 1995, Stuttgart 1996

Gedichte. Jan Wawrzyniak Zeichnungen, Stuttgart 1998

ZwischenZeit. Gedichte von Richard Exner. An der Harfe Nora Sander, München 2000 (SMB Music; CD mit Text-Booklet)

Ufer. Gedichte 1996 – 2003, Stuttgart 2003

Kennst Du das Land? Vier Gedichte, in: Eduard A. Wiecha (Hg.), Amerika und wir. US-Kulturen. Neue europäische Ansichten, München und Mering 2006, 113-134

Erinnerung an das Licht. Gedichte 2003 – 2006, Hauzenberg 2007

Das ganze Leben. Späte Gedichte, Hauzenberg 2009

## Weitere Literatur

**Theodor W. Adorno**, Minima Moralia. Reflexionen aus dem beschädigten Leben, Frankfurt/M. 1971 (1951)

**Ders.**, Ästhetische Theorie, Frankfurt/M. 1973

**Peter André Alt**, Ästhetik des Bösen, München 2010

**Charles Baudelaire**, Der Spleen von Paris. Kleine Prosagedichte. Übers. I. Kuhn, Darmstadt 2011 (dort: Vorwort von Irène Kuhn, XIff.)

**Albert Camus**, Der Mythos von Sisyphos. Ein Versuch über das Absurde. Übers. H.G. Brenner, W. Rasch. Mit einem kommentierenden Essay von Liselotte Richter, 11. Auflage Reinbek 1968

**Manfred Geier**, Aufklärung. Das europäische Projekt, Reinbek 2012

**Peter Hamm**, Borowski »Auschwitz«, in: Die Zeit, 8. 10. 1982

**Ursula Mahlendorf, Laurence Rickels** (Hg.), Poetry Poetics Translation. Festschrift in Honor of Richard Exner, Würzburg 1994

**Jean-Paul Sartre**, Was ist Literatur? Ein Essay. Übers. H.G. Brenner, 9. Auflage Reinbek 1969

**Peter Sloterdijk**, Im Weltinnenraum des Kapitals. Für eine philosophische Theorie der Globalisierung, Frankfurt/M. 2006

**Eduard A. Wiecha**, Richard Exner, »Mit rauchloser Flamme. Gedichte«, in: Allemagnes d'Aujourd'hui (Paris), 85, 1983, 134-139 (Rezension mit erstmaliger Übersetzung der zitierten Gedichte bzw. Gedichtauszüge ins Französische; kleinere Teile des Textes sind im vorl. Essay eingearbeitet.)

**Ders.**, »Musik am Rand der Nacht. Verse von Richard Exner, Bildfolgen von Wawrzyniak«, Augsburger Allgemeine, 23. 12. 1998 (Einige Formulierungen daraus sind im vorl. Essay übernommen.)

**Dank an Bettina Exner Mara für die Durchsicht des Manuskripts und wertvolle Hinweise.**

# Selbstbilder

**Rainer E. Zimmermann**

# Der Philosoph als ›armer Märzhase‹[1]

[N]iemals verlangte man das von ihm, worauf er sich am besten verstand:
er war ein Dichter und man verlangte Kritiken von ihm,
er verstand viel von Musik und man wollte, daß er über Malerei spräche;
er wußte selbst, daß er darüber nichts anderes als Mittelmäßigkeiten sagen konnte:
aber gerade das gefiel; so redete er denn mit den Mittelmäßigen die Sprache,
die sie verstehen konnten. Schließlich widerte ihn das Ganze an
und er wies die Aufträge zurück. Freude machte es ihm nur,
für kleine Zeitschriften zu arbeiten, die nicht zahlten und für die er,
wie so viele junge Leute, seine besten Kräfte hergab,
weil er dort frei war. Nur dort konnte er alles zutage fördern,
was in ihm lebenswert war.
*Romain Rolland, Jean-Christophe*

## I

Im Laufe des Jahres 1995 begründete das kalifornische SETI-Projekt (Search for Extraterrestric Intelligence) ein neues Unternehmen, das *Phoenix* genannt wurde. Diese Neugründung ging mit einer Umstrukturierung der Gesellschaftsorganisation einher, die wesentlich deshalb notwendig geworden war, weil die Regierung der USA ihre finanzielle Unterstützung zurückgezogen hatte (oder zumindest erheblich reduziert), so dass man künftig auf Spendengelder angewiesen sein würde. Das Kernstück des Projekts bestand schon seit längerem in einer systematischen Durchmusterung des Himmels (meist vom Radioobservatorium in Arecibo aus) im Strahlungsbereich einer charakteristischen Wasserstofflinie des elektromagnetischen Spektrums nach solchen strahlungsaktiven Objekten, die auf menschliche »Funkaktivität« schließen lassen würden, als Indiz für die Existenz eines bewohnten Planeten in der näheren Umgebung unseres eigenen Sonnensystems. Der Name des Projektes, auf den bekannten Vogel der ägyptisch- griechischen Mythologie verweisend, der im Feuer untergeht und sich aus seiner eigenen Asche neuerlich erhebt, sollte dabei andeuten, auf welche Weise das Projekt trotz finanzieller Probleme sich in neue Höhen erheben würde.

Tatsächlich scheint der Plan bisher aufgegangen zu sein: Gezielte Publicity hat das Projekt ins Bewusstsein vieler Tausend Interessenten gehoben. Man kann sich auch an der Suche nach außerirdischem Leben selbst beteiligen, indem man das Programm Seti@home herunterlädt und der eigene *home computer* sodann die Routine der Signalauswertung vornimmt. Etliche zigtausend Menschen auf diesem Planeten dürften auf diese Weise bereits mit der Sache

---

1 · Überarbeitete und gekürzte Fassung eines (unveröffentlichten) Vortrages, der am 2. November 2001 am Fachbereich Physik der Technischen Universität Wien gehalten wurde.

befasst sein. Ich habe mit der Schilderung dieses Projektes begonnen (übrigens selbst korrespondierendes Mitglied der Gruppe), weil ich gleichfalls im Jahre 1995 zum Professor für Philosophie am Fachbereich Allgemeinwissenschaften der Fachhochschule München berufen wurde. Und diese Berufung ist einem Wiedererstehen aus der eigenen Asche durchaus vergleichbar, wenn man auch alle übermäßig pathetischen Konnotationen dabei vermeiden sollte: Denn tatsächlich hatte ich zu diesem Zeitpunkt eine mehr als fünfzehnjährige Arbeitszeit als Mathematiker in einer Oberbehörde des Bundesfinanzministers hinter mir und in deren Verlauf so manches Feuer durchlitten, das von Zeit zu Zeit immer noch in manchem Ascherest aufzuglühen pflegte. Wie die Berliner sagen, gelang mir der rettende Absprung in die Welt der Wissenschaft gerade noch »auf den letzten Poeng«, denn auch vor die *akademische* Beamtenlaufbahn haben die Verordnungsschaffenden die Altersgrenze gesetzt. Und ich war mittlerweile spät »dran«, obwohl ich doch recht früh begonnen hatte und dabei lange als »Überflieger« galt.

Es muss dabei allemal bedacht werden, dass ich von meinem Geburtsjahrgang (1951) her gesehen zu den »Zaungästen« der Gesellschaft gehöre, wie Reinhard Mohr sie in seiner kleinen Schrift über *Die Generation, die nach der Revolte kam*, genannt hat. Das heißt, »Zaungäste« sind jene, die zur »ewig verspäteten Generation« gehören (den Achtundsiebzigern sozusagen), die, zwischen »gereiften Ex-Hippies« (den Achtundsechzigern) und »erfolgreichen Pseudo-Yuppies« (den Achtundachtzigern) eingeklemmt, Gefahr laufen, auf dem Abstellgleis zu landen, weil die Gesellschaft, die zu verändern sie unternommen hatten, dazu übergegangen ist, sich selbst zu verändern, ganz ohne ihre Mithilfe. Und wirklich hat Mohr diesen Aspekt sehr gut getroffen: Wir waren »irgendwie tatsächlich« so. Immer Zuschauer, aber niemals wirklich dabei. Wir bekamen alles mit, aber von einer Art individueller Insel aus. Vor allem waren wir für die aktiven Achtundsechziger zu jung, denn in den politisch aktiven Jahren 1967 bis 1969 waren wir noch Schüler und konnten uns bestenfalls *gestisch* an den grassierenden Diskussionen beteiligen. Mangels theoretischer wie praktischer Kenntnisse waren wir schwerlich imstande, den Sinn der stattfindenden Veränderungen nachzuvollziehen und angemessen einzuordnen.

So taten wir meist das, was praktische Aktivität eher ausschließt: Wir lasen und diskutierten beim Kaffeetrinken. Das heißt, wir bevölkerten unsere jeweilige Insel der Subjektivität und blieben am Zaun stehen. Für praktische Diskussionen, etwa im Rahmen der Schülerselbstverwaltung an meinem Berliner Gymnasium (übrigens beziehungsreich nach Robert Blum benannt), waren wir in der Regel höchst ungeeignet. Um einem Missverständnis sogleich vorzubeugen: Das bedeutet nicht notwendig, dass wir nichts verstanden hätten. Es bedeutet eher, dass wir am Ende zuviel davon verstanden. Das heißt, wir waren mit Vorbehalten geradezu aufgeladen, und die Inselmetapher drückt auf geeignete Weise das aus, was wir letztlich im Übermaß besaßen, nämlich die Distanz zu den Ereignissen. Wir betrachteten die Dinge aus der Distanz heraus und analysierten sie. Und am Ende »wussten wir Bescheid« (wie man so sagt), ohne wirklich an den Dingen teilgehabt zu haben. Im Grunde waren wir jene, die alles sezierten, so dass keine Zeit mehr blieb, unsere Erkenntnis anzuwenden. (Tatsächlich gab es auch nicht viele, die danach gefragt hätten.) Wir (oder besser: die meisten von uns) gehörten nicht wirklich »dazu« und waren wegen so mancher kritisch geäußerter Bedenken auch oftmals so etwas wie institutionalisierte Spielverderber. Also wahrlich prädestiniert, Intellektuelle zu werden.

Es begann schon mit einem Hauptdilemma: Inmitten der diskursiven Auseinandersetzung um den Vietnam-Krieg aufgewachsen, war einerseits Amerika unser genuines Traumland und Vorbild, immerhin auch Wiege der modernen Demokratie und der Multikulturalität, dessen Wirkung zunehmend durch die im Fernsehen ausgestrahlten »traditionellen« Spielfilme befördert wurde, andererseits sah man sich verpflichtet, es auf der Grundlage der gerade erworbenen Erkenntnis zu kritisieren. Beides aber eben aus der medialen Distanz heraus. Kritik an den USA, deren Truppen doch eben noch demonstrativ, nämlich im Sommer 1961, in Westberlin schützend eingezogen waren, in eine Stadt, die kurz darauf John F. Kennedy bei seinem Besuch kollektiv zugejubelt hatte: einigermaßen unglaublich. Und es kann doch kein Zweifel daran bestehen, dass das heutige Berlin ohne Kennedys Besuch ganz anders aussehen würde. Kritik an den USA bedeutete eher so etwas wie eine Verstimmung unter Verwandten, die ihren Konflikt formulieren, indem sie sich aus demselben Inventar von Grundbegriffen bedienen. Ein solcher Grundbegriff hieß zum Beispiel »Menschenrechte.« Reinhard Mohr hat treffend darauf hingewiesen, dass genau an diesem Punkt die Ungleichzeitigkeit ihre Wirkung voll entfaltete: Während nämlich solchermaßen die Sozialisation jener strukturiert und vorgeprägt wurde, die noch kaum die Abiturprüfung erreicht hatten, war die radikale, gewaltbereite Fraktion der Achtundsechziger bereits in den Untergrund getaucht und verübte ihre ersten spektakulären Terroranschläge. Sie hatte die Familie schließlich wirklich verlassen und scheute sich nicht, sie sogar aktiv zu bekämpfen.

Auch diese Ereignisse aber wurden durch die mediale Distanz hinweg erlebt; sie wurden also gewissermaßen als »entrückte« wahrgenommen. (Unvermutet hat in der Folge des 11. September 2001 dieselbe Diskussion neuerlich begonnen. Und sie wird auch wieder durch dieselben Parteien – innerhalb der Intellektuellen – geführt, mit nahezu identischen Argumenten und Frontlinien: Der Unterschied ist nur, dass sich heute endgültig gezeigt hat, inwieweit jene »ältere« Generation der Achtundsechziger aus einem ethischen und politischen »Richtlinieninventar« schöpft, wie es in den beiden Jahrzehnten unmittelbar nach dem Ende des zweiten Weltkriegs zwar angemessen war, mittlerweile freilich überholt worden ist durch die zunehmende Komplexität der internationalen Beziehungen und Interessen. An genau dieser Stelle hat sich schließlich die nüchterne Rationalität gegen bewegungsromantische Emotionalität doch noch durchgesetzt.)

Man kann sich den Unterschied zwischen den Generationen auch an einem weniger spektakulären Beispiel klarmachen: Als meine Generation im

Jahr 1964 auf das Gymnasium kam (in Berlin begann das fast ausschließlich immer erst mit dem siebten Schuljahr), hatte bereits, ehe wir imstande gewesen wären, uns zu orientieren, das Ende einer großen politischen Phase begonnen, die sich wesentlich im Bereich der Rockmusik ausgedrückt hatte: Obwohl einer der führenden Protagonisten dieser Bewegung, nämlich Robert Allen Zimmerman aus Duluth, Minnesota, nach dem walisischen Dichter Dylan Thomas genannt Bob Dylan, nur zehn Jahre älter war als wir selbst, hatte er doch schon, in den Jahren des »Folk-Revival« zwischen 1963 und 1965, jene Wendung vollzogen, die bei dem legendären Konzert des Newport Folk Festivals (am 25. Juli 1965) – wir hatten gerade Sommerferien in der achten Klasse – und später während seiner England-Tournee des Jahres 1966 zu Unruhen unter dem Publikum führte, das ihn als »Verräter« brandmarkte. (Sein »Verrat« bestand im Griff zur E-Gitarre – wir erinnern uns an die Geschichte mit Onkel Donald: »Wenn ich dereinst auf meiner Guitarre...« –, die damals in Folk-Kreisen als verpönt galt. Aktivisten stürmten sogar die Bühne, um die Stromkabel mit Axtschlägen zu kappen.)

Das Kernproblem bestand darin, dass die Ablehnung, auf die Dylan zu Hause und auf der Tournee zwischen Manchester und der Londoner Royal Albert Hall stieß, ihren Ursprung in dem gleichen Untergründig-Abgründigen nahm, das sich in den USA der aufstrebenden Bürgerrechtsbewegung seit 1957 (bei den Vorkommnissen an der Little Rock High School) auf höchst blutige Weise entgegengestellt und die folgenden Jahre unter anderem durch spektakuläre Attentate geprägt hatte. Unter den Zuhörern Dylans befanden sich zwar all jene, die einst im August 1963 den Marsch auf Washington mitgemacht hatten. Dylan selbst hatte inmitten jener Dreihunderttausend vor dem Lincoln Memorial gestanden, um der visionären Rede Martin Luther Kings zu folgen. Aber gerade darin bestand der Skandal: Dylan hatte sein Publikum bereits überholt. Er brach aus dem Konsens des Aufbruchs aus und überschritt die Entwicklung auf etwas hin, das erst die Protagonisten von Woodstock mehrere Jahre später erkennen sollten. (Auf seine Art nahm er das Scheitern von Jimi Hendrix vorweg und überlebte dabei, indem er sich innovativ wendete.)

Waren die Zuhörer seiner eigenen Generation schon durch dieses Tempo überfordert, so erst recht wir »Zaungäste.« Für uns hatte ja die Rockmusik, spätestens seit 1966, eine große Bedeutung, wenn die männlichen Protagonisten unter uns auch der unvergleichlichen Joan Baez oder der unerreichten Cher eher denn als Dylan zugewandt waren. Private »Feten« und erste Diskothekenbesuche begannen unsere Freizeit zu strukturieren. Aber wir vollzogen nur etwas nach, was jenseits unseres »Orientierungshorizontes« als bereits klassisch Etabliertes galt: Die erste große Rockfete mit Tanz in der Geschichte hatte ja schon am 16. Oktober 1965 in der Longshoreman's Hall von San Francisco stattgefunden, unter anderem mit den Gruppen *Jefferson's Airplane*, *Grateful Dead*, und *Country Joe and the Fish*, die alsbald zum festen Repertoire des gleichfalls legendären Fillmore Auditoriums gehörten. Die kannten wir in der Hauptsache aus dem Radio (»Schlager der Woche« im RIAS Berlin) oder dem Fernsehen (»Beat Club« von Radio Bremen mit der nicht weniger unvergleichlichen Uschi Nerke), wo wir 1967 zum Beispiel auch Manfred Manns »Quinn the Eskimo« hörten, ohne zu wissen, dass es sich um eine inoffizielle Auskopplung aus Dylans »Basement Tapes« handelte. Das heißt, wir wuchsen in ein Szenarium hinein, das andere für uns etabliert hatten, so dass die ihm zugrundeliegenden Spannungen uns zunächst nicht bewusst wurden und sich erst später durch die Forschung (d. h. also durch die Reflexion aus der Distanz heraus) offen legen ließen. Über diese Unterschiede in der Musikrezeption unserer Tage könnte man ein ganzes Buch füllen!

Und ganz Analoges kann man zur politischen Entwicklung und ihrer theoretischen Erfassung sagen. Auch am letztlich für diese Entwicklung ganz entscheidenden und ausschlaggebenden Vietnam-Kongreß an der TU Berlin (am 17. und 18. Februar 1968) konnten wir nicht recht teilnehmen. Über die Bedeutung dieser Zeit habe ich viel später in einem Aufsatz über Hans-Jürgen Krahl Einiges ausgeführt. (vgl. Zimmermann 2000; zur damaligen amerikanischen Bewegung vgl. ders., 1994/1998) Vielleicht suchten wir schließlich im ersten Semester an der Universität, in jenem Sommersemester 1971, nach den Spuren der intellektuellen Folgen der bisher aus der Distanz wahrgenommenen Ereignisse und Zusammenhänge. Und waren vielleicht darauf aus, uns unter die verbliebenen Aktivisten zu mischen. Aber diese neue Praxis erwies sich alsbald als enttäuschend: Die zwischenzeitlich an den Universitäten erschienenen »K-Gruppen« waren nicht dazu angetan, Spuren der Achtundsechziger auffinden zu lassen. Sie nahmen sich nach den historisch relevanten Jahren als bloß schlechte Kopie aus und machten sich nicht selten einfach nur lächerlich. Stattdessen verblieb eher Unpolitisches in der Erinnerung: beispielsweise dass der KSV (Kommunistischer Studentenverband) an der TU Berlin damals die schönste Mathematikerin aller Zeiten als Mitglied hatte. (Für kritische Bedenkenträger und andere Distanzierte unerreichbar, versteht sich.) Deshalb stand das Fachstudium stärker im Mittelpunkt als jemals zuvor. Und als die politische Bewegung mit dem »Deutschen Herbst« ebenso wie mit der großen TUNIX-Versammlung in Westberlin (also zwischen dem Herbst 1977 und dem Januar 1978) endgültig zu ihrem Ende kam, waren wir, die Zaungäste, oftmals schon längst im Beruf.

Wenn, wie Mohr sagt, »das Prinzip Insel [als] ein einziges Abenteuer im Kampf gegen die unaufhörlich anbrandenden Fluten der falschen Wirklichkeit« (Mohr, 54) gesehen werden muss, dann zogen wir Zaungäste den Schluss, es komme darauf an, die Welt zu begreifen, bevor man sie verändern könne. Und das primäre Ergebnis der Achtundsechziger-Bewegung lasen wir als Aufforderung zur Aneignung von Wissen. Wir sahen uns aufgefordert, auch von anderen als den reinen Fachdingen etwas zu verstehen: »... von Geschichte, Politik, Psychoanalyse, Ökonomie, Kritischer Theorie, von anderen Kulturen und anderen Gesellschaften.« (Baier, 25) Wirklich kann man wohl gerade hierin das sehen, was unsere Generation den Achtundsechzigern zu verdanken hat: die aktive Insichtnahme des Wissens, das frei macht.

In der nüchternen Betrachtung der Nachgekommenen konnte das Licht oftmals viel deutlicher auf die tatsächlichen Zusammenhänge gerichtet werden, als wenn persönliche Bekanntschaften (auf der Universität dann auch Seilschaften) die Klarheit der Insichtnahme emotional verfremdet und durch Befindlichkeiten mannigfaltiger Art verstellt, mithin auch eingetrübt hätten. Das hatte zwei wesentliche Konsequenzen: Zum einen wurde eine schnelle, gründliche und tiefgehende Forschung im eigenen Fachgebiet angestrebt, über das spezielle Studienfach hinaus, auf einen Gesamtzusammenhang ausgreifend. Zum anderen wurden aber gerade deshalb aus den Zaungästen der Geschichte auch Zaungäste des beruflichen Arbeitslebens. Insbesondere blieben viele von ihnen von einer klassischen Universitätskarriere, die noch den Achtundsechzigern durchaus gelungen war, ausgeschlossen. Neben den üblichen Laborpraktika für Anfänger (damals an der TU Berlin zwei pro Semester) und den Grundvorlesungen zur Experimentalphysik und zur theoretischen Physik war ich selbst nicht nur Teilnehmer an den Pflichtvorlesungen für Mathematik, die man gemeinsam mit Studierenden der Ingenieurstudiengänge besuchte, sondern ich wagte mich mit großem Selbstvertrauen, aber wenigen Vorkenntnissen, in mathematische Veranstaltungen über Differentialgleichungen, Algebra, Vektoranalysis, Topologie und Geometrie. Zudem hatte mich eine mit der Schulklasse unternommene Reise nach London im Jahr 1969 sofort davon überzeugt, man müsse wenigstens ein Jahr am *Imperial College* studieren. Was letztlich dazu führte, dass ich mich bei frühester Gelegenheit, nämlich für das akademische Jahr 1973/74, um ein DAAD-Stipendium bewarb – übrigens erfolgreich als einer von insgesamt zwei Westberliner Stipendiaten, die zum gewünschten Zeitpunkt nach England gingen.

Ich verließ also die TU Berlin nach nur fünf Semestern samt Vordiplom in Physik auf dem Weg nach London. Man muss hierbei zweierlei beachten: Einerseits versetzte mich das Stipendium in die Lage, in London dem nachzugehen, was ich von Beginn an auch angestrebt hatte: mich mit allgemeiner Relativitätstheorie und Kosmologie zu beschäftigen (was ich dann auch tat). Das bedeutet aber nicht, dass ich mich in der kurzen Zeit wirklich »freigeschwommen« hätte. Zudem war es in London üblich, dass die Studenten von Beginn an unmittelbar an den aktuellen Veröffentlichungen arbeiteten. Überwiegend lernten wir an der TU damals den Grundstoff aus Skripten und Lehrbüchern. Und zwar hauptsächlich aus Lehrbüchern deutscher Autoren, so dass uns auch der völlig verschiedenartige didaktische Stil der angelsächsischen Hochschulen unbekannt war. Andererseits wurden diese meine schließlich verwirklichten Studienpläne auch durch äußere Umstände befördert, die im Grunde derselben Vorstellung von einer Traumwelt geschuldet waren, wie sie als natürliches Sozialisationsergebnis für ein Mitglied der oben geschilderten Zaungast-Generation aufgefasst werden kann: Immer noch war Amerika das Traumland, ersatzweise eben England (im übrigen bis heute die wichtigste europäische Anlaufstelle für US-amerikanische Wissenschaftler aller Fachrichtungen).

## II

Für meine eigene Biographie übernahm die bereits erwähnte Reise der Schulklasse nach London im September 1969 alle Konnotationen des kurz zuvor in Woodstock im Staate New York stattgefundenen mit großer Symbolkraft aufgeladenen Musikereignisses: des berühmten Open-Air-Konzerts, in dessen Unerreichbarkeit (im Alter von 17 Jahren) ich so etwas wie eine Abbildung meines damals noch weitgehend unreflektierten Daseins als Zaungast zu ersehen vermeinte – im Verhältnis zu welchem dann der London-Aufenthalt mir wie eine kompensierende Erfüllung undefinierter Sehnsucht erschien, in erster Linie im Hinblick auf die Aspekte von Interdisziplinarität, Internationalität, Interkulturalität, die ja als »Lehren der Achtundsechziger« immer schon im Untergrund gewissermaßen »lauerten«. Insofern trugen sieben London-Aufenthalte zwischen 1969 und 1973, mit all den zumeist in Studentenwohnheimen geschlossenen Bekanntschaften und Freundschaften mit Gleichaltrigen und Gleichinteressierten aus vielen Ländern dieses Planeten, zu einem Ambiente bei, dessen erlebte Atmosphäre gar keinen Platz ließ für irgendwelche systematische Zweifel, sowohl privater wie auch berufsorientierter Art.

Hier holte doch noch die Emotion die sozialisierte Ratio ein, wenn auch nur vorübergehend. Eine Episode von der Rückfahrt der Schulklasse im September 1969 mit der Fähre nach Hoek van Holland kann hier als Schlüsselepisode gelesen werden: Ich brachte es fertig, in völliger Dunkelheit im *lounge* der Fähre sitzend, mehr als vier Stunden lang mit einem offenbar holländischen Mädchen in englischer Sprache über Gott und die Welt zu diskutieren, danach vorübergehend einzuschlafen und sodann die Fähre zu verlassen – ohne jene Dame jemals gesehen zu haben und bis heute nicht wissend, um wen es sich wohl gehandelt haben mag. Tatsächlich war das unsere Interpretation von Woodstock: größtmögliche Ungezwungenheit im Umgang, weder Unterschiede der Nationalität noch des Geschlechtes als wirklich signifikant wahrnehmend, dabei immer unterstellend, daß im Grunde alle die gleichen Probleme hatten und diskutieren wollten. Und in der Tat stimmte das auch zumeist – wenigstens im europäischen Reiseverkehr. Man nannte den Vornamen, den Herkunftsort, das Studienfach. Daraufhin war man sofort integriert. An diesem Diskurs, der zweifellos ganz konkret ein »solidarischer« Diskurs war, waren auch wir Zaungäste beteiligt, die wir nicht in Woodstock anwesend sein konnten. Wohl aber auf der Isle of Wight ein Jahr später – aber da war der Höhepunkt der Bewegung bereits verklungen. (Noch etwas später, bei einem Konzert auf der Insel Fehmarn, wurde Jimi Hendrix bereits ausgepfiffen – eine typisch deutsche Peinlichkeit, wie einige von uns übereinstimmend empfanden.) Diese kommunikative Gestik, ursprünglich auf jenen Diskurs der solidarischen Jugend zurückgehend, ist den meisten Zaungästen noch heute anzumerken. Aber da die Zeiten sich wandeln, trifft man bei den Jüngeren damit heute eher auf Misstrauen.

Der Verlauf der schließlich reichlich länger als geplant andauernden Studienzeit in London war dann auch dieser Erwartungshaltung ganz entsprechend strukturiert: Ursprünglich ohne genaues Studienprogramm eingetroffen und eigentlich als *undergraduate* eingestuft, entschied ich mich bald dafür, eine Prüfung für das *Diploma of Imperial College* (DIC) in Mathematischer Physik abzulegen, das einer englischen Besonderheit entsprechend als erster Prüfungsabschluß für *postgraduates* vorgesehen war und letztlich eine Äquivalenz mit dem *Master of Science* (MSc) herstellte. Als DAAD-Stipendiat lebte man im London jener Zeit »wie Gott in Frankreich«: Mit 750 DM pro Monat (das waren damals 125 englische Pfund) konnte ich mir zeitweise sogar eine Dreizimmerwohnung in Camden Town leisten, die ich mit meiner damaligen Freundin teilte. Während sich das gesellschaftliche Leben in einem großen Kreis Bekannter und Freunde abspielte, die nicht nur »aus aller Welt« stammten, sondern auch den verschiedensten Interessen und Tätigkeiten nachgingen, bei aller Ähnlichkeit der Sichtweise, fand die eigentliche Arbeit oftmals außerhalb des Colleges in kleinen Gruppen statt. Bei diesen sehr intensiven Diskussionen überwog zwar die Quantität des Kaffees die Minuten des »harten Arbeitens« bei weitem, aber im Ergebnis trug allein die »belebende« Atmosphäre zur schnellen Aufnahme des Stoffes bei. Vor allem mit meinem Freund Alexandros aus Thessaloniki bereitete ich in langen Nachtsitzungen und auf Spaziergängen durch das nächtliche Kensington die DIC-Prüfung vor.

Wir waren tatsächlich (man glaubt es heute kaum) nach nur sechs Wochen in der Lage, große Teile der relevanten Ableitungen der Einsteinschen Allgemeinen Relativitätstheorie aus dem Kopf wiederzugeben, und zwar sowohl in der klassischen Terminologie des Tensorkalküls als auch in der modernen koordinatenfreien Darstellungsweise in der Sprache der (damals gerade aufkommenden) Topologie und Differentialgeometrie. Nicht umsonst hatten wir in unmittelbarer Umgebung von Roger Penrose, Stephen Hawking, Felix Pirani, Christopher Isham gearbeitet. Übrigens fand gerade zu jener Zeit das historische Oxford-Symposium über Quantengravitation statt, zu dem auch John Wheeler angereist war. Die Zeit war mit Innovation in einem Gebiet aufgeladen, das lange im Verborgenen wirkend kaum Aufmerksamkeit auf sich gezogen hatte. Kürzlich hat Kip Thorne, in seiner sehr schönen Geschichte der Erforschung Schwarzer Löcher, die Situation jener Zeit ausführlich geschildert.

Letztlich wurde damals das Fundament für all jene Projekte gelegt, die uns heute neben der gleichfalls wechselvoll entwickelten Superstring-Theorie der Teilchenphysiker die Loop Quantum Gravity der kanonischen Relativitätstheoretiker bereitgestellt hat, so daß wir weit mehr über einen Weg zu einer TOE (Theory of Everything) wissen als jemals zuvor möglich erschien. Kurz gesagt: Alexandros und ich selbst gehörten am Ende zu jenen Studenten, welche die DIC-Prüfung (in meinem Fall zwei Aufsätze innerhalb von vier Stunden umfassend, über Gravitationsstrahlung und die Einsteinschen Feldgleichungen in der Darstellung durch Cartansche Differentialformen) mit Auszeichnung bestanden und daraufhin den Sommer mit der Abfassung einer *thesis* verbrachten, um das Diplom ausgehändigt zu bekommen. Meine Arbeit, über verschiedene Ansätze der einheitlichen Feldtheorie, in unmittelbarer Umgebung von Thomas Kibble, der mich auch betreute, und Abdus Salam, natürlich wesentlich durch das inspiriert, was ohnehin in der Luft lag, war nicht gerade bahnbrechend, aber allemal eine selbständige Studie, was damals Studenten in Berlin bestenfalls irgendwann im zwölften Semester zu gewärtigen hatten. Von strategischen Erwägungen freilich war ich damals weitestgehend unberührt. Gleichwohl verließ ich England mit einem ausgezeichnet bewerteten Diplom, das als Vorbedingung für die Promotion in Deutschland ausgereicht hätte, und in dem Bewusstsein, auf alle Fälle zur Spitzengruppe zu gehören und alsbald von mir hören zu machen.

III

Zurückgekehrt aus London, begann jedoch das unangenehme Erwachen fast ohne Verzug: Denn inzwischen hatte in Deutschland »das Imperium zurückgeschlagen«, in der unmittelbaren Nachfolge zu dem, was man die erste Ölkrise zu nennen pflegte, im Zuge einer ohnehin ausstehenden Gegenbewegung gegen die langjährige Überbeschäftigung und den Bewerbermangel, der im Hochschulbereich etwas geschaffen hatte, das später »Discount-Professur« hieß, also zahlreiche Positionen für Professoren generiert hatte, die oft gar nicht habilitiert oder promoviert waren (was nicht immer etwas über ihre Qualität aussagte, wie man zur Ehrenrettung einfügen muss), und gegen die zur Ruhe gekommene Bewegung der Achtundsechziger, deren spektakuläre Schluss-Apotheose drei Jahre später im Deutschen Herbst erst noch folgen sollte. Allein, die Protagonisten der Bewegung hatten sich nicht nur aus der Aktivität zurückgezogen, sondern waren mittlerweile auch gut untergebracht, vor allem im öffentlichen Dienst, namentlich eben im Hochschuldienst. Der Gegenschlag konzentrierte sich aber in der Hauptsache auf die Verknappung der Stellen; der Rotstift des Sparens regierte (erstmals) die Stellenpolitik.

Seit dem bekannten Ausspruch von Gorbatschov wissen wir ja, dass der Zuspätgekommene in der Regel von der Geschichte bestraft wird. So auch hier: Hatte es gerade noch die standardisierten Assistentenstellen in großer Zahl gegeben (was eine enorme Expansion des Mittelbaus zur Folge hatte), und war die Professur praktisch »vorprogrammiert«, so wurde jetzt eine Zwangspause eingelegt. Und die Kriterien für die Einstellung, aber auch für die Gewährung von Stipendien, wurden erheblich verschärft, freilich nur formal (also nach numerischen Vorgaben und Rangplätzen), nicht substantiell (also inhaltlich). Das heißt, diese neue Selektion verbesserte in der Regel nicht die Qualität derer, die erfolgreich gewesen waren. In meinem Fall fügte ich dem ursprünglichen strategischen Missgeschick (das gleichwohl nicht verhindert hätte, mit einem gut bewerteten Diplom des Imperial College eine Assistentenstelle für Nichtgleichgewichts- Thermodynamik in Southampton zu bekommen, wo Peter Landsberg tätig war – hier hatte mich aber einer meiner Betreuer entmutigt, wie sich später herausstellte, aus einer eigenen Fehleinschätzung heraus, die wesentlich seiner persönlichen depressiven Stimmungslage geschuldet war) – ich fügte also diesem Missgeschick ein weiteres hinzu, indem ich in Berlin (nunmehr an der FU) beantragte, die DIC-Thesis als Diplomarbeit anerkannt zu bekommen. Denn ich war praktisch schon auf dem »Promotionstrip«. Unter den alten Bedingungen an der TU hätte ich das ohnehin nicht durchführen können, denn dort kam nur eine theoretische Richtung in Frage, die ausnahmslos von den Festkörperphysikern besetzt war. Mit dem, was ich in England gelernt hatte, gab es dort keine Aussichten. An der TU aber kannte man mich wenigstens, an der FU dagegen kannte mich niemand.

Ich wurde also eher zähneknirschend zur Prüfung (nach offiziell acht Hochschulsemestern) zugelassen, mit der englischen Diplomarbeit und dem Schwerpunkt Theoretische Physik. Ich bestand die Prüfung auch. Leider nur mit einer Gesamtnote von 2.7 (also mit einem guten Befriedigend), und das war praktisch das vorzeitige Ende meiner Karriere. Nicht nur bekam ich keine Assistentenstelle, auch mein bereits zugesagtes Postgraduiertenstipendium für die Promotion wurde (wegen einer Notenauflage, die auf 2.0 lautete) zurückgezogen. Man gab mir äußerst deutlich zu verstehen, dass ich mich besser auf den »zweiten Bildungsweg« einrichten solle. Es versteht sich von selbst, daß die Formulierung »in ein Loch fallen« noch niemals eine angemessenere Berechtigung hatte als in diesem Fall. Nicht, dass ich zu irgendeinem Zeitpunkt daran gezweifelt hätte, alsbald über Gravitationstheorie zu promovieren. Allein, die Frage war wo und bei wem? Und im übrigen gab es noch das geringfügige Problem des Einkommens. Im Grunde waren meine strategischen Fehler nichts weiter als die Folgen der für Zaungäste charakteristischen Insel-Ideologie, die das Schwergewicht eher auf die eigene, fachliche Arbeit legte, nicht auf die Herstellung geeigneter Verbindungen und formaler Zusammenhänge, also solcher Ingredienzien, wie sie noch heute für die deutsche Universität als wesentlich wichtiger gelten als etwa Kenntnisse oder Fähigkeiten.

Zugleich aber wurde mein Ehrgeiz auf ganz neue Weise geweckt. Zu der Auffassung, Wesentliches zur Physik beitragen zu können, gesellte sich eine gehörige Portion des Trotzes. Meine erste Stelle nach dem Diplom in Physik bekam ich zum Beispiel beim Schulbuchverlag »*Cornelsen, Velhagen & Klasing*« in Berlin als Projektleiter für ein Physikbuch der Sekundarstufe. Der Verlag war offenbar durch ein Exposé beeindruckt worden, das ich über den Sinn des Physikbuches in der Schule bei der Bewerbung abzuliefern hatte und das trotz meiner Jugend gehörigen Eindruck gemacht hatte. Tatsächlich hatte ich zur Abfassung dieses nicht allzu langen Textes die Vorworte und Einleitungen einiger meiner alten Schulbücher verwendet. Insofern hatte ich mithin an strategischer Einfühlung gewonnen. Nach Ablauf von drei Monaten aber, noch aus der Probezeit heraus, wurde das Arbeitsverhältnis wieder gelöst, weil ich es nicht verstanden hatte, meine Vorgesetzten (und im übrigen auch die Autoren) von den Ansätzen zu überzeugen, die ich in einem Physikbuch gern realisiert gesehen hätte, zum Beispiel die Aufgabe der alten Gebietsteilung in Mechanik, Optik, Elektromagnetismus und so fort zugunsten einer einheitlichen Darstellung, die mit dem Feldbegriff begann. Ich hatte nicht verstanden, dass man schwerlich ein Schulbuch verkaufen kann, in das die Lehrer sich erst einmal selbst einarbeiten müssen, weil sie den Ansatz nicht kennen.

Der Verlag übrigens tat etwas, was ich seitdem oft wieder angetroffen habe: Nach meiner Kündigung – ich verblieb noch für einige Wochen in diesem Betrieb und wurde provisorisch mit Hilfsarbeiten beschäftigt – förderten die Vorgesetzten einen sehr mittelmäßigen und uninteressanten Mitarbeiter, der mir ursprünglich nachgeordnet gewesen war. Hier lernte ich zum ersten Mal die andere Säule des Karrierelebens kennen, die ich seitdem auch als zweite Säule des Hochschulwesens in Deutschland zu identifizieren vermeinte: neben der Seilschaft die Mediokrität. Aus der Sicht des Verlages nämlich war es günstiger, einen mediokren Mitarbeiter, der sich dem üblichen Vorgehen fügte, in eine Position zu holen, die ihn überforderte, als einen anderen, der unerwünschte Innovationen einführte, in eine Position zu holen, die *er* alsbald überfordern würde. Denn diese Spannung ist keine, welche imstande wäre, den Umsatz eines Produktes zu befördern. Und darum ist es einem Verlag in erster Linie zu tun.

Dazu kam noch, dass ich mein Fachgebiet, also Allgemeine Relativität, Einheitliche Feldtheorie, Kosmologie und so fort, durch philosophische Einflüsse, denen ich erstmals in London ausgesetzt gewesen war, auf neue, verschiedene Weise zu würdigen begann. Ursprünglich ging dieses neue, angereicherte Interesse auf einen Grundgedanken zurück, der mich bereits in der Schulzeit, etwa um 1969 herum, beschäftigt hatte: Es gibt nämlich einen berühmten Roman-Zyklus des Science-Fiction-Genres von Isaak Asimov, der sich, zunächst auf eine Trilogie angelegt, zwischenzeitlich auf sechs Bände ausgeweitet hat. Es handelt sich um den *Foundation*-Zyklus, in dem ein sogenannter »Psychohistoriker« (Hari Seldon) eine langfristige Prognose für die politische Entwicklung des galaktischen Imperiums stellt, in dem er lebt. Er sagt den Zerfall des Imperiums voraus und, in der Absicht, die chaotische Periode des anstehenden Interregnums so kurz wie möglich zu halten, gibt er eine Art Anleitung für angemessenes Verhalten in Zeiten des Übergangs für die ihm nachfolgenden Generationen. Um unvorhergesehene Einflüsse kompensieren zu können, begründet er eine Organisation (die »Foundation«), deren Zweck darin besteht, wie ein korrigierendes Steuerelement im Bedarfsfalle in die Entwicklung einzugreifen.

Der Grundgedanke dieses Romans, nämlich die unterstellte Möglichkeit, historische Prozesse durch einen Plan zu beeinflussen, der sich in der Hauptsache einer formalen Untersuchung verdankt und in mathematischer Sprache ausgedrückt zu werden vermag, war für mich tatsächlich in mancherlei Hinsicht ein künftig sehr bestimmender. Mit dem Begriff der »Psychohistorie« hat es freilich seine eigene Bewandtnis. Denn er wurde von dem US-amerikanischen Psychologen Lloyd deMause in anderem Zusammenhang (und wesentlich später, nämlich erst 1974) eingeführt. Man kann nicht genau erkennen, wer damals wen beeinflusst und inspiriert hat. Diese Psychohistorie im strengen Sinne verstand sich wohl überwiegend als eine Geschichtsforschung (nämlich über die Behandlungen und Einflüsse, denen im Laufe der Vergangenheit Kinder in Familien ausgesetzt waren). Aber dieser Aspekt: aus dem Studium der Geschichte etwas für die Zukunft lernen und sogar prognostisch in formalisierter Form ausdrücken zu können, das war es, was mich zu jener Zeit, Ende der sechziger und Anfang der siebziger Jahre, veranlasste, mich mit dem Thema zu befassen.

In diesen Zusammenhang gehörte auch die damals sogenannte »Futurologie«: Vor allem Herman Kahn und Anthony Wiener waren die modischen Protagonisten einer Art »qualitativer« Prognosewissenschaft, die es unternahm, im Entwurf globaler Szenarien ein Bild von der künftigen Entwicklung der Menschheit zu malen. In einem Standardwerk jener Zeit (vgl. Kahn/Wiener) kann man heute nachlesen, wie sich die Autoren die globale Situation des Jahres 2000 vorgestellt haben. Es zeigt sich, dass diese Prognose – wie überhaupt Prognosen dieser Art – allein dadurch als weitestgehend unzutreffend ausgewiesen wurde, dass sich zwischenzeitlich die Randbedingungen erheblich geändert hatten. Aber von Details abgesehen: Was mich damals so beeindruckte, war die Möglichkeit, soziale Prozesse, also die fundamentalen Prozesse der menschlichen Existenz, in einen wissenschaftlichen Kontext zu stellen, der über das bloß narrative Element der psychologischen und soziologischen Annäherungsweisen in den sechziger Jahren hinausgehend imstande schien, allgemeine Gesetzmäßigkeiten und globale Zusammenhänge offenzulegen, wie sie für die Evolution im Universum insgesamt gültig sein konnten.

Ich besuchte in meinen ersten Semestern auch Vorlesungen, die Robert Jungk an der TU Berlin hielt. Allerdings konnte ich damals noch nicht allzu viel Zeit für das Studium dieser Bereiche aufwenden. Erst nach meiner Rückkehr aus England, Mitte der siebziger Jahre, lernte ich in Berlin dann die ersten Ansätze zur nichtlinearen Dynamik kennen, zunächst in Gestalt der »Katastrophentheorie« René Thoms, dann durch die Theorie Ilya Prigogines und seiner Mitarbeiter. Erst anschließend konnte meine anfängliche Skepsis wirklich überwunden werden, denn ich traute von Beginn an nicht der statistischen Methode. (Das ist noch heute so.) Vor allem störten mich die durchweg linearen Ansätze. (Aus der Relativitätstheorie kannte ich bereits die Konsequenzen nichtlinearer Modelle.) Aber der wichtige Punkt lag eher in einem anderen Bereich, nämlich im Feld der einheitlichen Betrachtungsweise. Meine englische Diplomarbeit hatte sich ja mit dem Thema der »einheitlichen Feldtheorie« befasst, und meine Grundüberlegung war im Prinzip die folgende: Wenn es eine Theorie geben sollte, die imstande wäre, die gesamte Physik einheitlich zu beschreiben – also eine »Theorie von allem« (TOE), dann würde sie ja nicht nur die Physik beschreiben, sondern auch die Grundlage von allem anderen, was es jenseits der Physik gab: denn auf der fundamentalen Ebene der Existenz wäre alles, egal ob chemisches, biologisches oder soziales System, tatsächlich physikalisch und mithin vereinheitlicht.

Natürlich würde man nicht erwarten können, wie Hari Seldon Vorhersagen für soziale Systeme zu treffen, indem man Quantenphysik anwendete. Aber die Tatsache, dass diese zweifellos an der Wurzel von allen anderen Phänomenen, also auch von sozialen Phänomenen, zu finden wäre, würde die technische Möglichkeit sicherstellen, aus diesem Grundbestand der Erkenntnis heraus eine verallgemeinerte Methode zu entwickeln (praktisch aus dem Grunde abzuleiten), die verbindliche Aussagen treffen könnte über die makroskopischen Zusammenhänge sozialer Systeme. Mit anderen Worten: Im Prinzip wäre der gewöhnliche Alltag, von dem makroskopische Durchschnitte über alle Personen das bilden, was wir euphemistisch »Geschichte« nennen, mit methodischen Mitteln beschreibbar, die sich als komplexe Ableitungen aus physikalischen Theorien erweisen würden bzw. (nach Maßgabe der Ganzheitsidee) erweisen müssten.

Auf diesem Grundgedanken beruhte meine Vorstellung von einer künftig zu entwickelnden »exakten Theorie der Geschichte«. (Mein heutiger Forschungsschwerpunkt über die Evolution und Struktur des urbanen Sozialraums folgt im Grunde immer noch diesem Grundgedanken.) Eine erste Konzeption zur Ausarbeitung eines solchen Grundgedankens hatte ich nicht vor dem Sommer 1977 zur Verfügung. Das war die Zeit meiner Promotion in Mathematik. Ich hatte bis dahin zwischen Arbeitslosigkeit und zeitbegrenzten Tätigkeiten, etwa als wissenschaftlicher Mitarbeiter in der Berliner Zweigstelle der Physikalisch-Technischen Bundesanstalt, immer wieder meine Zeit zur konzeptuellen Arbeit genutzt und keine Gelegenheit gescheut, über diese Dinge vorzutragen oder zu veröffentlichen. Da ich keine Aussicht hatte, in meinem ursprünglichen Fachgebiet zu promovieren, hatte ich eine mir von den FU-Mathematikern Pachale und Wünsche angebotene Gelegenheit ergriffen und promovierte zwar in Mathematik mit Nebenfach Physik (damals gab es an der FU noch ein Rigorosum, keine Disputation), aber hauptsächlich mit einer Dissertation zum nicht ganz naheliegenden Thema »Versicherungsmathematik«. Darauf wird noch zu kommen sein.

In diesem Zusammenhang muss ich meinen ersten Doktorvater Günther Wünsche mit großem Dank erwähnen, weil er mit seiner Unterstützung zweierlei bewirkte: Zum einen sicherte er mir die Anbindung an mein Universitätsfach. Zum anderen sicherte er mir auch das Einkommen der nächsten fünfzehn Jahre, denn über seine Vermittlung fand ich eine Position als wissenschaftlicher Angestellter im Bundesaufsichtsamt für das Versicherungswesen (das als Oberbehörde des Bundesfinanzministers hauptsächlich Juristen, Mathematiker und Wirtschaftler beschäftigt).

Zunächst waren meine Kollegen aus der Versicherungsmathematik von meinen Darstellungen nicht besonders beeindruckt, insofern es sich um Fachvorträge vor der Deutschen Gesellschaft für Versicherungsmathematik handelte. Ein Vortrag von mir, den ich zum Weltkongress der Versicherungsmathematiker einreichte, wurde sogar abgelehnt, mit dem Bescheid, hier würden Dinge diskutiert, die an »höchster Stelle« (gemeint waren die »reinen« Mathematiker) noch nicht zureichend geklärt seien. Ich hatte in diesem Aufsatz über Aspekte der Selbstorganisation und Strukturbildung gesprochen, vor allem auch im Hinblick auf diskrete Methoden. Gerade dieser Verweis auf diskrete Prozesse wurde kritisiert, weil man es in der Versicherungsmathematik typischerweise nur mit »kontinuierlichen« Prozessen zu tun habe. Ich verfasste ein (durchaus unübliches) Antwortschreiben auf diese Absage hin und fügte die Anmerkung bei, es sei mir natürlich klar, dass, wenn das Thema noch an »höchster« Stelle verhandelt würde, dieser Kongress nicht der geeignete Ort für seine Diskussion wäre. Die Ironie des Ganzen bestand letztlich darin, dass rund 10 Jahre später, im Zuge der Diskussion von Risikodeckungsmethoden im Zusammenhang mit dem neu aufgetauchten AIDS-Risiko gerade solche diskreten Vorgehensweisen benötigt wurden, weil sich eben schlagartig gezeigt hatte, dass man offensichtlich doch nicht nur mit kontinuierlichen Prozessen zu tun hatte.

Nach kurzer Zeit erwies sich die Verwaltungstätigkeit nicht gerade als eine, welche eine Biographie vollständig auszufüllen imstande wäre. Obwohl ich mich ernsthaft bemühte, meine wachsende Unzufriedenheit zu verbergen, fürchte ich doch, dass sie auch jenen nicht verborgen blieb, denen ich letztendlich Dank schulde. Man soll den Umstand nicht unterschätzen, der durch das Einkommen sicherstellt, dass man in Stand gesetzt ist, nicht nur sich selbst, sondern auch die Familie zu ernähren. Schon Einstein hat auf diese fordernde Funktion der Existenz hingewiesen, als er die Wichtigkeit des »menschlichen Magens« betonte. Und er wusste, worüber er redete, denn er musste gleichfalls langjährig in der Verwaltung (nämlich in einem Berner Patentamt) tätig sein, bevor er seine wissenschaftliche Karriere beginnen konnte. So wie Einstein seinen Planck hatte, welcher ihm diese Karriere überhaupt erst ermöglichte, so hatte ich immerhin nicht weniger als sechsmal ähnliche, wenn vielleicht auch nicht so spektakuläre, Unterstützer. (Die Schulzeit mitgerechnet, während der es einen Lehrer (Edgar Pardy), noch in der Grundschule, gab, der mich auf besondere Weise förderte und damit die Grundlage für meinen weiteren Schulweg legte.) Günther Wünsche war mehr als 20 Jahre später der zweite dieser Unterstützer. Er sicherte meine Verankerung an der Universität, die mir später auch Lehraufträge (für Mathematik) an der FU verschaffte. Die anderen, auf die ich noch kommen werde, förderten meine Tätigkeit in der Philosophie.

Der Gerechtigkeit halber muss man aber folgendes sagen: Die Verwaltungstätigkeit ist, wie schon der Name andeutet, nicht eine, welche von vornherein innovative Gedanken anstrebt. Es geht vielmehr darum, bei größtmöglicher Kontinuität den reibungslosen Ablauf von praktisch ritualisierten Kontrollprozessen und Verfahren zu gewährleisten. Die juristische Grundlegung in der Staatsverfassung sichert ja nicht nur die Relevanz dieser Verfahren, sondern trägt nicht unwesentlich zur eigenen Rückversicherung des Bürgers inmitten unüberschaubarer Rechtsprozeduren des Alltags bei: Mit anderen Worten, gerade *weil* jedes Verfahren seinen ewig gleichen Gang nimmt, fällt die Orientierung leicht. Dass dabei viele Dinge geregelt werden, deren Existenzberechtigung man nicht ohne weiteres einsieht, ist eine andere Frage. Die Versicherungsbranche beispielsweise hat ja ihre Verdienste, denkt man etwa an die Versorgung von Unfallopfern im Straßenverkehr oder die Abdeckung von Kosten im Todesfall. (Immerhin beaufsichtigte ich jahrelang als zuständiger Mathematiker die deutsche Kraftfahrthaftpflichtversicherung, ohne selbst einen Führerschein zu besitzen – wohl die beste Voraussetzung für eine solche Aufsichtsführung.) Aber man darf dabei nicht verkennen, dass es sich immer nur um die äußere Regelung von Vorgängen handelt, deren tatsächliche Tiefenstruktur bei alldem unerfassbar bleibt.

Wie schon Adorno so unnachahmlich formuliert hat: »Wissenschaft im Allgemeinen verhält sich zur Natur und zu den Menschen nicht anders als Versicherungswissenschaft im Besonderen zu/Leben und Tod.« (Adorno, 130f.) Dabei schwebte ihm noch eine Mathematik vor, die sich selbst als Reduktion versteht und die allein er kennen konnte. Heute entzieht sich die moderne Mathematik durchaus dieser Reduktionsbestimmung der reinen Äußerlichkeit. In dieser Form ist sie freilich nicht auf das Versicherungsrisiko anwendbar. Und wenn, dann allenfalls in soziologischer Hinsicht. Deshalb hätte übrigens Adorno eine Fragestellung wie die oben erläuterte der Futurologie ohne lange Diskussion abgelehnt.

Ritualisierung der täglichen Abläufe, das ermüdet natürlich alsbald. So dass ich mich schon nach kurzer Zeit daran gewöhnte, zwischen »eigentlicher« und »uneigentlicher« Arbeit (Mohr) zu unterscheiden. Die wahre Tätigkeit, nämlich jene des Forschens und Denkens, des Lesens und Schreibens, sah ich nur noch in einem gleichsam utopischen Bereich »[j]enseits des Baulärms, [im] Reich der Freiheit.« Das heißt, ich wurde zunehmend ein Freizeitarbeiter, der seine ernsthafte Arbeit immer erst begann, wenn die offizielle Gleitzeit längst abgegolten war. Eine Differenzierung in Arbeitszeit und Freizeit entfiel, genauer gesagt. Mein Gehalt wertete ich bald sarkastisch als »Schadensersatz« für entgangene Arbeitszeit. Auf die Frage, was man in einem Amt so tut, pflegte ich zu antworten: Akten von einem Zimmer ins andere zu tragen. Aber wirklich nervtötend war der Umstand, dass alle Entwürfe von den Vorgesetzten mitgezeichnet wurden, so dass sich alle versucht fühlten, das eine oder andere an einem Text zu »verschlimmbessern«. Einer meiner Referatsleiter hatte sogar ein Buch mit dem Titel »Wie sag' ich's treffender?« griffbereit im Schreibtisch liegen! Und der Abteilungsleiter fragte allen Ernstes im Zweifelsfall bei der Duden-Redaktion an. Was mich nicht zurückscheuen ließ, mitunter eigene Wortschöpfungen in Umlauf zu bringen. (Nur bei der Schreibweise »mit Nichten« blieb sogar die Sachbearbeiterin hart, welche die Beiträge zum öffentlichen Mitteilungsblatt des Amtes betreute.)

Als ehemaligem »Zaungast« stand mir ja die ideologische Begründung meiner Tätigkeit nicht offen: Eine Unterwanderung als Exil (im Amt) kam nicht in Frage. Das Motto »gleitende Lebenszeit statt gleitende Arbeitszeit« war gerade noch akzeptabel; aber von vornherein war klargestellt, dass es sich hierbei nicht um ein »psychosoziales Moratorium« handeln konnte, um eine »kulturell verzögerte Adoleszenz.« (Das waren alles Attribute der Achtundsechziger.) Und doch war es letztlich nichts anderes als ein Moratorium. Mir standen allerdings zwei ganz andere Möglichkeiten offen: Zum einen entwickelte sich allmählich die Figur des »unerkannten Denkers« – dieses Motiv des »armen Märzhasen« dient dem Vorliegenden ja auch als Titel. Zum anderen entdeckte ich zunächst die Gewerkschaftsarbeit und alsbald danach die Personalratstätigkeit. Und es zeigte sich, dass die letztere und die Lernhaltung eines Philosophen mehr miteinander zu tun haben als ursprünglich angenommen.

Im Herbst des Jahres 1982 immatrikulierte ich mich zunächst – neuerlich bei der TU Berlin – am Fachbereich Kommunikationswissenschaften mit den Fächern Philosophie, Geschichte und Literaturwissenschaften. Der unmittelbare Anlass hierzu ergab sich aus der Lektüre der Flaubert-Biographie Sartres (*Der Idiot der Familie*) im vorausgegangenen Sommer: Die von Sartre *progressiv-regressiv* genannte biographische Methode, die darauf ausging, das Vermittlungsverhältnis der einzelnen Person inmitten des sozialen Kollektivs, dem sie angehört, zu rekonstruieren, am Beispiel Flaubert expliziert, erinnerte mich an mein altes Projekt der »exakten Geschichtstheorie«, und ich vermeinte auch Möglichkeiten in dieser Methode zu erkennen, die es gestatten würden, sie auf die Erfassung von Naturprozessen zu erweitern. Ein wahrlich gewagtes Unternehmen, hatte doch Sartre selbst naturphilosophische Erwägungen stets von sich gewiesen und sein Werk ausschließlich auf die Diskussion sozialer Systeme beschränkt. Mir gelang es aber vergleichsweise schnell, nicht nur in diese Theorie Eingang zu finden, sondern auch auf die eine oder andere Verallgemeinerung hinzuarbeiten. Und schon in den Jahren 1983 und 1984, also im Laufe der ersten vier Semester meines erneuten Studiums, begann ich über dieses Thema zu veröffentlichen. (Bis dahin hatte ich ausschließlich mathematische und physikalische Aufsätze veröffentlicht.)

Ich begann auch, Geschichte als Superposition von vielen Biographien zu lesen (bei Sartre gibt es in seinem zweiten Hauptwerk, der *Kritik der dialektischen Vernunft* viele erhellende Stellen zu dieser Auffassung, namentlich illustriert an sehr anschaulichen Beispielen aus der Französischen Revolution). Und Biographien begann ich, im Sinne der Strukturbildungsprozesse zu interpretieren, so wie ich sie aus der Prigogineschen Theorie nichtlinearer Phänomene kannte: als permanente Abarbeitung eines Konfliktes zwischen Stabilität und Instabilität, die ständig zur innovativen Strukturbildung führt, welche das individuelle Projekt der Person ausdrückt. Aber letztlich war dieser Anlass zur neuerlichen Aufnahme und Durchführung eines Studiums nur so etwas wie ein an die Oberfläche brechendes Kondensat der Entwicklung, die ich zwischenzeitlich in den Jahren seit meinem Amtseintritt 1978 genommen hatte: Ich konnte mich nicht wirklich damit abfinden, mein Leben im Amt beschließen zu müssen, und vielleicht als Höhepunkt meiner Laufbahn kurz vor dem Ruhestand noch die Leitung eines Referates übernehmen zu dürfen. All das, nachdem ich bisher immer als jüngster meine verschiedenen Studienabschnitte beendet hatte.

Im Jahr 1977 hatte ich die aus Südkorea stammende Psychologin Young-ja Jung geheiratet, und 1980 traf zunächst unsere Tochter Julia ein, 1985 folgte unser Sohn Thomas. Alle drei, vor allem aber meine Frau, hatten lange Jahre hindurch so manche Last zu tragen, die ich ihnen aufbürdete (eine Schuld, die ich nicht mehr werde abtragen können.) Das Studium (das ja völlig nebenbei durchgeführt werden musste) verschaffte mir so etwas wie eine »Rehabilitationsmöglichkeit«, die ich soweit wie nur machbar nutzen wollte. Tatsächlich schloss ich das Studium mit der Promotion in Philosophie im Jahr 1988 ab und wurde darauf mehrere Jahre als Lehrbeauftragter an der FU tätig. Auf diesem Weg unterstützten mich vor allem Traugott König, der für Deutschland maßgebliche Sartre-Übersetzer, und Hans-Werner Schütt, der mich als zweiter Doktorvater betreute. Der letztere förderte meine Promotion, die am Institut gleichwohl umstritten war, obwohl vielleicht auch er selbst nicht ganz meine Auffassungen teilte und dazu noch meine Dissertation (über die historischen und philosophischen Aspekte der Wissenschafts- und Technikrezeption im Frankreich des 19.Jahrhunderts am Beispiel der Literatur von Jules Verne) nicht wirklich seine Interessengebiete traf. Umso höher ist seine Förderung zu bewerten. Der erstere führte mich dagegen in die Gruppe der Sartre-Forscher in Deutschland ein und ermöglichte mir ein erfolgreiches Debüt beim großen Sartre-Kongress an der Universität Frankfurt im Jahre 1987. Meinen schnellen Einstieg in die Sartre-Arbeit habe ich ausschließlich seinem entgegenkommenden Interesse zu verdanken.

Nun ist es ja keineswegs so, dass man solche Entwicklungen in einem Amt verborgen halten könnte. Es konnte bestenfalls darum gehen, die Aufmerksamkeit von Kollegen und Vorgesetzten vorerst in »unschädlichen« Bereichen zu binden. Vor allem die Vorgesetzten, welche sich in einer vielleicht eher zufällig unglücklichen Kombination zusammengefunden hatten, waren sicher, dass ich etwas tat, was nicht in ihr Amtskonzept passte, obwohl sie nicht genau wussten, worum es sich handelte. Sie zogen die »Schrauben« der Kontrolle an, das heißt, sie scheuten nicht vor der Schikane zurück. Heutzutage nennt man das ja Mobbing, aber damals war das noch kein gut erforschter Sachverhalt. Man muss zudem bedenken, dass in einer abgeschlossenen Mikrowelt, wie das Amt eine darstellte, keine objektiven Kriterien existieren, um irgendwelche Details der Arbeit zu beurteilen. Es gibt immer nur subjektive Kriterien, die kurzerhand (nämlich qua Hierarchie) zu objektiven erklärt werden. Eigentlich ist eine solche geschlossene Welt nichts als eine Phantasiewelt, von den qua Hierarchie als tonangebend Identifizierten nach *gusto* entworfen.

Was man als einzelne Person davon zurückbehält, ist das, was man gewöhnlich einen »Ruf« nennt. Schon frühzeitig hatte ich mir einen solchen Ruf erworben. Zum Beispiel galt ich als der ungewöhnliche Kollege, der bei örtlichen Prüfungen in München niemals das Hofbräuhaus betreten hatte, wohl aber des Öfteren die Staatsbibliothek. Oder der abends immer irgendwelche Bekannten und Freunde traf, die er offensichtlich überall und nirgends hatte, aber nicht mit den Kollegen in der einen oder anderen Kneipe verschwand. (Es versteht sich, dass die meisten Bekannten fingiert waren.) Und er fuhr zu Prüfungen immer mit der Eisenbahn und benutzte niemals das Flugzeug – angeblich, um in Ruhe lesen zu können. Merkwürdig. Während einer Periode von sechs Jahren inmitten meiner Amtszeit arbeitete ich halbtags, was leider zu schweren finanziellen Einbußen und mithin langfristigen Belastungen führte. Ursprünglich war die Absicht, meine Promotion in dieser Zeit in Ruhe beenden und die Habilitation vorbereiten zu können. Zeitlich ging dieser Plan nicht ganz auf, finanziell leider überhaupt nicht. Und als ich dann ganztags zurückkehrte, geriet ich unter die verschärfte Kontrolle meines Abteilungsleiters, der aus meiner Halbtagszeit messerscharf geschlossen hatte, ich hätte es ohnehin nicht nötig zu arbeiten. (Er hatte wohl davon gehört, dass meine Frau Psychologin ist, und sich in seiner Einfachheit gedacht, sie habe eine gut gehende Praxis. Tatsächlich arbeitete sie – schon allein wegen der Kinderbetreuung – mit nur geringem Einkommen lange Zeit in einer Krisenberatungsstelle.)

Nachdem die Situation über mehrere Monate hinweg eskaliert war, wurde ich zu meiner großen Erleichterung, nachdem ich schon längere Zeit dem Personalrat des Amtes angehört hatte, zum Personalratsvorsitzenden gewählt und ganztags von meiner üblichen Tätigkeit freigestellt. Natürlich sah ich mich in letzter Minute dem feindseligen Zugriff meines Abteilungsleiters entzogen (der mich zuletzt mit schriftlichen Ermahnungen überzogen hatte und sich auch nicht scheute, einen jüngeren Kollegen auf mich anzusetzen, der in meiner Abwesenheit meine Vorgänge überprüfte). Zugleich trat aber etwas ganz Unerwartetes ein.

Der Personalrat in einer Behörde hat ja in der Regel keine großen Möglichkeiten, auf der Grundlage des Personalvertretungsgesetzes (in Deutschland) Einfluss auf die Geschicke der Kolleginnen und Kollegen zu nehmen. Seine Funktion besteht in der Hauptsache darin, mit der Amtsleitung Gespräche zu führen, in der Absicht, das eine oder andere Indirekte für jene zu bewirken, die sich gerade in Schwierigkeiten befinden. Sei es, dass eine Kündigung droht (weil ein Mitarbeiter seine Gleitzeitkarte zu Hause selbst gestempelt hat), dass ein Kollege allzu sehr dem Alkohol ergeben ist oder dem Tablettenkonsum, dass sich mehrere Kollegen streiten, jemand vom Vorgesetzten malträtiert wird. Immer hat der Personalrat eigentlich keine juristische Basis, wohl aber eine moralische Funktion, auf deren Grundlage er intervenieren kann. Im Grunde wirkt der Personalrat als ein Katalysator, um die Amtsleitung zur Ausübung von Kulanz zu bewegen. Und wenn die Konstellation nicht allzu militant strukturiert ist, was das Verhältnis der jeweiligen Gesprächspartner untereinander angeht, geschäftsführender »Personalchef« und Personalabteilungsleiter nebst Vizepräsident und Präsident (mit allen zugehörigen Sekretärinnen) auf der Amtsseite, Personalratsvorsitzender und sein Stellvertreter auf der Seite der Mitarbeiter, dann funktioniert diese Rollenverteilung, jenseits aller personalrechtlichen Regelungen, ganz gut. Vor allem wird eine gerichtliche Intervention gefürchtet.

Der wichtige Punkt ist dabei aber der folgende: Allein die Tatsache, daß alle Beschäftigten wissen, dass es eine Anzahl von Personen gibt, die sich mit ihren Angelegenheiten befassen, trägt schon zu einer beruhigenden Empfindung bei.

Genauer gesagt: Für viele, denen nicht wirklich substantiell geholfen werden kann, genügt schon die Möglichkeit, sich mit einem Kollegen über ihre Probleme auszusprechen. Und es ist eben diese praktisch fast therapeutische Tätigkeit des Personalrats, die einem Philosophen durchaus gut ansteht. Ich sah mich unerwartet in der Position, Ratschlag erteilen zu können auf der Grundlage dessen, was ich im Zuge meiner philosophischen Arbeit gelernt hatte. Für mich war das eine ganz neue Interpretation des Begriffs »praktische Philosophie«. Kurz bevor ich nach München ging, bei meiner Abschiedsrede auf der letzten von mir turnusgemäß geleiteten Personalversammlung im Dezember 1994, bemerkte ich aus den Reaktionen des Plenums, dass es mir tatsächlich in meiner Amtszeit gelungen war, eine entsprechend positive Resonanz unter den Kollegen zu erzeugen. Streng genommen, handelte es sich hierbei um meinen ersten (und bislang einzigen) Berufserfolg außerhalb des Universitätsbereiches.

Zugleich versetzte mich die – im Vergleich zur gewöhnlichen Verwaltungstätigkeit – sehr selbständige und freizügige Arbeit im Personalrat (beispielsweise gab es niemals wieder jemanden, der in meinen Entwürfen herumkorrigierte!) in die Lage, meine Forschung in Ruhe weiter zu betreiben – und meine Bewerbungen an Hochschulen. Das Motto war immer noch das Mohrsche: »Wer einmal etwas ganz anderes gewollt und gesehen hat, kann es nie ganz vergessen.« (Mohr, 139) Um der Rückkehr an die Hochschule willen war ich bereit, nicht nur das (nunmehr) gute Verhältnis zu den Kollegen im Amt zu opfern, sondern noch schlimmer: auch das Leben in einer schönen, alten Friedenauer Wohnung von 160 Quadratmetern in meiner Geburtsstadt Berlin. Das heißt, ich war bereit, das Exil in der Provinz in Kauf zu nehmen.

Die letztlich ausschlaggebende Bewerbung datierte vom Jahresbeginn 1992. Nach der damaligen Eskalation meines Verhältnisses zum Abteilungsleiter hatte ich mich verstärkt um Bewerbungen bemüht, die ja nur, solange ich lediglich promoviert war, an Fachhochschulen in Frage kamen. Freilich dauerte das Berufungsverfahren nicht weniger als drei Jahre. Und es ist nur dem außerordentlichen Durchhaltevermögen des damaligen Vorsitzenden des Berufungsausschusses, meinem jetzigen Kollegen Helmut Wagner, zu verdanken, dass es zu einem für mich erfolgreichen Ende gebracht werden konnte. Denn zwar stand ich von Anfang an auf der ersten Position der Dreierliste, die ganz zügig vom Ausschuss erstellt worden war. Aber im weiteren Verlauf geschahen freilich alle möglichen unerwarteten Dinge: Eine Mitbewerberin, die vom Ministerium wegen mangelnder Berufspraxis (an Fachhochschulen das Äquivalent für die Habilitation) von der dritten Position auf der Liste heruntergenommen wurde, klagte auf Wiederherstellung dieser Position, indem sie Kindererziehung als Berufspraxis geltend machte, erfolglos zwar, aber von zeitverzögernder Wirkung. Ein philosophischer Kollege von einem anderen Fachbereich meinte zudem, es sei die Stunde gekommen, um seine eigenen Auffassungen, eine solche Stellenbesetzung betreffend, zu verwirklichen. Gemeinsam mit dem damaligen Dekan meines künftigen Fachbereiches legte er gegen die Liste ein Veto ein. Die Stelle musste noch ein zweites Mal ausgeschrieben werden. Als »Listenanführer« blieb ich zwar vor weiteren Probe-veranstaltungen und Einreichungen verschont. Gleichwohl, das Ganze wuchs sich zu einer enormen nervlichen Belastung aus. Schließlich gab es noch so etwas wie eine »Gesichtskontrolle« beim zuständigen Ministerialrat, durchaus ein seltener Vorgang bei Berufungsverfahren. Schließlich war die Sache zum 1. April 1995 ausgestanden.

In jener Zeit erwarb ich eine Art der »praktischen Schizophrenie«, welche, latent immer schon mehr oder weniger vorhanden und durch die lange Amts-zugehörigkeit über etliche Jahre hinweg antrainiert, mich befähigte, in Erwar-tung des vorgesehenen Absprungs im Amt meine Ruhe, soweit wie möglich, zu bewahren und meinen Personalratsgeschäften nachzugehen ohne meine eigentlichen Interessen zu vernachlässigen. Lediglich mein Stellvertreter war über den jeweiligen Stand der Bewerbung in München unterrichtet. Und je länger das Verfahren dauerte, umso mehr ließ er angesichts seiner eigenen Arbeitsbelastung (denn er war nicht vom Dienst freigestellt) durchblicken, früher sei es die Regel gewesen, dass sich Vorsitzende und Vertreter im Per-sonalrat die Freistellung teilten. Er hatte damit durchaus Recht, so dass ich insgeheim mit der Möglichkeit zu rechnen hatte, bei einem Scheitern des Ver-fahrens in München wenigstens zur Hälfte wieder in die Verwaltungsarbeit eintreten zu müssen. Glücklicherweise kam es ja anders.

Diese drei Jahre der Anspannung, gleichsam untergründig neben den ge-wöhnlichen Tagesgeschäften wirkend und neben meinen sonstigen Aktivitä-ten, Tagungsauftritten, Workshops, Veröffentlichungen usf., waren die Periode, in welcher der *Habitus des Märzhasen* recht eigentlich entstand. Oder bes-ser gesagt: aus dem bereits langfristig Angelegten an die Oberfläche kam. Der Märzhase tritt zum ersten Mal im Kapitel 7 von Carrolls *Alice's Adventures in Wonderland* auf, nämlich in »der verrückten Teeparty«. Neben dem »verrück-ten Hutmacher« und dem »Siebenschläfer« fällt er vor allem dadurch auf, dass er sich nicht gerade klar auszudrücken vermag. Alice hat erhebliche Schwie-rigkeiten damit zu verstehen, was er eigentlich meint mit alldem, was er sagt. Für den Märzhasen gilt vorerst das, was später auch vom Hutmacher gesagt wird: »[His] remark seemed to have no sort of meaning in it, and yet it was certainly English.« (Carroll, 95) Bei genauerem Hinsehen kann man freilich den Märzhasen ganz anders sehen, nämlich als einen, dem es darum geht, sich so klar wie möglich auszudrücken, ohne aber seine »Mithasen« (nebst vielen Art-*Un*genossen) allzusehr in Mitleidenschaft zu ziehen oder sie gar der (emo-tionalen) Verletzung auszusetzen. Denn die meisten verstehen deshalb nichts von den Dingen, nicht weil sie *prinzipiell* diese nicht verstehen könnten, son-dern weil es schmerzhaft für sie wäre, die Dinge so zu verstehen wie sie sind.

Beispielsweise ist es vergleichsweise leicht, vom Leben im Amt ein Bild zu zeichnen, das so traurig ist, dass alle Beteiligten künftig nur noch gebückt und mit Tränen in den Augen durch die Flure zu schleichen imstande sind. Viele ahnen auch durchaus, dass es in Wahrheit so wäre. Nicht umsonst ist der Konsum von Alkohol, Tabletten und dergleichen in einer solchen Behörde sehr stark ausgeprägt. Und das Konfliktpotenzial unter den Kolleginnen und Kollegen ist außerordentlich hoch. Aber es ist allemal angemessener, dient der Durchführung einer amtlichen Mindesttätigkeit, schont die Nerven und ist ganz allgemein weit beruhigender, von objektiven Sachverhalten abzusehen und vielmehr zu unterstellen, es gäbe so etwas wie eine als solche nicht bezeichnete »Phantasiewelt«, die all das wirklich konsistent zu begründen in der Lage ist, was die Menschen alltäglich umzutreiben pflegt: ein ausgefülltes Arbeitsleben, verdiente Beförderungen, ausreichende Vergütung, interessante Tätigkeiten, welche die ganze Persönlichkeit fordern und dieser Dinge mehr. (Allein die Tatsache, dass Verwaltungsbeamte, die in regelmäßigen Abständen beurteilt werden, also eine Art Zeugnis ausgestellt bekommen, dessen Ergebnis über ihr weiteres Fortkommen entscheidet, unter anderem nach Maßgabe ihrer »Persönlichkeit« bewertet werden, ist einer der absurden Höhepunkte solcher Verfahren, wenn man bedenkt, wie die Persönlichkeit jener tatsächlich beschaffen ist, die andere zu beurteilen haben. Die Bezeichnung »geistiger Inzest« ist wohl noch das zurückhaltendste, was einem dazu einfällt.)

Der Märzhase ist also einer, der die Dinge zwar durchschaut, sich aber bemüht, die wirklichen Zusammenhänge seiner Umwelt nur auf vorsichtige Weise mitzuteilen, derart, dass zwar nichts Falsches gesagt wird, aber auch nichts allzu sehr Verletzendes. Er ist eine Art Zaungast, der freundlich geworden ist. Das Resultat ist allemal Unklarheit. Deshalb ist der Märzhase immer auch ein *armer* Märzhase. Denn seine stete Bemühung wird niemals anerkannt. Entweder gilt er als undeutlich und abgehoben, arrogant oder unhöflich, oder man versteht überhaupt nicht, worauf er hinauswollte. Man wird nicht das zu ihm sagen, was der König bei Caroll zum Hutmacher sagt: »You're a very poor speaker.« (ebenda, 147) Ganz im Gegenteil. Er redet viel mehr als andere und allemal besser. Aber die meisten haben das Gefühl, er hätte auf ganz gewöhnliche Weise gesprochen, in einer wohlbekannten Sprache, aber man würde trotzdem nichts wirklich verstehen können. Er ist nicht »arm«, so wie der empfindliche Siebenschläfer arm ist, der nur noch in einem permanent sedativen Zustand an der Teeparty teilzunehmen imstande ist und von den anderen nur ausgenutzt wird. Er ist vielmehr »arm« in dem Sinne, dass seine Bemühungen am Ende ohne Erfolg bleiben müssen und er keinerlei Anerkennung zu erwarten hat. Hutmacher und Siebenschläfer sind noch seine besten Partner inmitten eines deprimierenden Alltags, denn hinter ihrer »Verrücktheit« (im strengen Sinne des Wortes) eint sie immerhin ihre Originalität mit dem Märzhasen. Alice dagegen erscheint als die durchschnittliche »Ritterin vom gesunden Menschenverstand«, die im Unverständnis verharren muss und deshalb keine wirkliche Beziehung zu ihm herstellen kann.

Wir sehen schon worauf es ankommt: Der Philosoph unter den Zaungästen ist recht eigentlich der wahrhaft arme Märzhase. Denn es fällt ihm schwer, erworbenes Wissen und gewonnene Einsicht gesellschaftlich relevant werden zu lassen, ohne als Spielverderber oder abgehobene Person zu gelten, die nur Irritierendes äußert. Mein berühmter mathematischer Kollege vom *Christ Church*

*College* in Oxford (Charles Lutwidge Dodgson, genannt: Lewis Carroll), der ja auch ein Buch über mathematische Logik geschrieben hat, stand dieser Einsicht sehr nahe. Er selbst war gleichfalls vielfältigen Missverständnissen und Unklarheiten ausgesetzt. Nicht, dass er diese nicht auch selbst befördert hätte – gerade seine Beziehung zu jener real existierenden Alice, die in der Literatur verewigt worden ist, kann als beredtes Zeugnis hierfür gelten – aber sein Gespür für eine konkret praktische Alltagslogik jenseits aller wahren (mathematischen) Logiken war umso ausgeprägter. Insofern wurde mir auch in der damaligen angespannten Schlussphase meiner Amtszeit, also meiner Zeit inmitten der Alltagspraxis, klar, dass man nur zu seinen eigenen Zielen zu stehen imstande ist, wenn man permanent daran arbeitet, jenes »Aufklaffen« einer Lücke zwischen diesen beiden Logiktypen verkraften zu können. Man muss diesen Widerspruch auf sich nehmen und akzeptieren (wie Sartre schon sagt), ohne dabei das aus den Augen zu verlieren, was nötig ist, um zum Ziel hinzuführen.

Aber an erster Stelle gilt es daher, dieses Ziel genau zu bestimmen. Und in diesem Sinne muss man darauf ausgehen sich selbst zu erkennen. Was allemal ein schmerzhafter Prozess ist. Deshalb sind auch berühmte Größen in Wissenschaft, Philosophie und Kunst immer solche, die in ihrem innersten Kern nichts weiter sind als ein armer Märzhase. Dieser ist die notwendige, wenn auch nicht zureichende Bedingung dafür, dass das eigene Projekt wirklich gelingt. Dazu gehört auch die realistische Einschätzung des nur scheinbaren Erfolgs, des kurzlebigen, unechten Erfolgs, der angemaßten oder sich-selbst-beweihräuchernden Prominenz, wie sie gegenwärtig in allen Talkshows grassiert und letztlich nur der Anpreisung jener Scheinwerke dient, zu deren Erwerb die Zuschauer überredet werden sollen. (Talkshows sind mithin seit langem zu Promotiontournees des Unwesentlichen geworden.) Im Amt galt immer der Wahlspruch: »Nur die Fähigsten!« Das heißt, nur die Fähigsten wurden auserwählt, um befördert zu werden. Nur die Fähigsten wurden ins Ministerium versetzt, wo sie dann schneller befördert werden könnten als im Amt. Nur die Fähigsten wurden von den Unternehmen, die sie beaufsichtigten, für Vorstandsposten oder als Chef-Mathematiker abgeworben. Und es gab Leute, die immer die Formulierung parat hatten: »Ich habe immer gesagt, wenn einer, dann er...« Nun, die Bilanz am Ende der Karrieren ließ durchaus Zweifel an der Fähigkeit jener Fähigsten aufkommen. Viele Verträge sind plötzlich nicht mehr verlängert worden. In einem besonders spektakulären Fall endete eine solche Glanzkarriere abrupt mit einem selbst gesetzten Schuss. Da soll man noch sagen, die Versicherungsmathematik habe nichts mit Leben und Tod zu tun!

Aber was bleibt bei alldem wirklich? Tatsächlich heißt die Devise immer noch, wie sie schon immer hieß (Sartre hat sie auch bei Flaubert lokalisieren können): »Scripta manent!« (Die Schriften überdauern!) Man kann sie auf all jene Fälle verallgemeinern, die nicht gerade mit schriftstellerischen Tätigkeiten befasst sind, aber auf einer ähnlichen Linie der Produktion liegen. Es kann sich ja auch um andere Werke als Druckwerke handeln. Aber im Grunde bleiben sich alle diese Fälle gleich: Es geht vor allem darum, etwas zu produzieren, das die eigene Individualität inmitten jenes nervtötenden Alltags des Scheins als besondere Struktur hervorzuheben imstande ist. Das in seiner Besonderheit als eben diese Besonderheit ein und für allemal gesetzt wird und die eigene körperliche Existenz überdauert. Das kann in vielerlei Hinsicht geschehen. Aber die offensichtlich dankbaren Gebiete sind in erster Linie eben Wissenschaft, Philosophie und Kunst. Und sehr oft geht es darum, alle drei geeignet zu kombinieren. Wie das gemeint ist, mag ein anderes Beispiel illustrieren helfen, das mit der Stadt Wien verknüpft ist: In seiner Dissertation über das Machsche Prinzip, verteidigt am 27. Februar 1908 an der Universität zu Berlin, zugleich mit Prüfungen in Philosophie, Physik und Mathematik, versucht Robert Musil, eine Synthese dieser drei Gebiete herbeizuführen. In der Einleitung seiner Arbeit weist er darauf hin, dass »[d]ie Philosophie ... heute ihr Verhältnis zu der in so weitem Bereiche aufgedeckten Gesetzlichkeit der Natur, ihre Stellungnahme zu dem alten Suchen nach einer richtigen Fassung des Substanzbegriffes und des Begriffs der Kausalität, zu den Beziehungen zwischen Psychischem und Physischem usw. mit Berücksichtigung aller Mittel und Ergebnisse der exakten Forschung neu zu gestalten« versuche. (Musil 1980, 15) Als der Autor das schrieb, arbeitete er bereits an seinem ersten literarischen Werk (*Der junge Törleß*), und das berühmte Hauptwerk (*Der Mann ohne Eigenschaften*) bereitete sich schon vor. Es ist auch ganz bezeichnend, dass auch seine Promotion nicht ganz reibungslos ablief: Der Doktorvater Carl Stumpf gab die Dissertation in der Erstfassung zur Überarbeitung zurück.

Im Grunde verweist das eine auf das andere: Denn hier stößt der Wirklichkeitssinn auf den Möglichkeitssinn. So wird Musil es zu Beginn seines berühmten Romans ausdrücken: »Wenn man gut durch geöffnete Türen kommen will, muss man die Tatsache achten, dass sie einen festen Rahmen haben.« (Musil 1978, 16) Diese Maxime seines Vaters benutzt der Protagonist Ulrich als Ausgangspunkt für seine Reflexion über den Gegensatz zwischen Wirklichkeitssinn und Möglichkeitssinn, wobei die Maxime den ersteren zum Ausdruck bringt. Er stellt dieser Maxime jene Personen gegenüber, welche Propositionen vom Typ »Hier ist dies oder das geschehen, wird geschehen, muss geschehen...« durch solche vom Typ »Hier könnte, sollte, müsste geschehen...« ersetzen. Und er fährt fort: »Solche Möglichkeitsmenschen leben, wie man sagt, in einem feineren Gespinst, in einem Gespinst von Dunst, Einbildung, Träumerei und Konjunktiven; Kindern, die diesen Hang haben, treibt man ihn nachdrücklich aus und nennt solche Menschen vor ihnen Phantasten, Träumer, Schwächlinge und Besserwisser oder Krittler.« (ebenda) Sie sind unpraktische Menschen, die sich – wir erkennen bereits den Habitus des »armen Märzhasen« wieder – in Handlungen manifestieren, »die [ihnen] etwas anderes bedeuten als anderen, [die sich] aber ... über alles [beruhigen], sobald es sich in einer außerordentlichen Idee zusammenfassen lässt.« (ebenda)

Einerseits bewahrt der Möglichkeitssinn vor der Verzweiflung angesichts der ausweglosen Faktizität, denn, wie es bei Musil heißt, »in jedem Beruf, wenn man ihn nicht für Geld, sondern um der Liebe willen ausübt, kommt

ein Augenblick, wo die ansteigenden Jahre ins Nichts zu führen scheinen.«
(ebenda, 19) Um wieviel mehr entschwinden sie dann erst, wenn man zur Ausübung des eigentlichen Berufs noch gar nicht gelangt ist! (Obwohl dadurch
der letztere weniger abgenutzt wird als es vielleicht sonst der Fall wäre.) Tatsächlich ist nichts erfrischender als anlässlich einer besonders ermüdenden
Abteilungssitzung an philosophische Probleme zu denken und daran, dass alle
Anwesenden wohl schwerlich verstehen könnten, was man da gerade denkt.
Insofern wird die eigene, dem Notwendigen geschuldete Präsenz auch gegen
die Situation als ihre Überschreitung gewendet, recht eigentlich also als mi-
litante Abwehrhaltung gegen das bedrohlich Eindringende der Anderen. Das
rettende Durchhalten erweist sich somit im Grunde als privative Distinktion.

Wir sehen andererseits, wie sich bereits der Erkenntnisgewinn des Ausge-
führten in der Gestalt abzuzeichnen beginnt, dass der wahre Erfolg nur darin
bestehen kann, bei aller auf die Person eindringenden Wirklichkeit, die immer
in Frage steht hinsichtlich des Umstandes, dass sie eher Schein als Sein transportiert, den eigenen Sinn für die Möglichkeit nicht zu verlieren. Das Wirkliche auf das Mögliche hin überschreitend, nur so kann die Welt ohne Selbstauf-
gabe wirksam beschritten werden. Das wusste schon Sartre ebenso wie Bloch.
Es geht also letztlich um eine persönliche Utopie. Und wie man von vornherein weiß, dass Utopien nicht wirklich erreicht werden können, so bewirkt doch
die Ausrichtung des eigenen Weges an der Utopie, dass »unterwegs« Ziele verwirklicht werden können, die unter dem Sinn des utopischen Zieles stehen
und dazu beitragen, eine Menge von verwirklichten Plänen oder Projekten zu
definieren, die tatsächlich als ein *Sinn dieses Lebens* aufzufassen sind.


# IV


Mit dem Frühjahr des Jahres 1995 kam schließlich meine persönliche Abarbeitung am Konflikt zwischen Wirklichkeits- und Möglichkeitssinn zu einem
vorübergehenden Abschluss. Nicht deshalb, weil dieser Zusammenhang hin-
fällig geworden wäre. Hatte er sich doch vielmehr als ein für jede Biographie
konstitutiver erwiesen. Sondern weil er von nun an praktisch zur Berufsausübung selbst erhoben worden war. Auf den ersten Blick manifestierte sich dieser Umstand im eklatanten Anstieg meiner Produktivität. Dem »entfesselten
Prometheus« gleich stürzte ich mich in eine Vielzahl von Projekten, auf die
ich mich jetzt wirklich ganztägig konzentrieren konnte. Dazu eine kleine Sta-
tistik: Ich hatte bis zum Zeitpunkt meiner Berufung nach München, also zwischen 1974 und 1994, rund 150 Aufsätze veröffentlicht. Seitdem aber, also zwischen 1995 und 2010, ist mehr als noch einmal soviel veröffentlicht worden
(darunter gibt es knapp zwei Dutzend Bücher unterschiedlichen Formats, also
eine weit höhere Produktion von Druckseiten – um nur bei der *Quantität* zu
verbleiben). So gesehen, gewann mein seit der Sartre-Lektüre von 1982 ange-
nommenes Motto »Scripta manent« eine ganz neue Konnotation!

Der Punkt ist natürlich, dass das Lehrdeputat an einer Fachhochschule in Deutschland erheblich höher ist als das an einer Universität, tatsächlich mehr als doppelt so hoch. Aber verglichen mit meiner Amtstätigkeit, die im Durchschnitt 38 Wochenstunden mit der Stempelkarte belegte Präsenz erfordert hatte, ob produktiv oder nicht, ist ein solches Lehrdeputat mehr als eine bloße Entfesselung. Und man soll sich nichts vormachen: Auch das interne Leben an einer Hochschule ist nicht das reine Paradies. Denn die Leute dort unterscheiden sich letztlich nur unwesentlich von den anderen. Auch hier trifft man auf Kollegen, die so manchen Verwaltungsbeamten weit in den Schatten stellen würden, was Kleinkariertheit und Freude am Unwichtigen und Irrelevanten angeht. Aber das ist nicht der Kern des Ganzen: Tatsache ist, dass das wissenschaftliche Personal an einer Hochschule keiner Vorgesetztenstruktur unterliegt, wie sie die Hierarchie der Verwaltungsbehörden oder der Leitungsebenen von Unternehmen vorzugeben pflegt. Dadurch wird die Zahl der täglich vorfindlichen Reibungsflächen erheblich vermindert. An einem Fachbereich für Allgemeinwissenschaften, wie es ihn nur an bayerischen Fachhochschulen gibt, wo er praktisch das aus der Mode gekommene *Studium Generale* der früheren Universitäten ersetzt, ist im Übrigen jeder sein eigener Fachvertreter, und es gibt keine störenden Curricula, welche die Lehrveranstaltungen in einen hinderlichen Rahmen zwängen. Tunlichst vermeidet daher auch jeder, wenn er klug ist, andere Kollegen auf der fachlichen Ebene zu kritisieren. Streng genommen, verschafft diese besondere Konstellation der fachlichen Arbeit mehr Freiheit, als es an einem Universitätsfachbereich der Fall wäre, wo man auf gleich ausgebildete Kollegen trifft, die unterstellen, von allem was man so anbietet, etwas zu verstehen.

Andererseits sind die Randbedingungen der Lehre anders zugeschnitten als auf der Universität. Die Forschung hat keinen hohen Stellenwert, es sei denn, ihre Ergebnisse lassen sich über die Vermittlung einschlägiger Firmen explizit in Euro und Cent ausdrücken. Man nennt das modisch »angewandte Forschung« und grenzt diese gegen die Grundlagenforschung ab. Aber eigentlich meint man, sie gegen die »abgewandte Forschung« abzugrenzen. Während die Universitätsforschung behauptet, die »reine« gegen die »unreine« zu verteidigen. Tatsächlich ist beides falsch: Forschung dient offensichtlich stets sowohl der Grundlegung als auch der praktischen Anwendung, denn jede Praxis ist inhärent theoretisch und jede Theorie praktisch. Aber strategische Spielereien dieser Art dienen natürlich in erster Linie dem Aufbau des eigenen »Images« und haben also eher politischen, weniger fachlichen Sinn. Für die philosophische Forschung ist jedenfalls genug Platz im Laufe des Jahres. Und obwohl Tagungsbesuche, Kongressauftritte und dergleichen bisher in der Regel nicht als Dienstreisen verbucht werden konnten, so dass man finanziell hierbei erheblich eingeschränkt war, konnte man doch zureichend präsent sein. Man muss nicht als privat reisender Verwaltungsangestellter daherkommen, von dem es heißt, er würde in seinem Fach bestenfalls »dilettieren«.

Es gibt auch regelmäßig die Möglichkeit, ein *sabbatical* anzutreten, doch ohne Rechtsanspruch. Nur unter Mühen gelingt deshalb ein längerer Auslandsaufenthalt – wie etwa 1999/2000, das ich als Visiting Fellow an der *Clare Hall* in Cambridge (UK) verbrachte. Dieser Aufenthalt, der mir nachträglich das *Life Membership* der Clare Hall bescherte, führte allein durch die Geschlossenheit von Raum und Zeit zum Zwecke der Forschungsarbeit zu außerordentlich produktiven Ergebnissen. Und diese sind natürlich auch nicht ohne Folge für die Lehre an der Fachhochschule geblieben. Gleichwohl wird dieser Bewertungszusammenhang eher selten gesehen, denn der Regelfall des *sabbatical* an einer Fachhochschule ist die Gasttätigkeit bei einer Industriefirma, mit entsprechendem Nebeneinkommen. Die Praxis wird hierbei betont und von der Theorie als detachiert angesehen.

Mein Aufenthalt in Cambridge bewirkte aber zahlreiche neue Kontakte mit Fellows aus aller Welt, die ihrerseits Einladungen folgen ließen. So hatte ich etwa ein Jahr später Gelegenheit zu einem längeren Forschungsaufenthalt an der Universität Bologna. Dort wurde ich sodann an das neu gegründete Wissenschaftskolleg in Bologna eingeladen. Aber ein solcher Aufenthalt dauert typischerweise bis zu einem Jahr. Woher also den Urlaub nehmen? Man sieht schon: Auch hier gibt es kein reines Paradies. Aber das ist nur ein graduelles, kein prinzipielles Problem. Als Amtsbediensteter wäre ich niemals nach Cambridge gekommen. Es ist mir also im Laufe der Zeit gelungen, mich zwischen Pflichten und »Kür« mehr oder weniger einzurichten, dabei den Weg verfolgend, der von Beginn an eingeschlagen war.

In den genannten Veröffentlichungen spiegeln sich mittlerweile zahlreiche Bemühungen wider, das alte Projekt einer ganzheitlichen Annäherung an die Geschichtsphilosophie als einer Theorie sozialer Systeme mit naturwissenschaftlichen Methoden, namentlich mit einer zwischenzeitlich auf mathematische Logik gestützten formalen, gleichwohl qualitativen Sprache (nämlich der Kategorientheorie) fortzuführen. Mit wechselnden Erfolgen. Und rund drei Jahre nach meiner Münchener Berufung ist es mir schließlich auch gelungen, mich an der Universität Kassel mit dem Schwerpunkt Naturphilosophie zu habilitieren. Ursprünglich hatte ich mein Habilitationsprojekt noch in Berlin eingereicht, aber wieder einmal wurde es durch die Intervention eines Kommissionsmitglieds (wie schon im Falle der philosophischen Promotion) verzögert. Nach der Rücknahme des Antrages stand mir der Weg zu einem neuerlichen Versuch offen.

Es war Wolfdietrich Schmied-Kowarzik, der mich in meinem Bestreben entscheidend förderte und meine bereits vorliegende Arbeit in einem Rekordverfahren von nur acht Monaten Dauer zur Habilitation brachte. Ohne die aktive Mithilfe meiner genannten Förderer wäre wahrscheinlich nichts von dem gelungen, was ich im Vorliegenden detailliert entfaltet habe. Ihrer aller praktisches Handeln dient mir bis heute zum Vorbild für die Gestaltung des Verhältnisses zu meinen eigenen Studentinnen und Studenten, den Doktorandinnen und Habilitandinnen in München, in Kassel, in Cambridge, Bologna,

Salzburg, Berlin oder anderswo. Sehr ergebnisreich war zum Beispiel die von Wolfgang Hofkirchner (Wien) initiierte Kooperation, die fünf Jahre lang von der INTAS bei der Europäischen Kommission in Brüssel gefördert wurde und in regelmäßigen Abständen äußerst produktive Zusammentreffen von bis zu 20 Kolleginnen und Kollegen aus den beteiligten Ländern (Russland, Ukraine, Österreich, Deutschland) ermöglichten.

Die Themen der einzelnen betreuten Arbeiten bzw. des Projektzusammenhangs sind dabei gerade jene, die mich seit etlichen Jahren umtreiben: Es geht wesentlich um das Verhältnis zwischen menschlicher Wahrnehmung und der Modellierung der Welt nach Maßgabe menschlicher Reflexion. Das heißt, der ursprüngliche Ansatz hat immer mehr die Konnotation einer Untersuchung bekommen, welche sich auf die Verknüpfung ontologischer und epistemologischer Aspekte von Welthaftem richtet. Anders gesagt, zur ursprünglich technischen Problemstellung ist ein philosophischer Überbau hinzugekommen, der von explizit heuristischem Ausgriff ist, insofern die mathematische Modellierung nicht ersetzen, aber sie begleitend kommentieren und unter ganzheitlicher Perspektive leiten kann.

Im Grunde kommen wir zu einem eher überraschenden Ergebnis: Zwar haben wir festgestellt, dass es tatsächlich ein Leben außerhalb der Universität gibt, aber wir haben auch klar gesehen, dass es vielleicht nicht besonders wünschenswert erscheint, es wirklich zu führen – immer vorausgesetzt, man hat bereits im Laufe des Studiums eine thematische Perspektive entwickelt, die das eigene Bewusstsein »in Beschlag nimmt.« Anders gesagt: Es hat sich gezeigt, dass ein Absolvent (eine Absolventin) eines Universitätsstudiums, namentlich der Naturwissenschaften, auf jeden Fall in der Lage sein wird, unter mannigfaltigen Bedingungen seinen (ihren) Lebensunterhalt zu verdienen, wenn vielleicht auch am Rande der Toleranz (vor allem etwaiger Vorgesetzter). In diesem Sinne kann man getrost auf alle ernsthaften Befürchtungen verzichten. Aber das Problem liegt im Grunde woanders: Die Frage ist nämlich, ob inmitten einer, möglicherweise stark entfremdenden Alltagspraxis, genug Kraft übrig bleibt, um doch irgendwann seinem eigentlichen Ziel wieder näher zu kommen, so nahe wie möglich. Das kann sicherlich nur gelingen, wenn man bei allen Umleitungen nicht die ursprüngliche Richtung aus den Augen lässt.

Niemand hat uns versprochen, dass es einfach sein wird, unsere Ziele zu verwirklichen. Aber die Ausbildung selbst (und man muss daran denken, dass trotz aller Bildungsinflation die hier besprochene Form der Ausbildung immer noch das Privileg einer Minderheit ist!) verpflichtet auch zur Unbeirrbarkeit. Die Umsetzung des so Erlernten in der Praxis ist nichts weiter als eine gesellschaftliche Funktion. Und die Absolventen der höchsten Bildungsinstitutionen, die unser Kulturkreis zu bieten hat, sind in diesem Sinne Funktionäre der Gesellschaft. Man kann vielleicht, in Abwandlung einer Formulierung Sartres, sagen, dass wir »zur gesellschaftlichen Schizophrenie« verurteilt sind. Denn die wenigen, öffentlich sanktionierten und vor allem langfristig finanzierten Plätze für Funktionäre (Professuren und vergleichbare Positionen) stehen nicht allen gleichermaßen offen. Gleichwohl ist die Besetzung dieser Positionen nicht mit einem objektiven Qualitätsurteil verbunden: Die konstitutiven Prinzipien sind allemal »Seilschaft« und »Mediokrität«.

Deshalb sollte man sich nicht persönlich getroffen fühlen, wenn man nicht zu den wenigen Auserwählten gehört. Ganz im Gegenteil: Das beweist im Grunde nur, dass man weder auf eine Seilschaft angewiesen, noch medioker ist. Was will man mehr? Aber man hat eine Möglichkeit, die vielen anderen Menschen verschlossen ist: Streng genommen, steht alles offen, was jemals (auf diesem Planeten) in Raum und Zeit gedacht worden ist. Dafür sorgt der Zugang zu unerschöpflicher Literatur und das Training, das uns allen ermöglicht, mit dieser Literatur umzugehen. Es bedarf nur einiger Beharrlichkeit. Vielleicht kann man das noch am ehesten als »radikale Subversion« bezeichnen: sich auf die eigenen geistigen Wurzeln zurückbesinnend, die Widrigkeiten der Alltagspraxis unterlaufend, seine gesellschaftliche Funktion auszuüben, auch wenn die Gesellschaft sich dagegen sträubt. Schon bei Flaubert hieß es einst: »Wer verliert, gewinnt.«

## Literatur

**Theodor W. Adorno,** Dialektik der Aufklärung. Gesammelte Schriften III, Frankfurt/M. 1981

**Isaak Asimov,** Foundation, (Band I bis III) München o.J.; (Band IV bis VI) London 1988ff.

**Lothar Baier,** Was wird Literatur?, München 2001

**Lewis Carroll,** Alice's Adventures in Wonderland. Through the Looking Glass, London 1980

**Lloyd deMause** (Hg.), Hört ihr die Kinder weinen. Eine psychogenetische Geschichte der Kindheit, Frankfurt/M. 1977 (1974)

**Herman Kahn, Anthony J. Wiener,** Ihr werdet es erleben. Voraussagen der Wissenschaft bis zum Jahr 2000, Gütersloh 1967

**Reinhard Mohr,** Zaungäste. Die Generation, die nach der Revolte kam, Frankfurt/M. 1992

**Robert Musil,** Der Mann ohne Eigenschaften. Roman. Gesammelte Werke Band I-V, Reinbek 1978

**Ders.,** Beitrag zur Beurteilung der Lehren Machs, Reinbek 1980 (Dissertation 1908)

**Jean-Paul Sartre,** Kritik der dialektischen Vernunft. Übers. Traugott König, Frankfurt/M. 1967 (1960)

**Ders.,** Der Idiot der Familie. Gustave Flaubert 1821-1857. Übers. Traugott König, Frankfurt/M. 1979 (1972)

**Kip Thorne,** Gekrümmter Raum und verbogene Zeit, München 1994 (1993)

**Rainer E. Zimmermann,** Aufbruch im Untergang oder Die Praxis als Denunziation der Theorie, in: VorSchein 18/19, Berlin 2000, 11-31

**Ders.,** Sprache und Bedeutung. Grundsätze zu einer politischen Praxis bei Thomas Paine, in: Sic & Non 1994/1998; http://www.cogito.de/sicetnon/artikel/sozial/paine.htm.

Eduard A. Wiecha

# Der Pate Humboldt

Für Peter, Janina und Olivia

## 1. Worte und Taten – von Meister zu Faust

### Wilhelm Meister

Er ist ein neugieriger, offenherziger, gelehriger Junge. Das Elternhaus, wohlge-ordnet, hat in ihm zwei Fähigkeiten geweckt, die seinen Weg bestimmen: Ge-zähmte Lebenslust und beharrliches Streben. Als Versuchsperson stellt sich ihm nun die Aufgabe, beides im Interesse eines höheren Ideals zusammen-zuführen. Der Erfolg ist durchaus ungewiss. Gelänge das Projekt, würde es die Möglichkeit bürgerlicher Menschenplanung bestätigen und beflügeln. In Erfüllung einer »konkreten Utopie« wäre damit gewissermaßen ein neuer, gleichsam formvollendeter Menschentypus inmitten eines alten, erst noch zu erneuernden Gemeinwesens geschaffen.

Auf nichts Geringeres laufen *Wilhelm Meisters Lehrjahre* hinaus. Ihr Au-tor hat das Werk 1796 veröffentlicht, als man aus der idyllischen Ruhe der deutschen Kleinterritorien staunend auf die andere Seite des Rheins blick-te. Dort hatte soeben eine veritable Revolution die alten Ordnungen wegge-fegt. Entsprechend behutsam setzt Goethe an. Wilhelms Vater und »Meister« – der Name suggeriert vorbildliches handwerkliches Können – betätigt sich als prinzipientreuer, aber auch repräsentationsfreudiger Kunstsammler. Ge-fühlsäußerungen ordnet er der Erziehung des Sohnes unter. Dieser soll ein tüchtiger, rationell handlungsfähiger Kaufmann werden. Schon als Kind ar-beitet er im Kontor des Nachbarn mit. Dort hat er in Werner einen Freund, der nicht nur seine Schwester ehelichen wird, sondern ihm gegenüber auch unverdrossen die Vorzüge der »doppelten Buchhaltung«, von Erwerbsgeist, »Spedition«, »Spekulation« und »Zirkulation« ausmalt (Teil I, 31f.). Die »Erobe-rung« (I, 32) fremder Länder durch den Handel gilt diesem Praktiker der Bür-gerlichkeit als Akt friedlich-legitimer Zivilisierung und Mittel zur Steigerung von Glück durch Vermögen. Wilhelm jedoch hat andere Wünsche. Die Mutter, seine geheime Verbündete, weckt in ihm früh die Lust am Puppenspiel und damit seine spätere Theaterleidenschaft. Die erste Dramenszene, die ihn fas-ziniert, ist die von David und Goliath. Wilhelm lernt das Textbuch auswen-dig, sobald er seiner habhaft wird. Sodann rezitiert und verkörpert er den nur scheinbar schwachen Helden, dessen Wagemut über die rohe Gewalt des Wi-dersachers triumphiert. Im Zuschauerbeifall erfährt er eine tiefe Befriedigung. Bald wächst er, durch Phantasie und Neugier beflügelt, über die »kleine Welt«

(vgl. I,17; 18) der Familie und ihres Milieus hinaus. Heimlich verliebt er sich in eine junge Schauspielerin, entdeckt »unter den Büchern des Großvaters die Deutsche Schaubühne und verschiedene italienisch-deutsche Opern« (I,18), wirkt sodann als Laienspieler bei Ritter-, Komödien- und Trauerszenen mit.

Um der familiären Enge zu entfliehen, geht er auf Reisen. Den leidenschaftlich-realistischen Bühnenfiguren Shakespeares gehört seine Bewunderung. Schließlich findet er als Berufsschauspieler ein Auskommen. Seine Herkunft verleugnet er nicht. Selbstzweifel ob der gemachten einseitig-ästhetischen Erfahrungen führen ihn immer wieder zurück zum väterlichen Auftrag, sich in den »Handelsgeschäften« (I,68) zu üben. Das Theater bleibt ihm Spielwiese für Körper und Geist, wo sich »das Gute, Edle, Große« verwirklicht, in »aller Freiheit einer losgebundenen Einbildungskraft« (I,92) und über Standesgrenzen hinweg. Zunehmend widmet sich »unser Held« (wie ihn der Erzähler nennt) auch der tätigen Nächstenliebe gegenüber Armen und Benachteiligten. Er tritt in »die große Welt« (I,135; 144) ein, lernt »das vaterländische Theater« (I,133), die verfeinerte Lebensart des Adels und die Nähe edler Frauen kennen. Die Namen seiner weiblichen Idole und Liebschaften sind Programm: Mariane, »die Gräfin«, Philine, »die schöne Amazone«, Mignon, Aurelia, Therese, Nathalie. Seinen Lern-Weg geleitet über alle Anfechtungen hinweg eine philanthropische Geheimgesellschaft, die sich ihm erst am Ende zu erkennen gibt. Sie möchte ihn befähigen, aus freien Stücken »das Notwendige, das Nützliche, das Wahre« (I,135) zu wählen und »in ein tätiges Leben überzugehen« (I,170).

So macht er sich auch die Ideen des Abbé zueigen, eines französischen Erziehers und Rousseau-Jüngers. In ihrem Zeichen ist er selbst zur vernünftigen Persönlichkeit gereift, fähig, »jeder flüchtigen Neigung (..) [zu] widerstehen« (I,250). Eine wichtige Maxime lautet allerdings auch: »Neigungen und Wünsche« (II,130) der zu Erziehenden zu respektieren, ihnen Irrtümer und Einsichten zu ermöglichen und sie gleichzeitig im Interesse des Humanen vor Selbstüberhebung zu bewahren. Trotz allen programmatischen Ernstes und kunsttheoretischen Eifers kommt die Erzählung nicht schwerfällig daher. Dafür sorgen die schillernd-sinnlich ausgestaltete Welt des Theaters, die eigenwilligen, ja exotischen Nebenfiguren, eine spannende, an unerwarteten Wendungen und Details reiche Handlung, nicht zuletzt die bis heute lebendige Sprache. Wilhelm selbst strahlt neben Charakterfestigkeit vor allem Glaubwürdigkeit aus.

In seinem idealistischen Experiment, dem Höhepunkt des deutschen Bildungsromans, unterschlägt Goethe auch nicht die Gefahren, die es bedrohen. Das Schlusskapitel führt bis an die Grenzlinie des Scheiterns heran. Der Bildungsgang seiner Versuchsperson hat Jahrzehnte in Anspruch genommen. In die Zeit der Bewährung überleitend, kommt er nur zu einem vorläufigen Abschluss. Einzig der anhaltende Schutz der elitären Gesellschaft des »Turms« hat es Wilhelm ermöglicht, den Konflikt zwischen Kunst und Leben für sich zu bewältigen. Sein Ziel, ein freier, sprich: glücklicher, dabei entscheidungs- und tatenfreudiger Mensch zu werden, erreicht er nur um den Preis des Verzichts.

Er gibt schließlich das Schauspieler- und Künstlerleben, diese Scheinwelt von Versuch und Irrtum, auf, um sich ganz seinen Pflichten als Familienvater und Gutsherr zu verschreiben. Mit Nathalie steht ihm eine Frau zur Seite, die weniger erotische Fülle als ein Höchstmaß an Harmonie und Zuverlässigkeit ausstrahlt. Auch sie ist letzten Endes Produkt und Teil der Turmgesellschaft. In deren Versammlungsraum, dem »Saal(e) der Vergangenheit« (II, 239), einer Mischung aus Tempel, Galerie und Bibliothek, sind die Bildungswege ihrer Mitglieder dokumentiert.

Hier wird auch die Kunstsammlung von Wilhelms Großvater aufbewahrt, wodurch sich dem ehemaligen Zögling sein von langer Hand vorbereiteter Erziehungsweg als erfahrungsgesättigte Versöhnung mit der Hinterlassenschaft der eigenen Familie erschließt. Aus diesem Archiv erhält er den »Lehrbrief« (II, 200) überreicht, eine Art Reifezeugnis mit integriertem Leitfaden zur weiteren Beherzigung. Damit wird ihm nunmehr jenes Maß an gefestigter, uneigennütziger Gesinnung bescheinigt, dessen er für seinen Brückenschlag zwischen »Wort« und »Tat« (ebenda) bedarf: zwischen der Sprache als sinnhaftem Material zur Erschließung von Welt und als primärem Medium des menschlichen Mit- und Gegeneinander, sowie deren Konsequenz im wissend-(mit)fühlenden Handeln (dem *Logos*, aktiviert in praktischer *Humanitas*).

Der Held hat die Seite gewechselt, ist von der Rolle des Lernenden in die des »Menschenerziehers« (II, 198) geschlüpft. Doch ebnet sich damit der Widerspruch zwischen adeliger und bürgerlicher Gesellschaft keinesfalls ein, wie er in der Biografie Wilhelms von Beginn an virulent war. Sein unsichtbar gelenkter Weg hat ihn über das Theaterspiel (Ästhetik), die Begegnung und das Zusammenwirken mit Menschen verschiedener Art und Herkunft (soziale Praxis), sowie die Erwerbstätigkeit (Ökonomie) zurückgeführt in eine »kleine Welt« höheren Grades, eine Position der Verantwortung für die ihm anvertrauten Personen seines Hauswesens. Der im Privaten angestrebte und ein Stück weit erreichte »historische Kompromiss« der Stände bleibt, im größeren Rahmen betrachtet, trügerisch. Wilhelm selbst hat es in seinem frühen Brief an Werner vorhergesehen. Nur dem Edelmann mag es gelingen, all seine Fähigkeiten hin zur »öffentliche(n) Person« (II, 13) zu entfalten. Der Bürger dagegen ist per se in der Ausformung seiner Persönlichkeit eingeschränkt:

> Jener soll tun und wirken, dieser soll leisten und schaffen; er soll einzelne Fähigkeiten ausbilden, um brauchbar zu werden (...). An diesem Unterschiede ist nicht etwa die Anmaßung der Edelleute und die Nachgiebigkeit der Bürger, sondern die Verfassung der Gesellschaft selbst schuld (...).    (ebenda)

Diese Aussage weist auf einen Zustand verschärfter Arbeitsteilung und Fremdbestimmung voraus, wie ihn die Industrialisierung des 19. Jahrhunderts quasi zum Gesetz erheben wird. Sie legt ihre Hand bereits in die Wunde der realen Verhältnisse um 1800. Die Französische Revolution hat vor den Toren der deutschen Kleinstaaten haltgemacht. Ein friedlicher Ausgleich zwischen den Ständen erscheint vorübergehend und punktuell noch möglich. Die Turmgesellschaft lässt sich als eine Art vorweggenommenes Modell diesbezüglicher Bemühungen im nachnapoleonischen Preußen lesen. Doch kommende Veränderungen ahnend, verlagern deren Hauptakteure bereits ihre ökonomischen wie humanitären Pläne von der unsicheren nationalen auf die vielversprechendere (schon damals!) globale Ebene. Der Elitezirkel betreibt nach Wilhelms Absolution also seine eigene Auflösung, um in andere Teile der Welt auszuschwärmen und dort zu investieren. Jarno, einer der Mentoren der Hauptfigur, erläutert den Zusammenhang mit Blick auf seine Mitstreiter, von denen sich einer (Lothario) aktiv am amerikanischen Unabhängigkeitskrieg beteiligt hat:

> Wir assekurieren uns untereinander unsere Existenz, auf den einzigen Fall, daß eine Staatsrevolution den einen oder den anderen von seinen Besitztümern völlig vertriebe. Ich gehe nun hinüber nach Amerika, um die guten Verhältnisse zu benutzen, die sich unser Freund bei seinem dortigen Aufenthalt gemacht hat. Der Abbé will nach Russland gehen (...). (II, 261)

In Deutschland bleibt die althergebrachte politische Ordnung von »Oben« und »Unten« auf absehbare Zeit intakt. Den Status quo, das Feudalwesen, durch einen dauerhaften Systembruch zu überwinden, damit Bürger und Adelige gleichberechtigt ihre kulturellen Vorzüge entfalten und in die Waagschale legen könnten, gehört ins Reich von Wunsch und Vision. *Wilhelm Meisters Lehrjahre* sind auch ein großartiger Zeitroman, der eine geschichtliche Wendeperiode mitsamt ihren Nah- und Fernverhältnissen lebendig macht. In diesem beweglichen Rahmen entwirft er sein Erziehungsmodell, das so nur in der konfliktarmen Gesellschaft eines überschaubaren Fürstentums (Vorbild: Sachsen-Weimar) funktionieren kann, welches von der Wucht sozialer Revolten (vorerst) noch unberührt blieb.

Es ergibt sich eine erste verallgemeinernde Schlussfolgerung: Die Idee der *Bildung* samt ihrem frühen Real-Konzept, im Roman glaubhaft vorgeführt, vermag im Glücksfalle unbeschädigte, darum auch exemplarische Individuen hervorzubringen. Ihnen stellt sich die Aufgabe eines Wirkens, das imstande ist, den Verhältnissen zum Trotz an seinem sozialen Grundmotiv festzuhalten. Perspektivisch braucht es für dessen erzieherische Umsetzung institutionell und politisch verbürgte Freiräume. Solange eine günstige öffentliche Ordnung fehlt, bleibt den Protagonisten die Möglichkeit allgemeiner »Menschenerziehung« verwehrt.

Dass Goethes späte Arbeiten und darüber hinaus die ernstzunehmenden deutschsprachigen Bildungsromane (auch des 20. Jahrhunderts) ihre ganze Anstrengung darauf richten, Ersatz-Wege aus diesem Dilemma zu ergründen, verwundert nicht. Entweder sie proben den Rückzug in Scheinwelten, oder sie führen in gesellschaftskritischer Absicht vor, wie schwierig, ja unmöglich die Suche nach alternativen Lösungen ist. Der Hinweis auf zwei markante Beispiele muss genügen. Stifters *Nachsommer* (erschienen 1857) entfaltet im abgeschiedenen Raum der österreichischen Voralpen und dort eines Berghofes ein Modell vorsichtigen menschlichen Miteinanders. Sein Realitätsgehalt bleibt in auffallender Weise hinter dem des Wilhelm Meister zurück. Die Akteure haben sich mühsam auf einer statischen Reife- und Einsichtsstufe etabliert, wo sie von autodidaktisch erworbenen, ästhetisch getönten Welt- und spezialisierten Natur-Kenntnissen zehren. Die althergebrachte Balance zwischen Männern (zuständig fürs Öffentlich-Politische) und Frauen (betraut mit der häuslichen Fürsorge) wird peinlich genau eingehalten und erzeugt konfliktfreie, jedoch auch zwanghafte Nah-Verhältnisse. Erfahrungen sind nur noch im Mikrokosmos gesammelter und abgetöteter Kulturfragmente zugelassen. Hinter diesem Schutzmantel lauert bedrohlich die unheile Wirklichkeit. Freilich gewinnt der Roman in großartigen Detailschilderungen, auch Dank seiner sperrig-präzisen, dem Gedankenentwurf kongenialen Sprache ein ganz eigenes Profil. Dass die dabei evozierten Lebensweisen nur gleichsam begnadeten Einzelpersonen zugute kommen und zudem in Resignation enden, scheint unvermeidlich.

*Der Grüne Heinrich* von Keller (Erstfassung 1855) ist ein Werk zeitgemäßeren Zuschnitts. Es erzählt den versuchten und dann scheiternden Aufbruch eines jungen Mannes aus der provinziellen Enge der Schweiz ins Künstlermilieu der aufstrebenden Stadt München. Eine Serie wirtschaftlicher Misserfolge, persönlicher Enttäuschungen und (immerhin) klarer Selbsteinsichten kennzeichnet seinen Weg. Statt zum geachteten Maler bringt es dieser Anti-Held gerade noch zum Gelegenheitsarbeiter. Seine Rückkehr in die Heimatregion treibt ihn weiter in die Ernüchterung hinein. Ob Unfähigkeit zur Liebe oder – wie in der zweiten Fassung von 1880 – Eintritt in den Staatsdienst: Das einzig befreiende Moment bleibt seine schonungslose Sicht auf die durch Unrecht und Rückständigkeit deformierten Verhältnisse.

Goethe selbst zieht in seinem Alterswerk die weit reichendsten Konsequenzen aus dem »Weimarer« Bildungskonzept. In *Wilhelm Meisters Wanderjahre oder die Entsagenden* (von 1821/1829) macht er erst gar nicht den Versuch einer Fortsetzung der *Lehrjahre*. Die Handlung führt Einzelmotive weiter, lotet restriktive Spielräume aus, wie sie wissenden Individuen auf der Grundlage des gesellschaftlichen Status quo verbleiben. Dort geht es ihnen darum, für sich und die »nahen« Mitmenschen eine erfüllte Lebensführung zu erreichen. Ihre Initiativen richten sich auf die Spezialisierung beruflicher Kenntnisse und die kontemplative Bezugnahme auf sichere Werte. Wilhelm lässt sich zum Wundarzt ausbilden. Sein Sohn Felix erhält seine Erziehung in einer umhegten »pädagogischen Provinz«. Mit einer Serie Gedankenmaximen und Lebensregeln illustrierender Novellen gelangt Bewegung, wie sie die *Lehrjahre* kennzeichnete, zum Stillstand.

### Faust

Ihre erneute Möglichkeit ergründet auf radikal ernüchternde Weise das zweiteilige *Faust*-Drama (1808 und 1832 veröffentlicht). An ihm hat der Autor wie an den *Meister*-Romanen im Grunde sein Leben lang gearbeitet. Verlauf und Resultat der Handlung stehen hier unter umgekehrten Vorzeichen. Die finstere Hauptfigur schreitet in einem doppelten Irrweg eine Reihe lebens- und kulturhistorisch situierter Stationen ab – gleichsam in einer Rückwärtsbewegung von der Bildung zur Barbarei. Jedes Mal fehlt es ihr an vernünftiger (Selbst-)Begrenzung. Der sich beschleunigende Gang ins Verderben mündet so in enthemmte Zerstörungswut und damit auch mitten in die Widersprüche unserer modernen Welt. Goethe gelingt im Medium einer grandiosen Menschheits-Tragödie eine visionäre Darstellung des Untergangs der Bildungsidee unter dem Diktat inhumaner Determinanten.

Am Ende seiner enzyklopädisch angelegten Studien klassischer Universitäts-Disziplinen (Philosophie, Recht, Medizin, Theologie) und der vergeblichen Suche nach einer Art Welt-Formel zweifelt Faust, der Gelehrte, an sich selbst und an jeder Möglichkeit des Wissens. Auch Magie und Alchimie vermögen ihm nicht zu helfen. Für das naiv-religiöse Weltvertrauen einfacher Menschen und Bürger, mit dem er sich am Ostertag konfrontiert, hat er nur Verachtung übrig. Als er zum fatalen Entschluss kommt, sich vom »Wort« ab und der »Tat« zuzuwenden (Verse 1224ff.), steht er schon unter dem Einfluss seines Alles verneinenden, teuflischen Verführers. In Form einer Wette und in der Gewissheit, seine Rastlosigkeit nicht auch nur für einen Augenblick zu verlieren, verschreibt er sich unkontrolliertem Aktionismus. Eine zweifache Lebensreise führt ihn zuerst in die »kleine«, dann in die »große« Welt (2052): die des ersehnten, doch nicht erfüllbaren Liebesglücks (Teil I des Dramas) und die grenzenloser Machtausübung (Teil II). Beide Male fällt er seiner ungestillten Gier zum Opfer und hinterlässt eine Spur der Zerstörung. Er verführt Margarete (Gretchen) und überantwortet die geschändete Kindsmörderin nach einem hilflosen Rettungsversuch dem Scharfrichter.

Der zweite Teil der Tragödie gerät vollends zum von allen guten Geistern verlassenen Welt-Theater. Die ungleichen, unheimlichen Brüder Faust und Mephistopheles finden sich am mittelalterlichen Kaiserhof ein, um sich das Recht zur Ausbeutung von Bodenschätzen zu sichern. Sie säen Zwietracht und sehen zu, wie das Reich sich in einer Art Bürgerkrieg zugrunde richtet. An Schauplätzen antiker Mythologie, sekundiert von allegorischen Gestalten, rütteln sie an Fundamenten abendländischer Kultur. Mit Helena, einst weiblicher Spielball der Mächte im Kampf um Troja, bindet Faust vorübergehend den Inbegriff klassischer Schönheit an sich. Doch auch der Antike-Reigen erweist sich als illusionäres Hirngespinst. Nach dem gescheiterten Liebes-Projekt bleibt dem Unersättlichen als letzte Steigerung der berechnende Wahn uneingeschränkter Dominanz über Natur und Menschen. Im Hochgebirge schmiedet er Pläne zum Aufbau eines Wirtschaftsimperiums: »Herrschaft gewinn ich, Eigentum! / Die Tat ist Alles, nichts der Ruhm.« (10187f.) Land muss genommen, das Meer eingedämmt, »Krieg, Handel und Piraterie« (11187) Profit steigernd betrieben werden. Ungerührt nehmen die teuflischen Bündnispartner den Tod von ihnen verdingter Arbeitskräfte in Kauf. Gewaltsam beseitigen sie Philemon und Baucis – das Häuschen des alten Ehepaars und Beispiels gütiger Genügsamkeit stand als letztes Bollwerk ihren Eroberungsphantasien im Wege. Auf die Hybris folgt der Fall. Naturbeherrschung schlägt um in Naturvernichtung, der vorgebliche Kampf für ein besseres Leben der Massen in deren Versklavung. Faust erblindet und verendet im »höchsten Augenblick« (11586) eines Fiebertraums kolonialer Tyrannei. Heute kennen wir dieses Verhängnis und erblicken im Urheber (und Opfer) des Untergangs uns selbst:

> ... es ist die reine Macht, Herrschaft pur, in uneingeschränkter Totalität, in der sich die Moderne wiedererkennt und selbst anerkennt; in ihrem Spiegel, dem Bild der allumfassenden Kontrolle über Natur und Mensch, der prinzipiellen Machbarkeit von allem, genießt sie – genießen wir »im Vorgefühl von solchem hohen Glück« (11585) – die ›schöne neue Welt‹, die sich niemand mehr schuldet, nur noch dem Menschen, uns selbst. Faust ist – wir, die Techniker und Macher der Moderne sind – selbst gottgleich geworden: »nicht in Aeonen untergehn« (11584) kann unser Tun. (Krippendorff, 125)

An Weitsicht und Gestaltungskraft kommen dem Goetheschen Werk vor allem zwei spätere literarische Schöpfungen nahe, die sich der Allegorie als wichtigstem Darstellungsmittel bedienen: Charles Baudelaires Lyrik-Stücke *Les Fleurs du Mal* (Die Blumen des Bösen; von 1857), die auf den Trümmern des alten Paris ein morbid-modernes Lebensgefühl ausströmen, sowie Günter Grass' Roman *Die Blechtrommel* (von 1959), der den Terror der ab 1933 inszenierten deutschen Katastrophe im Alltags-Stakkato seziert.

Eine zweite verallgemeinernde Schlussfolgerung lässt sich ziehen: Der Versuch der Selbstbildung in einzelkämpferischer Pose und ohne Maß und Ziel muss misslingen. Die Erkenntnis der Wirklichkeit allein schützt nicht vor verhängnisvollen Defiziten. Sie droht sogar in monströse, Humanität gänzlich aushöhlende Dimensionen abzugleiten. Da moderne Gesellschaften und ihre Mitglieder dieser Gefährdung stets ausgesetzt sind, stellt sich die Frage nach stabilisierenden, soziale Energien fördernden Instanzen. Um in der Gefahr das Rettende zu finden, braucht es ein Bewusstsein davon, was der Bildungsgedanke heute noch vermag. Auf der Basis oberflächlicher Zwecksetzungen und partikularer Interessen, wie sie die Debatten unserer Tage kontaminieren, ist es nicht zu haben. Schon deshalb lohnt sich ein erneuter Blick auf die euphorische Frühphase des Konzepts.

## 2. Bildung – ein langlebiges Praxismodell

### Wilhelm von Humboldt

In philosophisch-systematischer Hinsicht ist *Bildung* ein unscharfer Begriff. Gerade dieser Umstand hat ihm seine theoretische wie praktische Wirkungskraft mitgegeben. Sie steht ohne Beispiel in der deutschen (und europäischen) Kultur da. In seiner ausgreifenden historisch-semantischen Studie legt Georg Bollenbeck den doppelten Prozesscharakter des »Deutungsmusters« offen: als Angel- und Zielpunkt eines diskursiven Feldes, daneben als institutionell anschlussfähige Handlungskategorie. Darin finden Erziehungsziele der Spätaufklärung – »Nützlichkeit, Wohlfahrt und Glückseligkeit« (Bollenbeck, 145) – Eingang, samt ihrer im Neuhumanismus um 1800 erfolgten Erweiterungen; etwa um die Begriffe »der Zweckfreiheit und Selbstkultivierung, der Individualität und Totalität«. (ebenda) Zum herausragenden Sachwalter des Konzeptes macht sich Wilhelm von Humboldt. Er vertritt Ideen, die auf Leibniz, Herder, Rousseau, Kant und den Weimarer Kreis um Goethe und Schiller zurückgehen und deren Realitäts-Tauglichkeit zuvor schon im *Wilhelm Meister* literarisch durchgespielt wurde.

Schon um 1785 verkehrt er zusammen mit seinem jüngeren Bruder Alexander in aufgeklärten Berliner Salons. Bildung gerät unter dortigen Einflüssen zum frühen Leitmotiv der Lebenswerke beider. Alexander wird mehr die biologisch-organische, Wilhelm die geistig-kulturelle Seite der Medaille herauskehren. (vgl. Geier 2012, 344ff.) Später ist dieser in Rom als Diplomat tätig. Er verachtet die Bürokratie. Nur widerwillig akzeptiert er die ihm zuhause angetragene Regierungsstelle. Zwischen Februar 1809 bis Juni 1810 zeichnet er für die preußische Erziehungsreform verantwortlich. Als man ihm nach 16 Monaten seine Kompetenzen beschneiden will, reicht er den Rücktritt ein. Dennoch gelingt ihm in dieser kurzen Zeit ein Epoche machendes Werk. Ihm liegt die Sondierung eines praktikablen Weges am Herzen, auf dem die heranwachsenden Individuen ihre persönlichen Potenziale ständeübergreifend, eigenverantwortlich und möglichst vollständig auszuformen vermögen: »als zweckfreie Aneignung der Welt von innen heraus, als unabgeschlossener Prozess, Resultat und Maßstab (...).« (Bollenbeck, 148)

Der allgemeinen Zielsetzung liegt auch ein banger »deutscher« Blick auf die Vorgänge im westlichen Nachbarland zugrunde. Die Geisteselite zwischen Rhein und Ostsee steht der dort gepredigten Fortschritts- und Perfektibilitäts-Doktrin, dem Pariser revolutionären (und gewalttätigen) Übereifer, wie auch dem sich abzeichnenden Durchbruch schrankenlosen ökonomischen Gewinnstrebens eher kritisch gegenüber. Ihre alternativen Akzentuierungen sind nicht weltfremd, sondern auf fundamentale Weise um Integration bemüht: die eigene Gesellschaft in ihrem Status quo schützend und doch von »unten« her neu gestaltend. Der Rousseauschen Zivilisationsskepsis stellen sie eine optimistische Grundhaltung entgegen. Die freie Betätigung im frühliberalen Sinne vermag ihr zufolge humane und humanitäre Selbstbestimmung zu befördern, solange die kultivierenden Maßstäbe der Kunst und der Wissenschaft gewahrt bleiben. Handwerk, Handel und Technik sind in diesem Rahmen der Zielvorstellung förderliche Betätigungen. Wo die deutschen Intellektuellen das Gewissen betonen, schließen sie an das handlungsnahe Religionsverständnis des (protestantischen) Pietismus an; wo sie dem Leistungswillen Tribut zollen, tragen sie der aufstrebenden Bürgerschicht Rechnung; wo sie den sozialen Nutzen hervorheben, berücksichtigen sie die Notwendigkeit konkreter, sprich: beruflicher Qualifizierung für die kommende Generation.

## Friedrich Schiller

Als gedankliche Spitze dieser »Bewegung« schält sich das Programm »Ästheti-sche Erziehung des Menschen« heraus. Schiller formuliert es 1795 in seinen so betitelten Briefen. Drei Jahre vorher hat das revolutionäre Frankreich den Au-tor als bekennenden Anhänger des Freiheitsideals und »Sieur Gille« zu seinem Ehrenbürger – *Citoyen Français* – ernannt. Doch nach dem dortigen Königs-mord an Louis XVI (Anfang 1793) geht dieser auf Distanz, schockiert und bestä-tigt durch die zunehmenden Gewaltexzesse der *Terreur*. Er ist prinzipiell für die Republik, aber gegen die Herrschaft eines manipulierbaren Pöbels. Fort-an lehnt er die Revolution ab und verficht die konkrete Utopie einer länger-fristigen kulturellen Erneuerung seines Landes. Wesentliche Orientierungsbe-griffe, wie sie vornehmlich bei den geistigen Protagonisten zwischen Jena und Weimar kursieren, bringt er in eine neue Ordnungsfolge. Die in der Kunst er-möglichte Erfahrung kann demnach beim Einzelmenschen zur inneren Ge-wissheit menschenwürdiger Freiheit führen. Die Bereitschaft zu roher Gewalt vermag sie zu senken. Die »Ausbildung des Empfindungsvermögens« (Brief 8, 86) ist gegenüber der des Verstandes vorrangig. Sie gebietet auch der ent-fremdenden Fragmentierung der Lebens- und Arbeitswelt Einhalt, durch die »ganze Klassen von Menschen nur einen Teil ihrer Anlagen entfalten« (6, 78).

Schiller entwickelt eine doppelseitige Lösungsstrategie. Zunächst zeichnet er (Kant in entscheidender Weise konkretisierend) den Umriss einer Theorie des Spiels. Sein Fazit:

> Man wird niemals irren, wenn man das Schönheitsideal eines Menschen auf dem nämlichen Wege sucht, auf dem er seinen Spieltrieb befriedigt. (...) Denn, um es endlich auf einmal herauszusagen, der Mensch spielt nur, wo er in voller Bedeutung des Wortes Mensch ist, und *er ist nur da ganz Mensch, wo er spielt.*
> (15, 106f.)

Die Maxime enthält keine unmittelbar politische Dimension, ist jedoch als pädagogischer Impuls institutionell anschlussfähig. Der Autor ist sich dieses Umstandes bewusst:

> Schiller bestimmt den Begriff des Spiels als Freiheit vom Zwang und als Gegen-satz zum bloß nützlichen Handeln, genauer: zu einem Handeln, das seinen Zweck nicht in sich selbst, sondern außer sich hat.
>
> Was tun wir eigentlich, wenn wir spielen? Bei der Beantwortung dieser Frage gerät Schiller tief in die Kulturanthropologie, und das muß auch so sein, weil sich dort nämlich zeigen lässt – Schiller ist einer der ersten, der darauf hingewiesen hat – daß der Weg von der Natur zur Kultur über das ›Spiel‹, und das heißt, über Rituale, Tabus, Symbolisierungen führt. Es wird dem Ernst der Triebe – Sexuali-tät, Aggression – und den Ängsten vor Tod und Krankheit und Verfall etwas von ihrer zwingenden, freiheitsberaubenden Gewalt genommen.    (Safranski, 413f.)

Er zögert nicht, die Obrigkeit in die Pflicht zu nehmen. An sie ergeht indi-rekt die Aufforderung, nicht nur für Recht und Gesetz, sondern für einen

»ästhetischen Staat« (Brief 27, 147) zu sorgen. Damit ist in idealistischem Gewand ein durchaus revolutionärer öffentlicher Anspruch formuliert: »Freiheit zu geben durch Freiheit« (ebenda), damit »das Ideal der Gleichheit erfüllt« (27, 149) werde. Die darin eingeschlossene ultimative Selbstbeschränkung der Behörden im Erziehungswesen, anders gewendet: die Aufgabentrennung zwischen einem gewährenden und schützenden Staat und einer autonom handelnden Gesellschaft hat im Übrigen Humboldt bereits 1792 in einem Memorandum angeregt.

### Reform

Ohne Preußens Niederlage gegen die Armeen Napoleons wäre es wohl bei dem Appell geblieben. So aber rücken nach 1806 tief greifende Veränderungen der Staatsorganisation und damit auch des Erziehungssystems in greifbare Nähe. Es ist im Wesentlichen Karl Freiherr vom Stein, der sie als »Leitender Minister« vorantreibt und dabei das Tabu der Übernahme französischer Errungenschaften nicht scheut. Es kommt zur Agrarreform (mit Abschaffung der Leibeigenschaft), zur Städtereform (unter Garantie der Eigenverwaltung und Gewerbefreiheit), nicht zuletzt zur Verwaltungsreform (mit einer Ministerialstruktur nach Pariser Muster). Mit der Umgestaltung des Bildungswesens soll sich die Öffnung des gesamten Reformwerkes zu den Menschen hin vollziehen. Dies auf der Basis genuin »deutscher« Grundsätze. Dabei gelingt es Humboldt, vorliegende Konzepte (besonders des Theologen Schleiermacher und des Philosophen Fichte) und eigene Vorstellungen in eine Reihe institutioneller Maßnahmen überzuführen. Im Gewirr der Interessen und vor dem Hintergrund äußerst knapper finanzieller Mittel kann er sich immerhin auf eine (vielfach kolportierte) Losung des Königs berufen: »Der Staat muß durch geistige Kräfte ersetzen, was er an physischen verloren hat«. (zit. nach Geier 2009, 267)

Die erste Neuerung gilt der Elementarbildung. Sie wird an die allgemeine Schulpflicht, die in Preußen prinzipiell seit 1717 besteht, und an die fortschrittliche Pädagogik des Schweizers Pestalozzi angebunden. Diese betont die umfassende geistig-sittliche, aber auch praktisch-handwerkliche und körperliche Erziehung der Kinder. Entsprechend dem Titel der zentralen Denkschrift Humboldts (von Ende 1809) folgt als zweites Projekt »die innere und äußere Organisation der höheren wissenschaftlichen Anstalten in Berlin«. Dazu zählt der Aufbau von Gymnasien »humanistischer« Ausrichtung. Sie werden als Orte vorbereitender akademischer Bildung konzipiert. 1810 wird das *Staatsexamen* für ihre Lehrer (»Philologen«) eingeführt und deren Ausbildung an die Universität delegiert. Der neue akademische Abschluss gilt bald als Voraussetzung für den Eintritt in den von Grund auf modernisierten »höheren« Beamtendienst. Die anspruchsvollen Qualifikationskriterien gehen zuletzt auch auf die Prüfungen für »freiberufliche« Akademiker (Ärzte und Juristen) über. Der Weg durch Höhere Schule und Studium zeichnet nicht gekannte soziale Aufstiegsmöglichkeiten vor. Mittelfristig wächst eine emanzipationsfähige bürgerliche »Bildungsschicht« heran:

Bei der Lehramtsprüfung wird »das alte Ideal der ›Gelehrsamkeit‹ vom neuen Ideal der ›Bildung‹ abgelöst. Es verlangt, im Geiste der Reflexion auf das Ganze der Welt und des Lebens, vom Kandidaten Kenntnisse in den philologischen, historischen und mathematischen Fächern (...).

Auch »kann sich ein neues, antiständisches Leistungsethos durchsetzen, das eine fast religiöse Hingabe an die ›Bildung‹ verlangt, das auf Selbstdenken und Selbsttätigkeit zielt, das sich auf Wissen und Geist und nicht auf Besitz und Herkunft beruft. (...)

Die propagierte Zweckfreiheit wird sich für die ›gebildeten Stände‹ als zweckmäßig erweisen. Im Namen des Allgemeinen können nämlich partikulare Interessen formuliert werden. (Bollenbeck, 179; 181; 182)

Den Schlussstein des Systems stellt die Berliner Modell-Universität dar. Durch die 1807 eingetretenen Gebietsverluste sind von den acht preußischen Universitäten nur noch die in Königsberg und Frankfurt/Oder übrig geblieben. Die von Humboldt für die neue Alma Mater gefundene Organisationsform erweist sich als so viel versprechend, dass sie auch auf die beiden anderen Neugründungen in Bonn und Breslau, sowie (in den Folgejahrzehnten) auf die Universitäten in allen deutschen Territorien außer Österreich übertragen wird. Bereits 1810 öffnet das Berliner Haus seine Pforten. Die deutsche Hochschullandschaft gerät zum international beachteten Erfolgsmodell. Um 1830 hat Berlin Paris als »Mekka der Gelehrten aus aller Welt« (Rüegg, 29) abgelöst; um 1900 ist sein Rang als »Ideal der modernen Forschungsuniversität« (ebenda) gefestigt. Bis ins spätere 20. Jahrhundert, in den USA (bei den Elite-Hochschulen bis heute), bleibt das Modell wegweisend, trotz aller Veränderungen im Detail.

Worin liegt das Erfolgsgeheimnis des neuen Hochschulprofils? Zunächst sorgt Humboldt für die Berufung herausragender Gelehrter: Wolf (Klassische Philologie), Fichte (Philosophie) und Schleiermacher (Theologie), Savigny (Jura) und Hufeland (Medizin) sind die ersten Ordinarien und gleichzeitig Dekane. Sie garantieren ein denkbar hohes wissenschaftliches Niveau und sorgen für den Aufbau autonomer, von Staat und Kirche nicht beeinflusster Fakultäten. In diesen gelangt das Ideal der Zweckfreiheit von Wissenschaft zum Durchbruch. Die ordentlichen Professoren fungieren als Spitzen einer fachlichen Hierarchie und bestimmen die inhaltliche, methodische und organisatorisch-personelle Ausgestaltung der Wissensermittlung und -vermittlung. Die übrigen Lehrpersonen (Magister) und die Studenten verfügen über kein formelles Mitspracherecht. Auf der zentralen Verwaltungsebene werden die Instanzen des Senats und des Rektors von der Gesamtheit der Professoren nach dem Repräsentationsprinzip gewählt und besetzt. Der Staat finanziert die ganze Einrichtung. Außer der damit verbundenen wirtschaftlichen Kontrolle beansprucht er für sich die Rechtsaufsicht und die Disziplinargewalt. Die Professoren sind als besoldete Beamte dem staatlichen Ordnungsrahmen verpflichtet. Insgesamt schält sich ein Kompromissmodell zwischen Selbstverwaltung und Staatsaufsicht heraus. Auch das frühliberale Bürgertum kommt durch den anwendungsbezogenen Anteil der Wissenschaft auf seine Kosten. Eine Reihe höherer Fachschulen in Berlin werden von Beginn an als Fakultäten eingegliedert. Der Vorgang wiederholt sich im Übrigen gewissermaßen nach 1970 bei der Gründung der deutschen Fachhochschulen, freilich unter den Vorzeichen einer Entlastung und Spezialisierung zugunsten der sog. Massenuniversitäten.

Das System funktioniert. Seine Originalität zeigt sich darin, dass es die Einheit und Freiheit von Lehre, Studium und Forschung nicht unterdrückt. Das neuhumanistische Ideal persönlichkeitsorientierter Bildung bleibt mit ihm prinzipiell durchsetzbar. In der ersten Phase dominiert zudem die Philosophische Fakultät den »Geist« der Gesamtuniversität. Sie schiebt allzu forschen Fachegoismen einen Riegel vor. Zum Ende des Gründungsjahres 1810 gehören ihr die Hälfte von insgesamt 24 besetzten Professuren an. In der Praxis spielt sich jenes bemerkenswerte personelle Miteinander ein, das die Hierarchie öffnet und den universitären Arbeitsalltag dauerhaft, noch das ganze 20. Jahrhundert hindurch, prägen soll:

> Forschendes Lernen und wissenschaftliches Denken bilden den Schwerpunkt der neuen Institution. Appelliert wird an die Selbsttätigkeit der Studenten, von denen argumentatives Denken und selbständiges wissenschaftliches Arbeiten verlangt werden. Deshalb sollen sie sich nicht mehr auf Vorlesungsnachschriften beschränken, sondern in Seminaren lernend forschen, sollen schriftliche Arbeiten verfassen und dafür auch die Bibliothek benutzen dürfen.          (Bollenbeck, 181)

Wilhelm von Humboldt gibt die bis heute aktuell anmutende Losung von der »Autorität des Zweifels« (Frühwald, 12) aus – Wegweiser einer Wissenschaftspraxis, die sich als kontinuierliche Suche und diskursives Ringen um eine niemals abgeschlossene Wahrheit begreift. Er wird von seinem Bruder Alexander, jenem eminenten Forscher und Kosmopoliten, unterstützt, der dieses Prinzip noch 1829 als Maxime auch für Naturwissenschaftler bestätigt. Zu dieser Zeit hat sich die Universität jedoch bereits hin zu einer (groß)bürgerlichen Eliteschmiede verhärtet. So fordern die gesellschaftlichen Zeichen der Zeit ihren Tribut. Der preußische »Frühling« dauert ohnehin nicht lange. Die *Karlsbader Beschlüsse* von 1819 haben sein Ende eingeläutet. Sie ziehen eine Reihe von Maßnahmen zur Eindämmung liberaler Freiheiten nach sich. »Staatsbeauftragte« sorgen für die zunehmende politische Disziplinierung der Hochschulen. Missliebige Professoren können entlassen, studentische Vereinigungen aufgelöst werden. In der Zeit vor und nach der 1848er Revolution verstärken sich die repressiven Eingriffe der Obrigkeit. Einzig eine mehr und mehr dem Spezialistentum verschriebene Wissenschaft bewahrt sich ihre relative Eigenständigkeit, wobei sie sich allerdings immer mehr in den Dienst industrieller Bedürfnisse stellt. Die Wissenschaftssparten driften unwiderruflich auseinander. Die Bildungsidee sieht sich gleichsam immanent in Frage gestellt. Die Philosophie alten Zuschnitts verliert dabei ihre Rolle des Garanten übergreifender Begründbarkeit akademischen Denkens und Tuns:

Als spekulative, von Ideen abgeleitete Philosophie glaubte sie die Wissenschaft als Ganzes in einem Gedankensystem abbilden und wahrheitsstiftend wirken zu können. Quelle des Erkenntnisprozesses war das schöpferische, autonome Individuum. Durch das Aufkommen der Naturwissenschaften erfuhr dieses jedoch eine fundamentale Erschütterung. Die Naturwissenschaft mit ihrer induktiven Vorgehensweise drängte die deduktive Philosophie sukzessiv an den Rand. Sie forderte nachvollziehbare, empirische Beweise. Im Zentrum stand nicht länger das autonome Individuum, sondern die Erkundung des autonomen Gegenstands mit den ihm immanenten Gesetzmäßigkeiten. (Burtscheidt, 60)

Um 1840 entstehen die ersten mathematisch-naturwissenschaftlichen Fakultäten. Die Geisteswissenschaften scharen sich ebenfalls zusammen und grenzen sich nach außen ab. Sie sind fortan mit dafür verantwortlich, dass die Bildungsidee zum überheblichen »Kernstück deutschen Selbstbewusstseins« (Fuhrmann, 51) degeneriert. Zu gerne fungieren sie als Gedankenfabriken für nationalstaatliche (und nationalistische) Bestrebungen. Immer mehr Einzel-»disziplinen« wenden sich exklusiv-fachspezifischen Gegenständen und Verfahrensweisen zu. Anwendungsbetonte Einrichtungen grenzen sich von solchen ab, die der Grundlagenforschung vorbehalten sind. Es schlägt die Stunde der Ingenieure. Das Studium technischer Fächer gibt »bildungsfähigen« Kindern aus Nicht-Akademiker-Familien die Chance zur Qualifizierung für den sozialen Aufstieg. Um 1900 werden die Technischen Hochschulen den Universitäten gleichgestellt. Sie erhalten neben dem berufsspezifischen *Diplom*-Abschluss ein eigenes Recht zur Nachwuchsbildung per Promotion. Die Unübersichtlichkeit des Betriebes führt zur Organisation von Lehre und Forschung über einen ausufernden Bürokratieapparat, gegliedert nach Instituten und (später) Studiengängen.

Die relative (vor 1914) und absolute (ab 1933) politische Gleichschaltung der Universitäten und der außeruniversitären Forschungsstätten, ihre heillose Verstrickung in Totalitarismus und Staatsverbrechen, danach ihre allzu schleppende Erneuerung – diese historischen Vorgänge bleiben hier ausgespart. Selbstverständlich ging der Bildungsgedanke nicht unbeschädigt daraus hervor. Doch er überlebte, schon deshalb, weil seine integrierenden Möglichkeiten weiterhin ungenutzt blieben. Zielen sie doch im Kern auf die Erfüllung unveräußerlicher menschlicher Bedürfnisse in einer vielgestaltigen Gesellschaft. Nicht den soziologischen Etikettierungen vom »Durchbruch des gesellschaftspolitischen Denkens«, von der »Erlebnisgesellschaft« oder der »nivellierte[n] Massengesellschaft« (Zitate: Fuhrmann, 52; 57; 66) ist primär anzulasten, dass heute umfassende Bildung in den Hintergrund rückt. Vielmehr ist es die Kontinuität der »Reform«-Misere, in der sich andauernd politisches Versagen ausdrückt. Weder im Schul- noch im Hochschulbereich gelingt es – sofern überhaupt der Wille besteht –, die Institutionen dem Leitbild vom selbst bestimmten Menschen in einer sich demokratisch legitimierenden Gesellschaftsordnung anzupassen. Trotz internationaler Menschenrechtserklärungen, Grundgesetz und unaufhörlichem medialem Gemurmel

aus Lippenbekenntnissen und Expertenvorschlägen für bessere »Bildungs«-
und Wissenschaftspolitik reicht es nur zu faulen Kompromissen, lähmenden
Eingriffen des Staates, kurzatmigen und rein ökonomisch motivierten Priori-
tätensetzungen.

**Reform-Miseren**

In den Jahren nach 1945 gibt der Widerstand alter Eliten den Ausschlag für den
restaurativen Kurs der von den Alliierten angestoßenen Öffnung. Es kommt
zur Wiederherstellung Humboldtscher Wissenschaftsfreiheit samt inneruni-
versitärer Selbstverwaltung, jedoch im Zeichen überkommener Ordinarien-
herrschaft. Derweil schrumpft das »Bildungsbürgertum« im Sog des »Streben[s] nach Besitz und Wohlstand, nach Freizeit und Konsum« (Bollenbeck,
305/306) zur vernachlässigbaren Größe. Nach 1968 dienen die »antiautoritä-
re« Jugendrevolte, der »Bildungsnotstand« und die zu bewältigende Massen-
universität der Politik als Vorwand, Humboldtsche Hinterlassenschaften nur
noch unter dem Aspekt von Ressourcen und Berufschancen zu betrachten,
ohne je dem Gebot sozialer Chancengleichheit zu genügen. Die Experimente mit neuartigen Einrichtungsformen wie Gesamtschule, Gesamthochschule
oder Forschungsuniversität versickern im Sumpf von Föderalismus-Streitig-
keiten, Gruppeninteressen, Bürokratieorgien und (vorgeblichen) Finanznöten.
Mit der letzten, um 2000 weithin ohne Einbeziehung der Beteiligten auf den
Weg gebrachten Reformwelle gelangt die ein halbes Jahrhundert andauernde
Phase zu einem unrühmlichen Abschluss.

Der aktuelle Stand der Dinge ist rasch skizziert. Er wird erneut unter erfah-
rungsgesättigten Vorzeichen zur Sprache kommen. Mit dem sog. *Bologna*-Pro-
zess im Hochschulwesen und den *Bachelor-/Master*-Studiengängen (B. A./M. A.)
als Kernstück wurde die jüngste Mogelpackung geöffnet. Statt versprochener
Wohltaten wie Europäisierung, Entbürokratisierung, Qualitätssteigerung des
Studiums, Mobilität und Professionalität der Studierenden hält sie das glatte Gegenteil bereit; auch für Lehrende und Forschende. Seit einem Jahrzehnt
erleben wir ein Drehen an organisatorischen Stellschrauben, verbunden mit
der Angleichung der Hochschulstruktur an die von Wirtschaftsbetrieben, der
Verwechslung von Marketing mit Qualitätsförderung. Der Staat verabschiedet
sich von seiner Verantwortung, entlässt die Institutionen in eine Schein-Frei-
heit, die von den Verwaltungen vereinnahmt wird.

Alternative Konzepte kommen offenbar nur Wenigen in den Sinn. Die (gewollte) Minderqualifizierung der Studenten und auf Uni-Ebene die das Gros
der Einrichtungen schädigenden »Exzellenzinitiativen« verstärken die Des-
orientierung. Der Vorgang entpuppt sich als gigantische Sparmaßnahme. Ihr
Ziel: Berufsausbildungsstätten und Reparatureinrichtungen für das ebenfalls
nach »unten« nivellierte Schulwesen (Stichwort: *G8*) zu schaffen. Das Level der
B. A.-Absolvent/innen taugt für mittlere Tätigkeiten als Sachbearbeiter, Techniker und Dienstleister. Die M. A.-Abschlüsse ähneln dem früheren Diplom
oder Magister, erreichen aber aufgrund des Zeitdrucks kaum die Dimension

selbst gesteuerten, wissenschaftsrelevanten Arbeitens. Höhere Qualifizierungen sollen nur noch Wenigen zugute kommen.

Anstatt vorschnell europäische Angleichungen zu feiern, hätte man über die Grenzen blicken können. Abiturientenquoten von 70 Prozent und mehr, dazu Kurzstudiengänge, gibt es etwa in Frankreich (und in Großbritannien), wo seit den 70er-/80er Jahren die universitäre Autonomie als abgeschafft gelten kann. Nirgends in Europa sind die Zahlen junger, arbeits- und hoffnungsloser Akademiker und, parallel dazu, Befunde sozialer Desintegration so erschreckend wie dort.

Die »Reform« folgt neoliberalen Grundsätzen. Im Innersten zielt sie auf die Liquidierung der Ansprüche einer »Bildung durch Wissenschaft«, sowie einer »Bildung als Bürgerrecht«. (Münch, 297; die Schwächen dieser Tendenzen erscheinen hier unter den Stichworten »Kartell, Monopol und Oligarchie«, »Machtverteilung«, »symbolische Kämpfe«, »Rhetorik der Exzellenz«) Inzwischen ist die »Reform der Reform« eingeläutet, um die schärfsten Exzesse zurückzunehmen. Vielleicht wird der Enthusiasmus Einzelner noch etwas bewegen, etwa mit gemeinsamen Studienangeboten von Hochschulen/Universitäten verschiedener Länder.

Sich vor diesem Hintergrund auf Humboldt zu berufen, mag schwärmerisch oder zynisch erscheinen. Doch lässt sich der Bildungsgedanke nicht abwürgen. Im Gegenteil: Seine Rehabilitierung und Neubewertung drängt sich auf – als Gegenmodell zum allenthalben praktizierten Stückwerk bürokratischen Herumkurierens an (vagen) Symptomen. Ob und wie er sich durchzusetzen vermag, entscheidet sich ohnehin nicht auf der »hohen« institutionellen Ebene. Die Weichen für liebevoll und solidarisch begleitete Lebenswege werden früh gestellt.

## 3. Kindheitsdrama mit Auflösung

### Reigen

Von einer glücklichen, weil geglückten Kindheit darf berichtet werden. Einem theatralischen Reigen aus menschlicher Nähe, dem »runden« Milieu zwischen Haus und Dorf, Wegen ins Freie, aufgesogenen Erzählungen, überstandenen Gefährdungen, nicht erzwungenen Erfahrungen. Von meinen frühen Jahren sind einzelne benennbare Bilder geblieben. Episoden gedehnter Zeit, die sich mir im Nachhinein zu sinnhaften, oftmals heiteren Szenen zusammenfügen. Ausladende Gesten, lustvolle Erprobungen, wiederkehrende Handlungen. Vertrauen und Lebensfreude jenseits erwachsenen Erziehungs-Terrors. Gesichter, Farben, Geräusche, Gerüche. Am Ende das notwendige Hereinbrechen des Ernstes, bis zum ersten Riss. Dramen enden entweder tragisch oder komisch. Doch im modernen Lebens-Spiel tun sich zeitweilig dazwischen Schwebezustände auf. In ihrem Sog lohnt dann der Versuch, die bisherige Barriere mit einem »So-Nicht-Weiter!« kreativ zu durchbrechen.

Die Umgebung war ländlich-bäuerlich ausgeformt. In den Fünfzigerjahren ge-währten sich die Menschen auch im bayerischen Schwaben zwischen Donau und Lech eine Verschnaufpause nach den Schrecknissen des Krieges und vor der Hektik des Wirtschaftswunders, das seine Krisen schon im Gepäck hatte. Noch erstreckte sich der Horizont der Wahrnehmung und der Wünsche des Kindes über wenige Kilometer; vom Wald im Osten bis zu den Hügeln hinter dem Nachbardorf im Westen. Der bebilderte Eintrag im Heimatkundeheft der dritten Klasse beglaubigt es, wo es heißt: »Die Sonne geht über dem Birket-le auf und steigt immer höher, bis sie den höchsten Punkt erreicht hat. Dann sinkt sie wieder. In Unterthürheim geht sie unter. Sie braucht einen ganzen Tag.« Eine kindliche Formel vom Glück. Vorsichtig wird sie um weiter weisen-de Texte und Zeichnungen ergänzt: »Unser Hügel«, »Blick vom Gipfel aus«, »Eine Straße wird gebaut«, »Über das Dorf hinaus«, »Stadt und Land ernäh-ren einander«. Ein paralleler Eintrag, diesmal aus der »Großen Welt«, findet sich im Buch *Deine Heimat* (in den Fünfziger Jahren für 1,20 DM vertrieben). Hier offenbart eine wunderbar naive Geste des Betrachters, wie eine Existenz im Windschatten der Ereignisse zur Gnade geraten kann: »Im Herbst 1805 zog Napoleon an Buttenwiesen vorbei ...«.

Streifzüge der Phantasie. Das Bild, mit dem ich mir als vielleicht Fünfjähri-ger das Ende der Welt gleich hinter der westlichen Anhöhe ausmale, ist scharf gezeichnet. Öde und freudlos sieht es aus, ohne Bäume, Häuser, Tiere, Men-schen; ein lichtloses Meer wogt dort, braun, schlammig, abgrundtief. Ob ich den *Genesis*-Bericht schon einmal vernommen habe? Hier jedenfalls ertönt sein verstörender Vorklang: Am Anfang war die Erde wüst und leer. Jahre spä-ter soll sich sogar die Zeitverkehrung bewahrheiten, wenn im Jenseits hinter dem Hügel die Erwachsenen-Wirklichkeit anbricht. Noch spiele ich selbstver-gessen vor der Trauerweide am Bach, der den Garten säumt. Bunte Kiesel glei-ten mir zwischen den Fingern hindurch und schlagen im Gekräusel der Wellen auf, bevor sie unter Schlingpflanzen und Blutegeln verschwinden. Um mich herum ein Tanz von Eidechsen, Heuschrecken, Libellen. Da setzt der Gewitter-regen ein. Der Bach schwillt an zum reißenden Strom. Im Keller steht manns-hoch das Wasser. Die Feuerwehr schließt die hämmernde Pumpe an. Erwach-sene waten in Stiefeln durch einen See. Der Holztrog, von mir gesteuert und Kleinkram bergend, wird zur Arche.

Hinter dem Tagtraum lauert der Schrecken. Doch stets winkt ein Zufluchts-ort. An einem späten Sommernachmittag bahne ich mir auf der gegenüberlie-genden Wiese einen Pfad durchs brusthohe Gras. Plötzlich surrt es wild von al-len Seiten; es ist, als wolle es mir Kopf, Arme und Beine wegfressen. Ich bin in ein Wespennest getreten, renne schreiend zum Haus. Die Mutter pflückt mir die Insekten aus Haaren, Ohren, Augenwinkeln, Ärmeln. Ich liege stundenlang still, von kühlenden Umschlägen und ihrer beruhigenden Stimme bedeckt. Schwere Träume. Am anderen Morgen die Wiedergeburt. Sie haben kaum zu-gestochen. Einmal schickt mich die Mutter zum Brotholen. Die Bäckerei liegt an der Hauptstraße. Vom warmen, duftenden Laib umgarnt, setze ich mich auf einen Sandhaufen, beiße das Brot an den Ecken ab, vergesse, was um mich herum geschieht. Eine Stunde vergeht. Die Mutter sorgt sich, bricht auf, findet mich versunken im Schlaraffenland.

Diesseits des Zauns erstreckt sich der Hühnerhof. Das fröhliche Pfeifen der Küken, das geschäftige Gackern der Hennen, das herrische Stolzieren der Hähne. Im Frühjahr schütteln wir morgens die Maikäfer vom Apfelbaum – ein Festessen für das Federvieh. Im Herbst kommt der Nachbar, um für uns ein, zwei »reife« Exemplare zu schlachten. Ihr Schreien durchdringt mich bis auf die Knochen. Schon tot, bäumt sich der kräftige Hahn auf und fliegt ohne Kopf ein letztes Mal bis zum Gartentor. Die Küche dampft. Die Frauen rupfen das Geflügel. Zu Mittag kocht die Suppe im Topf, vom Strudel gelber Fettaugen durchströmt. Einmal im Jahr ist Schlachttag vor der Scheune des Nachbarn. Auch hier der morgendliche Todesruf des Schweins. Das Tier wird zerteilt. Sein Fleisch siedet im Kessel. Die Bewohner der umliegenden Häuser stehen zusammen, diskutieren. Wir laben uns an Blut- und Leberwürsten. Ich bin beim Füttern und Melken der Kühe dabei, sehe zu bei der Geburt der Kälbchen, sitze beim Einholen des Heus stolz auf dem Wagen, werfe Korngarben in die stampfende Dreschmaschine. Auf dem Feld darf ich den nagelneuen Traktor lenken. Da drehe ich das Steuer zu rasch herum, die eiserne Deichsel blockiert und verbiegt sich. Der Wagen liegt schief in den Furchen. Der Schaden ist groß. Ich fühle mich schuldig. Aber der Tadel fällt milde aus. Meine Mutter erfährt nichts. Ich gehöre zur Bauernfamilie.

An den Sonntagnachmittagen rücken die Verwandten an. Die Kaffeetafel in der Mitte des Wohnzimmers ist weiß gedeckt. Die Kinder – außer mir fünf Cousins und Cousinen – sitzen am niedrigen Nebentisch und spielen Karten. Die Gespräche der Erwachsenen drehen sich um Arbeit und Freizeit. Der Onkel macht Späße und erzählt von Reiseerlebnissen in Italien. Er ist Fotograf, zeigt Dias und flimmernde Filme, in denen er mit der Tante am Meeresstrand promeniert, vor Palästen posiert und von Hügeln herabwinkt. Er hat das erste Auto meines Lebens. Ich sehe mich hinter dem Fahrer sitzen und ihm bewundernd über die Schulter schauen, wie er die Kurven meistert und draußen die Berge vorüberziehen. Von dort, genauer: aus Südtirol, ist der Vater des Großvaters, den wir nur von einem vergilbten Foto her kennen, zugewandert. Die Heimat der Großmutter ist das Allgäu. Mir wird es zum Inbegriff der Ferne. Regelmäßig verbringe ich dort die Ferien, im Haus des anderen Onkels, der eine kleine Landwirtschaft, einen Lebensmittelladen und eine Tankstelle besitzt. Die Mutter hilft im Geschäft. Ich geleite die braunen Kühe morgens auf die Weide und abends wieder zurück. Ich zähle die Fahrzeuge, es sind täglich Hunderte, suche in einem Heftchen mit den Autokennzeichen nach ihrer Herkunft: Kempten, Ulm, Nürnberg, Frankfurt. Auch der Vater ist immer unterwegs. Er kommt nur an den Wochenenden nach Hause. Seine improvisierten Geschichten von Antek und Franzek, den beiden Lausbuben mit ihren nimmermüden Ideen und Streichen, entführen mich nach Schlesien. Sie nehmen Lebens-Beispiele vorweg, wie ich sie mir ein paar Jahre später, selber lesend, von *Max und Moritz*, dem *Struwwelpeter* und den Figuren in *Grimms Märchen* aneigne. Mein erster Meistererzähler hat das Land seiner Eltern mit siebzehn Jahren verlassen, um es nie wieder zu sehen. Seine Irrfahrt ging an die Front in Russland und von dort »in letzter Sekunde« zurück in ein Lazarett der Voralpen und ins zerstörte München, wo er in den Armen der Mutter strandete. Die Geografie meiner Herkünfte hat stets meine Neugier beflügelt, das Suchen nach Orten, die Selbstverständlichkeit, da und doch weit weg zu sein.

## Heldinnen

Im Haus regieren die Frauen. Sie haben es im Leid des Krieges gelernt. Und die Pflege der Wunden, der eigenen wie der fremden. Zwei der drei Brüder meiner Mutter sind früh gestorben; der eine 1937 bei einem Motorradunfall, bevor er in die Uniform gezwängt werden konnte; der andere 1943 an der Ostfront. Ihr Sohn soll beide im Namen lebendig erhalten: Eduard Alfons. Wie sich die finsteren Jahre auf dem Land niederschlagen, erfahre ich von der Großmutter. Es gab keine äußere Not. Der Gemüsegarten, das Hausschwein, die Hühner, vor allem aber der Großvater sorgten für die Zufuhr an Lebensmitteln. Er muss als Briefträger ein Talent für Kontakte gehabt haben. Gegenüber den Bauern der umliegenden Dörfer leistete er Botendienste. Dafür steckten sie ihm reichlich Eier, Würste, Butter und Mehl zu. Die Großmutter wiederum schnürte unentwegt Pakete mit ess- und verwertbaren Gegenständen, für die Söhne im Krieg, für Verwandte und Bekannte. Auf einem erhaltenen Zettel listet sie in gestochen alt-deutscher Schrift allein zwischen November 1942 und April 1943 sechsundfünfzig Sendungen auf. Die stolze Bilanz gliedert sich nach Adressaten, Gewicht, Inhalt. Sieben davon sind »retur gekommen«, ohne ihr Ziel zu erreichen. Art und Form der Zusammenstellung lassen die fürsorgliche Wohltäterin erkennen. Minutiös und unbeirrt verwandelt sie den Mangel in ein Füllhorn des Menschlichen: Kuchen, Honig, Stollen, Lebkuchen, Plätzchen, Zucker, Hähnchen (»Gogl«), Geräuchertes, Würstchen, Taschentücher, Spiegel, Bleistift, Brille ...

Während der letzten Kriegsjahre flüchteten die Augsburger Verwandten immer häufiger in den Bombennächten zu uns. Wie die kaum zwanzig Kilometer entfernte Stadt Donauwörth brannte, ließ sich vom Sportplatz aus beobachten. Im Dorf gab es eine Judengemeinde, Händler, von denen bis heute die stattlicheren Häuser zeugen. Mit den ›Christen‹ lebten sie seit Jahrhunderten Tür an Tür. Meine Mutter zündete am Sabbath für eine Familie gegen Trinkgeld das Herdfeuer an. Dann wurde von »Rassenschande« geredet. Etliche sind rechtzeitig nach Amerika geflohen. Die anderen, wohl an die fünfzig, holte man in Viehwagen ab. Meine Großmutter beobachtete das menschenverachtende Treiben. Wie sie mir erzählte, begehrte niemand auf. Die Habseligkeiten der Juden ließen die Nazi-Bürokraten in der Synagoge, meiner späteren Volksschule, horten und verscherbeln. Viele der Dorfbewohner, an der Spitze der katholische Pfarrer, standen dem Regime gewiss skeptisch bis ablehnend gegenüber. Die Jüngeren jedoch konnten sich dem zwischen Lockung und Drohung inszenierten Sog nicht entziehen. Meine Mutter erzählte vom Reichsparteitag in Nürnberg als einem ihrer größten Erlebnisse, und wie der Medienstar Hitler sie als Mädchen in seinen Bann zog. Mein Vater trat mit 17 Jahren in die *Waffen-SS* ein, deren finstere Rolle jüngst durch prominente Geständnisse an die Öffentlichkeit kam. In seinen zaghaften Berichten war von gemein und hinterrücks operierenden »Partisanen« die Rede. Eigene Taten blieben ausgespart. Jetzt brachte mich sein Schattenboxen, muskelbepackt vor dem Spiegel dargeboten, zum Lachen. Dem ansonsten gesprächigen Onkel, vormals Offizier im Hauptquartier der besetzten polnischen Königsstadt Krakau, später Dorfschullehrer, war nichts zu entlocken.

Im Frühling 1945 ging der Spuk zu Ende. Die in den Familien verbliebenen alten Männer ernannte man zu Statisten in einer Posse namens *Volkssturm*. Sie sollten die Sieger aufhalten. Der Großvater saß als Beobachter am Dorfrand. Auf einmal dröhnten *die Amerikaner* in Panzern über die Hügel. Sie nahmen die jämmerlichen Verteidiger fest. Das sprach sich herum. Großmutter kam die rettende Idee. Sie schickte ihren vom Krieg zurückgekehrten Sohn mit dem Fahrrad los. Als Gymnasiast hatte er Englisch gelernt. So verhandelte er mit den GIs und führte den Großvater glorreich heim. Ich wurde zu spät geboren. Die Währungsreform war eine Woche alt. Darum bekamen die Eltern nicht mehr das »Kopfgeld« von 40 D-Mark. Zum Glück übte die Mutter zuhause ihr Metier als Schneiderin aus. Ich sehe sie an unendlich langen Nachmittagen an der Nähmaschine sitzen und die tackernde Spule mit den Beinen betätigen. Auftritt, in bunter Parade, der Frauen des Dorfes, die permanent unsere Küche bevölkern. Derweil setzt die Virtuosin der Nadeln Stoffteile zusammensetzen, gibt Ratschläge, bereinigt Fältchen, vergrößert Ausschnitte, verkürzt Röcke. An den Abenden studiert sie Modekataloge.

Die Großmutter ist ruhender Pol, materielle und geistige Mitte, lebendes Familienarchiv. Sie zieht die Hühner auf, kocht meine Lieblingsspeisen. Ihr (verschlossener) Süßigkeitenschrank im Schlafzimmer, aus dem sie Handwerker und andere Helfer entlohnt, wird meine begehrte Wundertüte. Als Kundin sitzt sie vor meinem Holzkaufladen mit dem Schiebefenster. Dahinter wiege ich Rosinen, Dörrpflaumen, Nüsse ab. Auf den Fertigpäckchen posiert neuer deutscher Stolz: *Messmer, Birkel, Persil.* Die Registrierkasse klingelt, gefüttert mit Reichsmünzen und Inflationsscheinen. Zwei Billionen Mark für ein Seifenstück: eine Kleinigkeit. An schönen Nachmittagen steuert Oma mit mir im Sportwagen den Park des Nachbardorfes an. Im Kiosk trinke ich meine erste, rote Limonade. Sie politisiert, durchschaut die Machenschaften »der da oben«, führt Tagebuch. Anderen hilft sie beim Verfassen von Behördenbriefen. Sie hinterlässt Schubladen voller feiner Stickereien – Kissenbezüge, Decken, Wandbehänge, Vorhänge. Ihr kalligrafisch gestaltetes »Monogrammheft« zeigt, welche Mühe und Präzision sie im Dienst an der Schönheit textiler Schrift entfaltete.

Gerne erzählt sie aus ihrer Kindheit, vom täglichen, winterlichen Schulweg, bei Dunkelheit über drei Kilometer mit einer Laterne durch mannshohen

Schnee. Wie sie als Älteste der vierzehn Geschwister stets für die Jüngeren verantwortlich war. Wie sie im Haus ihres Vaters, des angesehenen Oberland-Bauern, die Jagdgäste bediente; darunter den volksnahen Prinzregenten Luitpold. Am Mahl darf das Mädchen nicht teilnehmen, aber der hohe Herr streicht ihr über das Haar. Als sie unehelich schwanger wird, sperrt man sie im Keller ein. Der Wunsch, im Kloster-Lyceum über das erste Jahr hinaus zu bleiben, bleibt ihr versagt. Sie ist für die Feldarbeit bestimmt. Mir liest sie aus ihrem dickleibigen Evangelium und den Heiligenlegenden vor. Meine Favoritin heißt Genoveva. Tochter armer Leute und Schutzpatronin von Paris, leistet sie mit fünfzehn Jahren »das Gelübde immerwährender Jungfräulichkeit«. Zweimal rettet sie die Stadt vor Krieg und Not. Für Chlodwig, den ersten Frankenkönig, wird sie zur ›rechten Hand‹. Ihre Taten gehen nahtlos in die Abenteuer der Comic- und Romanhelden über, die ich in den ersten Schuljahren verschlinge: von Sigurd und Akim bis Donald Duck und Daniel Düsentrieb, von Nick dem Weltraumfahrer bis Winnetou und Hadschi Halef Omar. Stets siegen die Guten. Als ein paar »böse« Buben aus dem Dorf, statt mir die entliehenen Heftchen zurückzubringen, heimlich den ganzen Karton entwenden, bricht für mich eine Welt zusammen.

### Bühnenzauber

In einem schwarzen Koffer auf dem Dachboden ist meine Leidenschaft versteckt: Handpuppen aus Holz und Pappmaché, in bunten Gewändern – Kasperl, König, Prinzessin, Magd, Räuber, Polizist, Drache. Ich leihe den Figuren meine Sprache. Dann bastle ich winzige Szenen, mit Großmutter oder Mutter als improvisierender Partnerin. Schnell holt das Spektakel die Dorfkinder herein. Ich bin ein Einzelkind, doch meist ist unser Garten bevölkert mit Gleichaltrigen aus der nahen und weiten Umgebung. Zusammen mit ein, zwei Freunden bereite ich ›echte‹ Stücke vor. Die Rollen der Spielfiguren verschmelzen mit aus Märchen entlehnten Episoden, erfundenen Schauergeschichten, Staatsaktionen. Welche Lust es bereitet, das Gesetz des Handelns buchstäblich in Händen zu halten, eine Welt aus Farben und Tönen zu errichten, deklamierend den Personen und Situationen ein Leben einzuhauchen. Im Gartenhaus entsteht die Bühne. Die Vorhänge sind aus Stoffresten, die Kulissen aus bemaltem Papier, die Requisiten aus Omas Kücheninventar. Bretter, Blechdosen und Handtrommeln erzeugen die Geräusche. Fetzen aus alten Zeitungen bilden den Vorrat an Schnee, der vom Himmel fallen soll. Die Musik kommt aus der Mundharmonika, auf der zu spielen mir der Vater beigebracht hat. Mit dem Fahrrad sind rasch kleine Handzettel verteilt. Schon ist das Dutzend an Zuschauern voll. Die Kinder zahlen zwei Pfennige. Nach der Aufführung schlüpfen sie hinter die Bühne, ergründen deren Geheimnisse und machen eigene Spielversuche. Die Anziehungskraft des Puppenspiels dauert über Jahre an. Ein Glück, dass es außer dem Radiomärchen am Sonntag und dem Dorfkino keine Ablenkung gibt. Der erste Fernseher posiert um 1955 im Schaufenster des Elektrogeschäftes. Als die Ankunft hinkender, ausgezehrter Kriegsheimkehrer aus Russland gezeigt wird, stehen die Leute in Trauben davor. Für mich beginnt, sporadisch, die Fernsehzeit mit der Fußball-Weltmeisterschaft 1958. An den Wochenenden sitze ich nun öfter vor dem Bildschirm im Wohnzimmer bei Schulfreunden. Es sei denn, das Kino ruft. Der erste Film meiner Erinnerung heißt *Die Sieben Raben*. Die ältere Nachbarstochter hat mich mitgenommen. Als *Die Vögel* in Großaufnahme aus dem Gebüsch flattern, verstecke ich mein Gesicht hinter dem Vordersitz – eine frühe Verbeugung vor Alfred Hitchcock, dessen gleichnamiger Film ein Jahrzehnt später, 1963, die Menschen verschrecken wird. Das Dorfkino bleibt mein Fenster zur Film-Welt. Die legendären Cowboys und ihre indianischen Widersacher, die westdeutschen Komiker der ersten Stunde, die Bösewichte in den Edgar-Wallace-Krimis, die traurig-schönen Liebespaare aus Hollywood, *Jenseits von Eden* oder *Vom Winde verweht*: Sie begegnen mir hier auf den Holzsitzen oder vor den Gucklöchern im Vorführraum, begleitet vom Rattern riesiger Spulen.

Den theatralischen Höhepunkt der Kinderjahre beschert mir die Kirche. Vom Vater abgesehen, ist die Familie fraglos katholisch. Wir wohnen in direkter Nachbarschaft zu Gotteshaus und Friedhof. Glockenläuten begleitet mich vom Aufwachen bis zum Einschlafen. Von meinem Zimmer aus sehe ich die brennenden Kerzen im Leichenhaus. Das Signal, die Toten, die wir ja als Lebende kannten, noch einmal zu besuchen. Tröstlich ist es, wenn sie zu schlafen scheinen. Die Oma macht mich in den Sonntagsmessen mit den auf- und abschwellenden Riten von Predigt, Wandlung, Orgelklang und Gemeindegesang vertraut. In den Mainandachten und Rosenkränzen erfüllt das rhythmische Gemurmel der Gebetsformeln und Litaneien den Raum. Taufen, Hochzeiten und Beerdigungen, mit Prozessionen, Blasmusik und Böllerschüssen, liefern die Varianten eines unaufhörlichen Schauspiels. Frömmelnde Frauen unter der Empore, gestikulierend palavernde Männer draußen auf dem Kirchenvorplatz, bevor sie zum Frühschoppen im Wirtshaus entschwinden.

Mit acht Jahren bin ich Ministrant. Jetzt heißt es mehrmals wöchentlich um sechs Uhr zur Frühmesse aufstehen. Dafür öffnet sich das Tor ins Innere der Rituale. Der Zuschauer wird zum Akteur. Turmglocken läuten, Rauchfass und Schellen schwingen, Kelche füllen, Altäre schmücken, in der Adventszeit im Wald das Moos für die Krippe einholen, als Sternsinger den Weisen aus dem Morgenlande mimen, den Messwein darreichen (und heimlich verkosten), dem Pfarrer die Gewänder präsentieren – Albe, Stola, Cingulum, Manipel, Messgewand, Barett und Rauchmantel, in Gold, Rot, Grün, Lila, Schwarz. Weihnachtsnacht, Ostermorgen, Fronleichnamstag, Erntedank – ein einziger Zeremonienreigen. Die lateinischen Gebetsstücke gleichen Zauberformeln. Ihrer Bedeutung zwischen Schuldbekennen und Jubel kaum gewahr, weiß ich sie makellos auswendig vorzutragen: »Confiteor Deo omnipotenti / beatae Mariae semper Virgini / (...) omnibus Sanctis / et vobis, fratres / quia peccavi (...)«. Was ich nicht weiß: Ob Gregorianischer Choral oder Bachs Oratorien, die Figuren der Basiliken von Gent bis Palermo, die Stücke Brechts, Graham Greenes Romane, ja auch die Ansprachen linksgerichteter französischer Präsidenten: Europas Redekunst ist voller katholisch-liturgischer Reminiszenzen (samt ihrer protestantischen Abwandlungen). Das Stigma des *Beichtspiegels* hat sich im Kopf eingegraben: »Ich habe Unschamhaftes gedacht, gehört, geredet, gesehen, getan«. Wie oft wird dieser Vers aufgesagt. Der (in meinem Fall) gütige Richter hinter dem Sprechgitter hört unbewegt zu, fragt nicht Was? Wie? Warum? – und verhängt zur Buße stets »fünf Vaterunser und Gegrüßet seist Du, Maria!«.

Kein Wunder, wenn Pfarrer- und Kirchenspiele auch in der Freizeit Einzug halten. Und wie beim Puppentheater sind die Freunde zur Stelle. Ein entfernter Nachbar arbeitet als Maler und hat offenbar mehrere Kapellen »entrümpelt«. Er schenkt mir das Zubehör, um auch zuhause die Messe zu feiern. Oblaten, Wein, Kerzen, hölzerne Kreuze, silberne Becher und schneeweiße Tücher gibt es in Omas Schrank. Die Zeremonien beeindrucken ob ihrer »Echtheit«. Meine Predigten habe ich mir am Vorabend im Bett ausgedacht. In den Sommerferien ziehen wir mit Fahnen und Glockengebimmel zum »Bittgang« hinaus in Wald und Flur. Das Te Deum schmettert die Mundharmonika. Die Leute bleiben verwundert stehen ob dieses seltsamen Kinderkreuzzugs, doch niemand stört sich wirklich daran. Der Pfarrer will mich fortan zum Priester machen, und ich bin mit Feuer und Flamme dabei.

Aus dem Kindergarten, den Klosterschwestern liebevoll gestalten, gibt es ein Foto vom vorweihnachtlichen Krippenspiel. Als Josef stehe ich mit Wanderstab und ernstem Blick in der vorderen Reihe. Bewegter geht es am großen Sandkasten zu, wo wir wundersame Welten erbauen und rasch wieder einebnen. Da ist die mehrmalige Flucht, ausgedacht und geplant von dem Freund, dem die Institution von Beginn an ein Gräuel war. Ein paar Bilder zeigen mich beim alljährlichen Kinderfasching. Fliegenpilz, Clown, Matrose: Die Mutter hatte Freude daran, mich zu verkleiden. Und ich schlüpfte mit Lust in Rollen und Masken, hinter denen die Welt sich andersherum drehte. Wieder andere Verwandlungen auf Probe ereigneten sich auch auf dem Jahrmarkt, bei Leierkastenklang, Karussell und Magenbrot, und im Zirkus, wenn der Zauberer das Geheimnis unter dem Zylinder lüftete und die Artisten hinauf in die Kuppel schwebten.

Dagegen kam die Volksschule nicht an. Sie eröffnete einen Nebenschauplatz. Dass sich ihr Zwang in Grenzen hielt, kann sie sich als Verdienst gutschreiben. Meine erste Lehrerin trug den bezeichnenden Namen Sauer. Das lästige Absitzen der Vormittage. Lesen, Schreiben, Rechnen, durch die Anwesenheit des nächstälteren Jahrgangs im Klassenzimmer stets doppelt und in verfremdeter Form vollzogen. Völkerballspiele im Schulhof. Wanderungen in die Umgebung. Johannisfeuer mit Zeltlager, Mutproben und Liedern, die mir allzusehr nach Pfadfinder-Drill rochen: Hallihallo wir fahren... Auf der kreativen Seite die Palette der Streiche und, unvermeidliche Begleiter, die züchtigenden Schläge des wütenden Lehrers mit dem Lineal auf die Hand. Die Frechsten bekamen am meisten ab. Sie trugen es mit Fassung und waren unsere Helden.

Am Nachmittag spielte die Jugend scharenweise Räuber und Schande. Unter-
gegen Oberdorf. Da blühten diejenigen auf, die die Schule nicht mit Erfolg
verwöhnte. Die Anführer teilten die Rollen zu, die es erfindungsreich auszufüllen galt. Die Dorflandschaft, Wege, Gärten, Hinterhöfe, Scheunen, stieg zum
Krimi-Schauplatz auf. Das Sich-Verstecken, Täuschen, Fliehen (auch vor den
Bauern, in deren Terrain wir eindrangen), das Wechseln vom Täter zum Verfol-
ger und umgekehrt, die Komplizenschaft und das Austragen von Rivalitäten
– auch eine Schule des Lebens. Die noch vorhandenen Hefte senden dagegen
den unechten Schein einer heilen Welt aus, halten deren Lügen notdürftig in
Distanz. Die Erdkunde-Einträge gehen, mit Ausnahme zweier »Exkursionen«
Richtung Schwarzwald und ins Rheintal, nicht über Bayern hinaus. Die Ge-
schichtsblätter inspizieren altdeutsche Zeiten: »Die Westgoten überschreiten
den Limes«; »Wie das Christentum in unsere Heimat kam«; »Der Kreuzzug
Friedrich Barbarossas«. Ein Deutsch-Diktat malt ein naturalistisches Tableau:

> Die Katze sitzt an ihrem Ofenplatz. Wie reizend sieht sie aus in ihrem weichen
> Pelze, mit ihren glänzenden Augen und ihrem bärtigen Schnäuzchen. Aber hüte
> Dich sie zu reizen: Sonst streckt sie ihre Tätzchen aus und kratzt dich mit ihren
> Krallen. Jetzt putzt sie sich sogar. Plötzlich hat sie ein Mäuschen entdeckt. Ganz
> leise schleicht sie heran, macht einen Satz, und das Mäuschen ist ihre Beute.
>
> (Schulheft, um 1957)

Sollte hier eine Einsicht Brechts illustriert werden: Zuerst das Fressen, dann
die Moral? Wohl kaum. Noch ahnte ich nicht, dass die Story mit etwas Erfahrung anders gehen könnte:

> In einem Haus lebte einmal eine Katze. Sie hatte viele Probleme, weil sie keine
> Maus erwischen konnte. Jeden Tag machte sie einen neuen Plan, aber sie hatte
> nie Erfolg. Die Maus war sehr intelligent. Die Katze stellte ihr Fallen. Aber die
> Maus bemerkte sie und machte, dass die Katze selber in die Falle geriet. An einem
> Abend dachte die Katze, dass sei mit der Maus Freundschaft schließen müsste.
> Am nächsten Morgen fragte sie die Maus. Die Maus sagte ja. Und immer noch
> leben sie friedlich zusammen.
>
> (erzählt von einem Kind aus dem heutigen Balkan; nach Hohler, 86)

In den Aufsatzthemen des Zehnjährigen bäumt sich die trotzige Idylle noch
einmal auf: »Ein dummer Streich«; »Unser Kartoffelfeuer«; »An einem schönen Herbsttag in meinem Garten«. Eine »Eins« bekam ich immerhin für »Vater Rhein auf Wanderschaft«. Kindheit ist vielschichtig. Von denen, die ihr
entwachsen sind, lässt sie sich nicht fassen. Ihr Geheimnis birgt sie in der
flüchtigen Exklusivität des Erlebens, das allein Dir gehört.

> Ich bin / du bist, / wir sind – / so lernt es jedes Kind. // Ich war, / du warst, / wir
> waren – / auch das ist bald erfahren. // Und was dazwischen / so geschwind /
> von Tag zu Nacht / vorüberrinnt – / das ist, / das wird gewesen sein: / dein Wir-
> belwind / von Jahren, / der eben erst / beginnt.                    (Max Kruse)

## Einschnitt

Was nun kam, tat weh. Eine Portion Lebenslust war zu opfern, damit Wissensdurst befriedigt werde. Im Nachhinein besehen, waren die nun anbrechenden Jahre das retardierende Moment auf dem Weg zum selbst bestimmten Dasein. Sie ermöglichten eine Art verlängerter Pubertät; wo die Ausweitung der Kontakte, das Erproben von Freundschaften und Liebschaften, die Annäherung an Geselligkeitsformen der Erwachsenen den Löwenanteil an Zeit und Kraft auffraßen. Es wuchs die Gewissheit, dass organisiertes Lernen nichts entscheidet, solange es tote Wissenshäufung bleibt. Auf die kindliche Mitgift kommt es an und darauf, einen gangbaren Pfad hinaus aus der Welt der Vormundschaften zu finden. Schule, gleich welcher Couleur, erfüllt ihre Aufgabe, solange sie den um einen Platz im Leben ringenden Persönlichkeiten mit Sympathie, Geduld und ermutigenden, auch musisch-praktischen Angeboten begegnet. Sie lassen erfahrungsträchtiges Probe-Handeln zu. Sie stiften Gemeinschaft über kurzatmige Interessen hinaus.

Das Doppelgesicht institutioneller Macht, an dem sich junge Menschen zerreiben, haben Schriftsteller immer wieder vergegenwärtigt. Hermann Hesses Erzählung *Unterm Rad* (1906) bietet ein besonders passendes Exempel. »Rädern« hieß bis ins 19. Jahrhundert eine offizielle Tötungsart, mit der Verbrechen gesühnt werden sollten. Die Bewegung eines Holzrades zerbrach nach und nach die Glieder des daran festgebundenen Menschenkörpers. Hans Griebenrath wird zum Opfer eines analogen Räderwerks, angetrieben von den gnadenlosen Anforderungen der Bildungs- und Handwerkerelite seiner Schwarzwald-Kleinstadt, und weiterbewegt von den Lehrern und Erziehern seiner Internatsschule. Die Mutter ist tot, das emotionale Zentrum hat sich verflüchtigt. Der Junge hat keine Geschwister. Er wächst, kränklich, phantasiebegabt und gewissenhaft, unter der Obhut eines spießbürgerlichen, aus Ansehens-Gründen allzu ehrgeizigen Vaters auf. Folgsam bereitet er sich auf das »Landexamen« vor, wird als Zweitbester gefeiert und darf im Kloster studieren. Seine Laufbahn scheint vorgezeichnet: »...durchs Landexamen ins Seminar, von da ins Tübinger Stift und von dort entweder auf die Kanzel oder aufs Katheder«. (Hesse, 9) Unter dem Leistungszwang in Mathematik, Griechisch, Latein und Hebräisch verstärkt sich jedoch sein Nervenleiden. Auch in den Ferien bleibt ihm die Chance versagt, seinen Drang nach Bewegung oder die Freiheit des Spiels mit Gleichaltrigen auszuleben. Die bedingungslose Freundschaft zu einem dominanten, schulisch unterforderten und schließlich wegen provozierender Handlungen entlassenen Mitschüler wirft ihn vollends aus der Bahn. Eine fast greisenhafte Entfremdung seines Realitätsgefühls greift um sich:

> Beim Lesen und Arbeiten hatte Hans große Mühe, aufmerksam zu sein. Was ihn nicht interessierte, glitt ihm schattenhaft unter den Händen weg, und die hebräischen Vokabeln mußte er, wenn er sie in der Lektion noch wissen wollte, erst in der letzten halben Stunde lernen. Häufig aber kamen jene Momente körperhafter

Anschauung, daß er beim Lesen alles Geschilderte plötzlich dastehen, leben und sich bewegen sah, viel leibhaftiger und wirklicher als die nächste Umgebung. Und während er mit Verzweiflung bemerkte, dass sein Gedächtnis nichts mehr aufnehmen wollte und fast täglich lahmer und unsicherer wurde, überfielen ihn zuweilen ältere Erinnerungen mit einer unheimlichen Deutlichkeit.        (ebenda, 102)

Er verlässt die Schule. Eine Mechanikerlehre steht er bereits in den ersten Tagen körperlich nicht durch. Nach einer kurzen, glücklosen Liebschaft und einem alkoholreichen Nachtausflug nimmt er sich das Leben.

Angst vor der eigenen Unzulänglichkeit, übersteigerte Eltern-Erwartungen und Noten-Geiz von Lehrern sind heute schon in den Grundschulen an der Tagesordnung. Ein Student traf kürzlich im Gespräch den Punkt: Unter Stress, früher eine »Krankheit« der Manager, leiden heute die Kinder. Die grassierende Nachhilfeindustrie und der florierende psychotherapeutische Markt drücken dem Desaster einen zweifelhaften Stempel auf. Die Debatten um Stellenmangel, Stundenzahlen, Stofffülle, nicht zuletzt die Vernachlässigung einer pädagogisch inspirierten Lehrerausbildung (gerade am Gymnasium) rücken die Politik ins Zwielicht. Der Grat zwischen Erfolg und Versagen in der Schule ist schmal. Die Hirnforschung legt offen, welch kompensierende, beflügelnde Kraft positive Vorbilder entfalten und welchen Schaden ihr Fehlen anrichtet. Vertrauen und Zuverlässigkeit müssen die Lehrer vorleben, bevor sie sie einfordern. Die Erfahrungsdimension (vgl. Roth, 188ff.; Singer/Ricard, 29ff.; 43f.) gilt es anhaltend zu kultivieren.

In meinem Fall hält das psychische Korsett. Bei der Wahl der »höheren« Schule setzt sich der Vater durch. Mutters Wunsch für den Sohn wäre eine Kaufmannslehre. Doch anders als für Wilhelm Meister würde sie wohl auf die Einbahnstraße führen; denn ein helfender »Turm« ist nicht in Sicht. Der Pfarrer hat bereits ein Stipendium fürs Priesterseminar beantragt. Vater jedoch verlor im Krieg den Glauben an »höhere« Gerechtigkeit. Wie er berichtet, schlich er in früher Jugend an den Mauern des Gymnasiums im oberschlesischen Kreuzberg entlang. Dem Halbwaisen blieben die Tore verschlossen. Als er in späteren Jahren vom Zimmermann zum Gewerkschafter und Betriebsratsvorsitzenden einer großen Stuttgarter Firma mutiert, setzt ihm der »Bildungs«-Dünkel der Bosse zu. Sein unerschrockenes Auftreten macht gewiss Eindruck. Doch kämpft er mit den Entwürfen für Schriftstücke, bittet mich um Formulierungshilfen und um die Erklärung von Fachwörtern: *Junktim, Sperrminorität, Vorbehaltsregelung.*

Mir, in gewisser Weise auch ihm, winkt also das *Sesam öffne Dich!* des Neusprachlichen Gymnasiums – wie es sich in Bayern gehört, mit »grundständigem« Latein. Lebhaft vor Augen habe ich den neun Jahre lang zurückzulegenden Schulweg. Er ist der tägliche Preis für die Zugehörigkeit zu der privilegierten »Anstalt« (so die offizielle Benennung). Aufstehen um sechs. Um halb sieben einsteigen in den schnaufenden Dampfzug, später den quietschenden Triebwagen, zusammen mit Dutzenden Gleichaltriger und der Menge rauchender Arbeiter. Dösen oder die auf den Bänken herumliegende *Bild-*

zeitung lesen. Früh lässt sich so das »Volk« aufs (gestopfte) Maul schauen. Umsteigen in die Hauptstrecke nach Donauwörth. Am Zielort ein halbstündiger Fußmarsch, der den überfüllten Bus meidet. Im Aufenthaltsraum letzte Hausaufgaben erledigen. Von acht bis eins mit kleinen Unterbrechungen still sitzen. Den Weg zurück antreten. Langsam werden mir Winkel und Zufluchtsorte der Stadt vertraut – Schleichwege, Parks, Brücken und Uferböschungen, wo Donau und Wörnitz zusammenfließen, Buchhandlungen, Gasthäuser, Cafés. Zu Beginn trägt die Altstadt noch das Gesicht des Krieges. Im Winter sickert Eiswasser in die Stiefel, im Sommer steht mir der Schweiß an Stirn und Rücken. Um halb vier komme ich, müde und hungrig, zuhause an. Zwei Stunden dauern die Hausaufgaben. Am Abend bleibt gerade eine Stunde zum Fußballspielen, Freunde treffen, Flirten, Streunen. Ich besuche die Klasse der Fahrschüler, meist Dorf-Kinder und neu entdeckte »Bildungsreserve«. Die Parallelklasse gehört den Stadtkindern, von denen etliche den frühreifen Bohemien geben. Zwischen beiden Gruppen öffnet sich eine seltsame Kluft aus Schweigen und Misstrauen, die sich nie ganz schließen wird.

Der Tagesrhythmus mit ständigem Fächerwechsel, die Masse zu memorierender Inhalte, die Berufskrankheit der meisten Lehrer, ihren »Stoff«, aber kaum den Vermittlungsweg hin zu den Schülern im Blick zu haben: Not der Anpassung. Nach zwei Jahren verliere ich meine Schüchternheit, mutiere zum Dauer-Klassensprecher und ein wenig auch zum Klassenclown. In Mathematik verstehe ich nach wie vor wenig, flüchte ins Anwenden eingeübter Schemata. Die »Lernfächer«, Erdkunde, Geschichte oder Biologie, häufen Faktenberge an – Bevölkerungsstatistiken, Jahreszahlen, Pflanzennamen. Was fehlt, sind »Wissens«-Zusammenhänge, Wegweiser der Einsicht, Anstöße zum Stellen eigener Fragen. Zuhause fühle ich mich in den Sprachen. Ihre Sinnhaftigkeit erschließt sich mir von selbst. Anfangs bestärken mich freundlich-mütterliche Lehrerinnen. Deutsch: wie Mitteilungs- und Gestaltungsmöglichkeiten in meinem »ersten« Organ bewusst gemacht und erprobt werden. Im Kontrast zum Heimatdialekt, der sich von der Hochsprache als Uridiom der Gefühle absondert, betrete ich die Welt der Literatur. Das Vergnügen, Balladen, Kurzgeschichten, Dramenszenen vorzutragen. Lesen und Schreiben als Selbsterkundung. Latein: ein Puzzlespiel aus Formen und Funktionen, Helden und Rhetoren. Das kindliche Bewusstsein mausert sich zur Agentur für die Entschlüsselung des Fremden. Der Gipfel ist in Klasse 9 mit Ovids *Metamorphosen* erklommen, Dank eines feinfühligen Lehrers, der uns den Reichtum der mythischen Bilder aufschließt, anstatt pedantisch Sprachkonstruktionen zu zerpflücken: *Die vier Weltalter, Daedalus und Icarus, Philemon und Baucis.*

Im dritten Jahr kommt Englisch hinzu. Zuhören, Verstehen, Smalltalk mit amerikanischen Touristen, die die »Romantische Straße« zwischen Main, Donau und Alpen erkunden. BBC-News, Zeitungen, Beatles, Folksongs aus Irland, Short Stories aus den USA. In der Mittelstufe bleibt Zeit, um – neben dem Schulchor – auch die Wahlangebote in Spanisch und Russisch anzunehmen. Französisch schließt ab Klasse 10 den Kreis. Eine Art vereinfachtes Latein, das lebt (und von meinem ersten – und besten! – Lehrer, den ich in dieser Sprache hatte, nach allen Registern der Kunst lebendig gemacht wird). Dass es mir eine zweite Sprach-Heimat werden soll, bestimmt der Zufall. Ein Freund hat Platz im Opel Rekord. Drei Wochen *Tour de France,* mit 80 Sachen. Endlos gerade Nationalstraßen, platanengesäumt. Alle zehn Minuten ein Kreisverkehr: »Toutes directions«. Und Weinberge, soweit das Auge reicht, zwischen Champagne und Loire. Vor den Pyrenäen ist das Meer klar und warm. In den Kleinstädten steht die Zeit still. Eine mittelalterliche Kirche, ein Platz, Café-Terrassen, die Post, kleine Läden. Baguette, Camembert, ein Glas Roten – unser täglich Brot. Das Schwätzchen mit Madame am Ladentisch: Bonjour, ca va? Es tut gut, sagen zu können, was Du suchst, und die Antwort zu verstehen. Auf einem Zeltplatz lernen wir Micheline kennen. Sie hat mit 17 gerade das Abitur hinter sich. Jetzt paukt sie für die Aufnahmeprüfung in eine Pariser Elite-Uni.

Im Jahr darauf geht es mit einer Landjugendgruppe ins verschwisterte Dorf am Atlantik. Meine Bauernfamilie, vielköpfig und agil, macht keine Umstände. Ich gehöre dazu. Besuche auf dem Markt und in der Hühnerfarm der Tante, Muschelsammeln am Felsstrand, stundenlange Abendmahlzeiten. Da fließt der Muscadet, Geschichten und Späße wogen hin und her, man schmiedet Pläne, schimpft auf die Politiker. Du redest mit, bist nicht fremd. Dieser Eindruck bleibt der Maßstab. Sprache entspringt niemals dem Lehrbuch, sondern dem direkten Kontakt zu den Menschen. Im März 1968, dem Abiturjahr, breche ich auf eigene Faust nach Burgund auf. Ein Lehrgang soll mich zusammen mit einem Schotten, einem Iren und zwei Dutzend einheimischen Studentinnen zum Betreuen der Kinder in Feriencamps befähigen. Die Natur und das Milieu erschließen, den Alltag organisieren, singen und tanzen, ein Puppentheater für die Dorfkinder auf die Beine stellen. »Le petit lutin« wird geboren, der kleine bayerische Kobold, der unter französischen Wichteln und Elfen sein Unwesen treibt. Zwei Monate später grollt das Erdbeben des Pariser Mai. Auf dem Ostertreffen haben Teilnehmerinnen aus der Hauptstadt mit leuchtenden Augen berichtet, was sich dort zusammenbraut: *Changer la vie!* (Ändern wir unser Leben). Die Schüler und Studenten sind auf der Straße, die Einrichtungen schließen. Mein Ferieneinsatz wird gestrichen. Ich muss auf ihn und das *Brevet d'aptitude,* ein echtes französisches Diplom, bis in die Studienzeit warten.

### Reifeprüfung

Das Abitur erstreckte sich eher gemächlich über zwei Schuljahre. Latein wurde schon nach Klasse 11 (und mit dem »Großen Latinum«) abgelegt In Klasse 12 war die Prüfung in Mathematik an der Reihe. In 13 folgten die Sprachen. Bei den anderen Fächern zählte die Jahresnote. Die »Mathe«-Lehrer (es waren stets Männer) seit der Mittelstufe führten allesamt in mehr oder weniger perfekter Pose ihre Künste an der Tafel vor: Zahlenreihen, Gleichungen, Formelanwendungen, Kurvendarstellungen. Worauf die Schüler ähnliche Aufgaben mit anderem Material »nachzurechnen« hatten. Ich ahnte: Hier waren Logik und Systematik am Werk. Die »Cracks« unter den Mitschülern waren stets rasch mit den Aufgaben fertig, um sich dann ihren »wahren« Interessen zu widmen, etwa Kartenspielen oder Briefmarkensammeln. Möglichkeiten der Anwendung kamen sporadisch in Physik oder Chemie zur Sprache. Dann wurde es interessant; mir aber versperrte die fehlende mathematische Basis den Zugang.

In Klasse 12 hielt ich beim »Studientag« zum Weltbild der frühen Neuzeit ein Referat über Galilei, die Kirche und die heliozentrische Weltsicht. Die Chance tat sich auf, die für Europa so entscheidende Verbindung von Physik und Mathematik (vgl. Droit, 45ff.) mitsamt der weltanschaulichen Widerstände »dingfest« zu machen. Was sich für mich »reimte«, waren größere Zusammenhänge und kleine, alltägliche Rechengänge. Die Figurenskizzen der Geometrie nahm ich als ästhetische Gebilde wahr. Ich begriff: Präzision und Schönheit passen zueinander. Mit zunehmender Komplexität offenbarten die Symbole und Termini wieder ein bedrohliches Abstraktionsgewirr: Kongruenz von Dreiecken, Achsenspiegelungen, Geometrische Ortsbereiche, Winkelhalbierende, Zerlegungsgleichheit (Überschriften aus Schulheften). Die Formel- und Grafikspiele der Algebra mit Gleichungen, Wurzeln, Potenzen, Logarithmen, Parabeln, die Funktionsbestimmungen der Trigonometrie, des Infinitesimal- oder Integralrechnens blieben mir weithin ein Buch mit sieben Siegeln. Die sprachlich-diskursiv geeichte Intelligenz schien sich dagegen zu sträuben, in diese Parallelwelten einzudringen. Das erhaltene Angabenblatt einer Schulaufgabe (Klassenarbeit) entlockt mir heute noch Kopfschütteln. Die ersten beiden von zehn (!) Teilaufgaben lauten: »Es ist die Funktion $y = f(x) = ax^2 (x^2-16)$, $a > 0$, gegeben. 1. Untersuche die durch $y = f(x)$ definierte Kurve K auf Symmetrieeigenschaften, Schnittpunkte mit der x-Achse, Hoch- und Tiefpunkte und Wendepunkte! 2. Bestimme a so, dass die von der Kurve K und der x-Achse begrenzte Fläche den Inhalt $F = 17 \ 1/15$ (FE) hat.«

Zum Glück bekamen wir einen freundlichen und humorvollen Lehrer. Er war bereit, einen Operationsweg auch zwei- oder dreimal zu erklären, über den Sinn des »Ganzen« zu diskutieren und augenzwinkernd einzugestehen: Irgendwo stößt auch die Mathematik an Grenzen. Sie ist nicht das Wichtigste im Leben. Ich verlor meine Angst. Im Abitur rechnete und konstruierte ich munter nach gelerntem Schema drauflos – und schaffte zur allgemeinen und eigenen Verwunderung die Traumnote Zwei. Die paradoxe Verbindung von Ausdauer und innerem Widerstand zeigte Wirkung. Noch wusste ich nicht, dass kritisches Infragestellen der Mechanismen und Folgen begrifflicher Argumentationsweisen oder abstrakter Regelanwendungen zu den Grundbedingungen wissenschaftlichen Arbeitens gehören.

Der Rest der »Reifeprüfung«, in Deutsch und zwei Fremdsprachen, geriet für mich (fast) zum Kinderspiel. In Deutsch entschied ich mich für die vergleichende Interpretation zweier »motivgleicher« Naturgedichte, von Georg Trakl (gestorben 1914) und Marie Luise Kaschnitz (damals noch lebend). Nach einer knappen Stunde merkte ich, dass mir der Einstieg misslungen war. Einen Schauer im Rücken spürend, fing ich von vorne an, kürzte radikal die Einleitung und kam sofort zur Sache. Das war die Rettung. Jetzt gelang es mir, die sanft kontrastierenden, sich – von der jeweiligen Zeitstimmung abgesehen – auch ergänzenden Jahreszeiten-Meditationen nach Sprachgestaltung, Rhythmik, Klang und Botschaft zu entfalten. Ich schrieb gegen die Zeit an, doch glitt die Feder wie von selbst übers Papier. Dass ich »Sehr gut« schaffen würde, hatte ich nicht mehr erwartet. In Englisch, wo wir als letzten Langtext Graham Greenes *The Power and the Glory* (Macht und Herrlichkeit) gelesen hatten, gab es, aktualitätsgemäß, einen Redetext von Martin Luther King zu übersetzen und zu erläutern. In Französisch hatten wir *La Peste* von Camus und (in Auszügen) die Jugenderinnerungen der Simone de Beauvoir gelesen. In beiden Sprachen fühlte ich mich am besten vorbereitet, doch reichte es jeweils nur zum »Gut«. Der Numerus clausus war noch nicht erfunden, der Notendurchschnitt bedeutete wenig. Das Abitur öffnete die Tore zur Universität. Bei der Studienwahl zählte die Neigung.

### Abschiedsvorstellung

Das Abschlussjahr wäre zur Durststrecke erstarrt, hätte ich nicht in der Theatergruppe der Schule eine erfüllende Betätigung gefunden. Über Monate hinweg nahm ich an einer anspruchsvollen Dramenproduktion teil: als Helfer der Regie, der Kulissenbauer, der Kostüm- und Maskenbildner, der Requisitenschreiner, Toningenieure und Souffleusen; vor allem aber als Schauspieler. Während der Jahre davor hatte ich kleinere Rollen in Lustspiel-Possen des dörflichen Sportvereins verkörpert. Eine gewisse Fertigkeit im sprachlichen und gestisch-mimischen Ausdruck stellte sich ein. Ich lernte, mit Lampenfieber umzugehen. Unser Theaterdirektor war ein versierter, gelassener Deutschlehrer. Er ließ die dreißigköpfige Spielschar eigene Ideen und Lösungswege finden. Wir inszenierten eine weniger bekannte »tragische« Komödie des Schweizers Friedrich Dürrenmatt, des damals weltweit meistgespielten Theaterautors: *Herkules und der Stall des Augias* (von 1963). Dass wir von der bayerischen Provinz aus den Welt-Ereignissen ein Ausrufezeichen anfügten und dem Unbehagen unserer Generation ein Organ gaben, fühlten wir kaum.

Der *Achtundsechziger*-Kontext hat sich danach durch Verunglimpfungen und allzu glatte Karrieren einer gewissen Protagonistenschicht verzerrt, weshalb eine schlaglichtartige Erhellung angebracht erscheint. Da war die tiefer als heute reichende Kluft zwischen uninformierter Provinz und hyperaktiven (Universitäts-)Städten. Unseren Schüler-Jahrgang bewegte gutmütiges Unbehagen und Misstrauen gegenüber der Elterngeneration, genährt im Zwiespalt aus Saturiertheit und idealer Leere. Der Kommentar einer rechtschaffenen Geschäftsfrau meines Dorfes, über die Ladentheke zum Fall des Bundeskanzlers und Nazi-Bürokraten Kiesinger angeboten (»Das ist so ein netter Mann!«), entlockte mir den Reflex: So geht es nicht! In Frankfurt forderten indessen streikende Soziologie-Studenten das Recht auf »Kontrolle über die Produktivkraft Wissenschaft«, dazu Geld für von ihnen zu organisierende, alternative Formen von Lehre und Forschung – und fanden bei ihren prominenten, »linksliberalen« Professoren ein gewisses Verständnis. (vgl. Wolff/Windaus, 161ff.) In Berlin führten die Proteste gegen den Imperialismus des Westens in Vietnam, Lateinamerika und Persien zu Massenkrawallen und Toten. In Paris trieben die Barrikaden anhäufenden Studenten, mit denen sich die Intellektuellen und Teile der Arbeiterschaft solidarisierten, den Staatspräsidenten außer Landes; man huldigte der Vision, das Leben müsse (und könne) zum Freudentanz werden. Es ging nicht, wie im heutigen Europa, um den brisanten Mix aus Arbeitslosigkeit und ohnmächtig-existenzieller Not für mehr als ein Drittel der Menschen zwischen 15 und 25 Jahren. Die Jugend handelte im (illusionären) Bewusstsein eigener grenzenloser Möglichkeiten. Der heutige Ruf »Empört Euch!« ertönt dagegen aus einem Gefühl der Verlorenheit. (vgl. Hessel; Rühle)

Unser »68-er«-Drama integriert beide Optionen. Es sendet mit bitterem Humor eine Botschaft universeller Tragweite aus. Für uns Akteure war es ein sinnenfrohes Spiel. Ein Jahrzehnt später trat übrigens Dürrenmatt, schon von seiner Zuckerkrankheit gezeichnet, in Nizza, wo ich an der Universität als Deutsch-Lektor arbeitete, zu einer Lesung auf. Beim Sektempfang sagte ich ihm, dass ich als Schüler in seinem *Herkules* mitgespielt hatte. Erfreut meinte er: »Das ist eigentlich mein bestes Stück.« Worum geht es? Die mythisch-antike »Ausstattung« dient einer bissigen Zeitdiagnose als verfremdende Vordergrundsfolie. Beiläufig wischt sie den Glauben an höhere Mächte beiseite, die menschliche Verfehlungen bestrafen und heilen würden. Derart geerdet, entfaltet sich das tragikomische Spiel.

Herkules, dem der Ruf des »Nationalhelden« vorauseilt, erscheint im Staate Elis. Dieser versinkt langsam, aber sicher unter sich türmenden Haufen aus stinkendem Unrat – in Straßen und Häusern, im Parlament, nicht zuletzt in den Köpfen der Verursacher, einer korrupten Honoratioren-Clique, angeführt vom Präsidenten Augias. Der Halbgott selbst, hoffnungslos verschuldet, lässt sich von seiner Geliebten Dejaneira und seinem unverwüstlich-realistischen Manager Polybios (den ich darstellte) überreden, den prekären Auftrag anzunehmen. Er soll die Elier durch radikales »Ausmisten« auf den Pfad des Gemeinwohls zurückführen. Es kommt nicht dazu. Herkules scheitert. Er erliegt seiner eigenen Gier und der seiner verräterischen Entourage, nicht zuletzt auch der Veränderungen unterbindenden Staatsbürokratie. Im Zirkus hat er Gelegenheit, seine Stärke ein letztes Mal zu demonstrieren. Es darf gelacht werden. Doch die Ratlosigkeit folgt auf dem Fuße. Allein die Jugendlichen klammern sich kraft ihrer Liebesfähigkeit an den Strohhalm der Hoffnung. Die sarkastische Parabel zielt auf die Provinzialität der Schweiz, ihren lieb gewonnenen, heimattümelnden »Mist«. Sie ist offen genug, um jede Krisen-Situation samt Verursachern und Profiteuren zu treffen.

Der Abschied von der Schule kam abrupt. Als Jahrgangsbester sollte ich die Abiturrede halten. Ich tat es gern und hängte dem Theaterdonner ein Nachspiel an. Mein Text ist auf fünf beidseitig mit der Hand beschriebenen Zetteln erhalten. Sein Inhalt mutet konventionell an. Doch ein Trick erregte Aufsehen, mit dem ich das soeben erhaltene »Zeugnis der Reife« umkehrte, um der

Schule, ihren Machern und auch uns Abiturienten Unreife zu bescheinigen. Langeweile und Gleichgültigkeit gelte es im Arbeitsalltag abzustellen, Neugier und Tabubrüche gelassener zu akzeptieren. Ich zitierte zum Thema Schulmüdigkeit zunächst Stefan Zweig und dann Erich Kästner:

> Ich könnte Euch Verschiedenes erzählen / was nicht in Euren Lesebüchern steht // Geschichten, welche im Geschichtsbuch fehlen / sind immer die, um die sich alles dreht.

Der Appell, Kästners *Fabian* und die Romane eines Henry Miller, da »lebensnah«, im Unterricht zu behandeln, wirkt heute hilflos. Die Faszination, die die Lebensweise einer gewissen Bohème mit erzählten sexuellen Ausschweifungen auf mich ausübte, war vager Ausdruck des Wünsches nach Unabhängigkeit und neuen Erfahrungen. Ich mahnte eine Reform der Oberstufe an, wie sie bald darauf kam: mit von den Schülern zu wählenden Leistungsgruppen statt Klassen, wo wissenschaftliche Arbeitsformen erkundet würden. Am Ende lobte ich die Nischen der Schule: die freien Arbeitsgemeinschaften, die sexuelle Aufklärung, die Bereitschaft des Direktors, die »Schülermitverwaltung« zu stärken. Ein Vergleich mit der berühmt gewordenen, in Kopien verbreiteten Abiturrede von Karin Storch macht die von mir »bewusstlos« ausgesparte politische Dimension fassbar. Storch verweist auf die Ermordung des Studenten Ohnesorg bei einer Demonstration im April 1968 und auf den Niedergang der Weimarer Republik. Ihre Forderung nach »Erziehung zum Ungehorsam als Aufgabe einer demokratischen Schule« untermauert sie mit einem Wort Günter Eichs: »Seid Sand, nicht das Öl im Getriebe der Welt!«

In meinem Fall mag ein Stück Intensität vom furchtlosen Ton ausgegangen sein. Ich wollte dem Leitspruch genügen, den mir meine Mutter in den Kinderjahren ins Poesiealbum schrieb: »Tue recht und scheue niemand!«. Den (Beinahe-)Skandal löste ein dramaturgischer Effekt aus, eine Herkules-Geste sozusagen. In der ersten Reihe der Festgäste saß ein Bundeswehr-Major in Uniform, der Chef der örtlichen Kaserne. Beim Abwägen des Begriffs »Reife« fixierte ich den Herrn und stellte fest, für die Armee hätten wir wehrpflichtige Jungen sie nicht erworben. So setzte ich im Affekt ein Zeichen für das, was später »Zivilcourage« hieß. Am nächsten Morgen traf im Direktorat der Protestanruf ein. Die Affäre sorgte für Gesprächsstoff in der Stadt. Doch die Presse wahrte »Diskretion«, und die Sache versandete. Ich bekam Glückwünsche von Mitschülern, Eltern und Lehrern, als ich schon fast auf Reisen war. Meine Schulzeit sehe ich heute positiver, als ich es mir an ihrem Ende eingestand. Davon zeugen der Entschluss zum Lehrerstudium, das spätere Praktikum an alter Wirkstätte und der gelungene Übergang in die Welt der Wissenschaft. Ein Jahre zuvor abgelehntes Angebot steht für eigene Irrtümer: Verärgert durch die familiäre Unmöglichkeit, das Klavierspiel zu erlernen, war mir der Vorschlag des Musiklehrers nicht gut genug, kostenlos Cello-Unterricht zu erhalten, um eine Lücke im Schulorchester zu füllen. Von wegen »Reife«!

Eine letzte Schlussfolgerung zur institutionalisierten Bildung liegt nahe: Im Kindheitsdrama ist kein Detail gering zu schätzen. Die Lösung – zwischen Katastrophe und Happy End – erwächst aus der Zuwendung durch andere. Eine gewisse musische Prägung hilft über Durststrecken hinweg, auch im Sinne der nicht fremdbestimmt kultivierenden *Ästhetischen Erziehung* Schillers. Eine treffende Definition leistet ein brieflicher Beitrag meines Freundes und Studienkollegen Klaus-Peter Meyer (heute Gymnasiallehrer in Wiesbaden):

> Unter Bildung verstehe ich ein individuelles Verhältnis zur Welt, das es erlaubt, Fragen der Gegenwart und Zukunft (auch des eigenen Lebens) aufgrund vielfältigen Weltwissens und Könnens produktiv (d.h. ohne dass man durch die bloße Enge der eigenen Biografie oder durch den Einfluss von Autoritäten bestimmt wird) zu bearbeiten und dieses Verhältnis möglichst immer weiter zu entwickeln. Meines Erachtens gehören zur Entstehung von Bildung immer Leidenschaft und Anstrengung, häufig auch dadurch gekennzeichnet, dass man sich über Jahre hinweg an einem oder mehreren Gegenständen immer wieder (teilweise auch völlig unprofessionell) abarbeitet und dadurch auch schon mal in Opposition zu anderen gerät. (...) Wichtig erscheint mir dabei die Fähigkeit, unterschiedliche Weltbereiche gedanklich oder künstlerisch-kreativ zu verknüpfen. Von Bildung erwarte ich, dass sie schützt vor der Enge zu begrenzter Einsichten, dennoch aber auch (wenn nötig) scharfe Urteile ermöglicht. Dabei ist klar, dass Bildung, vor allem im Sinne einer allseitigen Bildung, nur ein Ideal sein kann, das aber nicht abschrecken, sondern Mut machen sollte. Und damit sind wir bei der pädagogischen Frage, wie Wege zur Bildung für Jüngere geöffnet werden können. Wie du auch geschrieben hast, ist dabei wohl der vorschulische Bereich ganz entscheidend. Schule kann nur versuchen, nachträglich positive Entwicklungen zu unterstützen oder negative auszugleichen.

## 4. Wissen schaffen

### Warteraum

Mit den Universitätsjahren begann das Abenteuer des intellektuellen und menschlichen Erwachsenwerdens. Der Möglichkeit, sich Wissen anzueignen und selbst zu erzeugen, traten ungeahnte Freiheitsräume zur Seite. Ich fühlte mich herausgefordert, den Trott billiger Lebenskonventionen zu verlassen. Zwei Reisen nach Griechenland schenkten mir eine Verschnaufpause mit Blick ins Weite. Sie rahmten den Militärdienst ein, der wiederum das Studium hinauszögerte. Als Begleiter eines Freundes, dessen Eltern sich regelmäßig in den Süden aufmachten, gelangte ich nach Kamena Voúrla. Der bei Einheimischen beliebte Kur- und Ferienort liegt 200 km nördlich von Athen. Dort trifft die Halbinsel Euböa mit ihrer Nordwestspitze auf das Festland. Auf der Rückseite der Bucht erstreckt sich die Bergkette der Thermopylen, an deren Fuß bis heute heiße Heilquellen aktiv sind. An dieser Landenge wäre vor zweieinhalbtausend Jahren die hellenische Stadtkultur um ein Haar von den Perserheeren des großen Xerxes ausgelöscht worden. Doch die vereinte Seestreitmacht der Griechen zwang die Eindringlinge in die Knie. Wenige Täler weiter im Landesinneren liegt Delphi, die Kultstätte des Apollon, Gott des Lichtes, der Harmonie und der Künste. In ihrer Mitte: der steinerne »Nabel der Welt«. Hier wurde das den Staatenbund tragende Orakel verkündet: Welch unglückliche Windungen das griechische Schicksal auch nehmen würde – am Ende käme die Rettung.

Um 1968 überzog die Militärdiktatur der Obristen das Land mit einem siebenjährigen, lähmenden Schleier. Im nördlicheren Europa schickten sich sowjetische Panzer an, den *Prager Frühling* abzuwürgen. Wir führten ein unbekümmertes, auf Wesentliches beschränktes und durch wunderbare Bekanntschaften bereichertes Leben. Zunächst wohnten wir im Zelt unter Feigen- und Olivenbäumen, dann in einem uns überlassenen Häuschen am Strand, den keine Ferienanlagen verunzierten. Die Aufenthalte dauerten insgesamt fünf Monate. Sie ließen mich auf intime Weise am mittelmeerischen Leben teilhaben: dem von der Tageshitze rhythmisierten Wechsel zwischen Ruhe und Aktivität, dem Genuss natürlicher Gaben, der Ausgelassenheit der Dorffeste mit endlosen Tänzen beim orientalischen Klang der Trommeln und Schalmeien. Auch der *Sirtaki* war präsent. Als Bänder kursierten die (verbotenen) Vertonungen des Mikis Theodorakis, jenes gequälten und unbeugsamen Helden eines anderen Griechenland, bevor sie über Frankreich ihren Siegeszug durch die Welt antraten. Die Reste antiker Bauwerke gehörten zum Landschaftsbild. Der Alltag der Fischer, der Gemüsebauern von den Hügeln und der Händler auf dem Markt war hart. Die Studenten und Studentinnen, die wir trafen, hatte das nationalgriechische (und antitürkische) Fieber erfasst; ihr Verlangen nach Information von »draußen« bot ihm jedoch Paroli.

Ich besuchte mehrmals meine Großkusine, die mit ihrem Mann, einem Französischlehrer, und ihrem kleinen Sohn in der Hauptstadt in Sichtweite des Lykabettos- und des Akropolis-Hügels lebte (und noch lebt). Das Ehepaar hatte sich in Paris kennengelernt, wo er studierte und sie als Säuglingsschwester (puéricultrice) arbeitete. In langen Tischgesprächen ging es um die Alltagsprobleme, die den heutigen seltsam nahe kamen: durch den Autoverkehr bedingte schlechte Luft, Teuerung, ungünstige Arbeitslage, planloses Bauen, Bereicherung Weniger, Korruptheit der Behörden. Griechenland trat der EU bei und bekam die *Euro*-Währung. Heute kämpft ein gelähmter Staat gegen den öffentlichen Bankrott oder vielmehr die Bürden, die ihm treulose Diener und falsche Freunde aus dem Ausland auferlegt haben. Die Bevölkerung soll sich zu Tode sparen, nachdem Profiteure die Habe des Landes verprassten. Die »Finanzkrisen« folgten auf ein Jahrzehnt der Deregulierung. So wie »die Märkte« immer noch verfasst sind, können sie nicht anders als sich den kleinen Fisch namens Athen (als Vorspeise für andere, größere) einzuverleiben.

Dass Griechenland Teil des ägäischen Kosmos ist, spürte ich, als ich im 2CV einer französischen Studentin im (touristisch) noch schlummernden Istanbul eintraf, um die Moscheen zu sehen, ins urbane Treiben einzutauchen und mich im *Hammam* zu laben. Danach nahm ich allein den Überlandbus bis Izmir (Smyrna) und kehrte mit der Fähre über die Kykladen-Inseln nach Athen

zurück. Nie wieder war das Meer so blau. An der Südspitze der Halbinsel Atti-
ka grüßten im Abendrot die antiken Säulen des Cap Sounion. Hätten mich die
Sirenen gerufen, ich wäre weniger standhaft geblieben als weiland Odysseus.

Die Synthese von Natur und Mythos, über die Sinne erfahrbar, hat Keiner
intensiver in Worte gefasst als Henry Miller. Seine Reiseerinnerungen *Der Ko-
loss von Maroussi* (1940), dessen Frische mich beim Wiederlesen überrascht,
preisen das Licht, die kleinen, der gesteigerten Aufmerksamkeit zugänglichen
Dinge und Gesten als Sinnbilder für Unschuld und Lebenswillen. Literarische
Reminiszenzen von Homer über Byron, Balzac, Rimbaud bis Rilke oder H.G.
Wells leuchten auf, um im Augenblicksglanz von Begegnungen zu verglühen.
Die Unrast des Treibens von New York und Paris fällt vom Betrachter ab wie
Schorf im Angesicht der Jahrtausende alten Schauplätze von Theben, Mykene,
Epidauros oder Knossos. Natur und Zeit haben das menschliche Maß wieder-
hergestellt. Ein Gefühl möglichen Friedens macht sich breit, und der Wunsch,
die einfachen Menschen zu feiern:

> »Und warum lieben Sie Griechenland so sehr?« fragte jemand. Ich lächelte. »We-
> gen des Lichtes und wegen der Armut.« »Sie sind ein Romantiker«, erwiderte der
> Mann. »Ja, ich bin so verrückt zu glauben, daß der Mensch, der die wenigsten Be-
> dürfnisse hat, der glücklichste ist. Und ich glaube auch, daß, wenn man ein sol-
> ches Licht hat wie ihr hier, alle Häßlichkeit verschwindet.          (Miller, 103)

Dass das Licht, die Sonne, zuallererst eine bedrohliche, strafende Gewalt darstellt, der die Früchte der Erde und die Affekte der Menschen erliegen, ist den
Mittelmeerbewohnern geläufig. Albert Camus formt daraus im Roman *Der
Fremde* (ebenfalls 1940) das schicksalhafte Motiv für einen Mord von universeller Symbolkraft. Ein Algerien-Franzose verübt ihn an einem einheimischen
Araber, als ihm das Licht bei einem harmlosen Strandausflug die Sinne raubt
– vorzeitiges Fanal des Krieges »Nord« gegen »Süd«, der ein Jahrzehnt später
in Raum Algier entbrennt. In Millers Erzählung sind die Bilder vollkommener
Gegenwart nicht von Dauer. Sie löschen auch das Leid der Griechen im frühen 20. Jahrhundert nicht aus. Die Wunde des Massakers, verübt 1922 durch
Türken im noch kosmopolitischen Smyrna, bricht auf. Das Leid der Nazi-Okku-
pation (ab 1941) liegt in der Luft. Götter, Titanen und Zyklopen sind tot. Doch
ihre Willkür kehrt in der Fratze jedes kleinen Kriegstreibers zurück:

> Eine Milliarde Menschen, die Frieden anstreben, können nicht versklavt werden.
> Wir haben uns selbst versklavt durch unsere kleinliche, beschränkte Lebensan-
> schauung. Es ist zwar rühmlich, sein Leben für ein Ideal hinzugeben, aber tote
> Menschen vermögen nichts zu vollbringen. (...) Es ist nutzlos, Gott anzurufen, so
> wie es zwecklos ist, Gewalt mit Gewalt zu beantworten. Jede Schlacht ist ein in
> Blut und Qual ersonnener Bund, jeder Krieg ist eine Niederlage des menschlichen
> Geistes. Der Krieg ist nichts als eine große Manifestation in dramatischem Stil
> der trügerischen lächerlichen Streitigkeiten, die sich täglich und überall abspie-
> len, sogar in den sogenannten Friedenszeiten. Jeder Mensch trägt sein Teilchen
> dazu bei, die Metzelei im Gange zu halten, selbst jene Menschen, die abseits zu

stehen scheinen. (...) Solange wir uns weigern, in Ausdrücken wie Weltgüte und Weltgüter, Weltordnung und Weltfriede zu denken, werden wir einander verraten und morden.                                                                    (ebenda, 66f.)

Dies mag eine prophetische oder (im Lichte des globalisierten Welt-Zustandes) selbstverständliche Einsicht sein. Damals sah ich den Nerv getroffen.

»Jeder pflege seinen Garten.« (Voltaire) Diese Bewährungsprobe war in Form einer *Verweigerung* zu bestehen. Das eigene Wollen und Wissen galt es handelnd zu festigen. Wir befanden uns im *Kalten Krieg*. 18 Monate waren für das »Vaterland« zu opfern. Zeit, um vom Elternhaus Abschied zu nehmen und die aufgebrauchte Wegzehrung der Kinderjahre mit selbst erzeugten Energien wettzumachen. Den Konflikt, in den mich der »Dienst mit der Waffe« trieb, konnte niemand für mich lösen. Ich ließ die »Grundausbildung« in der Kaserne der *Pioniere in Ingolstadt* über mich ergehen. Anders als im gleichnamigen Vorkriegs-Drama der Marieluise Fleißer (von 1929) zähmten Prinzipien der »Inneren Führung« die Rohheit des Milieus. Gelegentlich drang diese in Form unsinniger Befehle an die Oberfläche. Die Erfahrung fragwürdiger »Gleichheit« vor der Schikane führte zur stillen Solidarisierung der Leidtragenden und zum berühmten Abhärtungseffekt, mit dem die Institution ja auch für den »Ernstfall« kalkulierte.

Ich fand eine Betätigungsnische als Tastfunker. Probehalber (und mit Erfolg) nahm ich an der Eingangsprüfung für die Armee-eigene Dolmetscherschule in Englisch und Französisch teil. Die vorausgesetzte Verpflichtung als Zeitsoldat kam für mich nicht in Frage. Der Eifer, mit dem meine Abiturienten-Kollegen das ihnen Abverlangte erledigten, um an einer »Karriere« zu basteln, erschreckte mich. Den Mut zum Widerstand brachte ich noch nicht auf. Ich akzeptierte, äußerlich ohne Murren, den Offizierslehrgang zum »Fahnenjunker«. Die eineinhalb Jahre verstrichen. Danach entfachte ein Funken die Glut des *Nein*. Schon im Studium, sollte ich zur »Wehrübung« antreten. Mittlerweile war ich auf Franz Rauhut aufmerksam geworden. Der Würzburger Romanistikprofessor und Pazifist bereitete junge Männer auf das einem Verhör gleichende Überprüfungsverfahren vor. Am Rande seines Filmseminars fragte ich ihn, ob ich kommen dürfe. Er half mir in Gesprächen mich meiner Ernsthaftigkeit zu vergewissern und aus ihr formulierbare Gedanken zu fertigen.

Ich schrieb einen mehrseitigen Begründungstext. Er zieht ein Fazit meiner Gewissenserforschung zum Problem des Krieges, die die ersten Studiensemester überlagerte. Die Argumentation geht vom Bekenntnis des damaligen Bundespräsidenten Heinemann aus: »Ich sehe als erstes die Verpflichtung, dem Frieden zu dienen«. Die Blutspur der Waffengänge in der Geschichte sei kein Naturgesetz. Die Vernunft gebiete totale Abrüstung. Dafür müssten die Entscheidungsträger vom Volk gezwungen werden, Konflikte nur noch auf dem Gesprächs- und Vergleichswege beizulegen. Die »für Morden und Vernichtung« verschwendeten Milliarden würden »im friedlichen Kampf gegen Naturkatastrophen, Hunger, Krankheit, Armut und soziale Ungerechtigkeit gebraucht«.

Wenn schon die Tötung eines Einzelmenschen nicht zu rechtfertigen sei, dann viel weniger der Tod Unzähliger; etwa im afrikanischen Biafra (wo um 1970 bürgerkriegsbedingt eine Hungersnot tobte) oder in Japan, als Spätfolge der Bombe von Hiroshima, oder im andauernden Krieg von Vietnam. In meiner Militärzeit hätte ich erfahren, dass das Prinzip »Abschreckung« Gewalt nur mit Gewalt beantworte und das Wettrüsten beschleunige. »Ich musste mich manchmal fragen, ob denn die Offiziere selbst wussten, wofür und wohin sie arbeiteten«. Meine Zustimmung zur Reserveoffiziers-Ausbildung, voreilig gegeben, zöge ich zurück:

> Ich studiere Sprachen und Kulturen anderer Völker. Ich habe Freunde in Amerika, Frankreich, Jugoslawien und Griechenland und Verwandte in Schlesien, das heute zu Polen gehört. Ich kann keinen Unterschied zwischen den Menschen verschiedener Länder, Sprachen und Hautfarben feststellen. Niemals könnte ein Mensch mein Feind sein, nur weil er zufällig in einem anderen Land geboren wurde.
>
> Natürlich werde ich auch in meinem Beruf als Erzieher junger Menschen für Gewaltlosigkeit, für Freundschaft und Verständigung mit anderen Völkern arbeiten.

Obwohl durch »zermürbende« Einwürfe des Verhandlungsführers verunsichert (»An der Uni lernen Sie wohl nicht Denken?«; »Heinemann ist doch selbst ein Kriegsdienstverweigerer«), wurde ich anerkannt. Mein Begründungstext nennt auch Motive für das Studium. Nachdem ich mit Medizin und Theaterwissenschaft (plus Schauspielschule) geliebäugelt hatte, schrieb ich mich doch in Würzburg für Romanistik und Germanistik im »Lehrfach« ein. Die Erwartung, später im Ausland (etwa als Deutschlehrer) zu arbeiten, sollte sich erfüllen. Mein pädagogisches und soziales Interesse wollte ich ebenfalls wach halten.

## Studienreise

Die Lerner-Rolle auszufüllen, erfordert Eigenständigkeit der Wahl. An den Unis war sie in den frühen Siebzigern reichlich gegeben. Die Prüfungsordnungen schrieben kaum mehr als eine Reihe Pflichtveranstaltungen vor. So nahm ich im März 1970, einen Koffer und ein Fahrrad im Gepäck, den Zug an den Main. Es war der erste von einem Dutzend Umzügen, die in drei Jahrzehnten folgen sollten: Würzburg, Dijon in Burgund, Marburg an der Lahn, Nice an der Côte d'Azur, München, Kempten und Oettingen in Bayern, Brüssel, »nebenbei« Villars-sur-Var in den französischen Meeralpen, erneut München, Mering bei Augsburg, Kaufering am Lech.

Würzburg: die freundlich-barocke Bischofsstadt, umrahmt von Weinbergen. Die Universität traditionsbeladen, provinziell. Für ein Erstsemester bedeutete das wenig. Hier fand Anfang der Siebziger gar ein Aufbruch ins Weltläufige statt. Ich mietete etwas außerhalb ein Mansardenzimmer, möblierte es mit Obstkisten und machte mich täglich mit dem Rad auf den Weg zu den geisteswissenschaftlichen Instituten im Stadtzentrum. Meine erste Vorlesung war für Montag 8 Uhr angesetzt: »Geschichte des französischen Schrifttums von Baudelaire bis Mallarmé«. Trotz Eis und Schnee war ich zur Stelle, der Hörsaal jedoch leer. Etwas ratlos vertiefte ich mich in die Aushänge, bis ein paar ältere Kommilitonen eintrafen und mich aufklärten: Alle Veranstaltungen begannen *c. t.* (cum tempore), eine Viertelstunde später als angekündigt. Der Raum füllte sich. Der Professor, hager und distinguiert, ordnete hinter einem Rednerpult gemächlich seine Manuskriptblätter. Ein Hilfskraft-Student installierte neben ihm einen Ventilator und verteilte eine Bibliografie mit 60 Titeln. An die Tafel schrieb er Namen: Dichter, Kritiker, Personen des Geisteslebens. An den professoralen Ausführungen, abgelesen, mit französischen Zitaten durchsetzt und improvisierten Anekdoten unterbrochen, beeindruckte mich die markante Rhetorik. Der Inhalt erinnerte an die Zeit faktenumrahmter Schullektüren: ein historischer Abriss, ein Überblick zum Pariser Kulturleben im späten 19. Jahrhundert, eine Zusammenschau auf Stilrichtungen. Dieser Rahmen wurde durch Textanalysen ergänzt. Dass ich einer positivistischen, Enzyklopädie-nahen Literatur-Pflege beiwohnte, von der es sich zu lösen galt, war mir noch nicht bewusst.

Die dritte Sitzung konfrontierte mich mit einem Merkmal damaligen Studierens. Eine »ad-hoc-Gruppe Vorlesungsdiskussion« meldete sich (anonym) auf einem Flugblatt zu Wort. Sie forderte den Dozenten zur Diskussion über die politischen, ökonomischen und ideologischen Zusammenhänge der erörterten Begriffe und Themen auf. Der Angesprochene fühlte sich brüskiert und pochte in einem langen Monolog auf seine »Freiheit« als Wissenschaftler. Kunst sei nicht auf ideologische Funktionen reduzierbar. Ich ahnte: Hier führt Unversöhnliches Regie.

Ungebrochen war meine Lust, poetische Texte im Original zu lesen. Ich radelte an den Wochenenden den Main entlang und vergrub mich in die Verse von Baudelaires *Fleurs du Mal* und Verlaines *Romances sans Paroles*. Im zweiten Semester bescherte mir ein Lyrik-Seminar das erste Erfolgserlebnis. Ich bekam ein Lob für mein metrisches Wissen. In der Seminararbeit wagte ich einen stoffgeschichtlichen Vergleich zwischen Victor Hugos Langgedicht *La Conscience* (Das Gewissen) und Charles Baudelaires an die Grenze zum Atheismus vorstoßender Aktualisierung *Abel et Caïn* (Kain und Abel ); mit einem Ausblick auf Camus' *Homme Révolté* (Der Mensch in der Revolte; 1951). Die Gewissheit wuchs: Du genügst den Anforderungen.

Die sprachwissenschaftlichen Übungen der Romanistik bestanden im detaillierten Nachvollzug der Grammatik des mittelalterlichen Französisch, als (vorgebliche) Voraussetzung für die Textlektüre. Die Klausuren dieser Paukkurse waren gefürchtet. Eine Reihe Kommilitonen wechselten, um die schulmeisterliche Hürde zu umgehen, nach dem Grundstudium die Uni und das Bundesland. Ich bestand die Tortur mit »noch ausreichend«. Sinnvoller war die »sprachliche Grundausbildung«. Erfahrene Gymnasiallehrer vermittelten in fünf Kursen ein Paket an Sprech-, Lese- und Schreibfertigkeiten im heutigen Gebrauchsfranzösisch. Diese Würzburger »Dienstleistung« war eine Besonderheit. Sie wurde ansonsten gerne als unwissenschaftliche *quantité négligeable* angesehen, mit verheerenden Folgen für den Unterricht der späteren Lehrer. Ich versuchte auch meine Grundkenntnisse in Spanisch auszubauen. Zu einem Höhepunkt der ersten Studienjahre geriet das Filmseminar *Romania*. Professor Rauhut, von dem schon die Rede war, zeigte jede Woche einen Kinofilm aus der romanischen Welt, in Originalfassung. Danach entlockte er den Teilnehmern Beiträge zum Abstecken von Bedeutungshorizonten. Kein Detail achtete er gering, keine »banale« Äußerung verwarf er. Ich machte Bekanntschaft mit Avantgarde-Filmen Luis Buñuels, Gláuber Rochas und Federico Fellinis, besonders aber mit der französischen *Nouvelle Vague*. Das Seminar gewann Kultstatus. Für mich bleibt es das Vorbild all der Filmveranstaltungen, die ich später in Deutschland, Frankreich und Belgien durchführte.

In der Germanistik herrschte ein fröhlicheres Ambiente. Ein innovationsfreudiger Professor, Erwin Rotermund, bürstete zusammen mit der Riege junger Assistenten die moderne Literatur gegen den akademischen Strich. Die Studenten strömten herbei. Der »Lesestoff«, erweitert um Randgattungen wie Bänkelsongs, Massenromane oder Flugschriften, mutierte vom Genussreservat für »Bildungsbürger« zur konfliktträchtigen Verhandlungsmasse für die ganze Gesellschaft. Die Autoren-Leistung stand nicht länger im Bann naturhafter Schöpfer-Aura, sondern im Zeichen handwerklicher und zeitgebundener Möglichkeiten.

Die erste Vorlesung galt der Literatur der Weimarer Republik und der NS-Zeit, die folgende der der Nachkriegszeit, bis in die Gegenwart. Die Geschichte sozialphilosophischer und kultureller Diskurse gehörte dazu. Ich las Texte Walter Benjamins, Georg Lukács', Theodor W. Adornos, Herbert Marcuses und Ernst Blochs. Es folgten Seminare zur Literatur im Umkreis der Revolution von 1848, zur marxistischen Literaturtheorie (damals ein Muss!) und zu ausgewählten Satirikern. Ich lernte die Vorzüge der Gruppenarbeit schätzen. Über »Heinrich Manns *Untertan* – einige Aspekte seiner Wirkung« trug ich gemeinsam mit drei munteren Kommilitoninnen so viel Material zusammen, dass daraus eine Seminararbeit mit gewissen Forschungsqualitäten erwuchs. Aus Einzelanalysen, in Zeitschriften versteckt, stellten wir dem Gesellschaftsbild, das der Roman von der Situation vor 1914 zeichnete, ein gedrängtes Panorama nachfolgender Lesarten zur Seite. Die »Rezeptionsgeschichte« hatte ihren Siegeszug noch nicht angetreten. Das bahnbrechende Büchlein von Hans Robert Jauß, *Literaturwissenschaft als Provokation* (1970), war gerade erschienen. Mit der Formulierung der Arbeit betraut, gelang mir, diesen »Leitfaden« vor Augen, ein methodischer »Drive«, der den Auftraggeber aufhorchen ließ.

Meinem Interesse an der »Entgrenzung« philologischer Kenntnisse folgend, belegte ich Veranstaltungen aus Philosophie, Soziologie und Pädagogik. Mit zwei erziehungswissenschaftlichen Arbeiten mischte ich mich in die »Bildungs«debatte ein – und bekam die politischen Grenzen eigenständigen Denkens zu spüren. Die erste Ausarbeitung stellt die bis heute virulente Frage: »(Wie) lässt sich das Auslese- und Übergangsproblem nach der Grundschule organisatorisch lösen«? Eine Misere wird konstatiert: Entgegen Forderungen der Reformpädagogik (um 1900), die Lehrpläne von »Volksschulen« und Höheren Schulen anzugleichen, begreift man auch 1972 den Übergang als Selektionsprozess. Der *Rahmenplan zur Umgestaltung(...) des allgemeinbildenden öffentlichen Schulwesen*s (von 1959) geht indessen von einer noch nicht ausgeprägten »Bildungsfähigkeit« bei Zehnjährigen aus und plädiert für die Einführung einer »Förderstufe«. SPD-regierte Bundesländern erproben sie. 1970 findet sie Eingang in das vom Bildungsrat konzipierte Modell einer »Orientierungsstufe«. Dass hier die »Gesamtschule« vorprogrammiert ist, bringt andere Länder auf die Barrikaden.

Nach Darlegung erster Praxis-Befunde und divergierender Schlussfolgerungen wage ich acht Thesen. Anekdote am Rande: Einige davon baute ich 2010 spaßeshalber in einen Vortrag zum Thema »Wer macht die Schule zukunftsfähig?« ein. Eine bayerische Elterninitiative hatte mich eingeladen. Niemand bemerkte den Anachronismus (der keiner ist). Kostprobe: »Anstelle von Elitedenken muss die Bereitschaft zur Kooperation und zum Abbau hierarchisch-autoritärer Strukturen treten«. »Die Schule hat sich an die Schüler anzupassen und nicht umgekehrt«. »Die Lehrerbildung muss von Grund auf verändert werden«. Solche Forderungen lassen in Bayern immer noch aufhorchen. Bemerkenswert war die Reaktion des Dozenten, eines später angesehenen Pädagogik-Professors. Er meinte, trotz formaler Vorzüge könne er, mein Revoluzzertum vor Augen, die Arbeit nur mit »Gut« bewerten. Bavaria dixit.

Eine spiegelverkehrte Reaktion erlebte ich mit einer anderen Arbeit. Professor Berchem, neu berufener Linguist der Würzburger Romanistik (später unkonventionell-engagiert als Vorsitzender der Deutschen Rektorenkonferenz) hielt ein Hauptseminar über *Spracherwerb und Sprachvermittlung*. Ich übernahm das Thema »Begabung und Sprachbegabung (Stand der Forschung)«. Auf 40 Seiten erarbeitete ich die beiden Begriffe historisch, systematisch und (aktuellen Untersuchungen folgend) empirisch. Zuletzt ergaben sich Folgerungen für das Sprach-Lernen. Der Begabungsbegriff ließ sich (im Einklang mit Bildungsrats-Gutachten) als politische Kampfformel entlarven, die Selektionspraktiken rechtfertigte. Ich versuchte seine lerntheoretische Dynamisierung. Als die ganze Persönlichkeit betreffendes Qualitätsbündel differenziert er sich demnach in Lernvoraussetzungen (örtlich-zeitlicher, sozialer, kognitivemotiver Art). Von »Begabung« zu sprechen, machte Sinn, wenn man sie als Aufgabe der Erziehungsinstanzen ernst nahm. Ergebnisse aus Humangenetik, Familienstatistik und Zwillingsbeobachtung stärkten den Befund.

Eine methodische »Brücke« zur Sprache schlug die (angelsächsische) Faktorenanalyse. Mit ihrer Hilfe hatte Jäger ein Modell von Intelligenz-Dimensionen entwickelt: 1. Anschauungs-gebundenes Denken, 2. Einfallsreichtum 3. Konzentrationskraft, 4. formallogisches Denken und Urteilen, 5. zahlengebundenes Denken, 6. sprachgebundenes Denken. Die Faktoren treten im Verbund auf. Für das Zweitsprachenlernen präparierte ich mit Elementen der linguistischen Pragmatik ein analoges Muster heraus. In seiner Sprache manifestiert sich der ganze Mensch, weshalb sich das behavioristische, im Tierreich (vielleicht) funktionierende Reiz-Reaktions-Theorem verbot. Vorsichtig systematisierend, unterschied ich psychomotorische, emotive, kognitive, interaktive und institutionelle Faktoren, um sie Sprach-Komponenten wie Phonetik, Lexik, Syntax, Dialogformen und semantischen Optionen zuzuordnen. Mein Ansatz wurde später von der Forschung bestätigt. Als Lehrer war (und ist) er mir ein der Erfahrung zugänglicher Leitfaden. Pikanterweise tat man ihn, 1976 in meine erziehungswissenschaftliche Zulassungsarbeit an der Uni Marburg eingebracht, als nicht hilfreich ab. Den Betreuer, einen Didaktik-Professor mit dem schönen Namen Freudenstein, hatte ich gewählt, weil er sich für alltagstaugliche Sprachvermittlung in der Schule stark machte. Ich übersah, dass er den Lobbyisten für die »Sprachlabor«-Industrie spielte. Meine Kritik an der behavioristischen Instruktion und der »Häppchen«-Fütterung, etwa beim »Vokabel«-Lernen, war ihm ein Dorn im Auge.

In Würzburg schloss ich eine Menge Freundschaften. Im intimen Kreis wurde nicht nur über schale Freizeit-Aktivitäten, sondern auch über intellektuelle Fragen debattiert. Einer Gruppe dem englischen und irisch-schottischen Kulturleben zugetaner Kommilitoninnen und Kommilitonen fühlte ich mich besonders nahe. Wir saßen nächtelang beim Frankenwein zusammen, verbesserten die Weltordnung, lachten, lärmten und intonierten Songs und Balladen. Pete Seeger, Bob Dylan, Joan Baez und das öfter leibhaftig anwesende schottische Original Hamish Imlach waren unsere Paten. Ich lernte etwas Gitarre spielen und fing an, den Schatz französischer Chansons auszugraben. Er begleitete mich fortan, wie danach meine Schüler und Kinder.

Eine Erfahrung besonderer Art prägte sich ein. Während in der Germanistik die Studentenvertretung geradezu hyperaktiv war, dümpelte sie in der »braven« Romanistik dahin. Der Umzug der geisteswissenschaftlichen Fächer in (halbfertige) Neubauten am Stadtrand ergab die Gelegenheit zum Neuanfang. In einem Grüppchen engagierter Kolleginnen und Kollegen half ich mit, Neuwahlen zu organisieren und gehörte bald zum Sprecher-Team. Es gelang uns, angesichts der Übergangsprobleme die Studierenden am entstehenden Campus aufzuwecken. In bis dahin nicht gekannten Vollversammlungen mit bis zu hundert Teilnehmer(innen) artikulierten wir unsere Forderungen. Und wurden gehört. Die Institutsleitung konsultierte uns vor Entscheidungen. Wir nahmen auch an den Berufungsverhandlungen teil. Die personelle Erneuerung der Würzburger Romanistik konnten wir so ein Stück weit mitgestalten. Ein gewisses Vertrauen wuchs uns aufgrund unserer Weigerung zu, am Karren der dominierenden Polit-Gruppen mitzuziehen. Was uns nicht hinderte, mit Überzeugung in das Getöse der Buhrufe einzustimmen, das die Rede des neuen Kultusministers, Professor Maier, bei dessen Antrittsbesuch unterband. Im wenig später durchgedrückten Landes-Hochschulgesetz sahen wir einen »finalen« Entmündigungsversuch auf uns zukommen. Die (Lebens-)Geschichte entfaltet ihre eigene Ironie. Während meiner sieben Jahre als Referendar und Studienrat war just Prof. Maier der oberste Dienstherr: allseits geschätzt aufgrund seiner unaufgeregt-verbindlichen Amtsführung, der kleinliche Tagesinteressen fern lagen.

Während des nun anstehenden Auslandsjahres belegte ich an der Uni im burgundischen Dijon Veranstaltungen zur französischen Geschichte und zur Vergleichenden Literaturwissenschaft. Danach galt es, aus der bayerischen Enge auszubrechen. Ich entschied mich, zwischen Tübingen und Marburg schwankend, für die hessische Universität. Historisch gesehen, bildete sie eine Art protestantisches Gegenstück zur Würzburger Alma Mater. In den frühen 70ern wurden hier noch erbitterte ideologische Kämpfe ausgefochten; nicht etwa zwischen »Linken« und »Rechten«, sondern innerhalb der Linken. Dogmatische und offenere Gruppen standen sich gegenüber, in einem Spektrum vom »roten« SPD-Rand bis zu Trotzkisten oder Maoisten. Die Hochschullehrer, so schien es, hatten sich die Stellen zwischen DKPlern (in der Politologie) und Linksliberalen (in den Literatur-, Kunst- und Erziehungswissenschaften) aufgeteilt. In der Germanistik verfolgten etliche Solitäre ihren eigensinnigen Kurs. Die Situation tat der Qualität des Studiums keinen Abbruch. Schärfe und Eigenständigkeit im Denken und Formulieren waren gefordert, sofern man nicht als Mitläufer im Sumpf pseudo-revolutionärer Konformismen enden wollte. Die Vorlesungen kultivierten eine Art Koexistenz zwischen Wissenschaft und Militantismus. Sie wurden regelmäßig von »Aktivisten« unterbrochen, um die Anwesenden zur Teilnahme an »Solidaritätskundgebungen« zu bewegen. Die Professoren erklärten sich meist mit den proklamierten Zielen einverstanden und fuhren nach einer Pause mit dem dezimierten Rest der Studenten im Thema fort. Um 1975 wendete sich das Blatt, und die Polit-Gruppen traten den Rückzug an.

Ich dehnte meine Lese-Erfahrungen auf frühere Jahrhunderte aus und nahm an spannenden interdisziplinären Projekten teil (etwa zum Zusammenwirken der Künste im Expressionismus). Es war die Geburtsstunde des *Cultural Turn*, der sozialhistorischen, psychoanalytisch-ökonomischen und semiotischen Textwissenschaft. Anhaltend beeindruckten mich die Professoren Heinz Schlaffer und Dieter Bänsch. Beide vermittelten auf ihre Weise die Kunst, Texte in ihrer Formgeschichte und Binnenstruktur zu erschließen, ohne reale Bezüge zu vernachlässigen. In der Linguistik stand die wissenschaftsgeschichtliche Erschließung der Bedeutungsdimension im Sprachhandeln an. Ich begegnete der Theorie Wilhelm von Humboldts und ihren Aktualisierungen im 20. Jahrhundert (von de Saussure bis hin zu Greimas, Kristeva oder Eco). Erziehungswissenschaftliche Erkundungen trieb ich bis zum Quantum eines heutigen Bachelor weiter.

In der Romanistik verlängerte ich mein Interesse am aktuellen südfranzösisch-okzitanischen Chanson zurück zur Sprache der mittelalterlichen *Trobadors* (meiner zweiten Pflicht-Sprache im Examen). Hermann Hofer, ein junger Schweizer Professor, der seine Veranstaltungen (erstmals am Institut) auf Französisch hielt, beschäftigte sich mit Außenseitern der französischen Geisteswelt. Mein zweiseitiges Papier mit Lektüre-Erfahrungen zu Chateaubriands postrevolutionärem Kurzroman *René* (von 1801) ließ ihn aufhorchen; mein Befund kam einer Tendenz in der französischen Forschung nahe. Er riet mir zur Zulassungsarbeit und später zur Dissertation. Die Fragestellung kreiste um den »negativen«, von gesellschaftlicher Geltung ausgeschlossenen, sich ihr verweigernden Helden am Ursprungsort der Moderne. In meiner fast 200-seitigen Abschlussarbeit versuchte ich die »explosive« Kraft dreier Romane zu zeigen. Sie entsprang der sozialen Tabula rasa nach der Revolution und der Motiv-Nachfolge von Goethes *Werther* und Rousseaus *Confessions*.

Meine Schrift erregte in Frankreich ein gewisses Aufsehen. Professor Milner (Dijon), renommierter Romantik-Forscher, wollte sie publizieren. Das Vorhaben scheiterte an der Übersetzungs-Frage. Ich hatte mein Thema gefunden. Für den Plan einer Formgeschichte des französischen Bekenntnisromans bekam ich ein Promotionsstipendium. Während der Lektoren-Zeit in Nizza (1977-1980) arbeitete ich daran weiter, vergrub mich jedoch zu sehr in Archiv-Details. Meine hochtrabende Idee zielte darauf, in Foucault'schem Gestus die subjektiv-moderne Bekenntnis-Form als Konzentrat aus der Praxis der katholischen Beichte und der Verhörmethoden der Inquisition zu erklären. Mein Doktorvater hatte mich vor überbordender, »Habilitations-würdiger« Ausweitung des Gegenstands gewarnt. Von der Finanzierung der Gruppentreffen und eines Sammelbandes durch den Deutschen Akademischen Austauschdienst (DAAD) angelockt, initiierte ich zudem ein sprachdidaktisches Forschungsvorhaben (mit Teilnehmern aus mehreren französischen Universitäten). Das »Bekenntnis«-Projekt geriet in den Hintergrund – und blieb unvollendet. Wichtige Ergebnisse, erzielt in je einem dem französischen Denken geschuldeten Ansatz (thematologisch, struktural, historisch-textsemantisch), dokumentierte ich in drei Fachaufsätzen.

Dabei trat mir die begrenzte Reichweite wissenschaftlichen Publizierens vor Augen. Spezialisten schreiben für Spezialisten, die sich gegenseitig bestätigen oder widerlegen. Unter glücklichen Umständen findet ein Einzel»standpunkt« eine gewisse Zahl (möglichst prominenter) Anhänger und kreist als Mosaiksteinchen einer »Lehrmeinung« am kanonisierten Himmelsgewölbe. Mir war (und ist) die schale Exklusivität der Seilschaften zuwider. Ich wollte mich – ein romantischer Zug? – vom Wind realen Daseins treiben lassen, teilhaben am Ringen der Menschen um ihre Würde, »draußen« Ideen befördern. Ich publizierte weiter, mehr der (auch sprachlichen) Sorgfalt verpflichtet als der Manie des »Publish or Perish«.

## 5. Lernen, Lehren, Leben (lassen)

### Sozialisierung à la française

Das professionelle Feld als Lust, Wille und Vorstellung. Den Disziplin-Losen mimen und notfalls neben den Alltagsdingen agieren: damit wuchernde Einzelkämpfer-Attitüden ins Miteinander münden, Vernunft nicht ohne Kreativität, Vielfalt und Humor auskommt, bürokratische Arrangements und schale materielle Lockungen nicht obsiegen. Der Kontakt zu Heranwachsenden wirkt als Korrektiv gegenüber dogmatischer Verhärtung.

Während des Studiums nahm ich Möglichkeiten wahr, pädagogisch tätig zu sein. Die Ferienlager in Frankreich brachten mir eine Sozialisierungsdomäne des Nachbarlandes nahe. In den zweieinhalb Monate dauernden Sommerferien schickten weniger bemittelte Eltern (die Mütter standen im Arbeitsleben) ihre Sprösslinge für drei bis vier Wochen in eine *Colonie*. Dort genossen diese gegenüber der Schule freiere, doch nicht ungeregelte Formen gemeinschaftlichen Lebens. Der Zwang, sich in eine Gruppe einzuordnen, schloss Vereinsamung aus und bot die Chance für Freundschaften, nicht selten Liebschaften. Der Staat öffnete seine Land-Schulen, mit Küchen, Speise- und Schlafräumen, Sport- und Spielanlagen. Das Leitungsteam, bestehend aus zwei *Directeurs* oder *Directrices*, meist Lehrern, und einem Dutzend *Moniteurs* oder *Monitrices*, meist Studenten, verfügte über ein bestimmtes Budget. An die sechzig Kinder und das Hauspersonal galt es zu verpflegen, externe Aktivitäten zu ermöglichen. Mit dem Bus holten wir die Schar der Acht- bis Dreizehnjährigen in Mâcon (südliches Burgund) ab und fuhren in ein Dorf der Corrèze, im westlichen Massif Central. Dort erkundeten wir die Landschaft, historische Stätten, das Leben der Schafhirten und Handwerker, betrieben Spiele aller Art, hielten die Gruppe an den Abenden bei Laune, leisteten erste Hilfe, schlichteten Streit, spendeten Trost. Nachts saßen wir zusammen, um bei Wein und Käse den nächsten Tag zu planen. Die Gitarre wurde mir zur wichtigen Begleiterin. Die Kinder brachten mir eine Palette populärer, nicht selten »unanständiger« Lieder bei, wie sie in Frankreich beliebt sind. Mein Französisch drang in alltagstaugliche Gefilde vor.

Von Marburg aus übernahm ich an einer Kleinstadt-Gesamtschule für ein halbes Jahr die Deutschlehrer-Rolle – eine unmögliche Mission. Die »schwierige« Hauptschulklasse wollte kein Lehrer übernehmen. Einem skurrilen Öffnungskonzept zufolge gab es statt Klassenzimmern eine Raumfläche mit Stellwänden. Meine fünfzehn Schützlinge kletterten nach wenigen Minuten auf selbige hinauf, um die »Nachbarn« zu ärgern. Mit Geduld gelang es mir, die Gruppe für einen Teil der Stunde zu versammeln. In Gesprächen über ihre Familiensituation, ihre Probleme und Hoffnungen wuchs, zuerst bei den Mädchen, Vertrauen. Kurze Lektüre-Aktivitäten und Schreibübungen wurden möglich. Der Direktor beglückwünschte mich am Ende und schrieb ein lobendes Gutachten. Was aus den Jugendlichen wurde, lässt sich erahnen.

Das Schuljahr 1972/73 hatte ich in Dijon verbracht. Die Lehrassistenten-Stelle für Deutsch an einem *Lycée* ermöglichte ein Auskommen, viele Bekanntschaften, das Eintauchen in Sprache und Lebensweise. Ein Experimentierfeld im Umgang mit (meist wohlerzogenen) Kindern und Jugendlichen tat sich auf. Die Schule war eine junge Reformgründung mit freundlichen Umgangsformen. Der Weinkeller des Direktorats hätte einem Sterne-Restaurant zur Zierde gereicht und kam auch mir bei Kollegen-Abenden zugute. Über dem Alltag jedoch schwebte der Hochleistungs-Fetisch. Die »begabtesten« Schüler waren in Klassen mit verstärktem Deutschunterricht zusammengefasst – die Sprache Goethes galt dem karrierefixierten französischen Bürgertum als Eintrittskarte für ihre (zehnjährigen) Sprösslinge in die Elite-Laufbahnen der *Grandes Ecoles*.

Der »Zeitgeist« in Gestalt der zentralen Schulbehörde sah für den Fremdsprachenunterricht die starre Anwendung »audiovisueller« Methoden vor; streng nach dem Dogma absoluter Einsprachigkeit. Die Schüler hatten permanent Dialoge, per Tonband vorgespielt, auswendig zu lernen. Erst zuhause durften sie sie nachlesen. Übersetzen galt als verpönt, weshalb es die Zöglinge (élèves) heimlich taten. Der Aufwand an mimisch-gestischer Akrobatik bei der Semantisierung von Sprechakten wurde auch den Lehrerinnen zur Qual. Glücklicherweise waren es gütige Mütter und verantwortungsvolle Pädagoginnen, mit (in Frankreich selbstverständlich) hervorragenden Deutschkenntnissen. Es brauchte wenig Überredungskunst, um sie von der Unsinnigkeit der auf falschen theoretischen Annahmen beruhenden *Méthode* zu überzeugen. Im Klassenzimmer durfte nun gelacht und auch französisch dazwischen gefragt werden. Die Schüler blühten auf. Den gestrengen *Inspecteur* führten wir beim Unterrichtsbesuch mittels eingeübtem »Schmierentheater« an der Nase herum. In den Assistenten-Stunden wurde erzählt, gesungen und erste Hilfe vor den gefürchteten Tests geleistet. »Fehler«, als positive Lern-Elemente einsichtig gemacht und nicht als Sanktionsmasse missbraucht, verloren ihre Furcht einflößende Wirkung.

Im Frühjahr 1973 erarbeitete ich mit zwei Gruppen aus einer *Quatrième* und einer *Troisième* (13-bis 14-jährig) eine Dokumentation für das französische Schulfernsehen. Die Sprechfertigkeit der Schüler war sehr gut. An der wochenlangen Vorbereitung nahm die Fachlehrerin teil. Die Arbeit des Assistenten sollte in einer selbst verfassten und dramatisierten »Kurzgeschichte« mit dem Titel *Eulenspiegel als Wunderdoktor* vorgeführt werden; in der Vorbereitungsphase und als fertiges Rollenspiel. Es galt, die Handlung zu entwickeln, aufzuschreiben, nachzuerzählen, dann in Szenen zu gliedern und als Dialoge einzuüben. Anfangs waren die Schüler mit Eifer dabei. Als sich der Aufnahmetag näherte, machte sich Unlust breit. Das Spiel vor der Kamera geriet zur nichts sagenden Show, zumal der Regisseur nur auf Effekte aus war. Es zeigte sich: Pädagogische Situationen zu demonstrieren ist unmöglich, da ihnen der »Zahn« der Unwägbarkeiten gezogen werden muss. Die Nachbereitung machte zumindest klar: Das Vertrauensverhältnis Lehrende-Lernende hatte gehalten. Und wir waren von ein paar medienbedingten Illusionen befreit.

In den langen Mittagspausen traf ich mich mit älteren Schülern bei *Madame Rose*, in der Kneipe vor den Toren der »Anstalt«. Wenn sie etwas »ausgefressen« hatten und von den »Aufsehern« (surveillants) gesucht wurden, versteckten sie sich schon mal in meinem Zimmer (oder dem meines kanadischen Kollegen) im Internat: Tabu-Räume für Disziplin-Jäger. In der Stadt lernte ich die Restaurant- und Varieté-Szene schätzen. Ein gutes Menü in der *Brasserie du Théâtre* kostete um die 12 Francs, kaum mehr als 5 Mark. In Konzertabenden erlebte ich großartige Sängerinnen und Sänger – Barbara, Jacques Douai, Georges Brassens, Georges Moustaki, Léo Ferré. An der *ABC*, einer Art Volkshochschule, nahm ich Gitarrenunterricht.

Als ich mit meinem ersten VW-Käfer an einem verregneten Herbst-Wochenende Richtung Atlantikküste startete, um einen Freund zu besuchen, trug mich die nasse Fahrbahn aus einer Kurve, hinein in einen Kartoffelacker. Am Ortseingang des Städtchens Avallon war eine Werkstätte. Sie schleppte das Gefährt mit Achsenbruch ab. Es folgte ein unerwartet heiterer Abend an einer Hotelbar, im Gespräch mit jungen, politisch engagierten Männern aus dem Ort. Das Auto wurde vom Sohn eines Freundes repariert, der als Mechaniker arbeitete. Einige Wochen davor hatte mich eine Schülerin zum Mittagessen eingeladen. Ich lernte ihre Schwester, eine Deutsch-Studentin, kennen (und mehr als das). Die Liebschaft hielt nicht. Dafür sympathisierte ich dauerhaft mit Louis, dem Vater, einem jovialen Bretonen. Ich begleitete ihn, wenn er als Finanzinspektor die Winzer der Côte d'Or, zwischen Nuits-Saint-Georges und Beaune, besuchte. Diese sahen sich als Weinbauern. Ihre Lagen galten als prestigeträchtig, wurden aber noch nicht auf dem Weltmarkt mit Gold überhäuft. Louis half bei der Steuererklärung. Ich streifte im Weinberg herum. Dann probierte man im Keller die Gewächse, um das beste zum von der Bäuerin in der Küche kredenzten Mahl auszuwählen.

1976 legte ich das wissenschaftliche Staatsexamen ab. Das folgende Jahr konnte ich (Dank Promotionsstipendium) unbeschwert mit Forschungen in deutschen und französischen Bibliotheken und mit Lehraufträgen in Marburg zubringen – einem zur deutschen Landeskunde für französische Austauschstudenten, einem anderen zur Einführung in die Literaturwissenschaft für Romanisten. Ich unternahm (auf den Spuren meines Vaters) zwei ausgedehnte Reisen nach Polen, besuchte die oberschlesischen Verwandten, nahm an einem Workcamp südöstlich von Krakau teil und begann die Sprache zu lernen. Gleichzeitig bewarb ich mich für eine Lektorenstelle des DAAD an einer französischen Universität. Ich hoffte auf Toulouse oder Aix-en-Provence.

Es wurde Nice (Nizza). Klimatisch und landschaftlich betrachtet, ist dies eine der reizvollsten Städte im Süden. Meer und Gebirge sind eine Autostunde voneinander getrennt. Dazwischen, von Grasse bis zur Pass-Grenze ins Piemonte, erstrecken sich die Gärten, Villen und Künstlerdomänen der Südost-Provence. Die Sommerhitze wird durch die Seebrise gemildert. Der Winter erscheint (von den Regenwochen im November und Februar abgesehen, wenn der Nordwind durch Mark und Bein bläst) wie ein vorzeitiges Frühjahr; weshalb begüterte Engländer im 19. Jahrhundert die Côte-d'Azur für sich entdeckten und dort die Kultur der Palace-Hotels einläuteten. Heute ist Nice mit 400.000 Einwohnern die viertgrößte Stadt Frankreichs und kämpft mit einer hohen Kriminalitätsrate. Das Hinterland, seine üppige Vegetation, die verträumten Bergdörfer und freundlichen Menschen, haben ihren Charme behalten. Kein Wunder, dass die südöstlichste Universität Frankreichs schon in den 70ern als Ferien-Hochschule beliebt war.

Das germanistische Institut war klein. Hier studierten Söhne, mehr noch Töchter begüterter Familien. Sie hatten den Sprung an die Elitehochschulen verpasst oder waren sich über ihre berufliche Orientierung im Unklaren. Als Produkt der Nach-68er-Reformjahre hatte man die bis heute (vom Zulauf her) florierenden Kurzstudiengänge *Angewandte Fremdsprachen* eingerichtet. Sie bieten in drei Jahren eine intensive Schulung in zwei Sprachen, dazu in Landesstudien, Wirtschaft und Recht. Konkrete Berufschancen eröffnen sie kaum. Das Niveau ihrer Absolventinnen glich dem eines bayerischen Abiturjahrgangs. Die ersten beiden Studienjahre dienen in Frankreich dem Auffüllen generalistischer Lücken bei den 18jährigen Schulabgängern. Alter und Studiendauer lassen sich gegen den intellektuellen Reifeprozess nicht beliebig absenken. In Nizza versuchten die besten Studierenden sich über eine *Maîtrise* (Magister) und ein weiteres Vorbereitungsjahr für die nationalen *Concours* (Auswahlprüfungen) Richtung Lehramt zu qualifizieren. Nur eine Handvoll jährlicher Kandidaten, allenfalls zehn Prozent, übersprangen die Hürde. Die anderen sahen sich in der Wirtschaft um. Nicht wenige landeten als Kassiererinnen im Supermarkt, als Taxifahrer hinter dem Steuer eines Mercedes oder als Bademeisterinnen am Strand. Die französische Unsitte des Diplome-Sammelns – das *Bac* (Abitur) erwerben Dreiviertel aller Jugendlichen – ruft den Missstand (den Pierre Bourdieu schon 1984 analysierte) hervor. Diese Praxis nahm die »Generation Praktikum« und das *Bachelor-Master*-System vorweg.

In den Studiengängen wurde gute Arbeit geleistet. Meine Aufgaben gestatteten mir die Orientierung auf allen Ebenen des Instituts. Ich führte je zur Hälfte sprachpraktische und wissenschaftliche Lehrveranstaltungen zur deutschen Literatur und Kultur durch. Kulturwissenschaft (*Civilisation*) rangiert in Frankreich neben Linguistik und Literaturgeschichte als gleichrangiges Lehrgebiet und wird interdisziplinär von Historikern, Politologen, Juristen und auch Philologen betrieben. Im Sprachunterricht stellte ich, unterstützt von der Institutsleitung, die Veranstaltungen zum Hörverstehen (*Compréhension*) erst einmal auf den Kopf. Vorher waren dort beliebige Texte aus Literatur und Presse vorgelesen und mündlich wie schriftlich zusammengefasst worden. Ich sammelte Material aus öffentlichen Reden und Debatten, Rundfunknachrichten, Fernsehreportagen, Hörspielen, Liedern, Spielfilmen. Im Unterricht entwickelten wir Hörstrategien und Mitschrift-Techniken. Hinzu kam die thematisch-kritische Kommentierung.

Eine neue, motivierende Veranstaltungsform wurde geboren. Sie band, anders als die leidigen Grammatik- oder Übersetzungsübungen, reale Diskursformen an eine Textarbeit akademischen Zuschnitts an. Die Studierenden schätzten das freie Diskutieren, ohne Fehlersanktion. Deutsche Austauschstudenten kamen hinzu und schufen eine authentische Gesprächsatmosphäre. In den *Annales* der Fakultät konnte ich das Projekt, ansatzweise textlinguistisch fundiert (das Gebiet steckte noch in den Kinderschuhen), darlegenden. (vgl. Wiecha 1979) Aus dieser Vorarbeit entstand die Idee zur genannten Forschungsgruppe. Die Kursart verbreitete sich an den französischen Universitäten. Der Band mit *Materialien zur Hörverständnis- und Ausdrucksschulung* (1982) wurde den Uni-Lektoraten und Goetheinstituten weltweit zugestellt und dort auch verwendet. In meiner zweiten Staatsarbeit, für den bayerischen Schuldienst, modifizierte ich das Konzept für den Französischunterricht.

Die *Agrégation*, der anspruchsvollste unter den Concours, ebnet den Weg sowohl zum schulischen Lehramt als auch zur wissenschaftlichen Karriere (über das *Doctorat*). Als die zuständige Pariser Kommission »Das Wilhelminische Zeitalter« als Jahresthema festlegte, signalisierte ich dem mit der Umsetzung betrauten *Maître de Conférence* (vergleichbar einem Privatdozenten) mein Interesse. In seiner Vorlesung erarbeitete der Kollege die historisch-politischen Grundlagen. Ich steuerte ein Seminar zu den Reden Kaiser Wilhelms II. und zu Heinrich Manns Satireroman *Der Untertan* (samt der Staudte-Verfilmung von 1951) bei. Von da an bekam ich die Möglichkeit, Civilisation-Veranstaltungen für alle Studienjahre anzubieten: zur Deutschen Frage in Geschichte und Gegenwart, zur (1976 erfolgten) DDR-Ausbürgerung Wolf Biermanns und der politischen Lyrik in Ost und West, zur Jugend- und Subkultur, zum Neuen Deutschen Film.

Ich wirkte in der *Commission Paritaire* mit, der Institutsversammlung, wo Professoren, sonstige Lehrpersonen, Studenten und Verwaltungskräfte gleiches Stimmrecht besaßen. Ich baute eine landeskundliche Bibliothek auf. Ich organisierte mit Hilfe des Goethe-Instituts Marseille Autorenlesungen und gründete mit Studierenden eine Institutszeitschrift. Als bei einer voll besetzten Veranstaltung über Heinrich Böll ein zu deutschnationalen Posen neigender Dozent eine Tirade gegen diesen Autor ertönen ließ, war für mich das Maß voll. Ich verwies auf die Hetzjagden des sog. *Deutschen Herbstes* und ihr humanitäres Gegengewicht, von Böll und anderen Intellektuellen verkörpert. Dann rief ich dem Dozenten zu: »J'ai honte pour vous!« (Ich schäme mich für Sie). Worauf dieser eine groteske Hasskampagne gegen mich startete. Er vermutete in mir den Verfasser einer Glosse gegen sein Gebaren in der Institutszeitschrift. Er befragte Studentinnen über meine politischen Äußerungen und schwärzte mich beim Goethe-Institut an. Zuletzt erstattete er Anzeige, so dass ich zum Verhör ins Polizeikommissariat Nizza-Mitte zitiert wurde. Die Sache versandete im berüchtigten Kiesel der Baie des Anges (Engelsbucht).

Abgesehen von dieser Farce, machte ich nur schöne Erfahrungen in den Azur-blauen Jahren. Ich wohnte oberhalb der Stadt mit Blick auf die Bucht und die Berge. Meine Vermieter, ein Ehepaar italienischer Herkunft, hatten sich hier nach harten Arbeitsjahren in Lothringen ein Haus errichtet. Sie »adoptierten« mich als ihren Sohn. Am Vormittag wurden über die Gartenterrassen Neuigkeiten ausgetauscht. Zu Mittag saß ich bei ihnen am Tisch und stimmte in die Kommentare zu den Fernsehnachrichten ein. In meiner Wohnung mit der kalifornischen Palme davor stieg so manches Fest. Mit Freunden und Studenten durchstreifte ich zu Fuß das Hinterland. Wir trafen uns zum Kino und saßen spät abends palavernd am Strand. Die andere Sprache fiel mir zu: ein Geschenk. Seither gelte ich (accent oblige!) im Land als einer, der aus dem französischen Osten oder (nicht zu Unrecht, wie man sehen wird) aus Belgien kommt.

## Schul-Theater

1980 brach ich den Aufenthalt ab, teils wegen der Stellenknappheit zuhause, teils wegen einer gescheiterten Liebe im Süden. Ich trat das Referendariat an, mit dem Vorhaben, später die wissenschaftliche Arbeit fortzusetzen und wieder »hinaus« zu gehen. Sieben Jahre gehörten nun dem Schuldienst in Bayern. Danach wechselte ich an die *Europäische Schule* nach Brüssel. Was in dieser Zeit alles geschah, kann hier nicht berichtet werden. Ich beschränke mich auf »theatralische« Momentaufnahmen. Ich wurde Teil des Innenlebens dreier wohlgeordneter Gymnasien, in München, im Allgäu und im Nördlinger Ries, mit lebensfrohen wie leistungswilligen Schülerinnen und Schülern. Meine Unterrichtserfahrung machte mir den Einstieg leicht. Ich spielte den gelehrigen Neuling, manchmal den kritischen Beobachter, wenn die Ausbildungslehrer mit »heiß gestrickten« Elementen aus Psychologie und Didaktik aufwarteten. In Französisch verschaffte ich mir Respekt durch eine in der Kollegenschaft bestaunte Sprachkompetenz. Bei meiner letzten Deutsch-Lehrprobe baute sich eine Klippe auf. Der Kemptener Direktor fand meinen Einfall abwegig, einen spielerischen Zugang zu einem Theaterstück zu wagen. Dass das (teilweise) freie Agieren und Schlüpfen in die Regisseurs-Rolle den Schülern Spaß machte, empfand er als unliterarisch. Meine Weigerung, die Lehrerrolle herauszukehren, missfiel ihm. Unbeirrt ließ ich den konfliktträchtigen Sinn einer Expositionsszene im Nachvollzug erschließen, per expressivem Sprechen, Bewegung im Raum, Mimik, Gestik; nicht im Aufdrücken eines Knebels aus »Interpretations«-Fetzen, wohlfeilen Anleitungen »für die Hand des Lehrers« entnommen. In meiner Rechtfertigung vertrat ich die in Bühnenpraxis und Didaktik längst gängige These, dass sich ein Dramentext als Partitur lesen lasse und das Dramatische gerade der initialen Sinneserfahrung erwachse. Meine feinsinnige Münchner Seminarlehrerin stand mir argumentativ zur Seite und rettete die Situation.

In Oettingen, einem gemischt humanistisch-neusprachlichen Landgymnasium, hatte ich medial und »event«mäßig noch nicht übersättigte Schüler. Ich konnte ungehindert experimentieren. In Französisch wurde gesungen und, auch Dank der Partnerschule in der Picardie, der lebendige Sprech- und Schreib-Kontakt gesucht. In Deutsch fertigten wir Klassenzeitungen an, schrieben Gedichte und Geschichten, malten Bühnenbilder und ergänzten sie szenisch. In den Leistungskursen der Oberstufe erprobten wir universitätsnahe Arbeits- und Denkweisen. Inzwischen ist diese Unterrichtform abgeschafft. Heute zeigen Studienanfänger: Das Reflexionsniveau ist gesunken. Der schlecht verdaute »Lernstoff«, dieser kurzlebige Schrott aus Daten und Fakten, hat zugenommen. Er wäre, auf die Schuljahre verteilt, um mindestens ein Drittel zu verringern. Den Lehrern könnten neben dem Pflichtmaß (aus dem zweiten Drittel der alten Memorier-Masse) frei zu gewichtende Optionen überlassen werden (das letzte Drittel). Was freilich ihre intensive didaktische Schulung voraussetzte.

Im Rahmen der Volkshochschule, deren Programm ich verantwortete, initiierte ich in Oettingen eine Veranstaltungsreihe mit Vorträgen und Autorenlesungen. Fünf Jahre lang leitete ich die Theatergruppe der Schule, dazu einen Grundkurs »Dramatisches Gestalten«. Zusammen mit dem großartigen Musiklehrer und Kapellmeister Otto Hennecke inszenierte ich Schüleropern und Ballettstücke, an denen (ohne die Musiker) bis zu fünfzig Akteure aller Altersgruppen beteiligt waren. Wir brachten Shakespeare als Licht- und Klang-Spektakel, Molière als Schattenspiel und Masken-Farce, Karl Valentin als Stimmen-Groteske und Max Frisch (*Die Chinesische Mauer*) als freche Parabelschau auf die Bühne. Wir spielten bei den bayerischen Schultheater-Tagen und in einer Kleinkünstbühne der Region mit.

Das politische »Tauwetter« ermöglichte mir einen »Theater«auftritt besonderer Art. 1986 veranstaltete der französische Verband der Fremdsprachenlehrer sein Jahrestreffen mittels einer wissenschaftlichen Landeskunde-Tagung in Leipzig. Erstmals durfte eine bayerische Lehrerdelegation in die DDR reisen. Ich gehörte ihr an. Wir wurden herzlich empfangen und wohnten bei Familien, deren Alltagssorgen uns nicht entgingen. Dass die Crème der französischen Sprachendidaktik zur internationalen Aufwertung des hiesigen Ablegers beitrug, war als Nebeneffekt eingeplant. Die Tagungsbeiträge skizzierten (für mich erstmals) eine interkulturelle Annäherung an die Landeskundevermittlung. Einige DDR-Referentinnen und -referenten bewiesen Mut, indem sie die gewohnt semi-propagandistische Schiene verließen, ja anprangerten.

Ich traf mich auch mit einem Freund und Lyriker aus Dresden. Der Kontakt bestand seit den späten 70ern. Mehrmals schon hatte ich mit Büchern und West-Zeitschriften im Gepäck das »eiserne« Grenz-Labyrinth überwunden, um ihn zu besuchen. In Leipzig bewegten wir uns vermeintlich frei durch die Stadt. Dass wir auf Schritt und Tritt beobachtet wurden, erfuhren wir erst nach dem Fall von Grenze und Regime. Unsere *Stasi*-Akte ist ein Dokument unfreiwilliger Satire, das jede noch so banale Äußerung als »konspirativ« festhält und überquillt vor Verdächtigungswahn, vor allem jedoch vor bodenloser Dummheit. Die Stasi war ein perfides Repressionsorgan, das die Bevölkerung zur massenhaften Selbstbespitzelung trieb. Indem sich ihre Agenten derart plump gebärdeten, gaben sie ein treffendes Bild des unmöglichen DDR-Systems ab, das der westlichen Kultur-Konkurrenz auf Dauer nicht standhalten konnte.

1987 brach ich, nun von meiner Frau und unserem knapp einjährigen Söhnchen begleitet, nach Brüssel auf. Dort hält sich Europa den Spiegel vor. Die Geschichte Belgiens und der niederländischen Vorläufer-Provinzen ist durchsetzt von Glaubenskriegen und Fremdherrschaft, vom Ringen um eine (unmögliche!) Nation, von kulturellen Großtaten und politischen Kapriolen, die nichts zeitigten als die Entfremdung der Bevölkerung von den selbstherrlichen Machern. Die Menschen in Brüssel sind von liebenswerter Gelassenheit.

Die Europäische Union mit ihren dschungelhaften Mechanismen und mäandernden Büro-Suiten des Quartier Léopold ist ein Spiegel des Spiegels. Seit 1953 gibt es, mit inzwischen vierzehn Standorten in sieben Ländern, die *Europäischen Schulen*. Die größte von ihnen, *Brüssel I*, war bis in die 90er hinein eine Ansammlung leicht gebauter Pavillons für 3000 Schüler aus 35 Nationen, dazu 200 »entsandte« Lehrer. Anfänglich durchliefen hier die Kinder der Europa-Beamten, dann auch die Sprösslinge anderer ausländischen Interessensvertreter den Weg vom Kindergarten bis zum *Bac Européen.*

Das System war je zur Hälfte getragen von einer ausgefeilten, multinationalen Ansprüchen genügenden Organisation und von der Improvisationsfreude der Akteure. »Interkulturalität« stellte sich, zumindest als soziale Beweglichkeit, fast von selbst ein. Es gab neun Sprachen-Sektionen (von Dänisch bis Spanisch und Griechisch), wo in den Kernfächern nach nationalen Lehrplänen unterrichtet wurde. In der Sekundarstufe waren in Gemeinschaftskunde, Geschichte, Geografie, dazu Kunst, Musik und Sport die Klassen bilingual gemischt, nach erster und zweiter Pflicht-Fremdsprache. Ich gehörte zur deutschen Abteilung. Neben dem Ganztags-Unterricht gab es Abstimmungsbedarf in mehrmals wöchentlich tagenden Kommissionen. Prüfungsaufgaben waren zu erstellen, Lehrpläne zu reformieren, Veranstaltungen zu konzipieren, Schülerkonflikte zu moderieren, Elternwünsche zu diskutieren. Das *Europäische Abitur* erreicht in Sprachen, Mathematik und Naturwissenschaften das hierzulande geläufige Niveau. Den Absolventinnen, geübt im vielsprachigen Umgang, werden besondere Chancen für Positionen mit internationaler Verantwortung bescheinigt. Dass dieses pädagogische Labor, von den Bundesländern mitfinanziert, in unserem provinziell getönten Schulwesen kaum Beachtung findet, deutet auf ein selbst auferlegtes europäisches Kultur-Defizit, das sich im »großen« Rahmen fortsetzt.

Im persönlichen Bereich kann das Miteinander gelingen. Wir wohnten in Waterloo, im französischsprachigen Süden der Hauptstadt – ironischerweise nahe dem Schlachtfeld, wo die Armeen Rest-Europas der Hegemonie Napoleons Einhalt geboten. Unsere beiden Kinder (die erste Tochter kam in der Brüsseler Zeit zur Welt) lernten in der belgischen *Maternelle* (Vorschule) und im Umgang mit den Nachbarskindern spielend Französisch. Später, als wir ein Jahrzehnt lang unser Häuschen in den französischen Meeralpen aufsuchten, atmeten sie (zuletzt zusammmen mit unserer zweiten Tochter) die andere Kultur in vollen Zügen ein. Sie zeigten mir, wie man dem »Fremden« unbefangen und selbstverständlich entgegentritt.

Erst den weiterführenden Schulen gelang es, den Elan zu bremsen, mit dem sie voller Lern-Freude »aus sich heraus« gingen; sei es durch borniertes Fächer-Gebaren, zu dem besonders bayerische Lehrer fähig scheinen, sei es in fehlender persönlicher Glaubwürdigkeit und (Ja!) Großzügigkeit. Unsere Jüngste klagte in der 7. und 8. Klasse des Gymnasiums immer wieder, die Lehrer lachten nie und fänden kein freundliches, persönliches Wort. Für sie zählt das 24-Stunden-Wissen, das geistig-charakterliche Eintagsfliegen erzieht. Die (wachsende?) Schar gehetzter Anti-Pädagogen kultiviert dabei eine geradezu infame Praxis: Je nach Klassenstärke stellt man in der Unter- und Mittelstufe eine vorab festgelegte Anzahl Schüler quasi an die Wand, um sie als »hoffnungslos« zu vergrämen.

### Versuchsfeld Hochschule

Nach fünf Jahren nahm ich Abschied von Brüssel. Meine Frau, in den Wäldern Südbayerns beruflich daheim, sehnte sich zurück. Ich hatte die Versetzung an die Europäische Schule nach München in der Tasche. Da kam, unerwartet spät, die Berufung an die Münchner Fachhochschule, heute *Hochschule für Angewandte Wissenschaften*. Die Professur war »für französische Sprache, Kultur und Geschichte der französischsprachigen Länder« definiert. In der Querschnitts-Fakultät der »Allgemeinwissenschaften« (AW) sollte künftigen Ingenieuren, Sozialpädagogen, Managern und Gestaltern ein Mindestmaß an fächerübergreifenden Studien ermöglicht werden. Ein breites Fremdsprachenangebot gehörte dazu. Ich nahm die Stelle, nicht ohne Zögern, an.

Den Ausschlag gab die Erwartung, das bereichernde, doch aufreibende Schul-Engagement durch eine intellektuell anspruchsvollere Tätigkeit zu ersetzen. Meine Schwerpunkte deckten sich mit der Ausschreibung: Sprachunterricht auf der Höhe internationaler Praxis, dazu wissenschaftsbezogene Lehre zu kulturellen Alltags- und Diskurspraktiken im Horizont Frankreich-Deutschland-Europa, orientiert an Mustern der Geschichtsschreibung der *Nouvelle Histoire* und der Textwissenschaft der *Nouvelle Critique*. Zu universitären Arbeitsformen hatte ich durch Publikationen Kontakt gehalten. An die zwei Dutzend »einschlägiger« Titel mit (direkt oder indirekt) wissenschaftlichem Anspruch konnte ich vorweisen. Verteilt auf Literatur- und Kulturgeschichte, Gegenwartsanalysen und Didaktik, waren sie in durchaus angesehenen Organen des In- und Auslandes erschienen. Neben meinen Arbeiten zu Romanen im Nachklang der Französischen Revolution hatte ich mittlerweile die intellektuelle Frühgeschichte des französischen Regionalismus, die Gesellschaftsgeschichte der französischen Esskultur und die politisch-kulturelle Situation der Stadt Brüssel und des Staates Belgien untersucht. Ergänzende Studien, auch Texteditionen, beschäftigten sich mit dem experimentellen Theater Ernst Jandls und der jüngsten DDR-Lyrik. In einer Reihe journalistischer Arbeiten, abgedruckt in *Die Zeit, Die Weltwoche* (Zürich) und *Süddeutsche Zeitung*, konnte ich sprachliche Darstellungsfertigkeiten verfeinern. Drei Universitätsprofessoren aus Deutschland, Frankreich und den USA hatten mir uneingeschränkt »promotionsadäquate Leistungen« bestätigt; ein einziges Gutachten hätte laut Gesetz genügt. Nicht ohne Selbstvertrauen trat ich den Dienst an.

So stand ich im September 1992, kurz vor Semesterbeginn, an einem Schaukasten im Flur der noch verwaisten Fakultät. Von hinten näherte sich ein smarter Herr meines Alters, sprach mich mit Namen an und stellte sich mit den Worten vor: »Ich bin hier der Psychologe«. Oh, fuhr es mir durch den Kopf – haben die so etwas nötig? Er wollte sich als Fachvertreter, nicht als Therapeut

offenbaren. Kurz darauf meinte er freilich, wenn ich nicht »diese Auslandser-
fahrung« gehabt hätte, hätte man mich nicht berufen. Ein Vorbehalt? Dabei
stand ich schon nach dem ersten von zwei Ausschreibungs-Prozeduren auf
Platz eins der Liste und hatte mich gegen etwa fünfzig Mitbewerber, meist
promoviert, in einigen Fällen habilitiert, durchgesetzt. Ich muss den Erwar-
tungen entsprochen haben. Zudem waren die drei bereits installierten Spra-
chen-Kollegen und -Kolleginnen nicht promoviert (das französische *Doctorat
de Troisième Cycle*, in einem Fall hartnäckig hochgehalten, entsprach eher einem deutschen *M. A.*). Die Flur-Episode deutet auf einen Riss in der Fakultät
und daneben eine gerne übersehene Schwachstelle des sonst interessanten
Hochschultyps hin. Vom aktuellen Anlass abgesehen (Guttenberg verpflichtet!), erscheint ein Exkurs angebracht.

Die Promotion, genauer: der aus ihr hervorgehende Titel, ist hier, anders
als an der Universität, Gegenstand eines seltsam naiven Dünkels. Dabei zeugt
sie von einer punktuellen wissenschaftlichen Leistung (mit meist kurzer
Halbwertzeit), allenfalls noch von persönlicher Ausdauer. Schon deshalb bilden die vielleicht fünf Prozent nicht promovierten Professoren eine »elitä-
re« Gruppe akademischer Quereinsteiger. Meist sind sie in kreativen, besondere Kompetenzen erfordernden Gebieten wie Architektur, Design oder eben
Sprachen (einschließlich interkultureller Studien) zuhause. Im Hochschulall-
tag spielt die Differenz gegenüber den Titel-Trägern keine Rolle. Die »angewandte« Lehre und Forschung, wie sie die Einrichtung kennzeichnet, setzt
eigene Prioritäten. Dass die Promotion in erster Linie als Visitenkarten-Phä-
nomen in Erscheinung tritt, verringert die Distanz zur aktuell debattierten
Missbrauchs-Problematik.

Die Universitäten haben sich hierzulande auf die Nachfrage nach »halbsei-
denen« Promotionen eingelassen. In Frankreich oder den USA würde, gerade
innerhalb des akademischen Raums, als Snob belächelt, wer sich oder andere
mit *Docteur* X oder *Professeur* Y vorstellte. In Deutschland (und Österreich)
lange unhinterfragte Praktiken zielen allein auf Prestigegewinn. Der Blick auf
die Türschilder von Arztpraxen, Anwaltskanzleien oder Abgeordnetenbüros
hätte die Öffentlichkeit längst misstrauisch stimmen können, wäre sie nicht
von »untertänig«-vordemokratischen Titel-Traditionen geblendet. Appelle an
Rechtssinn oder Anstand fruchten nicht. Jüngste Empfehlungen des Wissen-
schaftsrates, bei der Promotion auf Noten zu verzichten und zusätzliche Gut-
achter einzuschalten, greifen zu kurz. Warum soll das Verfahren überhaupt
anderen als wissenschaftlichen Qualifikationszwecken dienen? Ist nicht jegliche Vorteilsnahme im akademischen Qualifizierungsgeschäft auszuschließen?

Das einfachste Gegenmittel wäre, an der Quelle, bei den Pass- und Ausweis-
vorschriften anzusetzen. Es wurde vor Jahren, auch in Bayern, zaghaft diskutiert, dann aber (der Titel-Lobby sei Dank) wieder der Aufmerksamkeit entzogen. Ein simpler Verwaltungsakt ließe den *Dr.* vor dem Namen und die daran
geknüpften Begehrlichkeiten verschwinden. Den Hochschulen bzw. dem Ge-
setzgeber wäre zweierlei anzuraten: bei Berufungen »zusätzliche« wissen-

schaftliche Leistungen höher als bisher zu gewichten, damit nicht Eintags-
fliegen-Promotionen das Feld beherrschen; und im Alltag »angewandte«
Forschung an grundlegende Erkenntniswege zurück zu binden. Mit den Universitäten ließe sich ein Zusammenwirken institutionalisieren. Diese wären
geeignet, das Forschungsniveau, ihre Partner dagegen, den Transfer in die
(auch didaktische) Praxis zu gewährleisten. Gegenüber den Entwicklungsstät-
ten der Industrie ergäbe sich eine heilsame Distanz. Eine Deutungshoheit der
Hochschulen in Sachen nachhaltiger Qualitäts- und Prozess-Steuerung würde
sie ausgleichen.

Vom ersten Semester an bemühte ich mich, meine Lehre auf hohem Niveau
und in ganzer fachlicher »Breite« zu organisieren; jedoch nicht, ohne für die
Bedürfnisse der Abnehmer Sorge zu tragen. Ich wirkte nach Kräften bei der
fälligen Erneuerung des Sprachenprogramms mit. Das Unterfangen erwies
sich als schwierig. Um 1992 wurden vier neue Professuren besetzt; außer der
für Französisch noch eine für Italienisch, sowie zwei für Englisch. Doch ver-
wehrte man den Inhabern, ein Konzept für ein Sprachenzentrum zu realisieren. Die Hochschulleitung blockierte die Ressourcen. Die AW-Kollegen, die sich
wie kleine Lehrstuhlinhaber (ohne Mittel) gebärdeten, fürchteten um ihren
Vorrang in der Fakultät. Es gab bizarre Grabenkämpfe. Man verdächtigte die
»Sprachler«, eine *Pressure Group* zu bilden. Man verübelte den jüngeren Phi-
lologinnen und Kulturwissenschaftlern, in vermeintliche Domänen etablierter
Kollegen einzudringen. Ein Dekan wollte meiner italienischen Kollegin Lan-
deskunde-Vorlesungen zu Filmen ihres Heimatlandes verbieten. Ein ergrauter
Chemiker machte Stimmung gegen meine Veranstaltungen zur französischen
Kultur des Essens und Trinkens. In dieser Phase fiel mir die Rolle des *Enfant
Terrible* der Fakultät zu, des Kindes in *Des Kaisers neue Kleider*, das sagt, was es
sieht: Der ist ja nackt! Es wurde eine Frage der Selbstbehauptung, in theatralischen Auftritten, mal mit Humor, mal in »heiligem Zorn« den Egomanen und
Betonköpfen dieser unheiligen Familie den Spiegel vorzuhalten. Nach jahre-
langem Ringen gelang es, das Sprachenprogramm in Niveaustufen auszudiffe-
renzieren und einen vertretbaren Standard festzuschreiben. Als wir um 2000
das (heute an etwa 60 Hochschulen eingeführte) *Unicert*-Zertifikat etablierten,
war diese Schlacht geschlagen. Ich hatte mich derweil in Fortbildungsveran-
staltungen für Fremdsprachenlehrer engagiert. Ich wollte ihnen Mut machen,
die ausgetretenen Pfade ihres »Handwerks« zu verlassen. Enthusiasmus und
Spontaneität gilt es zu kultivieren statt Formendrill und »Fehler«angst; wobei es im Französischen (und nicht nur da) ohnehin mehr Ausnahmen gibt
als Regeln – ein Beleg dafür, dass die grammatische »Logik« im Alltag nicht
recht funktioniert. Spracherfahrung zu ermöglichen, lohnt sich dagegen. (vgl.
Wiecha 2002)

Das AW-Wahlpflichtfach geriet unter Druck. Obwohl nur drei Pflichtveranstaltungen für Studierende aller Fachrichtungen umfassend, war es nicht aus-
baubar. Mehrere Initiativen wurden im Kollegenkreis angedacht, aber nicht
energisch auf Hochschulebene präsentiert. Die ambitionierteste zielte auf ein

*Studium fundamentale*, wie es einige Reform-Unis und -Hochschulen, etwa die im fränkischen Coburg, pflegen. Damit ließen sich »Bildung und Ausbildung«, grundlegende und angewandte Geistesschulung verzahnen, wie Christoph Markschies (vgl. 7ff.; 33ff.) im aktuellen Kontext und im Rückgriff auf die Gründerväter der Bildungsbewegung aufweist. Im seit 2000 laufenden Bologna-Prozess, mit seiner Abschaffung des Ingenieur-*Diploms* zugunsten des *Bachelor-Master*-Systems, blieb von AW, einst bayerisches Markenzeichen, nur eine Restgröße übrig. Im B.A. sind noch zwei Veranstaltungen vorgesehen, im M.A. fallen sie meist ganz weg. Der studentische Eifer für freiwillige Leistungen lässt aufgrund der Stundenbelastung deutlich nach.

Welchen Anspruch vermögen im 21. Jahrhundert Elemente »allgemeiner Bildung« an einer Hochschule zu erfüllen, die sich der Spezial-Ausbildung für bestimmte Berufszweige verschrieben hat? Sie waren in den 70ern den Inhabern des Fach-Abiturs als Kompensation für die entgangene allgemeine Hochschulreife zugedacht. Heute ist es selbst um letztere schlecht bestellt. Erstsemester, ob Fach- oder Voll-Abiturienten, deren Anteil um 40 Prozent der Studierenden ausmacht, kommen unselbständig daher. Oft sind sie kaum imstande, einfache Zusammenhänge zu formulieren. Das leidige G8 verschärft den Befund. Hauptziel unserer Fakultät könnte also die Förderung der Studierfähigkeit sein. Sie wird in gewisser Weise durch die Vermittlung sog. Schlüsselkompetenzen angestrebt. Dazu gehören Informationsverarbeitung, kreatives Denken und Teamarbeit, allgemein: zielbewusste Kommunikation. Wir haben dafür eine Professur eingerichtet. Wieviel an »Input« nötig wäre, um all dies auf Lernerseite – und nicht nur in VHS-gemäßer Ratgeber-Manier – zu verankern, bleibt offen. Die zweite Grundrichtung betrifft interkulturelle und fremdsprachliche Kompetenzen. Letztere erfordern ein hohes Maß an Zeit-Engagement. Mit drei (oder weniger) Einzelkursen ist nicht viel erreicht. Als zentrale Säule der Fakultät galt bislang die der Vermittlung »kultureller« Kompetenz. Idealiter fördert sie die reflektierte Teilnahme an gesellschaftlichen Debatten, bietet methodische Einführungen in die Arbeit einzelner Wissenschaften und leitet zum künstlerisch-kreativen Handeln an.

Auch hier ist das Minimum auf »homöopathische« Dimensionen geschrumpft. Die Professuren für Geschichte und Soziologie wurden faktisch »abgewickelt«; denen für Kunst- und Mediengeschichte, sowie (politische) Europa-Studien droht das gleiche Schicksal. Altersbedingt werden in den kommenden Jahren die Stellen für Volkswirtschaft, Psychologie, Musik und Philosophie vakant. Ihre Wiederbesetzung ist fraglich. Das Lehrgefüge generalistischer Instruktion hat sich als solches offenbar überlebt. (vgl. Tenorth, 173ff.) Die traditionellen Einzeldisziplinen sind kaum mehr geeignet, »verbundenes« Wissen und überfachliche Erkenntnisse hervorzubringen. »Interdisziplinäre« Zusammenarbeit lässt sich rein organisatorisch kaum in die Wege leiten. Die Krise ist manifest. Verstärkt wird sie durch das entwertete, auch in den Schulen nur mühsam hochgehaltene Enzyklopädie-Prinzip und, analog, durch den wankenden akademischen Kanon. (vgl. Tenorth, 21ff.; Fuhrmann,

47ff.) Im Bayerischen Hochschulgesetz wurde mittlerweile der AW-Vorbehalt gestrichen.

Selbst in Frankreich liquidiert man gerade die *Culture Générale* aus den *Grandes Ecoles* (nachdem sie als »Allgemeinwissen« für die Elite zwei Jahrhunderte lang gepflegt wurde), mit dem interessanten Argument, damit die soziale Ungleichheit zu bekämpfen. Europaweit wütet Bologna. Orientierungskategorien wie Tradition und Fortschritt sind immer weniger glaubwürdig. Modernisierung und Rationalisierung, egal, ob sie die Menschen faszinieren oder disziplinieren, wurden ihres »ambivaloxen« (ambivalent-paradoxen) Charakters überführt. (vgl. Degele/Dries, 30)

Auch wenn die Betroffenen es nicht wahrhaben möchten: Wir erleben das Ende einer Ära. Das (langsame) Ende generalistisch ausgerichteter Fakultäten scheint bereits eingeläutet. Unsere Einrichtung erklärt sich mittlerweile als für »Studium generale und interdisziplinäre Studien« zuständig; das Etikett zeitigte jedoch keine konkreten Folgen. Die Gelegenheit zum institutionellen »Paradigmenwechsel« war in der Umbruchphase der Hochschule (nach 2000) günstig. Eine Einbindung des Studium generale in die B.A.-Curricula hat man versäumt. Sie hätte, bei Anreicherung aus dem Wahlfächer-Kontingent, auf dem Verhandlungswege angestrebt (und erreicht) werden können: vier Module zu je zwei mal zwei Semesterwochenstunden, aufgeteilt in Schlüsselkompetenzen, Propädeutiken, Fremdsprachen (Englisch plus X), musische Betätigung. Diese Minimalform eines Studium fundamentale wäre, für Studierende freiwillig, hin zur Zertifikatsreife ausbaufähig gewesen. Kleinmütig verwarf man auch die der Fakultät angetragene Fusion mit der für Angewandte Sozialwissenschaften. Dort gibt es heute einen M.A. Kultur, Ästhetik, Medien. Schon der Name offenbart die Möglichkeiten, die uns entgangen sind. Außer dem schädlichen (und gescheiterten) Versuch, das AW-Lehrangebot in privatwirtschaftlicher Richtung zu dynamisieren, bestimmte Stagnation das Geschehen. Zu sehr hingen und hängen die Fachvertreter(innen) an Gewohnheiten und (imaginären) Besitzständen; zu eifersüchtig und Bürokratie-hörig beäug(t)en sie die wenigen Kolleg(inn)en, die gerne mit konzeptioneller Phantasie Neuland betreten hätten.

An Initiativen, geeignet, den fatalen Trend umzukehren, beteiligte ich mich mit gewissem (naivem) Enthusiasmus. Ich nenne keine Namen, erhebe keine Vorwürfe; allenfalls den an mich selbst: Anstatt mich an drei umfangreichen Lehrkonzepten abzumühen wie Don Quichotte an seinen Windmühlen und zuzusehen, wie »höhere« Gewalten sie am Ende verhinderten, hätte ich (mindestens) drei wissenschaftliche Bücher verfassen können. Eine Hochschule lebt aber von ihren Studiengängen. Nur dort lässt sich Lehre in befriedigend curricularer Form organisieren und an Forschung anbinden. Nur sie zwingen die Lehrkollegien zu uneigennützigem Zusammenwirken. Mit dieser Überzeugung habe ich schon 1992 für den deutsch-französischen Diplom-Studiengang *Produktion und Automatisierung* (FH München – EPF Paris) an der Fakultät für Physikalische Technik ein Konzept deutsch-französischer Landesstudien erarbeitet und in der Lehre vertreten. Zwei Jahre lang habe ich in der Fakultät für Wirtschaftsingenieure (WI) beim Aufbau des Diplomstudiengangs *Fachüber-setzen und Dolmetschen* (Wirtschaft/Technik) mitgewirkt. Dem innovativen Konzept, basierend auf der Abkehr von der Lexik-Zentrierung und der Zuwen-dung zur systematischen Kontextualisierung, war eine kulturwissenschaftli-che Dominante eingeschrieben. Der mächtige Berufsverband der Übersetzer bedachte es mit Lob. Andere Hochschulen übernahmen es. Allein der (staat-liche) Auftraggeber »vor Ort« hat es zur Aufwertung der sog. Fachakademien missbraucht. Ein grundständiger Status blieb ihm verwehrt, was sein Ende (mangels Zulauf) besiegelte.

Mit diesem wenig ermutigenden »Gepäck« beteiligte ich mich noch an zwei Versuchen, ein komplexes Lehrkonstrukt zu realisieren; diesmal in der Hoff-nung, der generalistischen Linie der eigenen Fakultät eine fundierte »Allein-stellung« zu ermöglichen. Der erste führte über eine Zusatzqualifikation zum heutigen berufsbegleitenden Master *Interkulturelle Kommunikation und Ko-operation*. Dieser lebt, doch auf kleiner Flamme und in einer privatwirtschaft-lich finanzierten Nische. Die Kernkompetenz der Fakultät stützt er wenig. Ich konnte mich nicht mit dem Vorhaben durchsetzen, ihm einen starken fremd-sprachlichen Arm zu verleihen, verbunden mit vertiefenden *Cultural Studies*. Letztere vermögen eine Brücke zwischen einer philologisch-historisch ausge-wiesenen Kulturwissenschaft und den Sozialwissenschaften zu schlagen. Der Weg zu einem Basis-B.A.-Studiengang wäre frei gewesen. Die Chance zur Ko-operation mit dem einschlägigen Institut der Universität München wurde ne-benbei vertan.

Der zweite Studiengang hätte *European Studies* heißen sollen. Eine fahrläs-sige Fakultäts»politik« verunmöglichte ihn. Ich hatte mich auf die konzepti-onelle Vorbereitung eingelassen. Auch sie mündete in eine Zusatzqualifikati-on. Zu einem Institut der agilen lothringischen Universität Metz konnte ich, per Gastprofessur, vielversprechende Kontakte knüpfen. Die französische Sei-te, vom Kultur- und Wirtschaftsstandort München angezogen, wartete über ein Jahr lang auf Grünes Licht aus Bayern, um einen gemeinsamen B.A. aus der Taufe zu heben. Dieser Partner, mit Ablegern (samt Praktikumsmöglich-keiten) im Saarland und in Luxemburg, hätte uns fast umsonst ein internatio-nal berufsrelevantes Standbein verschafft. Das Signal blieb aus, angeblich, weil sich auf unserer Seite die Besetzung der betreffenden Professur hinzog. Ich wurde faktisch kaltgestellt. Den neuen Stelleninhaber ließ man, als er endlich eintraf, mit ungewohnten konzeptionellen Aufgaben allein. In Metz schwand das Interesse an der Kooperation. Das hiesige Ministerium bereitete dem Ba-chelor-Traum ein Ende, nachdem das vorgelegte Papier keine berufsbezoge-ne Substanz aufwies. Dabei hatte ich, zusammen mit einem Kollegen, schon zwei Jahre davor ein Konzept zur Einbindung von Praxiskompetenzen präsen-tiert: Informations-Expertise, Veranstaltungs-Planung, Projekt-Kommunikati-on zwischen EU-Instanzen und regionalen Unternehmen bzw. Organisationen sollten ein Drittel des Kursus ausmachen.

Die Fakultät scheint unfähig, sich von innen heraus zu erneuern. Inzwischen hat sich immerhin ein B. A. *Technische Redaktion und Kommunikation* ange-siedelt, dessen Inhalte ironischerweise zum Teil denen des »verunglückten« Übersetzer-Studiengangs gleichen. Die Gründung hat gezeigt, wie sich ein dif-ferenziertes Lehrkonzept realisieren lässt, wenn die materielle Basis stimmt und kompetente Leitungsfiguren agieren dürfen. Doch gibt sie der Fakultät ebenso wenig eine dauerhafte *Raison d'Etre* wie aktuell von außen an sie he-rangetragene, befristete Projekte. Die anstehende Neudefinition der frei wer-denden Stellen wird immerhin noch eine Chance eröffnen, dem trägen gene-ralistischen Boot kurz vor dem Kentern eine andere Richtung zu geben.

Parallel zur beschriebenen Sisyphusarbeit versuchte ich im Laufe zweier Amtszeiten als Studiendekan der Lehre eine (nicht bürokratisch gegängelte) Qualitäts-Basis zu verschaffen, bei strikter Orientierung am Wohl der Studie-renden und an den Geboten von Kollegialität und Lehrfreiheit. Zuerst wurde ich für den Übersetzer-Studiengang an der WI-Fakultät gewählt, übrigens ne-ben dem dortigen Kollegen (und heutigen Leiter des landesweiten Didaktik-zentrums) als erster Inhaber des per Gesetz geschaffenen Amtes an unserer Hochschule. Das geltende Prinzip, bei der studentischen Pflicht-Evaluation auf den Austausch zwischen Lehrenden und Studierenden zu setzen und die Normen des Datenschutzes nicht anzutasten, geht auf unsere Initiative zu-rück. An der eigenen Fakultät bemühte ich mich um die systematische Ver-besserung der Studienbedingungen, der Betreuungspraxis und der fachlich-didaktischen Einbindung der Lehrbeauftragten. Von diesen kam ein positives Echo. Auf Hauptamtlichen-Seite gab es »stillen« Widerstand. Die etablierte Einzelkämpfermentalität verträgt sich schlecht mit minimaler pädagogischer Selbstverpflichtung.

In meiner Lehre kann zum Glück von Scheitern keine Rede sein. Ich bemü-he mich seit zwei Jahrzehnten, den durchwegs motivierten Studentinnen und Studenten ein sprachliches, intellektuelles und handlungsrelevantes Rüstzeug mitzugeben, mit dem sie in der französischsprachigen Welt (und nicht nur dort) bestehen; sei es im Alltags-, Hochschul- und Berufsleben, sei es im profes-sionellen Umgang mit Texten und Situationen. Die Resonanz ist ermutigend. Nicht selten galt und gilt es Effekte schulischer Misserfolge und Fehldiagno-sen auszugleichen. Die Fortgeschrittenenkurse begehen in hochschulgemä-ßen Arbeitsformen, gestützt auf historische und aktuelle Originaldokumen-te, das weite Feld des Sprach- und Kulturraums. Vertiefende Vorlesungen und Seminare widmen sich kulturwissenschaftlichen Landesstudien (in deutscher Sprache). Hier werden Grundlagenwissen, aktive Orientierung in internatio-nalen Debatten, aber auch methodisch adäquater Umgang mit Problemstel-lungen und Dokumenten vermittelt. Im Laufe der Jahre habe ich den Insti-tutionen-analytischen und historisch-ethnografischen Fokus auf *TransArea Studies* (Ottmar Ette) hin erweitert. Auf internationalen Forschungen aufbau-end, durchleuchten sie Prozesse des Kultur-Vergleichs und Kultur-Transfers. Regelmäßig habe ich Referenten in meine Veranstaltungen eingeladen. So analysierte der Historiker und Geograf Paul Bure (Brüssel) das Institutionengewirr des belgischen Staates; Muriel Gutleben (Uni Nizza) zeigte die ideologische Seite der Komödien Molières auf; die Journalistin Alexandra Cavelius sprach über »Islamische Frauen in Not«; die japanisch-deutsche Regisseurin Marie Myayama berichtete von der Entstehung ihres Films *Der Rote Punkt*. Das jüngste Semesterprojekt, eine Erkundung von Ursachen und Tragweite des *Arabischen Frühlings* 2011 in einer Vorlesung und einem mit Originaldokumenten arbeitenden Sprachkurs, geriet Dank einer Gruppe engagierter tunesischer Studenten zum Highlight. Für das kommende Semester plane ich ein ähnliches Doppelprojekt anlässlich der französischen Präsidenschaftswahlen. Am Herzen liegt mir nicht zuletzt die Vermittlung von Zugängen zur »schönen« Literatur. Lange als Freizeit-Domäne verkannt, vergegenwärtigt diese soziale und kulturelle Befindlichkeiten in mikroskopischer, von empirischen Studien kaum erreichbarer Schärfe. Lesen will gekonnt und gewollt sein. In einer »technisch« reflektierenden und agierenden Umgebung ist das Unterfangen schwierig. Ich musste listig, vom populären Rand her vorgehen, über Theaterinszenierungen, Literaturverfilmungen oder die städtische Event-Kultur.

Meine Lehre habe ich fortlaufend an den Stand der Forschung angepasst und ihre Komplexität publizistisch dargelegt. (vgl. etwa Wiecha, 2001; 2002; 2005) Meine Veröffentlichungen fanden bei FachkollegInnen im In- und Ausland Interesse. Die Arbeit mit den Studierenden bereitet Freude. Gemessen an den Umständen, ist der Erfolg beachtlich. So hat sich eine Bedingung erfüllt, die ich in meiner allerersten sprachpädagogischen Veröffentlichung anmahnte: Lehrende und Lernende entscheiden demnach gemeinsam,

> ob Wissen und Willen sterilen Zwängen zum Opfer fallen oder im Sinne authentischer Bildung [au sens d'une culture authentique] und sozialer Werte Früchte tragen, jenseits der organisierenden und organisierten Vernunft.
>
> (Wiecha 1979, 32 – im Original auf Französisch)

Ein Kreis schließt sich. Nach mehr als zwei Jahrzehnten Wanderung durch akademische Täler, mit gelegentlichen Aufstiegen in luftigere Höhen, bewege ich mich dem Ausgangspunkt zu; nahe dem theatralischen Gegenwartsgefühl, von dem schon die Rede war und wo der Blickwinkel den Ausschlag gibt: zwischen Scheitern und Happy End.

## Wilhelm und Alexander

Berufliches Engagement ist zeitlich begrenzt und (zum Teil) fremdbestimmt. (Selbst-)Bildung bleibt, als andauernde Herausforderung. Gegenwärtig findet eine Rückbesinnung auf das universelle Verständnis des Begriffs statt. Exemplarisch meint eine Expertin:

> Definiert man Bildung als reflektiertes Denken und darauf aufbauendes Handeln, dann ist Bildung eindeutig mehr als Informationsaufnahme und Verarbeitung von Wissen. Bildung enthält vielmehr die Vorstellung der Entfaltung einer Per-

sönlichkeit mit aufrechtem Gang und freiem Entscheidungswissen, die versucht, möglichst *allen* menschlichen Rollen (eben nicht nur der Erwerbstätigkeit, wie derzeit häufig im Zusammenhang mit lebenslangem Lernen argumentiert wird) gerecht zu werden (...).

(Gruber, 9f.; vgl. ähnlich, doch weiter ausholend, Mittelstraß; Markschies)

Das vorstehende autobiografische Experiment hat bestätigt: Wissenschaft und Kunst sind nicht alles. Sie können als kultivierende Größen wirken. Institutionen sind nicht heilig. Sie zählen, sofern sie prinzipiell jedem Menschen im Gemeinwesen dienstbar und rechenschaftsfähig bleiben. Dafür bedürfen sie permanenter Kontrolle und Verbesserung von innen her. So lassen sich bürokratische Exzesse und tyrannisches Gebaren Weniger eindämmen. So kann auch die Tendenz zu »zersplitterten« Biografien abnehmen, die ein (Über-)Leben in Würde und ein Bestehen auf dem Arbeitsmarkt verhindert. (vgl. Gruber, 13; 15) Auf den Einzelnen kommt es an, aber nicht im Sinne bloßer »Selbstverwirklichung«; ebenso auf das Maß an subjektiv errungener Souveränität und Freiheit. Diese Mitgift zu sammeln lohnt sich, im Interesse der Lebens- und (kritischen) Gesellschaftstauglichkeit der nach uns Kommenden.

Die Brüder Humboldt stehen in vielerlei Hinsicht als neu zu entdeckende Wegweiser bereit. Heute, im Zeichen technisch unbeherrschbarer Naturgewalten, dazu global entgrenzter Wirtschafts- und Vertrauenskrisen, stellt sich ihr Menschheitsgedanke als drängende Aufgabe. Auch ihre Bescheidenheit. *Wilhelm* verlor das Ideal der Bildung nie aus dem Auge. Für ihn war es der Schlüssel zum Heraustreten der Menschen aus selbst auferlegten Denk- und Freiheitsblockaden, mittelbar auch aus den sozialen und kulturellen Miseren seiner Zeit. Mit staatsbürgerlichem Mut nutzte er die Institutionen, um das Miteinander mündiger, leistungsfähiger Individuen festzuschreiben. Faulen Kompromissen gegenüber den Machthabern verweigerte er sich. *Alexander*, der Brillantere von beiden (den wir nicht genug würdigen konnten), eiferte ihm nach und ging – im Wortsinne – weiter. Mit weltbürgerlichem Elan distanzierte er sich in entscheidenden Momenten von staatlich oktroyiertem Zwang. Aus seiner Sympathie für die Revolution jenseits des Rheins machte er kein Hehl. Als die politischen Zeichen in Preußen auf Feindseligkeit standen, erwählte er sich Frankreich zur Heimat, um dort seine Vorstellungen vom unabhängigen, öffentlich wirksamen Naturforscher auszuleben. Am Ende seiner fünfjährigen Südamerika-Reise besuchte er 1804 auch Thomas Jefferson im *Oval Office* zu Washington. Die US-Hauptstadt war gerade aus dem Boden gestampft worden. Der Präsident konnte nicht genug Informationen über Verkehrswege, Bergwerke und Armeestandorte der benachbarten »Großmacht« Neuspanien erhalten:

Jefferson bedankte sich seufzend. Was wisse man hier schon? Man sei eine kleine Protestantengemeinde am Rand der Welt. Unendlich weit von allem. Humboldt warf einen Blick durchs Fenster. (...) Um ehrlich zu sein, er könne es nicht erwarten, wieder nach Hause zu kommen. Nach Berlin? Humboldt lachte. Kein Mensch von Verstand könne diese greuliche Stadt sein Zuhause nennen. Er meine natürlich Paris.

(Kehlmann, 214)

Alexanders kosmopolitische Haltung, aber auch vermeintliche Schwächen in seinen Schriften (etwa dem großartigen *Kosmos*; veröffentlicht ab 1845), die Brüche und Gedanken-Sprünge, das Offenlegen eigener Irrtümer, rufen nach Rehabilitierung. Sie sind wegweisend für ein anderes, falsche Objektivitäten abstreifendes Herangehen an Wissen, Wissenschaft, Praxis:

> Gegen das Denken in Systemen und Schematismen, gegen eine Kultur, die ihre Fehler im System nicht einzugestehen vermag, setzte Alexander von Humboldt ein Schreiben, für das jedes Ende ein neuer Beginn ist, ein Denken, das die Fehler im System produktiv macht, und eine Bewegung, die auf das Glück setzt, niemals anzukommen. Die Epistemologie, dieses Mobile des Wissens aber ist eine Lebenskunst.
>
> (Ette, 408)

Wilhelm und Alexander sind stets Aufklärer geblieben. Ihr Beispiel ermutigt diejenigen, die sich heute anschicken, den »Sonderweg« der Bildung, längst nicht mehr auf Deutschland beschränkt, rückzuübersetzen in kultivierende, emanzipatorische Termini für Alle.

## Literatur:

**Georg Bollenbeck**, Bildung und Kultur. Glanz und Elend eines deutschen Deutungsmusters, Frankfurt am Main und Leipzig 1994

**Christine Burtscheidt**, Humboldts falsche Erben. Eine Bilanz der deutschen Hochschulreform, Frankfurt/M. 2010

**Nina Degele, Christian Dries**, Modernisierungstheorie. Eine Einführung, München 2005

**Roger-Pol Droit**, Das Abendland. Wie wir uns und die Welt sehen. Übers. J. Meyer-Staufenbiel, Darmstadt 2010

**Friedrich Dürrenmatt,** Herkules und der Stall des Augias. Eine Komödie, Zürich 1963

**Ottmar Ette**, Alexander von Humboldt und die Globalisierung. Das Mobile des Wissens, Frankfurt am Main und Leipzig 2009

**Wolfgang Frühwald**, Die Autorität des Zweifels. Verantwortung, Messzahlen und Qualitätsurteile in der Wissenschaft (Göttinger Universitätsrede am 6. Dezember 2007), Göttingen 2008

**Manfred Fuhrmann,** Bildung. Europas kulturelle Identität, Stuttgart 2002

**Manfred Geier**, Die Brüder Humboldt. Eine Biografie, Reinbek 2009

Ders., Aufklärung. Das europäische Projekt, Reinbek 2012 (bes. Kapitel: »Die vielseitigste Bildung der Individuen«, 333ff.)

**Johann Wolfgang von Goethe**, Wilhelm Meisters Lehrjahre. Erster Teil. dtv Gesamtausgabe 15, 4. Auflage München 1972

Ders., Wilhelm Meisters Lehrjahre. Zweiter Teil. dtv Gesamtausgabe 16, 5. Auflage München 1974

Ders., Wilhelm Meisters Wanderjahre oder Die Entsagenden, in: Ders., Werke. Hamburger Ausgabe in 14 Bänden. Hg. Erich Trunz. Band 8. Romane und Novellen III, München 1998, 7ff. (1981)

Ders., Faust. Eine Tragödie, ebenda, Band 3. Dramatische Dichtungen I, 7ff. (1986)

**Elke Gruber**, Humboldt ist tot – es lebe Humboldt! Gedanken zu einer neuen (Allgemein-) Bildung: wwwg.Uni-kln.ac.at/.../Neue%20Allgemeinbildung_Humboldt (3.6.2011)

**Hermann Hesse,** Unterm Rad. Erzählung, Frankfurt/M. 1972

**Stéphane Hessel**, Empört Euch! Übers. M. Kogon, Berlin 2011

**Franz Hohler**, Das Kurze. Das Einfache. Das Kindliche. Ein Gedankenbuch, München 2010

**Daniel Kehlmann**, Die Vermessung der Welt. Roman, Reinbek 2005

**Gottfried Keller**, Der Grüne Heinrich, München o. J.

**Ekkehart Krippendorff**, Goethes Faust-Kritik, in: 200 Jahre Goethes Faust. Insel-Almanach auf das Jahr 2008, Frankfurt/M., Leipzig 2007, 113ff.

**Max Kruse**, Zeit-Wörter, in: Die Wundertüte. Alte und neue Gedichte. Überarbeitete und ergänzte Neuausgabe. Hg. Heinz-Jürgen und Ursula Kliewer, Stuttgart 2005, 144

**Christoph Markschies**, Was von Humboldt noch zu lernen ist. Aus Anlass des zweihundertjährigen Geburtstags der preußischen Reformuniversität, Berlin 2010

**Henry Miller**, Der Koloß von Maroussi. Eine Reise nach Griechenland. Übers. Karl Bach, 4. Auflage Reinbek 1967

**Jürgen Mittelstraß**, Internet oder Schön neue Leonardo-Welt, Frankfurter Allgemeine Zeitung, 25. 7. 2011

**Richard Münch**, Die akademische Elite. Zur sozialen Konstruktion wissenschaftlicher Exzellenz, Frankfurt/M. 2007

**Gerhard Roth,** Bildung braucht Persönlichkeit. Wie Lernen gelingt, Stuttgart 2011

**Walter Rüegg** (Hg.), Geschichte der Universität in Europa. Band IV. Vom Zweiten Weltkrieg bis zum Ende des 20. Jahrhunderts, München 2010

**Alex Rühle**, Aufstand der Empörten, Süddeutsche Zeitung, 13. 8. 2011

**Rüdiger Safranski**, Friedrich Schiller oder Die Erfindung des Deutschen Idealismus, München 2004

**Wolf Singer, Matthieu Ricard**, Hirnforschung und Meditation. Ein Dialog, Frankfurt/M. 2008

**Friedrich Schiller**, Über die Ästhetische Erziehung des Menschen in einer Reihe von Briefen, in: Ders., Schriften zur Philosophie und Kunst, München 1964, 67-149

**Adalbert Stifter**, Der Nachsommer. Eine Erzählung. Mit einem Nachwort von Emil Staiger, München o. J.

**Heinz-Elmar Tenorth**, »Alle Alles zu Lehren«. Möglichkeiten und Perspektiven allgemeiner Bildung, Darmstadt 1994

**Eduard A. Wiecha**, Compréhension auditive et ›production‹ de textes, in: Annales de la Faculté des Lettres et Sciences Humaines de Nice, 36, 1979, 23-32

**Ders.**, Französisch an der Fachhochschule: Überlegungen zu einem allgemeinsprachlichen Kursangebot, in: Peter Nübold (Hg.), Fremdsprachen an Hochschulen: Was ist hochschulspezifische Fremdsprachenausbildung?, Bochum 2001, 155ff.

**Ders.**, Warum nur Französisch?, in: Frankfurter Rundschau, 27. 12. 2002

**Ders.**, Was wollen und können interkulturelle Landesstudien? Ein Werkstattbericht aus Theorie und Praxis – am deutsch-französischen Beispiel, in: Bernhard Zimmermann (Hg.), Interdisziplinarität und Interkulturalität. Beiträge zum Zweiten Internationalen Tag, München und Mering 2005, 163-187

**Frank Wolff, Eberhard Windaus** (Hg.), Studentenbewegung 1967-69. Protokolle und Materialien, Frankfurt/M. 1977

Christoph Zehntner

# Die Marke Christus

## Christoph Zehntner in memoriam Ruben Lebendiger

> ... wer mit dem Unendlichen kämpft, wird wieder geboren.
> *Leo Baeck*

Gerne würde ich vieles verstehen, was ich nicht verstehen kann und nie verstehen werde, und ich weiß fast gar nichts. Was ich aber mit Gewissheit weiß: Es gäbe mich, Christoph Zehntner, nicht ohne Ruben Lebendiger, denn ich war Ruben Lebendiger.

Verschleppt als Kind aus einem Dorf bei Tomaszów, Tomaszów Mazowiecki bei Lódz. An den Namen des Dorfes erinnere ich mich nicht. Das Phänomen meiner »Erinnerungen« – ich selber spreche lieber von Phantasien – an das grauenvolle Ende meines jungen Lebens damals, ist als solches bekannt und x-fach belegt, was ich lange nicht wusste. Zum ersten Mal las ich in einem Buch von Carol Bowman darüber, *Children Past Live*. Später stieß ich auf ein weiteres Buch: Yonassan Gershom, Rabbiner und Lehrer der Kabbala aus Philadelphia (USA), hat einige Biographien von Betroffenen gesammelt und in seinem Buch *Beyond the Ashes. Cases of Reincarnation from the Holocaust* publiziert. Ich habe keine Theorie zu »Seelenwanderung« oder Reinkarnation. Die schrecklichen Phantasien, mit denen ich weit über meine Kindheit hinaus ganz alleine lebte, habe ich vor einigen Jahren in einem literarischen Text verarbeitet. Seit da geht es mir besser.

Ostern (8. April 1942)

Meine Sprache wird grau sein, obwohl
ich von jenem Mittwoch erzählen will.
Grau, denn *vor* dem genannten Mittwoch war das ausgemergelte Gestell aus
Haut und Knochen, der nackte Kinderleichnam
der von mir noch da gewesen war, verbrannt worden,
war auch ich
als Rauch aufgestiegen, weil der Hund nicht so hoch springen konnte,
wie ich gehangen hatte.


Die Leute hören Holocaust und denken KZ
sie denken an Gas, an Rauch und an Feuer
oder sie halten sich die Ohren zu und hören gar nichts. Sei ja alles
längst vorbei ... Belzec nicht mehr als der Name eines Dorfes
mit weniger als 3000 Einwohnern.

Ich selber hätte die Shoa nie Holocaust genannt. Kein Laut kam damals
aus meinem Mund, kein Röcheln; stumm hing ich am Strick
ganz entkräftet doch zappelnd, weil
zu leicht, um rasch zu sterben. Pessach war da schon vorbei.
Es regnete und war kalt, was viele bezeugen könnten, aus der Asche.
Aus ihrer Asche, sprächen sie. Sie schweigen.
(Möglicherweise schien auch die Sonne, und es war warm – *daran* erinnere ich mich nicht.)
Karfreitag vorbei und auch Pessach, so grau wird meine Sprache nie sein
wie jener Tag, damals. Rechts von mir hing ein Mann
und links einer. Ich zwischen den zwei Männern, ein Bub, kaum zehnjährig
doch alt wie ein Greis und
mager.
Gedacht war unsere Hinrichtung als »Strafaktion« gegen den Freitod
den einer von uns Häftlingen vortags gesucht und gefunden hatte im Zaun
in den unter Hochspannung stehenden Drähten.

... Irgendwo heulte
ein Hund. Es kläfften andere ...

*Wir,* – sprächen sie aus der Asche, die andern:
*Wir standen frierend im Regen, gezwungen*
*zuzusehen, wie sie gehängt wurden*
*wie sie hingen, wie der Hund nach dem Jungen sprang.*
(Oder sie sagten einfach: *Wir standen, gezwungen zu schauen und froren. Hungrig und leer.*)

... an meine Auferstehung erinnere ich mich nicht. Nicht wirklich.
Lediglich an das Heulen eines Hundes und an das Gekläffe anderer Hunde.
Es waren drei Tage seit unserer Hinrichtung vergangen.
Drei Tage seit Ostern: ein Mittwoch; ich stieg aus meiner Asche auf.

Wiedergeboren wurde ich dann an einem Karfreitag.
Am 3. April 1953. Getauft irgendwann im Juli desselben Jahres.
Doch möglicherweise ist dies nebensächlich. Wie alles andere auch.
Außer dem, was an jenem Mittwoch damals geschehen war.

## Aus meinem Leben jetzt

Es sieht so aus, als wäre nicht viel geblieben von mir: ein Häufchen Asche. Der Eindruck trügt. Richtig ist allerdings, dass es mir inzwischen gleichgültig ist, ob ein Nachruf auf mich gelesen wird oder nicht, wie mir jetzt überhaupt alles gleichgültig ist. Genau so gleichgültig, wie es der Asche in der Urne ist.

Auch damals, als ich diesen meinen Nachruf verfasste, dachte ich nicht an mich, vielmehr an Euch. Davon ausgehend, dass Ihr nach meinem Ableben die sichtbaren Reste meiner selbst nicht einfach verscharren oder verstreuen würdet, dass Ihr Euch vielmehr daran machen würdet, eine Feier zu organisieren. Wie das halt so gemacht wird. Zu diesem Anlass nun meine Rede:

Geboren wurde ich anfangs der Fünfzigerjahre, zu einer Zeit, die vom Kalten Krieg geprägt war und von unkontrolliertem wirtschaftlichem Wachstum.

Weitgehend abgeschieden vom Weltgeschehen wuchs ich in Reigoldswil auf, in einem kleinen Dorf zuhinterst in einem engen Tal im Baselbieter Jura, in einer Großfamilie, die nebst meinen Eltern und meinen zwei jüngeren Geschwistern auch eine Großmutter, einen Onkel, einen Ururgroßonkel und zwei italienische Gastarbeiter umfasste. Meine Kindheit in materiellem Überfluss und mit großen Freiräumen empfand ich alles in allem als sehr glücklich. Meiner Bedeutsamkeit wie auch meiner Bedeutung war ich mir als Kind kaum bewusst, beide waren mir – und blieben es auch später – selbstverständlich. Ich lebte für längere Zeit »einfach so« vor mich hin. Oft staunend.

Erinnerungswürdig ist der Schwindel erregende Moment, als ich zum ersten Mal über mein Hirn nachdachte: »Ich denke mit meinem Hirn über mein Hirn nach, wenn das nur keinen Kurzschluss gibt!« Nachdem ich später einmal bemerkte, dass mein Hirn, wenn es »ich« denkt, niemals sich selber, vielmehr immer mich meint, stand für mich schlüssig fest, dass es im Verhältnis zu mir selber relativ unbedeutend war.

Mehr als die materiell fassbare Realität prägte mich schon früh die phantasierte Wirklichkeit; denn durch eine schreckliche, traumatische Phantasie wurde das Glück meiner Kindheit mehr als einmal getrübt. Durch sie wurde ich schon als Kind – in wohlbehüteter Umgebung, notabene – mit den Phänomenen Macht-Ohnmacht, Gewalt und Tod konfrontiert. Ich sprach lange nicht, später nur selten und mit wenigen über meine Erinnerungen an mein gewaltsames Ende in einem »früheren Leben«. Vielmehr erklärte ich sie zu meiner privaten Angelegenheit und belegte sie für lange Zeit mit einem Tabu, ahnend, dass sie kaum jemand hätte verstehen können, hätte ich darüber gesprochen. Wie ich sie ja selber nie wirklich verstehen konnte!

Vor die Berufswahl gestellt, merkte ich, dass ich mich zu nichts berufen fühlte. Und das sollte so bleiben: Zu keinem Zeitpunkt fühlte ich mich zu irgendetwas berufen. Ich lernte Gärtner, weil unser Vater Gärtner war, und weil ich nicht wusste, was ich sonst hätte lernen sollen. Ich arbeitete dann nach Abschluss meiner Lehre über beinahe zwanzig Jahre lang als Gartenbauunternehmer, frei von Ehrgeiz und ähnlichem. Solches war mir fremd. Ich war schon als Kind und eigentlich mein ganzes Leben lang gerne faul. Wo andere strebsam nach Sinn im Erfolg suchten, suchte ich das Optimum im Müßiggang. Ich blieb Zeit meines Lebens ein Staunender. Wobei mich von einem Moment an die offenbare Offenheit und Ungewissheit, in denen mein Leben verlief, beschäftigte. Sie schätzte und suchte ich, wo und wann immer ich sie zu vermissen begann: Offenheit und Ungewissheit – Freiheit eben. Das war im Wesentlichen mein Leben.

Selbstverständlich versuchte auch ich mich in Verantwortung. Im Rahmen meiner Möglichkeiten. Zuletzt als Konzeptkünstler und Philosoph, oder – einfacher und besser – als Autor. Ich war in vielem widersprüchlich: ein amoralischer Moralist; tiefgläubiger Agnostiker. Ich war bestimmt kein einfacher Mensch und allenfalls ein einigermaßen guter Vater. Ich hatte viel Glück, und meine Religiosität gründete in Dankbarkeit. Wenn ich bei Gelegenheit bemerkte, der Psalm 127 sei speziell für mich geschrieben worden, war dies durchaus ernst gemeint. Womit ich zum Schluss meiner Rede komme:

Ich hatte die Freude, im Laufe meines jüngst zu Ende gegangenen Lebens viele wunderbare Menschen kennen zu lernen, mit einigen war ich befreundet. Auch mit solchen, die ich nicht persönlich, sondern ausschließlich durch ihr Werk kennen lernte. Die schönste Begegnung hatte ich aber im Traum, nachts im Schlaf, da begegnete mir der Prophet Muhammad. Die Güte und Weisheit, die von ihm ausgingen, sein Charme – all dies ist unbeschreiblich! Er erschien mir drei Mal, in drei verschiedenen Träumen. Und jedes Mal war es ein unbeschreibliches, wunderbares Erlebnis. Wir sprachen über »Heilige Schrift« und waren uns einig in ihrer Problematik. Überhaupt verstanden wir uns sehr gut.

Wie ich schon eingangs erwähnte: Mehr als die materiell fassbare Realität prägte mich die phantasierte Wirklichkeit. So auch – mehr als alles andere – die Begegnungen mit dem Propheten Muhammad. Es stellte sich heraus, dass wir – der Prophet und ich – das genau gleiche Gottesbild hatten. Wie ich, sprach auch er Allah ein einziges Attribut zu: Seine Ewigkeit. Und wie schon Nikolaus von Kues, einer der bedeutenden Denker des 15. Jahrhunderts, und ich selber, glaubt auch Muhammad, der Prophet, dass im Ewigen alle Gegensätze in eins fallen. Das betrifft auch Leben und Tod. Es gibt im Ewigen keinen Tod. Wohl bin ich also verstorben – tot bin ich nicht.

(Diesen Nachruf auf mich selber habe ich im November 2010 nach dem Besuch der Beerdigung einer guten Freundin geschrieben. Ich merkte da, dass ich dies niemand anderem überlassen wollte.)


## Ich? – Mein Name sei… Der Autor in seinen Texten

Je m'appelle Christoph Zehntner.
Je suis un personnage de fiction.


### Lebenslauf

Die Schulen, die ich besucht habe,
sind rasch aufgezählt.
Gelernt habe ich Gärtner und
gewohnt meist
in dem Dorf,
in dem ich geboren worden bin.
Nur, was sagt das schon?

Die Kriege sind geführt worden
weit entfernt von mir.
Schwarzweiß der Hunger,
zerrfarbig die Flucht
erreichen mich abends um acht
in meinem Zimmer.

Erinnerungswürdig: Der erste Kuss;
der Tag, an dem mich die Ungewissheit erreichte, und jener,
an dem ich einer Fliege
einen Flügel ausgerissen hab.

Ich, CHZ, geboren im Schatten
einiger Banken, gefüttert mit
Butter und Käse,
getränkt mit Kakao, Kaffee und Tee:
mit Getränken, für die andere bezahlten.

Konnte mit sechs bis sieben zählen.

Noch immer von der Gewissheit getragen,
dass einmal jeder wird für jeden
oder keiner für nichts.

## Vincent Van Goghs Vermächtnis

Bodenheimer ist mein bester Freund. Er ist nicht *wirklich* meschugge und eine Spielernatur würde ich ihn auch nicht nennen. Er sammelt Kunst. Und er ist selber auch ein Künstler – ein *Konzeptkünstler.* Andere sagen, er sei ein Mäzen. Die fünf Jahre bei der Investmentbank Barclays in London waren hart gewesen für ihn. Er hatte Tag für Tag im großen Handelssaal in einem der Hochhäuser der *Canary Wharf* gesessen, über zehn Stunden lang täglich, aufmerksam konzentriert auf die drei Bildschirme vor sich und auf den großen Monitor von Reuters, durch den er mit allen wichtigen Banken und mit den großen Börsen der Welt verbunden war, umgeben von hektischem Stimmengewirr, aus dem sich die gebrüllten Kommandos der Broker erhoben. »Es ist so ähnlich wie Klavier spielen, Zeitung lesen und Radio hören gleichzeitig – bei der *Arbeit,* wenn du weißt, was ich meine, kaum Zeit, zwischendurch auch nur eine Kleinigkeit zu essen«, schilderte er mir seinen damaligen Job. Es klang etwas verrückt. Ja, sagte Bodenheimer, seine Arbeit sei tatsächlich *sehr* hektisch und äußerst anspruchsvoll gewesen. »Du musst möglichst gut informiert sein und musst dich *gleichzeitig* auf deine Nase verlassen können. Und du musst schnell sein, immer im richtigen Augenblick. Etwas Glück brauchst du auch zum Erfolg. Als Devisenhändler willst du nur eines, möglichst hohen Profit aus den laufenden Kursschwankungen schlagen. Man kann dabei ganz ordentlich verdienen, vorausgesetzt man ist nicht ausschließlich im Kassahandel tätig, sondern bewirtschaftet, wie ich damals, auch Risikopositionen der Bank. Dadurch können dann über den Lohn hinaus auch anständige Boni anfallen.« Er lächelte vieldeutig und fuhr fort: »Du darfst aber keinesfalls abheben, wenn du viel gewinnst. Und Verluste musst du möglichst gelassen hinnehmen, nach der Devise *Learn to Love the Loss.* Der Devisenhandel kann als ein Glücksspiel mit Billionenumsätzen betrachtet werden. Ich widerspreche dem nicht. Es ist ein Nullsummenspiel ohne Wertschöpfung.«

Ich vermute, dass er in seinem Selbstverständnis schon damals, als er noch als Devisenhändler in London arbeitete, ein Künstler gewesen war, und dass er den Devisenhandel sozusagen als *l'Art pour l'Art* betrieben hatte. Nur dadurch hatte er es in seinem Wahnsinnsjob bei Barclays fünf Jahre lang ausgehalten. Als er vor drei Jahren bei der Bank ausstieg, war er dann endlich so frei, dass er damit beginnen konnte, sich als Künstler zu verwirklichen. Mit ungewisser Erfolgsaussicht – man bedenke, als Autodidakt – doch das kümmerte ihn nicht. In seiner großen Vision träumte er von einer solidarischen kapitalistischen Gesellschaft mit menschlichem Antlitz und ohne Staatsbürokratie. Und von ihm sollte der entscheidende Impuls zur Verwirklichung einer solchen Gesellschaftsordnung ausgehen. Dass er dabei einen langen Atem brauchen würde, wusste er. Rascher Erfolg sei sowieso kein Kriterium für die Qualität eines Künstlers und seines Werks, sagte er. »Denk doch nur an Vincent Van Gogh!«

Er liebte und bewunderte Van Gogh sehr. Doch nachdem er, nach dem Crash von Lehman Brothers, im weiteren Verlauf der Finanzkrise, fast sein ganzes bei Barclays gemachtes Vermögen verloren hatte, sah er sich gezwungen, den kleinen, überaus schönen Van Gogh aus seiner Sammlung zu Christie's zur Auktion zu bringen. Natürlich bedauerte er es. Und doch fiel es ihm nicht besonders schwer, hatte er doch nur noch eines im Kopf: seine eigene Kunst, den Bau am *Modell einer Sozialen Plastik*, wie wir es nennen.

Bodenheimer ist kein Maler, und vielleicht ist er auch nicht sehr originell. Er hatte bei vielen bedeutenden Künstlern gelernt, etwas schaute er bei Andy Warhol ab, anderes bei Josef Beuys, den er den »größten Pseudomessias aller Zeiten« nennt, und von Christo und Jeanne-Claude hatte er gelernt, dass sich ein großes Projekt durch den Verkauf von Kunstwerken, die dieses reflektieren, finanzieren lässt. Christo brachte ihn auch auf die Idee, sich den Künstlernamen *Christus* zuzulegen. (»Er ist der Dativ, ich bin der Nominativ.«) Dass er erst durch den Verkauf eines Bildes von Vincent Van Gogh zu den finanziellen Mitteln kam, die uns die Weiterarbeit an unserer Performance *Bau am Modell einer Sozialen Plastik* möglich machte, erschien ihm folgerichtig und logisch, wusste er doch von der aufopfernden Solidarität des jungen Vincent Van Gogh mit den bitterarmen Kumpels aus den Steinkohleminen von Borinage. »Er ist unter uns«, sagt er gerne. Und ich denke, dass es tatsächlich so ist. Zusammen mit ihm – Vincent – sind wir inzwischen zwölf in Bodenheimers Werkstatt, sechs junge Künstlerinnen und Künstler, frisch von der Akademie, vier so genannte »geistig Behinderte«, die nicht wirklich behindert, vielmehr lediglich etwas in ihrer Leistungsfähigkeit eingeschränkt sind, und ich. Wir alle schaffen zusammen Kunst in *Christus' Factory:* Videokunst, Drucke, Zeichnungen, Graphiken, Objekte. Vor allem aber arbeiten wir an unserer Performance, an der permanenten Aktion *Bau am Modell einer Sozialen Plastik:* Wir alle helfen mit beim Umbau des Bauernhauses, das Bodenheimer gekauft hat. Es wird ein Restaurant daraus werden.

Bodenheimer selber ist zur Zeit nicht bei uns – er schaut sich einen Weinberg auf Sizilien an, der, nachdem er einem Mafia-Clan enteignet worden ist, jetzt zum Verkauf steht. Unser *Modell einer Sozialen Plastik* soll nämlich schon möglichst bald über die Schweiz hinaus wachsen und international werden.

Auf unserem Anwesen hier bei Amrain werden wir Gemüse anbauen, Küchenkräuter kultivieren und Blumen ziehen. Dazu wird eine kleine Geflügelzucht kommen. Durch das Gasthaus wird der Vertrieb unserer Produkte in nächster Nähe sichergestellt sein. Und wenn Bodenheimer erfolgreich verhandelt, werden wir – ich spielte bereits darauf an – in der Nähe von Syrakus bald schon unseren eigenen Wein produzieren. Überall werden leistungseingeschränkte Menschen mitarbeiten können, im Service, in der Küche, auf dem Feld, bei der Hühnerzucht und im Weinberg. Und sie werden nicht mehr abhängig von Renten aus den Kassen der staatlichen Sozialversicherungen sein, sondern ordentlich entlöhnt werden. Möglich wird dies durch den Erlös aus unseren Kunstwerken. Sagt Bodenheimer.

Nein, der Kunstmarkt hat uns leider noch nicht entdeckt. Warum fragen Sie danach? Wir haben – ich bin ehrlich – außer dem einen Bild von Van Gogh aus Bodenheimers Sammlung noch kein einziges Blatt, kein Gemälde und auch noch kein Video verkauft. Zeichnungen, Bilder und Objekte stapeln sich. Doch Bodenheimer alias Christus sagt: »Keine Sorge, wer sucht findet nicht, aber wer nicht sucht, wird gefunden.« Ich fragte ihn, ob das ein Zitat aus dem Neuen Testament sei. »Wo denkst du hin«, antwortete er, »warum meinst du denn, ich zitierte aus dem Neuen Testament? Das Zitat stammt von Franz Kafka.«

## Model of a Social Sculpture – Ein Essay in drei Teilen

(geschrieben im März 2010)

Dr. iur. Konrad Hummler zugeeignet [1]

### 1. Am Wendepunkt – ein Blick zurück

Äußere Krisen bedeuten die große Chance, sich zu besinnen.
*Viktor Frankl*
Der Anfang ist die Hälfte des Ganzen.
*Platon*

Ich sage nicht »nach der Krise ist vor der Krise«, obwohl ich gut verstehen kann, dass niemand gerne sagt, dass wir uns in einer Krise befinden, in einer großen gesellschaftlichen und wirtschaftlichen Krise. Wir befinden uns an ei-

---

1 Zu der Zeit, als ich meinen Essay für Konrad Hummler schrieb, war dieser ein etwas auffälliger, vielseitig engagierter Schweizer Privatbankier, geschäftsführender Teilhaber der Bank Wegelin & Co. Er inszenierte sich damals schon gerne, und für einen Privatbankier ungewohnt laut, als Radikal-Liberaler, beziehungsweise Individualanarchist. Anfangs 2012 entschloss er sich zusammen mit den anderen Teilhabern von Wegelin & Co. zum Verkauf des weitaus größten Teils der Bank. Seit da betreut er mit seiner kleinen »Bad Bank« Wegelin einzig noch Schwarzgeld von US-amerikanischen Steuerbetrügern. Für meinen, hier leicht gekürzt wiedergegebenen, Essay hat er sich nie bedankt. Sollte er mich nicht verstanden haben?

nem historischen Wendepunkt. Ohne einen fundamentalen Strukturwandel werden wir nicht aus dieser Krise herausfinden. Ich bestimme kurz die treibende Kraft und das Ziel – *Agens* und *Telos* – des historisch notwendigen Wandels:

These: Das Agens des Wandels findet sich in einem künstlerischen Impuls. Ziel des Wandels ist die (Wieder-)Herstellung einer *liberalen* Gesellschafts- und Wirtschaftsordnung.

Im Prozess des Wandels wird es insbesondere auch darum gehen, Tendenzen, die dem Ziel entgegenlaufen, klar zu bestimmen und sie – soweit sie noch latent sind – möglichst frühzeitig zu antizipieren, um ihnen gezielt und entschlossen entgegenzuwirken. Ein Blick zurück zeigt ein Beispiel, wo solche Prävention nötig gewesen wäre:

Zu Beginn der Neunzigerjahre des letzten Jahrhunderts nahm ich eine Tendenz der Konzentration auf dem Bankenplatz Schweiz wahr. Es gab diese Tendenz, in globalem Rahmen, wie auch bei uns in der Schweiz, seit längerem schon. Die mit ihr verbundene Problematik nahm ich – in anderen Worten – erst relativ spät wahr. Und ich erwog, etwas dagegen zu unternehmen.

Im Jahr 1994 kaufte ich zwei Aktien der Regiobank beider Basel in Liestal. Ich wusste, dass diese demnächst von der Schweizerischen Bankgesellschaft (SBG) gekauft werden würde. Ich erwog, diesen Handel durch entsprechende Anträge an die Aktionärsversammlung zu verhindern, um ein Zeichen zu setzten und möglichst eine Diskussion in Gang zu bringen, über die Gefahren der Konzentration im Finanzbereich.

Martin Wegmann, der damalige CEO, also Geschäftsführer, der Regiobank, bat mich, es zu lassen. Der leitende Geschäftsführer der SBG auf dem Platz Basel, ein Herr Meier, wenn ich mich recht erinnere – ein großer »Fasnächtler« vor dem Herrn – verstand meine Bedenken nicht. Anderenfalls er in mir nicht ganz zu Unrecht einen »liberalen Don Quijote« erkannt hätte. Allein, er nannte mich einen »Robin Hood«. Es frage mich niemand, warum!

Anders Martin Wegmann. Er verstand meine Bedenken. Doch er überzeugte mich davon, dass mein Vorhaben die Tendenz der Bankenkonzentration nicht stoppen, und die von mir gewünschte Diskussion kaum in Gang kommen würde. Verständlicherweise waren die Geschäftsführungen beider Banken und vermutlich auch die weitaus meisten Aktionäre nicht daran interessiert, dass ich den geplanten und seit längerem schon vorbereiteten Handel störte. Und nach reiflichen Überlegungen entschloss ich mich dazu, meine Intention fallen zu lassen. Der Handel konnte ungestört über die Bühne gehen: Am 15. November 1995 beschloss die Generalversammlung der Regiobank beider Basel die Auflösung der Gesellschaft infolge Fusion mit der Schweizerischen Bankgesellschaft.

Bekanntlich war damit die Tendenz der Konzentration im Finanzbereich noch lange nicht abgeschlossen. So fusionierten dann etwas später auch zwei Schweizer Grossbanken, die Schweizerische Bankgesellschaft (SBG) und der Schweizerische Bankverein (SBV), zur UBS.

Ich mache einen Zeitsprung und einen Sprung von der Schweiz in die USA: Die US-amerikanische Investmentbank Lehman Brothers mit Sitz in New York beschäftigte im Jahr 2007 weltweit 28.600 Angestellte. Am 15. September 2008 sah sie sich im Zuge der Subprime-Krise gezwungen, Insolvenz anzumelden. Aus meiner *ordoliberalen* Perspektive war vollkommen richtig, dass der Konkurs von Lehman Brothers nicht durch staatliche Interventionen oder Interventionen der Notenbank (FED) verhindert wurde.

Der Schreck in der Folge war dann allerdings groß. Aus sehr verständlichen Gründen: Jetzt wurde nämlich ganz bewusst, dass die Weltwirtschaft sich am äußersten Rand eines Abgrunds befand, denn nicht Lehman Brothers allein, vielmehr alle Großbanken und großen Versicherungsgesellschaften – darunter eine riesengroße, AIG – waren im Sog der Krise der zwei Hypothekar-Giganten Fannie Mae und Freddie Mac ins Schlingern gekommen und standen vor dem unmittelbaren Kollaps! Ein Schock. Das Vertrauen zwischen den Banken und in die Börse war auf einmal weg!

Es handelte sich dabei auch um Vertrauen in Verschiedenes, das zu keinem Zeitpunkt je Vertrauen verdient hätte, um buchstäblich blindes Vertrauen. Es war sehr viel Geld »verdient« worden seit 2002, aufgrund dieses Vertrauens. Jetzt war es auf einmal weg. Das Vertrauen – und das Geld zum Teil auch. Und es drohten weitere, riesengroße Verluste.

Ich finde nicht alle staatlichen Maßnahmen, die dem Konkurs von Lehman Brothers folgten, um weitere Konkurse von Grossbanken und großen Versicherungsgesellschaften zu verhindern, partout unvernünftig. Selbstverständlich nicht. Was hätte man denn anderes tun sollen? Und doch halte ich fest: Es wurde in der Folge des Konkurses von Lehman Brothers in großem Ausmaß damit begonnen, mittels Katastrophen erzeugender Maßnahmen eine noch viel größere Katastrophe zu verhindern. Fundamentale liberale Grundsätze mussten dabei auf der Strecke bleiben. Und die Krise kann seit da im Wesentlichen als Schuldenkrise definiert werden, aufgrund der immens angewachsenen Verschuldung aller Industriestaaten. Bewältigt ist sie in keiner Art und Weise. Wir befinden uns noch immer mittendrin. Die Diskussion allerdings, zu der ich schon Mitte der Neunzigerjahre des letzten Jahrhunderts gerne angeregt hätte, ist inzwischen endlich in Gang gekommen, als Diskussion über *Too Big to Fail.* Ich überlasse sie gerne den Fachleuten. Wobei ich mich insgeheim frage, wo diese sich damals befunden haben.

• • •

Wir befinden uns in einer Schuldenkrise die gleichzeitig eine Krise des Ordoliberalismus ist. Der Verrat an der liberalen Ordnung – soweit diese denn schon wirklich liberal gewesen war – soll Verrat genannt werden, aus dem einzigen Grund, weil er nicht anders genannt werden kann: Verrat ist Verrat. Es gibt kaum etwas Anspruchsvolleres als eine liberale Ordnung. Sie setzt, wie oben schon bemerkt, Aufmerksamkeit voraus für Tendenzen, die ihr entgegen laufen, Antizipationsvermögen, und Verantwortungsbewusstsein. Das betrifft selbstredend die Verantwortlichen. Es sieht nun, in der Krise des Ordoliberalismus, so aus, als wäre eine liberale Ordnung zu anspruchsvoll für uns, als überforderte sie uns. Diesem Schein dürfen wir aber keinesfalls erliegen. Es wurden große Fehler gemacht. Aus diesen ist zu lernen.

Ich bin kein großer Visionär. Ich kenne ganz einfach niemanden, der mir etwas Besseres nennen könnte als eine liberale Wirtschafts- und Gesellschaftsordnung. Alle sind dazu eingeladen, mir etwas Besseres zu nennen. Bitte! Jeder Vorschlag ist willkommen!

Habe ich eben *Wohlfahrtsstaat* gehört? Entschuldigen Sie, wie wollen Sie denn den Wohlfahrtsstaat weiterhin finanzieren? Mit Steuergeldern? Sehen Sie, die reichen zur Zeit kaum zur Bedienung der Zinsen für die Staatsschulden und für alle anderen nötigen Ausgaben, für die Armee und Polizei, zur Aufrechterhaltung von Ordnung und Sicherheit.

Und für Schule und Ausbildung, wollten Sie sicher sagen, für den Straßenbau und -unterhalt, zur Deckung des Defizits der Bahn? Ja, genau, Sie sagen es, genau dies wollte ich zu bedenken geben. Und für die Subventionierung der Landwirtschaft? Nein, das wollte ich nun überhaupt nicht sagen. Es fehlt an Geld, für den Wohlfahrtsstaat, wie auch für diese und andere Subventionen. Einverstanden, fortan keine Subventionen mehr. Aber auf den Wohlfahrtsstaat verzichten? Das geht doch nicht! Es wird Krawalle geben, Unruhen und Aufstände. Abgesehen davon ist es unmenschlich, asozial. Es wird mit menschlichem Elend verbunden sein. Aufstände? Warum? Sind Sie ein Sozialist, der solche Volkserhebungen schüren möchte? Oder sind Sie ein Anhänger von Ludwig Erhard? Nicht? – Von Alfred Müller-Armack, aha. Sie sind christlich-sozial und katholisch, ich verstehe. Und die Vorstellung einer Welt ohne Wohlfahrtsstaat macht Ihnen Angst. Haben Sie gewusst, dass Alfred Müller-Armack ein Nazi war, Mitglied der NSDAP? Und er war auch später nie ein konsequenter Liberaler. Das waren alles Schönwetter-Liberale! Und Sie denken nun also, ich sei ein Unmensch? Nur weil ich mich für eine freie Marktwirtschaft einsetze? Darum geht es mir nämlich. Ja, genau, Sie sind ein egoistischer Unmensch! Sie wollen eine *asoziale,* freie Marktwirtschaft und keine soziale Marktwirtschaft.

»Soziale Marktwirtschaft« ist ein Schwindel, eine Worthülse. Denn Marktwirtschaft ist sowieso sozial, immer, je freier sie wird, desto sozialer.

Was für eine Behauptung! Das müssen Sie mir aber erst einmal beweisen! Nichts leichter als das. Also, passen Sie auf! Ich will Ihnen von meinem ersten Versuch mit dem *Modell einer Sozialen Plastik* erzählen. Es handelt sich dabei um ein Kunstwerk.

Ich beginne am Anfang: Nachdem ich meinen Gartenbaubetrieb in Reigoldswil verkauft hatte, studierte ich ein Semester Psychologie in Zürich, um dann, 1994, nach Abbruch des Studiums, ein Experiment zur Integration von leistungseingeschränkten, »behinderten« Menschen in die Arbeitswelt zu starten. Ich wurde zum Künstler und legte mir den Künstlernamen *CHRISTUS* zu. Dieses Pseudonym war eine Referenz an Christo (Javacheff), der neben Joseph Beuys einer der wichtigsten Künstler für mich ist (»Er ist der Dativ, ich bin der Nominativ«). Und dann gab es noch einen anderen Grund, warum ich mich *CHRISTUS* nannte. Dahinter stand mein Groll gegen alle linken Theologen, die in der literarischen Figur des Jesus aus dem Neuen Testament einen Urkommunisten oder ähnliches sehen. *(»Der ›lebendige Christus‹, den Ihr propagiert, mag ein verkappter Sozialist oder Urkommunist sein; ich aber, der lebende Christus, bin ein überzeugter Liberaler! Und bin im übrigen um keinen Deut weniger lebendig, als der, den Ihr als ›Retter‹ anpreist.«)*

Ich war also *CHRISTUS*, und mein Kunstwerk: das *Modell einer Sozialen Plastik.* Zum Aufbau dieser *Sozialen Plastik* gründete ich zuerst einmal eine Stiftung und dazu einen ersten Modellbetrieb zur Erfüllung des Stiftungszwecks: eine Handelsgärtnerei. Zum Präsidenten im Stiftungsrat hatte ich einen mir bekannten Rechtsanwalt aus Basel bestellt. Und zur anfänglichen Finanzierung meiner *Sozialen Plastik* hatten mir meine Eltern ein Stück Land als Vorbezug auf mein Erbe gegeben. Dieses Land und 20.000.- Franken aus meiner Barschaft bildeten das Grundkapital der Stiftung. Das Land konnte ich mit einer Million Franken belehnen. Der Auf- und Ausbau der von mir gepachteten Gärtnerei, die aus steuerrechtlichen Gründen nicht Teil der Stiftung war, wurde durch zinslose Darlehen aus dem Stiftungsvermögen finanziert. Durch den Erlös aus Kunstwerken sollten diese Darlehen zu einem späteren Zeitpunkt zurückbezahlt werden. Sie sehen, das war eine rein private Investition ohne jegliche finanzielle Unterstützung der öffentlichen Hand. Vorfinanziert mit Mitteln allein aus meinem Eigentum. Wir beschäftigten und betreuten zum Anfang in der von mir gepachteten Gärtnerei in Subingen eine erfahrene Gärtnermeisterin, nebst zwei gelernten Gärtnerinnen und vier »Behinderten«. Wesentlich dabei war, dass die gelernten Arbeitskräfte ein gewisses Verständnis für leistungseingeschränkte Mitarbeiter mitbrachten, denn einen Sozialpädagogen einstellen wollte ich nicht. Ich wusste aus meiner langjährigen Erfahrung als Gartenbauunternehmer, der neben Lehrlingen auch diverse Anlehrlinge ausgebildet hatte, dass dies nicht nötig sein würde. Letztendlich bildeten wir ja alle zusammen ein Künstlerkollektiv!

Einer der »Behinderten« erhielt anfänglich noch eine hundertprozentige Rente der Invalidenversicherung (IV). In Vereinbarung mit seinem Betreuer bei der IV konnten wir seine Rente in kurzer Zeit auf eine Viertelrente reduzieren. Der genannte Gartenarbeiter, Anton, wir sind noch immer miteinander befreundet, war fleißig und – fähig! Er entpuppte sich als talentierter Künstler. Unvergessen seine große Installation *Rot-Kraut-Rot.*

Er erhielt natürlich einen seiner künstlerischen Leistung entsprechenden Lohn, wodurch sich seine finanzielle Lage wesentlich verbesserte. So soll es ja sein, dass jemand, der arbeitet, mehr verdient als ein Rentner. Wir planten, eines der alten Treibhäuser in ein Restaurant umzubauen, wodurch weitere Arbeitsplätze – auch für leistungseingeschränkte Mitarbeiter – und Synergien zur Produktion der Gärtnerei entstehen würden. Ein Restaurationsbetrieb ist ein Treffpunkt, ein Ort der Kommunikation auch: Er sollte zum Zentrum des Pilotprojekts meiner Stiftung werden. Alles entwickelte sich bestens. Das

Personal war zufrieden, auch die in ihrer Leistung etwas eingeschränkten Mitarbeiterinnen und Mitarbeiter. Genauso unsere Kunden. Wir produzierten Schnittblumen, Blütenstauden und Gemüse. Außerdem waren wir in der Gartenpflege und im Gartenbau tätig. Und alles war Kunst, Teil und Ausdruck eines Kunstwerks, das wachsen sollte. Ich hatte Kontakt zum damaligen Direktor des Kunstmuseums in Bern, Dr. Hans Christoph von Tavel, aufgenommen. Er besuchte uns am 8. Mai 1995 und zeigte sich sehr beeindruckt. Schon bald würde ich die ersten Kunstwerke, die den Aufbau der *Sozialen Plastik* reflektierten, verkaufen. So sah es jedenfalls aus. Da kam – wie aus heiterem Himmel – etwas vollkommen Unerwartetes, Verhängnisvolles dazwischen: Auf Umwegen erfuhr ich, dass eine Strafklage gegen mich eingereicht worden war. Fast gleichzeitig las ich in der *Weltwoche* einen Artikel über mich. Er trug den Titel: *Entweder wahnsinnig oder wirtschaftskriminell* (Gerade so, als gäbe es nicht immer und in allem mehr als zwei Möglichkeiten). Da staunen Sie! Ich staunte damals nicht weniger. Ich muss etwas ausholen, um Ihnen zu erklären, wer hinter der Strafanzeige gegen mich und hinter dem Zeitungsartikel steckte. Den Anwalt im Stiftungsrat habe ich bereits erwähnt. Ich kannte ihn schon seit längerer Zeit, wir waren nicht gerade befreundet, doch gut bekannt miteinander. So dachte ich jedenfalls. In der Nähe seiner Anwaltskanzlei befand sich ein italienisches Restaurant. Es war ein gutes Lokal. Ich hatte einmal dort gegessen, und das Essen war mehr als in Ordnung. Ein paar Wochen später aß ich wieder dort. Außer mir war auch diesmal, wie beim ersten Mal schon, kaum jemand da. Das irritierte mich ein bisschen.

Eines Tages – später – nach einer Besprechung im Büro des Rechtsanwalts, der inzwischen Präsident im Stiftungsrat meiner Stiftung war, schlug er vor, wir könnten doch zusammen beim Italiener nebenan essen gehen. »Du meinst in der Geldwaschmaschine« sagte ich lachend. Es war ein Witz. Doch mein Gegenüber wurde ernst und fragte: »Woher weißt du das?« »Es könnte sein«, sagte ich, noch immer lachend. »Ich kenne das Lokal. Es scheint kaum Gäste zu haben, und ich fragte mich schon, wovon die denn lebten.« Worauf der Anwalt sich vertraulich zu mir herüber beugte und mit gedämpfter Stimme sagte: »Unter uns, ganz im Vertrauen – es stimmt«.

»Du meinst also, dass dort tatsächlich Geld gewaschen wird?« fragte ich ungläubig. »Ich weiß es«, flüsterte er, »der Besitzer ist ein Klient von mir.« Das interessierte mich. Er gab mir bereitwillig Auskunft auf alle meine Fragen, nannte mir den Namen des Restaurantbesitzers, der auch Inhaber eines kleinen Metall verarbeitenden Betriebs in einer Vorortsgemeinde sei. Er erzählte von dessen nächtlichen Partys mit Prostituierten im Restaurant nebenan. Einmal sei er selber zu so einem Gelage eingeladen gewesen, wie auch zum illegalen Kartenspiel im Keller des Lokals. »Du wirst es nicht glauben«, sagte er, »von diesem Keller führt ein unterirdischer Gang in den Nightclub auf der anderen Straßenseite.« Wir gingen zum Lunch. Ich war in Gedanken. Nach dem Essen, beim Abschied auf der Strasse vor dem Restaurant, sagte ich: »Ich denke, du solltest das in Ordnung bringen. Zeig ihn an!« Er schaute mich verdutzt an.

»Ich halte nichts von Geldwäscherei, wie du dir denken kannst. Also... «, sagte ich. So gingen wir auseinander. Er zeigte den Gastronomen nicht an, wie sich herausstellte. Ich forderte ihn noch einmal, jetzt schriftlich und ultimativ, dazu auf, es zu tun oder sein Amt im Stiftungsrat niederzulegen und den Stiftungsrat zu verlassen. Daraufhin erhielt ich einen Drohbrief von seinem italienischen Klienten. Er werde mich »bei den Behörden verklagen« und dafür sorgen, dass ich in einem »Irrenhaus« untersucht werde.

Es war der Anwalt – sein Anwalt, der auch einmal meiner gewesen war – der die Strafanzeige gegen mich eingereicht hatte. Und die Journalistin, die den Weltwoche-Artikel verfasst hatte, war eine Freundin seiner Frau. Nicht genug damit. Als Präsident im Stiftungsrat gelang es dem Anwalt, andere Stiftungsräte gegen mich aufzuwiegeln. Und er erreichte, dass ich von der kantonalen Stiftungsaufsichtsbehörde in meinen Funktionen – als Stiftungsrat, wie auch als Geschäftsführer der Stiftung – während der Dauer der gegen mich laufenden Strafuntersuchung suspendiert wurde. Ich wurde, wie man so schön sagt, »kaltgestellt«. Und die Stiftung wurde planmäßig in den Konkurs geführt. Nicht »getrieben« – geführt. Mein erster Versuch als Künstler war zu Ende.

Doch, Sie haben es sicher bemerkt, über die Kunst, über den Kunstmarkt, auf marktwirtschaftlichem Weg, kann man den Wohlfahrtsstaat in kurzer Zeit schon entlasten. Und wenn nichts dazwischengekommen wäre, was denken Sie, wäre er heute noch so bedeutungsvoll und kostenintensiv? Ich bin es gewohnt, effektiv und effizient zu arbeiten. Bei meiner Kunst handelt es sich unter anderem auch um *Konzept-Kunst*. Und mein Konzept hat sich natürlich nicht erschöpft in diesem ersten Modell.

Eine Rolle in der Groteske »Einer gegen die Mafia« hatte ich nie gesucht; ich bin da einfach so reingerutscht. Und so absurd die gegen mich in Auftrag gegebene Strafklage auch war, fand ich mich doch, nach Abschluss einer jahrelang gegen mich geführten Strafuntersuchung, als Angeklagter vor Gericht wieder. Angeklagt war ich der ungetreuen Geschäftsbesorgung, der mehrfachen qualifizierten Veruntreuung, des gewerbemäßigen Betruges und der Urkundenfälschung. In all diesen Punkten der Anklage wurde ich freigesprochen. Kein Wunder, war dies alles doch reine Fiktion.

Verurteilt wurde ich einzig wegen Nötigung. Ich hätte den Brief mit meiner ultimativen Forderung an den Anwalt nicht schreiben sollen. Denn de iure war dies tatsächlich eine belegbare Nötigung im Sinne von Art. 181 Strafgesetzbuch (StGB). Das Gericht musste mich in diesem Punkt schuldig sprechen. Ermessensspielraum hatte es einzig bezüglich des Strafmasses. Ich erhielt für diese Nötigung vier Wochen Haft bedingt. Um einiges schwerer wog der finanzielle Schaden, der mir durch die Angelegenheit entstanden war. Und leider gelang es mir nicht, über das schweizerische Urheberrechtsgesetz (URG) Art. 15 »Schutz vor Zerstörung« auf dem Rechtsweg Schadenersatz für die Zerstörung meines Kunstwerks geltend zu machen.

Aber, bewiesen habe ich – q. e. d.: es wird möglich sein, den Wohlfahrtsstaat abzubauen.

## 2. *Soziale Plastik* – von Moses über Beuys zu Christus

> Jeder Mensch ist ein Künstler.
> *Josef Beuys*
> Kläglich ist der Schüler, der seinen Meister nicht übertrifft.
> *Leonardo da Vinci*

Hört man »Soziale Plastik«, kommt einem zuerst der Name Joseph Beuys in den Sinn. Obwohl Beuys in jüngster Zeit eher mit einer Vitrine in Verbindung gebracht wird als mit der *Sozialen Plastik*. Durch diese Vitrine, sagt die Beuys-Witwe, Eva Beuys, nämlich, sei die auf 20.000 Euro geschätzte Müll-Installation »Ausfegen« kein echter Beuys mehr. Aus diesem Grund hat sie sie im vergangenen Jahr gleich zwei Ausstellungen in namhaften Museen entzogen.

Joseph Beuys gilt als der Schöpfer des Begriffs *Soziale Plastik*; durch ihn wurde dieser in den Diskurs der bildenden Kunst eingeführt und populär gemacht. Und wenn ich von Christo viel über Konzeptkunst gelernt habe, insbesondere, dass ein großes Kunstwerk schon in der Planung und in seinem weiteren Aufbau über den Verkauf von kleineren Kunstwerken, Zeichnungen, Fotografien u. s. w., die das Kunst-Projekt reflektieren, finanziert werden kann, dann ist andererseits Beuys für mich durch seinen erweiterten Kunstbegriff und die *Soziale Plastik* wichtig geworden.

Seinem Diktum, dass jeder Mensch ein Künstler sei, habe ich nie widersprochen, denn auch ich zweifle nicht daran, dass jeder Mensch über kreatives Potential verfügt. Eine über mehr, einer über weniger. Wenn aber gesagt wird: »Die Soziale Plastik, auch genannt die Soziale Skulptur, ist eine spezifische Definition eines erweiterten Kunstbegriffs des deutschen Künstlers Joseph Beuys« (zit. nach Wikipedia), sehe ich mich gezwungen zu ergänzen: Diese spezielle Sichtweise auf das Soziale findet sich zum ersten Mal bei Heinrich Heine, der 1854 in seinen *Geständnissen* sein Verhältnis zum biblischen Moses folgendermaßen fasste:

> Ich hatte Moses früher nicht sonderlich geliebt, wahrscheinlich weil [...] ich dem Gesetzgeber der Juden seinen Hass gegen alle Bildlichkeit, gegen die Plastik, [...] nicht verzieh. Ich sah nicht, dass Moses trotz seiner Befeindung der Kunst dennoch selber ein grosser Künstler war und den wahren Künstlergeist besass. [...] Aber nicht wie die Ägypter formierte er seine Kunstwerke aus Backstein und Granit, sondern er baute Menschenpyramiden, er meisselte Menschenobelisken, er nahm einen armen Hirtenstamm und schuf daraus ein Volk [...] ein Volk Gottes, das [...] der ganzen Menschheit als Prototyp dienen konnte: Er schuf Israel!

Hier wird zum ersten Mal die Idee einer *Sozialen Plastik* formuliert. Dahingestellt, ob in unserer postmodernen Zeit noch immer *ein* Volk *»der ganzen Menschheit als Prototyp dienen«* kann, oder ob nicht vielmehr richtig verstandenes Christentum Israel aus dieser exklusiven Rolle erlöst hat; dahingestellt auch, ob es in unserer postmetaphysischen Zeit noch Religion oder Spiritualität braucht zum Bau am *Modell einer Sozialen Plastik* (was in theologischer

Terminologie durchaus Bau am »Reich Gottes« bedeuten könnte), oder ob nicht längst keines von beiden mehr – weder Religion noch Spiritualität – nötig dazu ist, vielmehr aufgeklärter Geist und Vernunft allein – Heinrich Heine postulierte die *Soziale Plastik* lange vor Joseph Beuys. Er sah sie damals, Mitte des 19. Jahrhunderts, durch einen biblischen Mythos im Volk Israel, den Mann Moses als Künstler.

• • •

Von diesem kleinen Exkurs in die Welt der Literatur nun wieder zur bildenden Kunst. Ich richte den Fokus für einen Moment auf einen Künstler, durch den so etwas wie ein Paradigmenwechsel in der Kunstgeschichte stattgefunden hat – Marcel Duchamp –, um von ihm dann noch einmal zu Joseph Beuys, und von ihm zu meiner Kunst zu kommen.

Wie durch Giottos Werk eine Brücke von der Malerei des Mittelalters in die Renaissance führte, so findet sich – dem Übergang damals etwas ähnlich – in Marcel Duchamps Kunstauffassung und Werk der Anfang einer neuen Epoche in der Kunstgeschichte. Als sein erstes *Ready-made* 1913 vom Kunstmarkt akzeptiert wurde, zeichnete sich dadurch die Tendenz einer großen Öffnung und Erweiterung des Kunstbegriffs und damit auch einer Ausweitung des Kunstmarkts ab. Mit Duchamp wurde das Machen von Kunst durch die Reflexion von Gegenständen ersetzt. Ein industriell erzeugtes Massenprodukt, ein ganz gewöhnlicher Gebrauchsgegenstand erlangte seine Bedeutung als Kunstwerk allein dadurch, dass ein Künstler es signierte. Auf diesem Weg wurde die Konzeptkunst geboren und gleichzeitig der Weg geebnet für Fluxus und für viele andere Kunstrichtungen. Nicht zuletzt auch für Beuys' *erweiterten Kunstbegriff*. Kunst sollte fortan nicht mehr ausschließlich an »Können«, an die Beherrschung von Techniken, gar an Virtuosität im Kunstschaffen gebunden sein.

Der Künstler wird ab da zu einer Marke (Brand). Seine Signatur wird zum Label. Das ist nicht unproblematisch. Einerseits. Denn es hebt nicht unbedingt das Niveau der Kunst. Im Gegenteil: Quantität ersetzt von da an öfters Qualität. Und nicht Quantität alleine (ich stelle dies als Künstler, und nicht als Kunstkritiker fest). Andererseits wird in der von Marcel Duchamp eingeleiteten Epoche erst möglich, dass durch ein Kunstwerk – *Modell einer Sozialen Plastik* – der Wohlfahrtsstaat tendenziell ersetzt wird, ohne dass dadurch die sozialen Probleme wüchsen. Nebenbei bemerkt: Marcel Duchamp war ein Künstler und ein Philosoph. Und er blieb ein Philosoph, indem er sich Boëthius' Rat zu Herzen nahm: »Si tacuisses, philosophus mansisses«. Er schwieg von einem Moment an ganz und beschränkte sich ausschließlich aufs Schachspielen.

• • •

Von der künstlerischen Reflexion von Gegenständen zur Reflexion von gesellschaftlichen und wirtschaftlichen Verhältnissen schien es von Marcel Duchamps Ready-mades an lediglich ein kleiner Schritt, und so konnte es nicht erstaunen, als Joseph Beuys Mitte der Sechzigerjahre des letzten Jahrhunderts, etwas mehr als hundert Jahre nach Heinrich Heine, sich dessen Sichtweise auf das Soziale zu eigen machte und den Begriff *Soziale Plastik* in den Diskurs der bildenden Kunst einführte, ihn benutzte, um damit seine Vorstellung einer gesellschaftsverändernden Kunst zu erläutern.

Beuys' Theorie besagt, jeder Mensch könne durch kreatives Handeln zum Wohl der Gemeinschaft beitragen und so gesehen »plastizierend« auf die Gesellschaft einwirken. Das ist, mit Verlaub, *banal.* Einem Schweizer erscheint Beuys' Vorstellung, dass jeder Mensch sich an der Gestaltung des politischen und gesellschaftlichen Lebens kreativ beteiligen könne, weder ungewöhnlich noch gewöhnungsbedürftig. In der übrigen Welt mag es dem einen oder anderen spektakulär erschienen sein, als er 1972 an der *documenta 5* in Kassel ein *Informationsbüro der Organisation für direkte Demokratie durch Volksabstimmung* einrichtete.

Joseph Beuys hat die Gesellschaft nicht wesentlich beeinflusst oder gar »verändert«. Weder durch die Gründungen der Deutschen Studentenpartei (DSP) und der Free International University (FIU) noch durch seine Kandidatur 1979 für die Grünen, für das Europaparlament. Seine politischen Visionen waren für eine maßgebliche oder gar Maß gebende Beeinflussung der Gesellschaft zu vage.

Einige seiner Schülerinnen und Schüler denken weiter über die Idee der *Sozialen Plastik* nach und machen entsprechende Versuche in Kunst.

• • •

Auch ich selber sehe mich als Schüler von Joseph Beuys. So ähnlich, wie er sich zu einer Zeit als Schüler Leonardo da Vincis gesehen hat. Doch wo für Beuys in seiner erklärten Nachfolge von Leonardo »Übertreffen« nicht »Bessermachen«, sondern ganz einfach »Weiterführen« bedeutete, bin ich mir gewiss, dass dies heute – in der Zeit jetzt – für einen Künstler, der sich in der Nachfolge von Beuys befindet, nicht mehr gelten kann. Wo es doch jetzt um die gesellschaftlich relevante Verwirklichung der Idee einer *Sozialen Skulptur* oder *Plastik* gehen soll, nicht um Beuys irgendwie weiterzuführen, vielmehr um es besser zu machen als er. Beuys-Epigonen gibt es mehr als genug. Mir geht es mit meiner Kunst explizit darum, den historisch notwendig gewordenen Wandel zur Wiederherstellung einer liberalen Gesellschafts- und Wirtschaftsordnung anzustoßen. Ziel soll dabei sein, die Schwächsten der Gesellschaft auf marktwirtschaftlichem Weg – über das *Modell einer Sozialen Plastik,* über den Kunstmarkt also – in die Arbeitswelt zu integrieren, um so den Wohlfahrtsstaat zu entlasten, oder anders ausgedrückt, ihn tendenziell abzulösen.

## 3. Model of a Social Sculpture Two

> ...die Eule der Minerva beginnt erst
> mit der einbrechenden Dämmerung ihren Flug.
> *Georg Wilhelm Friedrich Hegel*
> Die Geschichte soll nicht das Gedächtnis beschweren,
> sondern den Verstand erleuchten.
> *Gotthold Ephraim Lessing*

Nachdem ich mit meinem ersten *Modell einer Sozialen Plastik* gescheitert war, verlegte ich mich für längere Zeit ganz auf das Schreiben. Mein Vehikel war primär immer schon die Sprache gewesen. Und auf dem Scherbenhaufen meines ersten Kunstprojekts spürte ich die Versuchung, mich fortan ganz und für immer in die Welt der Sprache zurückzuziehen und nur noch zu schreiben.

Nach Pierre Menard wollte ich den *Don Quijote* ein drittes Mal schreiben. Das wäre eine Möglichkeit gewesen. Die Idee gefällt mir noch immer recht gut. Doch ich schrieb an einem anderen Text: *Der ideale Staat.* Es sollte ein Roman werden und begann wie folgt: »Den idealen Staat gibt es nicht. Darum machte ich mich auf, und reiste nach Keinstaat ...«

Ich hatte mich als Erzähler zu einer Art Gulliver des zweiundzwanzigsten Jahrhunderts gemacht. Ich beschrieb das glückliche Leben jener verantwortungsvollen Menschen, denen ich in Keinstaat begegnete. Sie bewegten sich handelnd auf freien Märkten. Sie handelten in globalem Rahmen, und auch an der Börse, ausschließlich mit Produkten, die ihren Preis wert waren. Allem anderen trauten sie nicht. Sie waren nicht misstrauisch, doch blindes Vertrauen war ihnen fremd. Ich beschrieb, wie bei ihnen der Wohlstand für alle Menschen wuchs. Keinstaat war schuldenfrei, denn die Wirtschaft hatte dort weitgehend alle politischen Funktionen übernommen. Und sie förderte die Kunst. *Diese* Kunst vor allem, durch die die meisten sozialen Probleme gelöst wurden, noch bevor sie entstanden. Die Intelligenz traf sich, nach Feierabend jeweils, in Lese- und Diskussionszirkeln. Diese wurden *Citizen-Points* genannt. Es wurde dort Fernando Pessoas *Ein anarchistischer Bankier* gelesen, *The Fable of The Bees, or: Private Vices Public Benefits* von Mandeville, Zehntners *Don Quijote,* nebst anderer guten Literatur. Thomas Hobbes' *Leviathan* aber gab es lediglich noch in einem einzigen Exemplar. Dieses befand sich als Teil eines Kunstwerks – *Mahlzeit* – in einem Museum.

Während ich an meinem Roman schrieb und mich dabei glücklich fühlte, in der Gesellschaft der Bürger von Keinstaat, braute sich um mich herum etwas zusammen. Vereinzelte Warnungen hatte es schon seit Längerem gegeben. Warnungen vor dem Handel mit wertlosen Finanzprodukten, diesen Papieren gebündelter Risiken aus faulen Krediten, die als sichere und hochrentable Kapitalanlagen gehandelt wurden; Warnungen vor riskanten Krediten nicht ausschließlich im Hypothekarbereich; Warnungen, dass der Immobilienboom eines Tages abrupt enden werde; Warnungen vor der wachsenden Verschuldung der privaten Haushalte wie auch der öffentlichen Hand. Doch für viele sah es für längere Zeit so aus, als wäre es möglich, immer weiter und weiter große

Gewinne zu machen, ohne entsprechendes Risiko. Die Zinsen waren tief, Geld war im Überfluss vorhanden. Und es wurden große Gewinne gemacht! Und alle Warnungen wurden überhört.

Alan Greenspans Autobiographie war erschienen, auch in deutscher Sprache, unter dem Titel *Alan Greenspan – Mein Leben für die Wirtschaft,* und es kam der 15. September 2008, und damit der Konkurs von Lehman Brothers. Und dann kam das große Erschrecken! Was dann noch alles kam, ist unglaublich. Nach all der Naivität und Realitätsfremdheit, der großen Verantwortungslosigkeit und Dummheit, die sich über viele Boomjahre lang breit gemacht hatten, schauten jetzt viele ängstlich und bang, Hilfe heischend, auf den Staat. Und der Staat würde über sich selber hinauswachsen! Wie? In seiner immensen Verschuldung! Die Industriestaaten entschlossen sich zu einem koordinierten Vorgehen, um eine Deflation, sowie eine lang anhaltende Depression zu verhindern. Sie pumpten mindestens 5 Billionen Dollar in Konjunkturprogramme. Firmen wurden verstaatlicht, und weitere Staatsinterventionen und Interventionen der Notenbanken wurden erwogen. Sie wurden angeordnet und durchgeführt, um noch einmal weitere Staatsinterventionen und Interventionen der Notenbanken zu erwägen. Auf welchem Weg und zu welchem Zeitpunkt soll zumindest ein Teil der in den Wirtschaftkreislauf gepumpten Gelder zurückgeholt werden? Wie viel Prozent Inflation wollen wir wagen? Sollten wir nicht doch noch einmal noch mehr Geld in den Wirtschaftskreislauf einschießen?

Ich unterbrach die Arbeit an meinem Buch, entschlossen, mich noch einmal als bildender Künstler zu versuchen. Mit einem zweiten Versuch einer *Sozialen Plastik.* Warum? Aufgrund gefühlter Verantwortung? Aus Verantwortungsbewusstsein? Ich weiß es nicht. Doch ich denke, dass mein Entschluss einer Art Sturheit entsprang, dem unbedingten Willen, an meinem Glauben an die menschliche Vernunft festzuhalten und meine Idee von der möglichen Ordnung in Freiheit nicht einfach so, resigniert, preiszugeben. Hinter meinem Entschluss stand Protest!

Ich gründete den Verein *Model of a Social Sculpture Two.* Das war im April 2009 in Rom, nachdem ich als Gast im Istituto Svizzero di Roma Frau Anne Keller Dubach kennen gelernt hatte. Frau Keller ist Head Corporate Citizenship & Art bei der Swiss Re, wie auch Mitglied im Stiftungsrat des Schweizerischen Instituts in Rom. Außerdem ist sie auch Präsidentin im Stiftungsrat des Schweizerischen Instituts für Kunstwissenschaft und Mitglied im Vorstand des Vereins Zivilgesellschaft, der von den Herren Dr. Tito Tettamanti und Dr. Jürg N. Rappolt gegründet wurde.[2]

Head Corporate Citizenship & Art – klingt nicht schlecht. Wer so etwas ist, wird kompetent sein. Und wer in in den Vorständen so vieler Institutionen mit wohlklingenden Namen sitzt, sagte ich mir, der wird an der Gestaltung einer liberalen Wirtschafts- und Gesellschaftsordnung interessiert sein, wodurch Frau Keller sich auch für meine Arbeit interessieren könnte.

---

2   Präsidiert wird dieser Verein seit Frühjahr 2012 von – Konrad Hummler.

Ich schrieb also einen Brief an sie, schickte ihr diesen, zusammen mit den darin erwähnten Vereinsstatuten und einer kurzen Einführung in mein *Model of a Social Sculpture Two*. Außerdem schickte ich ihr in der Beilage meines Schreibens die Kopie einer Zeichnung von mir: *Flugzeit – Philosophieren heißt fragen*. Und ich bot der Swiss Re auf diesem Weg das Original zum Kauf an. Für den Preis von 2,5 Millionen SFr.

In meinem Brief an Frau Keller betonte ich, dass ich ihr für alle allfälligen Fragen gerne zur Verfügung stünde. Allein, wie sich herausstellen sollte, hatte sie keine Fragen an mich.

Einer der anderen Künstler, die sich damals im Schweizerischen Institut in Rom aufhielten, sagte mir, so etwas tue ein Künstler nicht. Ein Künstler biete seine Kunst nie selber zum Kauf an. Das sei tabu. Ich selber gehe davon aus, dass ein Künstler im Rahmen des rechtlich Erlaubten alles tun soll und darf, was er für richtig hält. Beachtenswert ist in diesem Zusammenhang sicher auch, dass mein Angebot an die Swiss Re Teil einer Kunstaktion im Rahmen des Aufbaus meiner *Sozialen Plastik* war. Eine Provokation, um Frau Keller möglichst neugierig zu machen. Damit wir ins Gespräch kämen.

Swiss Re Cititzenship & Art zeigte sich nicht am Kauf meiner Zeichnung interessiert, was natürlich vorauszusehen war. Und Frau Keller Dubach hatte, wie schon bemerkt, keine Fragen an mich. Keine einzige Frage. Das enttäuschte mich schon ein wenig. Wozu ich bemerken muss, dass ich zu den Menschen gehöre, die lieber enttäuscht als getäuscht werden. Worin sich vermutlich auch der Grund dafür findet, dass ich in den jüngstvergangenen paar Jahren kein Geld verloren habe. Wer außer mir noch kann das von sich sagen?

Mich zu täuschen ist nicht leicht. Auch täusche ich mich selber nur ganz selten. Ich bin so frei. Es ist die Crux der Freiheit, dass man sich nicht selber belügen kann.

• • •

Verschuldet, zum Teil stark verschuldet, waren die Industriestaaten schon damals, zur Zeit meines ersten Versuches mit dem *Modell einer Sozialen Plastik*. Es gab damals schon eine Sockelarbeitslosigkeit infolge der letzten technischen Revolution, durch die viele Arbeitsplätze für ungelernte, schwach qualifizierte Arbeitswillige verloren gegangen waren. Und in der Regel lief das in der Schweiz ungefähr so – ein Beispiel: Ein »Langzeitarbeitsloser«, dessen »Rahmenfrist« zum Bezug von Arbeitslosengeldern abgelaufen war, wurde in ein staatlich subventioniertes »Beschäftigungsprogramm« gesteckt, dort wurde er – staatlich subventioniert – irgendwie beschäftigt, und zwar so lange, bis er wieder eine »Rahmenfrist« hatte, innerhalb der er nun wieder Gelder aus der Arbeitslosenkasse beziehen konnte. Nach Ablauf dieser zweiten »Rahmenfrist« bekam er möglicherweise noch ein weiteres Mal die Möglichkeit, in ein staatlich subventioniertes »Beschäftigungsprogramm« aufgenommen zu werden. Oder er musste sich gezwungenermaßen bei der Sozialhilfe melden, wollte er nicht verhungern oder kriminell werden. Als Sozialhilfeempfänger hatte er sich dann wöchentlich bei der Sozialhilfebehörde zu melden. Arbeit für ihn – echte, entlöhnte, unsubventionierte Arbeit – gab es keine. Das belastete ihn psychisch. Er rauchte viel, und trank zunehmend auch mehr – Billigwein, Schnaps, Bier, alles zusammen und durcheinander.

Oder er wurde depressiv. So oder so, es blieb dem für ihn zuständigen Sozialarbeiter bei der Sozialhilfebehörde nicht verborgen. Er schickte ihn zum Arzt. Die Arztkosten zahlten die Krankenkassen. Doch dies gehört nicht hierher. Ich spreche von den diversen anderen Kosten. Der Arzt schrieb den »Langzeitarbeitslosen« krank. Nicht unbegründet; vielmehr weil er tatsächlich krank geworden war. Und er meldete ihn bei der Invalidenversicherung an. Dies war nicht allein im Interesse seines Patienten, war vielmehr auch im Interesse der Sozialhilfe beziehungsweise der Wohngemeinde des »Langzeitarbeitslosen«, musste diese doch für einen IV-Rentner (Rente der Schweizerischen Invalidenversicherung) nicht mehr weiter aufzukommen. Die Rente, die der »Langzeitarbeitslose« von der IV erhielt, war allerdings weniger hoch als was er zuvor von der Sozialhilfe erhalten hatte. Dafür erhielt er jetzt ergänzend zu seiner IV-Rente »Ergänzungsleistungen« aus der Kasse der AHV (Alters- und Hinterlassenenversicherung). Dadurch war er nun etwas besser gestellt als zuvor. Er tauchte seit längerem schon in keiner Arbeitslosenstatistik mehr auf. Darauf sei lediglich am Rande hingewiesen.

Und wie ist es heute? Sollte sich inzwischen etwas geändert haben?[3]

Kosten. Hat sie je ein »Langzeitarbeitsloser« verursacht? Diese Kosten hatten sich im Laufe der Zeit, auf dem oben beschriebenen Leidensweg des »Langzeitarbeitslosen«, nicht gleichmäßig erhöht; sie waren exponentiell angewachsen. Und aus welcher Kasse der öffentlichen Hand sie bezahlt worden waren, war eigentlich egal. Da nämlich sowieso *alle* Kassen längst leer waren. Damals schon. Und die Schulden der diversen Sozialversicherungen haben sich in den meisten Industriestaaten seit damals weit mehr als verdoppelt. »Denk ich an Deutschland in der Nacht...«[4], wie Heinrich Heine einst dichtete. Nicht allein der Gedanke an Deutschland kann einen allerdings um den Schlaf bringen: Denk ich an Hellas in der Nacht, an Spanien, Portugal...! Und auch in der Schweiz sind die Löcher in den Kassen der Sozialversicherungen seit der Zeit meines ersten Versuchs mit einer *Sozialen Plastik* wesentlich größer geworden und ist die Staatsverschuldung gewachsen. Dass ein verschuldeter

3   Inzwischen, im April 2011, nach etwas mehr als einem Jahr, seit dem ich meinen Essay verfasst habe, ist die sogenannte »Rahmenfrist«, die Zeitdauer, in der ein Arbeitsloser Arbeitslosengeld beziehen kann, wesentlich kürzer geworden, wodurch ein Arbeitsloser inzwischen schon nach viel kürzer Zeit auf Sozialhilfe angewiesen ist.

4   Deutschland steht, seine Staatsschulden betreffend im Vergleich zu anderen Staaten verhältnismässig gut da. Auch unter Berücksichtigung der unsichtbaren, mittelfristigen, *impliziten* Staatsschulden. Bemerkenswert ist in diesem Zusammenhang, dass Luxemburg, das in punkto seiner expliziten Staatsverschuldung noch wesentlich besser als Deutschland aufgestellt ist, *implizit* wesentlich höher verschuldet ist, als Portugal oder Spanien, ja höher auch, als Griechenland. (Quelle: EU-Kommission, IWF World Economic Outlook Database, Eurostat, Stiftung Marktwirtschaft).

Staat sparen muss, wird kein vernünftiger Mensch bestreiten. Und je höher die Staatsverschuldung ist, desto mehr muss gespart werden. Nur dass es Kosten gibt, die nicht »einfach so« eingespart werden können. Kosten, zum Beispiel, die aufgrund fehlender Arbeitsstellen für unqualifizierte oder schwach qualifizierte Arbeitswillige entstehen – strukturelle Kosten. Solche Kosten werden einzig durch einen strukturellen Wandel gesenkt und zum Verschwinden gebracht werden.

Die aus der Arbeitswelt ausgeschlossenen Menschen müssen weder geistig noch psychisch behindert sein, nicht blind noch gelähmt, kurz: sie müssen nicht invalid sein – sie sind ganz einfach in ihrer Arbeitsleistung ein bisschen eingeschränkt; beschränkt. Dafür, dass es auf dem Markt keine Arbeitsplätze für sie gibt, können sie nichts. Aufgrund dieser Tatsache aber entstehen der öffentlichen Hand Kosten. Hier zum Beispiel gilt es anzusetzen. Doch es ist illusionär zu glauben, solche Arbeitsplätze ließen sich kostenlos schaffen. Der zur Integration möglichst vieler leistungseingeschränkter Menschen nötige Strukturwandel wird nicht kostenlos sein. Warum aber soll ihn die öffentliche Hand bezahlen, erst recht, wo sie dazu, seit langem schon, gar nicht in der Lage ist? Hätte ich damals, 1994, weiterarbeiten können an meinem *Modell einer Sozialen Plastik,* wären wir heute schon wesentlich weiter. Es ist müßig, dies festzustellen – ich weiß.

Werfen wir in diesem Zusammenhang einen Blick auf die Preise, die für Objekte und Zeichnungen von Joseph Beuys bezahlt wurden. Ich zitiere aus einem Artikel von Christine Hoffmans in der *Welt* vom 1. Januar 2006:

Die ›Zumutung Beuys‹ hat bis heute Auswirkungen auf die Preise, die der nationale und internationale Kunstmarkt bereit ist, für Beuys-Arbeiten zu zahlen. Das bedeutet nicht, dass Schlüsselwerke wie ›Jungfrau‹, ›Hasengrab‹, ›Revolutionsklavier‹, ›Dürer, ich führe persönlich Baader + Meinhof durch die Dokumenta V‹ oder ›Das Schweigen‹ nicht besonders hohe Preise auf dem Kunstmarkt erzielen könnten. Aber solche kapitalen Werke tauchen so gut wie nie auf dem Markt auf. Die teuersten bislang in Auktionen zugeschlagenen Arbeiten sind das ›Stapelkopf Siegel‹, das Sotheby's 1994 für 460'719 Dollar versteigert hat. Das Kölner Kunsthaus Lempertz erreichte mit der Arbeit ›Bett‹ 2001 einen Preis von einer Million Mark. Und ›Rückenstütze eines feingliedrigen Menschen aus dem 20. Jahrhundert‹ wurde bei Christie's 1989 für 375'834 Dollar zugeschlagen. Die erzielten Preise lagen deutlich über den oberen Schätzpreisen, was signalisiert, dass die Nachfrage nach außergewöhnlichen Beuys-Stücken groß wäre. Doch zentrale Skulpturen und Installationen haben sich längst deutsche Museen und Sammler gesichert. 2,5 Millionen Mark kostete in den 80er Jahren Frankfurt der ›Blitzschlag mit Lichtschein und Hirsch‹, eine Bronzeversion, von der es vier Exemplare gibt. Den ›Beuys-Block‹ im Hessischen Landesmuseum in Darmstadt verkauften die Erben des Industriellen Ströher 1980 dem Londoner Galeristen Anthony d'Offay und dem Berliner Sammler Marx für 3,5 Millionen Mark. Hessen sicherte sich dann 1986 den ›Beuys-Block‹ für 16 Millionen Mark. 1991 kaufte Armin Zweite, Direktor der Düsseldorfer Kunstsammlung Nordrhein-Westfalen, für 6,5 Millionen Mark die letzte große Installation ›Palazzo Regale‹.

Jetzt geht es aber nicht um Beuys; jetzt geht es um meine Kunst! Mein Bild – Papier, Acryl, Kreide, Asche und etwas Herzblut auf Leinwand – *Collateralized debt obligations (CDOs) One* – ein recht dekoratives Bildchen, 125 × 78 cm, biete ich für lediglich vier Millionen Franken an. Und im Gegensatz zu allen CDOs, die je gehandelt wurden, ist mein Bild seinen Preis wert. Garantiert. Denn 100 % des Erlöses kommt dem Verein *Model of a Social Sculpture Two* zu, zum Auf- und Ausbau meiner *Sozialen Plastik*, zur Arbeit am Strukturwandel, von dem ich oben sprach, der zur Integration möglichst vieler leistungseingeschränkter Menschen nötig ist. *Ceterum censeo*: Seit langem schon!

Wie oben bemerkt, ist für Beuys, wie für mich – *CHRISTUS* – selber auch, jeder Mensch ein Künstler. Aber wie? Im Rahmen meiner *Sozialen Plastik* zum Beispiel wird der Käufer meiner Kunst es durch den Erwerb eines Kunstwerks. Oder durch die Mitgliedschaft im Verein *Model of a Social Sculpture Two*. Oder durch beides. In besonderer Art wird er es durch eine Mitgliedschaft im Vereinsvorstand. In diesem Zusammenhang gibt es eine lustige Reminiszenz zu erzählen: Nachdem die Swiss Re kein Interesse am Erwerb meiner Zeichnung *Flugzeit – Philosophieren heißt fragen* gezeigt hatte, bot ich dieselbe Zeichnung am 27. April 2009 dem Altbundesrat und vermeintlichen Fastalleskönner Herrn Dr. Christoph Blocher zum Kauf an, steht dieser doch im Ruf, ein großer Sammler bedeutender Kunst zu sein. Seine Leidenschaft für Hodlergemälde ist kaum weniger bekannt als die für Gemälde von Albert Anker. Meine Zeichnung bot ich noch einmal für denselben Preis an, und wieder verbunden mit derselben Option, mit der ich sie zuvor der Swiss Re angeboten hatte: Der Käufer könnte – so er wollte – gleichzeitig Präsident im Vorstand des Vereins *Model of a Social Sculpture Two* werden. Konkret erhielt Herr Dr. Blocher dadurch Gelegenheit, wie zuvor Frau Keller Dubach beziehungsweise die Swiss Re, den Verein zu übernehmen. Denn als einziges Vorstands- und Vereinsmitglied neben mir, in der Funktion des Präsidenten, mit Stichentscheid bei allen unentschiedenen Abstimmungen, hätte er fortan souverän über mein Kunstwerk verfügen können. Und hat er denn nicht etwas von einem Schweizer Messias?! Er hätte das sicher gut gemacht. Wie vielleicht Frau Keller Dubach auch. Wer weiß?

Doch er wollte nicht. Er ließ mir durch seinen Sekretär, Herrn Eberle, mit Schreiben vom 6. Mai 2009 mitteilen: »*Herr Dr. Blocher sieht von einer Beteiligung an diesem Projekt ab, da es nicht zu seinen Kernkompetenzen gehört.*« Ich hätte es ihm zugetraut, durchaus. Und doch war ich erleichtert. Später habe ich gelesen, er möchte noch einmal für den Bundesrat kandidieren. Es zieht ihn, wie es scheint, etwas mehr Richtung *classe politique* als Richtung Kunst.

• • •

Was den globalen Kunstmarkt betrifft –

Der Umsatz auf dem internationalen Kunstmarkt hat sich innerhalb von fünf Jahren bis 2006 nahezu verdoppelt. Im Rekordjahr 2006 sind weltweit Kunstwerke im Wert von 43,3 Milliarden Euro gehandelt worden. Mit 5 Prozent des Gesamterlöses hat sich China auf Platz vier des globalen Kunstmarktes vorgearbeitet. Dieser Markt wird von den USA (46 Prozent) und Großbritannien (27 Prozent) dominiert, wo die führenden Auktionshäuser sind. Es folgen Frankreich (6 Prozent) und Deutschland (3 Prozent). Seit 2002, als international 22,3 Milliarden Euro mit Kunst erlöst worden waren, ist die Zahl der Verkäufe von 26 Millionen auf 32 Millionen gestiegen. Die Umsatz-Steigerung um rund 50 Prozent seit 2005 ist auch auf die steigende Nachfrage nach zeitgenössischer Kunst in China, Russland und Indien zurückzuführen. In Deutschland, wo sich weltweit die meisten Kunstmuseen, -galerien oder Auktionshäuser finden, sind 2006 knapp 1,3 Milliarden Euro im Kunsthandel erlöst worden.     (dpa; Hamburger Abendblatt, 13.3.2008)

– der hat ein riesengroßes Wachstumspotenzial.
  Oder sollte ich mich tatsächlich für einmal täuschen?

*Caltha palustris*

*Christus 1/100*

*CHRISTUS*, Caltha palustris

*Dies ist die erste signierte Grafik (1/100) aus der Reihe* Mille Fiori, *deren Erlös dem Aufbau eines zweiten* MODELLS EINER SOZIALEN PLASTIK *dient. Marcel Duchamps* QUELLE *nährt hier die Sumpfdotterblume.*

## Post Scriptum: Offenbarungen

DIE WAHRHEIT
Meinungsvoll die Welt
voll von gut
und schlecht Gemeintem
doch
das ist nicht alles.

Mein Künstlername *CHRISTUS* ist religiös konnotiert. Der Herausgeber des vorliegenden Buches hat mich deshalb bei der Zusammenstellung der Texte für meinen Beitrag gebeten, auch etwas über meine Haltung zu den Schrift- oder Offenbarungsreligionen zu schreiben, was ich in der Folge tun werde.

Ich offenbare mich: Was ich selber glaube, ist nebensächlich. Wesentlich wichtiger ist für mich, was von Vielen geglaubt wird. Ich bin Philosoph und Künstler. Und als Philosoph beschäftigt mich speziell das Unheil, das durch alle drei Schriftreligionen in die Welt gekommen ist, bzw. der Anteil von Religion am Unheil in der Welt. Ich suche nach praktischen Möglichkeiten, wie dieses gebannt werden könnte, oder mehr noch: wie aus Unheil Heil werden könnte. In anderen Worten: Meine Philosophie ist zu einem wesentlichen Teil Religionsphilosophie. Sie lässt sich kurz wie folgt zusammenfassen: *Die politische Kraft des Religiösen – vom Fluch zum Optimum an möglichem Segen.* Ich positioniere mich damit »messianisch« in der Fortsetzung des Hauptvertreters der Marburger Schule des Neukantianismus, Hermann Cohen; in Fortsetzung auch von Walter Benjamin und Ernst Bloch. Als praktischer Philosoph. Darauf lege ich Wert: Ich komme nicht von der Akademie, vielmehr aus der Praxis, aus dem Wirtschaftsleben, genauer, aus dem Baunebengewerbe – Gartenbau. In meinem Selbstverständnis bin ich »Gärtner«, »Gartenbauer« geblieben, inzwischen als Philosoph im übertragenen, metaphorischen Sinn.

Mit meiner Kunst setze ich meine Philosophie *in actione* fort; sie ergänzt sie. Meine erste Kunstaktion unter meinem Künstlernamen CHRISTUS war eine Theaterinszenierung durch Briefversand: *Christus besucht die Humanistenstadt.* Ich brachte sie 1994 in der Region Basel zur Aufführung. Es folgten diverse andere Mail-Art-Aktionen. Für Aufregung sorgte vor einigen Jahren mein Happening *Gründung* der Liberalen Jüdischen Gemeinde Bern, das ich in Zusammenarbeit mit meinem Freund Eli Febisewich durchführte. Er war der »Präsident«, ich der »Rabbiner«, weitere Mitglieder hatte unsere Gemeinde nicht.[5]

Meine Haltung zu den Schrift- oder Offenbarungsreligionen ist nicht ganz einfach, dabei aber klar: Als ich vor vielen Jahren eines Tages bemerkte, dass ich

---

5   Zu meinem Artikel in LE TEMPS: »Le nationalisme juif est plus grave pour les Juifs que l'Holocauste« [dt.: Der jüdische Nationalismus ist für die Juden schlimmer als der Holocaust.] stehe ich. Wobei ich mich für den Titel schäme. Es gibt für uns Juden – aus verständlichen Gründen – *nichts* Schlimmeres als die Shoah.

das muslimische Glaubensbekenntnis sprechen kann, ohne zu lügen, sprach ich es vor zwei erwachsenen muslimischen Männern: *Aschadu allâ ilâha ill-al-lâh! Aschadu anna Muhammadar-rasûlul-lâh! – Ich bezeuge, dass es keinen Gott gibt außer Allah! Ich bezeuge, dass Muhammad der Gesandte Allahs ist!* Das macht: Ich wurde Muslim. Fast gleichzeitig trat ich der römisch-katholischen Kirche bei (Ich war als kleines Kind getauft und später konfirmiert worden). Nebenbei bemerkt: Bei meiner Aufnahme in die römisch-katholische Kirche, vor meiner Erstkommunion und Firmung, hat man mir die Beichte nicht abgenommen. Ich habe noch nie gebeichtet und werde auch nie beichten. So etwas tut ein Jude nicht. Und ein Jude bin ich nach der *Halaka* von Geburt, weil meine Mutter eine Jüdin war, weil ihre Mutter eine Jüdin war...

### Und es offenbarte sich mir im Traum

Wenn irgendjemand dazu wirklich berufen sein könnte, die in sich zerstrittene, sehr heterogene Glaubensgemeinschaft des Islam zu einigen und in die Neuzeit zu führen, ist es der Prophet Muhammad. Einzig ihm kommt die Autorität zu, dies zu tun.

In meinen Träumen – ich habe im Nachruf auf mich selber darauf angespielt – hat der Prophet eben dies getan. Mir bleibt zu notieren, was er mir auftrug: es weiter zu erzählen. Ein Traum, in dem der Prophet erscheint, ist immer und in jedem Fall wahr, weil der Satan nicht sein kann, wo der Prophet ist (Annemarie Schimmel hat dies in *Die Zeichen Gottes* ausgeführt). Und jetzt wird auch verständlich, warum ich gerne sage, der Psalm 127 sei speziell für mich geschrieben worden.

Heike Anna Koch

# Theater der Rituale

## Erster Teil

Um die Wahrheit zu sagen, musst Du lügen.
*Hannah Handburg*

### Die Maske

Hinter meinen Augen
Verbarg sich Jemand
Klopfte an Türen und verschwand
Und kehrte wieder

Heute trage ich das Gesicht
Und er die Falten

### Brief 1

*Liebster,*

*jetzt, nachdem Du unsere Familienfeste erlebt und Dich nicht gewundert hast über meine Eskapaden, habe ich den Mut, Dir zu sagen, dass ich nicht die Frau bin, für die Du mich hältst. Lena ist nicht mein Name, genauso wenig wie viele Geschichten, die meine Biografie stets anders gestalten.*

*Dir gegenüber bin ich immer wahrhaftig gewesen, in meiner Liebe zu Dir. Alle Berührungen sind von der Sonne geküsst und aus tiefstem Inneren geschenkt. Aber das konnte ich nur als Lena. Denn als Lena hatte ich alle Freiheiten und die Skrupellosigkeit, die ich brauchte, um Dir zu begegnen, um auf gleicher Höhe zu sein mit dem Esprit und der Hoffnung, die man nur sieht, wenn Schatten keine Chance haben.*

*Alles begann im Forsthaus meines Großvaters. Ich war noch ein kleines Kind. Nach jedem Familienfest wurde ich schweigsamer, bis ich eines Tages nicht mehr redete. Das Schweigen war mein Schutzschild. Nicht gewollt, aber notwendig, um weiterleben zu können. Ich erinnere mich an das Laufen. So lange ich lief, war ich lebendig. Ich begann, mir selbst die Welt zu erzählen, mit Pflanzen, Tieren eine Geschichte zu erfinden, sie zu meinen Freunden zu machen.*

*Als ich in der Schule anfing, meine Geschichten aufzuschreiben statt der Lehrerin zuzuhören, wollte man mich in eine Klinik stecken. Der Gedanke war unerträglich, denn dann hätte ich meine Freunde verlassen müssen. Also habe ich angefangen, in der Schule meine Geschichten laut vorzulesen. Das war der Durchbruch. Ich erhielt überall Bewunderung für diese Fantasie, die mir natürlich niemand zugetraut hätte. Meine Eltern waren froh, dass ich meine Stimme wieder gefunden hatte. Ich selbst war froh, einen Platz gefunden zu haben: den der Geschichtenerzählerin.*

*Was ich als kleines Kind am eigenen Leib erfahren musste, lässt sich nicht ausdrücken. Die Worte sind nur ein Fliegengitter. Aber es gibt Wege zu gehen, aufrecht. Ich lege meinen Kopf in Deine Hände und freue mich über Dich, über mich, über unsere Geschichte.*

*Es ist spät. Ich schreibe später weiter. Deine*

## Die Feier 1

Jemand musste Lena vergessen haben. Anders ließ sich nicht erklären, warum alle anderen geladenen Gäste vor dem Zaun Platz nahmen mit ihren Champagner-Gläsern in der Hand, auf kniehohen Hockern, eng aneinander gelehnt und herzhaft lachend, immer wieder auf die züngelnden Flammen zeigend. Bald würden die Balken krachend fallen. Das war die Scheune von alten Bauern, freigegeben zum Osterfeuer. Und mit extra viel gesammeltem Holz aus den umliegenden Wäldern, getrocknet, damit es schnell und hoch zischen sollte, so sagten die Alten mit glühenden Augen, das gäbe ein Feuer, schon lange hätten sie so eines nicht mehr gehabt.

Und in dieser Scheune war Lena, hinter den Querbalken, im hinteren Raum, und suchte und sammelte die Koffer, die sie mit ihrem Bruder dort versteckt hatte. In Kindertagen hatten sie sich geschworen, niemals niemandem etwas von diesen hellbraunen Lederriemenkoffern zu erzählen. Mit den Fotos und Briefen, die immer mal wieder Jemand aus der Familie suchte, aber nicht fand, bewahrten sie das Familienleben, das sie in der Scheune lebten, wenn sie zu zweit besonders die Feste nachspielten. Alles Andere, das wirkliche Leben, wie es sich um die Ecke drückte und von oben auf sie einschoss, durch die Fenster gierte und Augen erschreckte, war das von Opa Cognac und Tante Gertrud.

Tante Gertrud war gestorben. Und es war Ostern. Und Opa Cognac saß in einem Rollstuhl, hörte und sah nichts mehr, sagte Lenas Mutter und lächelte besänftigend, wenn Lena ihre Fäuste hob.

Lena suchte nach den alten Koffern hinter Holzgebälkstückwerk und vermodertem Laub und wurde zusehends unruhiger. Draußen rief Jemand, ob denn alle etwas zu trinken hätten, zum Anstoßen. Dann hörte sie ein Klopfen. Dachte sie erst, ein Klopfen. Aber es war ein Schlagen, Nägel in Holz. An allen Seiten. Das mussten viele Hände gewesen sein.

Nägel in Holz. Türen dicht. Innen ein Wimmern. Jemand musste Lena eingesperrt haben. Nicht absichtlich. Außen zerrten Flammen am Moderholz. Doch zu nass. Zu dicht aufeinander. Kein Sauerstoff. Und endlich fing es an zu regnen. Lange. Stunden. Manche Gäste hielten sich die Gartenstühle über die Köpfe und kreischten. Nichts wie ins Haus.

Auch die Koffer wurden nass. Lena stand mitten in der Scheune, es regnete durch das Dach; ihre Haare tropften schon, an jeder Hand hatte sie einen Koffer. Und drei lagen hinter ihr. Se stand einfach da, sagte nichts. Nils kam auf sie zu. Nils war ihr Bruder, mindestens zwei köpfe größer. Er schüttelte sie und fragte, warum sie nicht geantwortet habe. Wie lange hätten sie noch suchen sollen. Und die alten Koffer. Weg damit. Er trat gegen einen Koffer, dessen Schloss natürlich aufsprang.

Wie schön Du bist, sagte Nils, so mit den verweinten Augen. Ich bin doch da. Ja, Du bist da, wie früher. Das würdest Du auch für mich tun. Das weiß ich. Weißt Du das wirklich? Hör auf jetzt. Alle warten. Aber Lena konnte nicht gehen. Ihre Füße schienen angewachsen zu sein. Nils hob sie schließlich hoch und trug sie ins Haus. Die Koffer, schrie Lena. Ich hole sie später, sagte Nils.

Was ist mit ihr? Alle riefen durcheinander. In die Stube mit ihr. Nur ein Schwächeanfall. Ist eben doch zu zart. Wusste ich's doch. War früher schon so. Was redest Du für ein dummes Zeug. Wie früher. Halt's Maul, Alter. Aber er hört doch nichts. Ist noch Kaffee da? Ich hätte gern noch einen. Scheußliches Wetter da draußen. Dann machen wir eben den Kamin an. Ostern einmal anders. Und jetzt einen Toast auf Tante Gertrud. Die alte Hexe. Bist Du ruhig. Stimmt doch. Das sagt man nicht. Ist doch aber die Wahrheit. Tante Gertrud hat Euch viel Gutes getan. Und viel Schlechtes. Du hattest schon früher eine heftige Fantasie. Wie Lena. Wo ist sie eigentlich?

**Ohnmacht**

Es ist die andere blaue Stunde, die zwischen drei und vier Uhr morgens, wenn die Lerche ihr Lied sucht. Lose Akkorde auf halber Strecke in das einzig gültige Lied des Morgens, ich höre den kleinen Vogel, aber sehe ihn nicht. Das reicht, um einen Schritt weiter zu gehen. Jetzt ist der Schuh nass, wie schön, und ich ziehe den zweiten hinterher. In der Pfütze spiegelt sich alles Graue, nur nicht die Lerche. Noch einen Schritt, ich merke nicht, wie schnell sich die Füße bewegen, und der Regen donnert auf meinen Rücken wie kleine Steine, und ich sehe Blut an den Beinen, es ist von dem Geröll auf meiner Haut, die zu Felsbrocken werden, aber die Füße laufen weiter, dem Vogel auf der Spur, bald muss ich da sein. Ich liege im Schlamm, bin vor den Laternenpfosten gelaufen, muss so sein, denn es geht nicht weiter, auch wenn ich noch so oft aufstehe, da ist Eisen, rechts vorbei, links vorbei, immer wieder Schlamm. Es ist so ruhig. Wo ist die Lerche? Meine Füße sind weiter gegangen, nur ich nicht. Gut, dann bleibe ich hier liegen, bis ich das Lied wieder höre. Den Trenchcoat sollte ich vielleicht zuknöpfen, es ist kalt. Macht nichts. Gut, dass ich friere, dann lebe ich noch. Mein Kopf liegt in meinen Händen, ich kann ihn nicht heben. Ein Auto fährt über meinen Arm, nein nicht den mit der Hand und dem Kopf. Keine Schmerzen, nirgends. Ich sammle den zertrümmerten Arm ein und liebkose ihn, als wenn er davon heilen würde.

Es ist jetzt hell, die Lerche längst in einem anderen Orchester unterwegs. Es hat aufgehört zu regnen, kein Blut zu sehen. Ich nehme meine Füße und trage sie.

### Brief 2

*Liebster,*
*ich habe alle getäuscht, nur Dich nicht. Verliere ich Dich?*
*Es ist früh am Morgen, jetzt gesellen sich normalerweise alle Schattengestalten zu mir und flüstern mir zu, dass ich Wege gehen soll, vor denen ich Angst habe. Als Kind bin ich den Wegen gefolgt und fand mich in der Falle. Und ich kam nur heraus, indem ich die Menschen um mich herum verzaubert habe, mit kleinen Szenen, in denen ich immer alle Rollen spielte. Es waren komische Plots. Jemand hatte sich verfangen in Netze, die nur er sah, keiner sonst, und so wurde es ein Kampf gegen unsichtbare Dämonen, alle lachten, und in diesem Moment, wenn alle um mich herum mit ihrer eigenen Heiterkeit beschäftigt waren, bin ich weggelaufen.*
*Ich bin oft weggelaufen, meine Beine waren gut trainiert.*
*Es gab diese Kindergeburtstage, die meine Mutter liebevoll ausrichtete. Mit vielen Mädchen und einem Jungen. Er war und ist mein einziger Vertrauter aus der Kindheit. Er war immer da, fragte nie, auch wenn ich nicht mit ihm sprach, er lief nicht weg. Später, als wir in die Pubertät kamen, verliebten wir uns ineinander, aber unsere Mütter haben erfolgreich verhindert, dass wir ein Paar wurden. Er hat nie ein Gedicht von mir gelesen, aber er schaute mich auf eine Weise an, dass ich dachte, er wüsste von Lena.*
*Hältst Du es noch aus? Ich bin schon wieder müde. Deine*

### Nicht immer

Das ist die Geschichte von B. Er ist Ingenieur, Brückenbauer, um genau zu sein. Seine Konstruktionen sind eine Spezialität für Trockenflüsse. Sie führen über Menschenmassen in engen oder weiten Straßen. Immer dann, wenn nur noch Menschenleiber sich aneinander zu schmiegen drohen, zaubert B. seine aufblasbare Federnbrückenkonstruktion aus der Hosentasche, pustet sie sozusagen auf eine andere menschenleere Seite und triumphiert über alle Drängler, Quetscher und andere Busendrücker. B. liebt Lena. Das glaubt er jedenfalls. Er liebt ihre Brüste, ihre Beine und will immer mit ihr schlafen, wenn sie sich an- oder auszieht. Und das tut Lena mindestens dreimal am Tag. Sie arbeitet für einen Event-Service und beherrscht alle oberflächlichen Chargen von »Carmen« bis »Miss Marple« für »Ihre spezielle Geburtstagsüberraschung«.

Manchmal wird Lena etwas melancholisch, wenn sie mit B. geschlafen hat. Sie spürt, wie Tränen ihren Blick verwässern. B. versucht sie in den Arm zu nehmen und versteht, sie wolle noch mehr und wilderen Sex. Aber Lena löst sich aus seinem Arm und macht lieber Kaffee. Lena kann guten Kaffee kochen. Lena ist auch eine gute Geliebte. Das hat B. ihr einmal gesagt, als sie sich verabredeten wie zu einem Blind Date und so getan hatten, als wenn sie sich noch nie vorher gesehen hätten. Damals trafen sie sich immer mittags, waren aber nie in einem Hotelzimmer verschwunden. Es waren überfüllte Cafés mit kleinen runden Tischen, voller Zigarettenrauch und Zeitung lesenden Quälgeistern. Sie lachte immer etwas verschämt, wenn B.s Kaffeetasse zum dritten Mal vom Tisch rutschte. Das war dann ein Ritual, und deshalb war es zauberhaft. Das fand B., und Lena auch.

Jetzt fragt Lena B., ob er nicht heute ihren Job machen möchte, einfach in andere Rollen schlüpfen und kreischende Millionärsgattinnen erheitern. B. tobt, er könne doch nicht einfach so jemand anderer sein. Das sei ihm zu gefährlich. Das versteht Lena nun nicht mehr. Sie jedenfalls möchte einmal Brückenbauerin sein, nur für einen Tag. Es sei ihr Wunsch, sagt sie, zur Not könne sie auch sagen, es sei ihr Geburtstagswunsch. Gut, B. zieht sich ein Bärenkostüm an und wackelt zu einem Kindergeburtstag. Schon auf dem Weg in der U-Bahn hat er alle Tatzen voll zu tun, um aufgeregte Kinderhände von seinem Hinterteil fernzuhalten. Es ist ein fröhlicher und lauter Spaß. Das finden die Eltern auch. Das letzte Stück führt durch die Fußgängerpassage. Es sind nur knapp 100 Meter. Menschenmassen drängeln in zwei Richtungen. Und B. fragt sich, woher all diese Leute nur kommen und warum sie immer genau in seine Richtung wollen. Aber es stört ihn nicht. Er lässt sich weiter vorwärts schieben. Da hört er ein surrendes Geräusch, das ihm wohlbekannt vorkommt. Er schaut nach oben und sieht Lena, die gerade eine Brücke »baut«. Jetzt fällt ihm ein, dass er vergessen hat, Lena zu sagen, sie dürfe nicht auf der Brücke stehen bleiben. Denn dann ist der Zauber weg. Das weiß Lena nicht. Sie sieht einen Bären und erkennt B. Sie bleibt stehen und winkt ihm zu. Dann fällt sie.

### Die Feier 2

Obwohl es schon dunkel war, verriet der immer noch warme Asphalt die Hitze des vergangenen Tages. Aber Lena fröstelte und schlug die Stola noch fester um die Schultern. Das leichte weiße Kleid verfing sich manchmal zwischen den Beinen, wenn sie lief und stolperte, jetzt heftiger, wenn sie an den hell erleuchteten Fenstern stehen blieb. Sie waren fest verschlossen und von innen beschlagen. Trotzdem konnte sie einige der Gäste erkennen. Komisch, dachte sie, dass die Musik schon spielt, ich bin doch noch gar nicht da. Es war ihr Geburtstag und alle schienen sich schon zu amüsieren. Vielleicht hatte sie sich ja auch über Gebühr verspätet. Lena schaute auf ihre Uhr, dann auf die Kirchturmuhr. Kein Zweifel, sie war nicht zu spät. Merkwürdig war auch, dass niemand sonst auf den Straßen war. Nach dem dritten Fenster, in das sie hüpfend und auf Zehenspitzen hineingelinst hatte, stand sie vor der schweren Holztür. Verschlossen. Dann hörte sie einen Schlüssel, wie er endlos lange herumgedreht wurde und ein Wärter öffnete einen Spalt.

Sie wünschen?

Ja, Josef, erkennst Du mich nicht? Es ist mein Geburtstag!

Entschuldigen Sie, ich kenne Sie nicht. Madame tanzt bereits mit allen Herren abwechselnd. Sie können es wahrhaftig nicht sein.

Aber so sehen Sie doch genau hin. Da drin ist eine andere Frau…

Ich muss die Tür jetzt schließen. Anordnung des Hausherrn. Sie verstehen…

Lenas Knie knickten ein. Aber sie wollte nicht schwach werden. Dann trommelte sie gegen die Türen, immer wieder. Als sie ein paar Minuten später den Kopf hob, stand sie vor den versammelten Gästen. Sie hatten sich nach Draußen bemüht, um dieses aufdringliche Wesen zu sehen.

Hallo, sagte Lena.

Versteht Jemand, was sie sagt? fragte Josef. Alle lachten.

Dann kam K. auf sie zu, der doch ihr Mann war, und zog sie zu sich heran.

Nie gesehen, dieses Weib. Aber schöne Augen hat sie. Lasst sie mitfeiern. Gebt ihr einen Teller Ochsenfleisch.

Und schon waren wieder alle im Saal und tanzten eine Polonaise. Lena suchte die Gesichter ab. Sie erschrak. Da lachte eine Frau, sie gluckste und schmuste mit K., aber sie hatte kein Gesicht. Lena wischte sich die Augen. Es half nichts. Diese Frau blieb kopflos. Als Lena zur Tür ging, griff Jemand ihren Arm. Es war K.

Hast Du uns den Spaß verdorben!

### Brief 3

*Mein liebster Mann,*

*ich vertraue Dir, auch wenn Du mir jetzt den Rücken zudrehst. Es tut gut, über Lena zu schreiben, denn ich habe längst die Maske abgelegt. Aber ob Du mir verzeihst, weiß ich natürlich nicht.*

*Meine Jugend und meine Studienzeit habe ich mit Gedichten und Theater überlebt. Ich habe im Theater gelebt, gefiebert, leidenschaftlich geliebt und jeden Dämon überlistet. Fast jeden. Manchmal waren die Schatten zu groß, dann war es schlimm. Dann war ich grau, abgemagert, mit Hämatomen auf Armen und Beinen. Ich hätte gehen müssen. Ich hätte laufen müssen. Aber immer dann, wenn Lena nicht bei mir war, ging ich zurück in den Käfig und ließ mich einsperren. Ich hungerte nach Liebe, nach Berührung. Vor mir stand ein Mann, ebenso jung und aggressiv, ich spürte, dass er das Gleiche wollte wie ich, aber wir hatten keine Sprache, nur unsere Körper.*

*Über die lange Geschichte, die jetzt folgte, kann ich nicht schreiben. Lena war mir hier keine große Hilfe.*

*Vielleicht morgen mehr. Schlaf gut. Deine*

Als ich mutig war
Nahm ich den Schleier ab
Und erblindete

Als ich mich sehnte
Hatte ich verloren
Und zerzitterte

Als ich schrie vor Schmerz
Lockte ich meine Taubheit
Und verschloss
Die Hoffnung

## Die Feier 3

Es ist schon spät. Zu spät für eine Entschuldigung. Wenn sich alle Gäste um 19h am Büffet tummeln und die angegrabschten Löffel vom Risotto nur ungern vom Boden wieder aufheben, ist es zu spät für ein Klopfen! Wenn auch nur sachte, an der schweren Eichentür.

Trotzdem geht sie weiter, hin zu den Fenstern und lugt hinein, auf Zehenspitzen, denn sie ist nur 1,60 Meter groß, und die alten Fenster dieses Gründerzeithauses sind höher angesetzt als die kompakt formidablen des Hauses gegenüber.

Ach, entscheide ich mich doch für das andere Haus, denkt sie. Aber sie zögert.

Dann läuft sie über die Strasse, zwischen den Lindenbäumen hindurch auf die andere Seite. Sie findet zwei Ziegelsteine, sie liegen dort noch in einem Haufen von Bauschutt. Nimmt sie, rennt zurück über die Straße zwischen den Lindenbäumen hindurch.

Zurück. Zum alten Haus.

Und legt die roten Ziegelsteine übereinander vor eines dieser Gründerhausfenster. Jetzt kann sie hineinsehen. Ach, wie schön. Man lacht so aufgeputzt. Ist das nicht anstrengend, mit einem Hummer im Mund? Es ist laut. Zu laut für eine Unterhaltung. Wie auch, durch die Fenster? Sie muss klopfen, mit oder ohne Entschuldigung.

Aber dann fragen alle.

Warum tragen alle eine Maske, denkt sie. Das sind keine Masken, sagt Jemand hinter ihr. Sie hatte ihn nicht bemerkt. Seine starken Arme heben sie hoch und drücken ihr Gesicht an die Scheibe, die sofort beschlägt. Was soll das, flüstert sie. Schau richtig hin, sagt er, dann siehst Du sie, deine Gäste, alle haben sich schön gemacht, nur für Dich, und alle warten darauf, dass Du endlich kommst.

Aber.

Nichts aber.

Ihre Arme schmerzen, ihre Füße haben keinen Halt auf dem Boden. Ich will da nicht hinein, sagt sie mühsam. Doch, doch, ich trage Dich, sagt er.

Als sie strampelt, schlägt er ihr ins Gesicht. Siehst Du, grinst er, jetzt hast Du auch eine Maske, gleich, Du wirst schon sehen.

Schön, dieses weiche Rot. Schmeckt gut, sagt er und leckt das Blut auf ihren Wangen. Sie sind bereits an der schweren Eichentür, als er sie hinstellt wie eine Marionette und dann wie ein schlechter Hundetrainer pfeift. Einen Spalt breit öffnet sich die Tür und eine Horde wilder Hummerfresser in Sakkos stürmt auf sie zu.

Na endlich! Wodka und Gläserklirren. Sie spürt Splitterscherben im Gesicht. Du musst Dich hinknien, das gehört zum Spiel, sagt er. Und wenn ich nicht will, schreit sie. Dann bist Du eine Verräterin, knüppelt er und drückt sie auf den Boden. Sie blutet Rinnsale. Sie sieht diese Münder mit Fischen, Schweins-köpfen und halben Kälbern, die spucken und die sich an sie heran kriechen.

Sie schaut sich um.

In Panik.

Sieht einen dieser Risottolöffel, nimmt ihn und sticht zu. Der Löffel trifft ins Leere, die feine Gesellschaft aber schreckt zurück. Sie steht auf und geht zum Büffet, es gibt noch Messer, unscharfe und Gabeln, sehr scharfe. Sie greift alles wie ein Habicht und sticht zu. In Tischtücher, Arme, Stühle, tote Fische. Sie zittert vor Erschöpfung und lässt Gabeln und Messer aus ihren Händen fallen. Da schnaubt ein Hund. Der Nachtdienst. Was ist hier los, bellt der Se-curity-Schwarzmann.

Nichts, flüstert sie.

Sie sieht hoch und sieht in eine Maske, Hirsch mit Geweih.

## Brief 4

*Wage nicht mich zu unterbrechen, es ist schmerzhaft. Nimm mich nicht in Deine Arme, ich bin schmutzig, vom Giftregen, Giftwolken und dem vielen Geschrei....*

*Es gab diese Momente, in denen dieser verletzte junge Mann und ich wuss-ten, dass wir beide auf der Flucht waren, in denen wir uns aneinanderketteten schweigend und lachten ... daraus sind drei Kinder entstanden. Vertraut und lei-denschaftlich.*

*Aber wir haben keinen Weg gefunden uns anzuschauen. Nur unsere Kinder wurden überschüttet mit allem was wir hatten an Liebe, an Geborgenheit; je-der schüttete für sich, wir schafften es nicht gemeinsam.*

*Auf dem langen Weg begleitete mich wieder Lena. Mit ihr konnte ich schreiben, erst nur wieder Gedichte, dann Prosa, später Theaterstücke. Auf meine Premieren ist jener Mann nicht gekommen, selten; vielleicht wollte er nichts mit Lena zu tun haben. Aber es wäre der einzige Weg gewesen, mein Vertrauen zu bekommen.*

*Du hast mein Vertrauen. Aber ob Du es noch willst, weiß ich nicht. Ich werde Dir diese Briefe nicht zeigen. Du wirst sie finden.*

*Gute Nacht, Deine*

Abschied

Ich weiß NICHTS.
Bin leer.
Bis auf den STICH im Herzblut.

Ich weiß.
Ein Ende lebt nur im ANFANG
Von Nichts

## Brief 5

*Liebster,*

*eines Tages kam der Tod zu mir, in einem weiten langen Gewand, er zeigte mir nicht seine Augen, aber seine Hand lag auf meiner Schulter, ich hatte keine Angst, ich erschrak nur ob der Tatsache, dass ich ihn bereits kannte. Er über-raschte mich in meinem Schlafzimmer, setzte sich neben mich auf das Bett. Er lächelte, obgleich ich sein Gesicht nicht sehen konnte.*

*Am nächsten Tag habe ich meinen damaligen Mann verlassen, mit allen drei Kindern. Ich weiß, dass dieses Weggehen auch Gewalt war. Es gab nichts zu sa-gen. Nichts zu tun. Nur auszuhalten. Wortlose Schläge sind schlimmer als alles was vorher war. Für alle. Das war das erste Mal, dass Lena schwieg.*

*Aber ich machte mich auf den Weg. Und es war das erste Mal, dass das Forst-haus (und die frühe Kindheit) nebulös nur als Geschichte vorkam.*

*Später erinnerten meine Schwester und ich alle Wege vom Forsthaus zum Weiher, an den Gänsen vorbei, zum Schafstall, über die Lichtung, wieder zurück zum Forellenweiher, entlang der Bienenstöcke und der Brombeersträucher, die Hügel hinauf, hinterm Haus quer über die Kirschbaumwiese über die Küchen-hintertür ins Haus, links die Treppe hoch... mit zittrigen Lippen jetzt, auf dem knarzigen Holzkorridor fast segelnd, als wir stehen blieben ohne uns abzuspre-chen, direkt unter der Bodenklappe zum Dach, der Stock mit Haken hing an der Wand, wir bekamen ihn kaum in die Klappenöse, die Knien waren zu weich und wir standen wie Betrunkene. Als wir die Treppe an der Bodenklappe her-unterzogen, war das nicht so leicht, die Scharniere klemmten, aber wir waren nicht aufzuhalten und zogen und zerrten vehement wie waidwunde Raubkat-zen. Wir krabbelten auf allen Vieren diese Holzbehelfstreppe nach oben und weinten und sangen gleichzeitig, immer lauter und schriller. Wir tanzten wie Derwische und krallten uns aneinander und schrieen und summten ein mono-tones Wiegenlied.*

*Hier war nichts mehr außer verstaubten Holzstuhlteilen, Armlehnen, Sitz-schalen, einzelnen Holzbeinen. Hier atmeten wir unsere Bilder ein. Jetzt war nichts mehr außer verstaubten Holzstuhlteilen. Atmeten wir Bilder. Außer Holz-stuhlteilen. Wir. Außer. Bilder.*

## Die Feier 4

Es hat sich nichts verändert.

Denkt Lena und gießt den Champagner sehr langsam über die groben ver-schmutzten Lederschuhe ihres sich betrinkenden Nachbarn. Noch bevor ein flinker Kellner herbeieilen kann, ist Lena an der schweren Eichentür, schaut sich kurz um, schöne Geburtstagsgesellschaft, warum haben alle einen Hum-mer im Mund und schnauben so aufdringlich? Ich verstehe sie nicht, flüstert Lena. Noch ein flinker Kellner, der ihren Mantel bringt, mit einem Kalbskopf unterm Arm. Jetzt erst sieht Lena das Messer zwischen den Zähnen des wuch-tigen Mannes und muss lachen. Was, wenn das hier eine Filmkulisse wäre und das Tor gleich zufiele, denkt sie und greift nach dem Türknopf, nur raus hier.

Es gibt hier keine funktionierende Tür, zischt der Kellner, aber wir könnten erst mal speisen, meint er. Lena windet sich um Kalbskopf und fettige Haare und schaut Hilfe suchend in die leeren Augen von Großvater Förster. Jemand stimmt ein Lied an. Lenas Gäste sitzen jetzt alle auf dem Boden, ihre angebissenen Fischköpfe auf dem Schoss und versuchen sich im Chorsingen.

Was, wenn ich die anderen Türen suchte und eine wäre nur angelehnt. Lena stolpert über Schuhe, Beine, Bäuche und wedelnde Arme. Zum Schein stimmt sie mit ein in das Lied. Ist es wirklich ein Lied? Sie nimmt die Flasche und sofort strecken sich Hände mit Gläsern Lena entgegen. Sie gießt jedes Glas halbvoll und stellt die Flasche auf die Theke. Es ist Zeit, flüstert sie. Ja, sagt Jemand neben ihr. Lena will sich umdrehen, aber sie wird nach vorne gedrückt, sanft, aber energisch. Die zweite Tür ist angelehnt. Was, wenn ich einfach hier durchginge und einen Kaffee im Bistro gegenüber trinken würde? Lena lächelt in sich hinein, dreht sich um und meint nur für einen Augenblick jemanden erkannt zu haben. Herzlichen Glückwunsch zum Geburtstag! lallt der Kellner.

Lena schiebt die Tür auf, atmet frische kalte Winterluft und rutscht auf etwas aus. Es ist eine zerfetzte Taube, gerade vom Auto überrollt. Lena steht auf, und legt den toten Körper in eine kleine grüne Insel, deckt ihn zu mit ihrem Schal. Die Tränen tun gut. Jetzt ohne Schal, ohne Mantel geht Lena über die Strasse ins Bistro. Großer Kaffee, wenig Milch.

Es hat sich nichts verändert.

Aber die Sonne ist wärmer.


### Rosa ist tot

Rosa stand immer vor den Vögeln auf
und sang liebeshungrige Libretti
für wen wusste keiner

dann
eines Morgens
stand Rosa nicht mehr auf
und die Vögel schnäbelten Schnulzen
vor Rosas Fenster

bis
eines Abends
Rosa eine Tuba holte
und so laut blies
dass Vögel von Bäumen fielen

Noch vor Sonnenaufgang
eines Morgens
legte Rosa die Tuba behutsam hin
kaufte sich rote Pumps
und kam nicht wieder

**Brief 6**

*Es gab keinen bestimmten Moment. Aber es gab die Musik von Bach, Schu-*
*mann. Es gab die Cello Concerti, die mich retteten, in dem Sinne, dass ich auf-*
*hörte zu laufen, stehen blieb und zuhörte. Wie wundervoll. Es gab nur noch die-*
*ses Gefühl von Augenblick und Hingabe.*

*Dasselbe Gefühl gebe ich Dir. Habe ich mit Dir. Lena begleitet mich, aber*
*nicht mehr als Schutz, sie ist jetzt eine Spielfigur.*
*Ich brauche ein wenig Zeit.*
*Ich freue mich auf Dich.*
*Deine*

Wie gut
Es wird doch Tag
Und die Stirn heben
Mit Deiner Wärme um mein Herz
Weil
Sonnenglut
Den Schatten nimmt
Als wäre nichts
Außer Lächeln je gewesen

## Zweiter Teil

### Rituale sind Zeremonien.

Wenn in der Nacht vor Ostersonntag die Kinder des katholischen Dorfes in die Wälder ausschweiften, um trockenes Holz zu sammeln und dieses auf einen von den Bauernältesten ausgesuchten Platz zu stapeln, schien nichts Anderes mehr von Bedeutung; es wurde nicht laut geredet, geschweige denn gestritten, vielleicht hier und da eine lustige Bemerkung gemacht. Aufgeregt und angespannt, in Vorfreude mit glänzenden Augen suchten und fanden die Kinder Äste, manchmal viel zu schwere, die sie kaum hinter sich herziehen konnten und alte von der Witterung zerfallene Lattenzäune, Mistgabelstangen, morsche Treppenteile und auch die Schaukel vom Bauer Benecke, von der letztens die vierjährige Maria gefallen war. Der lose Holzstapel wurde von den Jungbauern begutachtet und immer wieder neu sortiert. Dann fiel er ineinander und wieder wurde neu gelegt, geordnet, getürmt und endlich angezündet, mit Fackeln an vier Stellen gleichzeitig. Kleine feuchte Kinderhände hielten sich fest. Die Flammen loderten höher als die Hausdächer. Leuchtende tränennasse Augen starrten in das knisternde manchmal zischende und zieselnde Holz; und dann senkten sich die Köpfe und alle standen ehrfürchtig und erwartungsvoll um das gleißende Lichtspektakel. Jetzt erzählten sie sich Geschichten, die Kinder, die Jungbauern und die Ältesten, eine irrwitziger als die andere. Immer wurden Dämonen besiegt, Bösewichte verbannt und Hexen an den Haaren gezogen. Und die Kreuzigung Jesu erzählten sich die frommen Alten, mehrmals, in Variationen. Gelacht wurde nicht, höchstens geschmunzelt. Gegen die Kälte tranken die Jungbauern und Ältesten selbst gebrannten Schnaps; gegen Mitternacht durften auch die Kinder mitnippen, was dazu führte, dass einige sich auf dem Weg in die Betten übergeben mussten oder gleich neben dem Feuer einschliefen.

Die Jungbauern und Ältesten hatten ihren Brandmeister und ihren Schnapsbrauer; die Kinder kürten den besten Geschichtenerzähler. Er oder sie wurde ein Jahr lang geehrt, umgarnt, heimlich verehrt, bis zum nächsten Osterfeuer.

### Rituale sind Theater.

Theater ist Erinnerung. Ebenso gebannt wie damals am Osterfeuer, aber noch ehrfürchtiger stand ich an der Bühne eines Hinterhoftheaters in den 1980er Jahren in Nürnberg. Wir waren ein kleiner Trupp Theaterwissenschaftsstudenten, neugierig, voller Passion, misstrauisch und sehnsüchtig nach sinnlichen Erlebnissen. Wir sahen Aufführungen von Tadeusz Kantor, z.B. »Heute ist mein Geburtstag«. Ich stand an der Rampe und verstand alles und gar nichts. Paralysiert von der ungeheuren Dynamik musste ich jeden Gastspielabend wiederkommen. Da ich das Geld für die teuren Karten nicht hatte, habe ich mich durch einen Seiteneingang hereingeschlichen. Mit schlechtem Gewissen und glühenden Augen traute ich mich nach der Vorstellung hinter die Bühne und erzählte den Schauspielern, dass ich nicht bezahlt hätte und nun meine Schulden abarbeiten wollte. Tadeusz Kantor bot mir eine Assistenz in Krakau an, zu der ich (leider) niemals gefahren bin.

Damals konnte ich kein Wort Polnisch, verstand aber trotzdem jedes Szenenbild. Tadeusz Kantor mit seiner Theatertruppe Cricot2 aus Krakau erzählte die europäische Geschichte des 20. Jahrhunderts mit nur wenigen Gegenständen auf der Bühne und einem Ensemble aus Laien und Profis jeden Alters, dazu menschengroße Puppen, von denen einige in der »Tote(n) Klasse« lebendiger wirken konnten als die Darsteller. Diese hohe Kunst der Reduzierung und Zurücknahme bis zum scheinbaren Stillstand setzte beim Zuschauer eine Fantasiereise in Gang, die sich Sekunden später in einem Schwall von Schrei, Schwung, Wurf, Tanz auch auf der Bühne befreite. Stilisierte Bewegungen. Aus einem Schritt wurde ein Schreiten, wurde ein Marschieren, wurde ein Laufen, wurde ein Weglaufen, wurde ein Fallen, ein Wiederaufstehen, ein Schritt und noch ein Schritt und weiter. Später tanzte eine Puppe mit einem Soldaten, Maschinen wurden geboren, die Menschenleiber verschlingen. Und das alles mit einem Walzer, der in seiner hinterhältigen Gemütlichkeit die Grausamkeit des Tötens in einer Endlosschleife entlarvt.

Peter Brook sagte einmal in einem Interview, dass für ihn Tadeusz Kantor der erste Europäer sei. Eine wundersame Bühnensprache zeigte uns hier Kantor, eine Sprache, die scheinbar jeder verstand, ohne dass der Zuschauer Polnisch lernen oder sich über die Kunstform informieren musste. Kantor ließ die Darsteller so lange ihre Körper bewegen, ihre Mimik einsetzen, bis für ein gewünschtes auszudrückendes Gefühl, eine Empfindung, eine Verletzung eine Art Skulptur gefunden wurde. Es galt also das Wesentliche eines Gefühls, eines Schmerzes zu erfassen und dafür den körperlichen Ausdruck zu finden. Und diesen zu wiederholen. Tadeusz Kantor, ein polnischer Theaterkünstler, ein Philosoph, der zunächst als Bildhauer Skulpturen gestaltete und erst in den 1970er Jahren szenisch zu arbeiten begann.

Kantor lehrte mich die Bedeutung der Illusion und der Wiederholung. Beides ist notwendig, um den (geeigneten) Augenblick einzufangen, authentisch den wahren – wenn auch nur subjektiven – Abgrund einer Empfindung oder einer Erfahrung, manchmal einer Idee zu finden. Vorher kannte ich nur Chronos, Sohn des Zeus und Gott für die messbare Zeit; mit Kantor begann ich Kairos, ebenfalls Sohn des Zeus und Gott für den geeigneten Augenblick, für eine nicht zu berechnende individuelle Zeit, zu schätzen.

Da der gelebte und empfundene Augenblick nicht konservierbar ist und jede weitere gelebte Minute bereits eine andere Perspektive desselben Geschehens impliziert, muss das Geschehen – die Szene – künstlich wiederholt werden, stilisiert, gleich einer sich drehenden Schraube, mit immer kürzer werdenden Zeiteinheiten, bis aus der grotesken Handlung die Essenz herausblitzt, gequält, gepresst, aber erkennbar.

So hat auch Mnemosyne, in der Antike Göttin der Erinnerung und des Gedächtnisses, eine Art Schwester: Lesmosyne, Göttin der Vergessenheit und der Unachtsamkeit. Bei Hesiod heisst es in der Theogonie, dass Mnemosyne auch Mutter der 9 Musen sei, die man anrufen könne, um Leiden und AlltagsSorgen zu vergessen. Mnemosyne wird auch als Göttin der Besonnenheit, des Verinnerlichens, des In Sich Seins erkannt. Und dann macht die Vergessenheit Sinn. Wir sollen uns vom Quälenden befreien, sollen die uns belastenden nebensächlichen Gedanken »vergessen«, um das Wesentliche zu erkennen, die Idee zu verstehen. Nichts Anderes macht Kantor mit seinem Konzept der Illusion und der Wiederholung.

Es gab das Ritual »Theater am Abend«, über fünf Jahre lang, regelmäßig. Wenn wir nicht zu einem Tabori-Abend nach München fuhren oder Zadek hinterher reisten, der bis in die 90er Jahre als Regisseur-Rebell verehrt wurde, oder über Inszenierungen von Luc Bondy stritten, erzählten wir uns Geschichten.

### Rituale sind Gebete.

Meine Dissertation über Tadeusz Kantor musste liegen bleiben. Ich bekam drei Kinder und wurde Teil einer Großfamilie. Die Fantasie reicht nicht aus, um sich das Gefühlskarussell vorzustellen. Es war immer noch intensiver, überraschender als ich es erzählen konnte. Mit den Kindern fing ich an, die Physis des Menschen zu sezieren und war überzeugt davon, endlich meiner wahren Bestimmung folgen zu müssen, Medizin zu studieren.

Ein sehr weiser kanadischer Künstler (First Nations) und ein Buchladen auf der Insel Manitoulin Island in Ontario, Kanada, retteten mich vor einer voreiligen Entscheidung. Schreiben und Theater sind auch Heilkünste. Beruhigt fand ich fortan zu einem neuen Ritual. Jeden Morgen um 5 Uhr flüchtete ich vor den Nachtgespenstern und schrieb in die Morgendämmerung herein, bis zum Frühstück, bis die Kinder im Schlafanzug an mir hoch krabbelten.

Circa 20 Theaterstücke, mehrere Gedichtbände, Kurzgeschichten und Essays sind in dieser Zeit entstanden. Fast alle hatten mit der Geschichte meiner Familie, den Kriegsheimkehrern des 2. Weltkrieges, jüdischen Wurzeln, den Verschollenen und der Identitätssuche zwischen osteuropäischer Kultur, jüdischer Religion, katholischer Dorfhierarchie und zerrissenen Seelen zu tun. Meine Stücke waren (und sind) keine well-made plays, wie sie in den beginnenden Finanzkrisen in Europa verlangt wurden. Und werden. Der Zuschauer wollte und will keine verstörenden Bilder (mehr). Auch die Theatergeister machten ihren Buckel und passten sich in einem vorauseilenden Gehorsam an. In der allgemeinen Globalisierungs-Hysterie wurde alles transparentisiert, die Shakespeare-Tragödien in komprimierten Stückfetzen gespielt. Eine verlogene Effizienz-Wirkungsstätte mit Masken.

Anfang des Jahres 2000 kam ich in eine Erschöpfungskrise, die mit einer Angstneurose ihren Höhepunkt fand. Ich schrieb nicht mehr morgens um Fünf, sondern lief mit einer Tasse Tee in den Park in der festen Überzeugung, so mein Herz beruhigen zu können. Es war mein neues Ritual.

Als ich mich beruhigt hatte, begann ich Psychologie zu studieren. Wenn meine eigenen Kinder im Sport- oder Musikunterricht waren, gab ich Theaterkurse für Kinder, besonders für die missbrauchten Familienopfer. Ich sah, dass Kinder, die kein Wort über ihren Missbrauch finden konnten (was ich nur zu sehr verstand), zu malen begannen oder sich eine Maske oder eine Puppe nahmen und so lernten sich zu befreien.

Fortan stellte ich die These auf, dass Kinder mit genügend Freiraum für künstlerischen Ausdruck auch weniger Neurosen hätten. Alle Experten, die ich ansprach, nickten nur, aber die Kliniken hatten kein Geld für Gestalt- und Kunsttherapeuten. Mein Blick für den Ausdruck der Seele wurde schärfer, aufmerksamer.

### Rituale sind Fenster.

Die Hirnforschung feierte international Triumphe und ich lauschte Gerald Hüther in Fortbildungen, studierte Eric Kandel, setzte mich mit Wolf Singer und Determinismus auseinander, diskutierte mit Rechtsgelehrten über eine mögliche Veränderung mancher Gesetze aufgrund der Erkenntnisse der Hirnforschung. Inzwischen war ich längst an die Universität zurückgekehrt und war fest entschlossen, eine akademische Karriere zu starten. Zunächst an der Hochschule Augsburg mit Seminaren in Kommunikationspsychologie; die TU in München, die Universität Bayreuth und schließlich die Hochschule München folgten. Meine Lehrfächer erweiterten sich mit Literatur und Theater einerseits, andererseits mit psychologischer Entscheidungstheorie für angehende Manager. Alles, was ich fortan schrieb und lehrte, hatte mit Neurobiologie, Psychologie, Kunst und deren Zusammenhängen zu tun. Heute halte ich zudem Vorträge an der Universität Hamburg zur Mündigkeit im Zeitalter der Komplexität.

Von einer Forderung werde ich nicht abweichen: jedes Kind sollte ein Instrument zur Einschulung bekommen, was ich für eine sinnvolle Umsetzung der Steuergelder halte. Nicht nur, dass Musik Türen der Seelen öffnen kann, sondern dass sie auch die Kreativität des Gehirnnetzwerks fördert, wie der Neurobiologe Oliver Sacks in seinen Büchern, etwa *Der einarmige Pianist*, eindrucksvoll beschreibt.

### Rituale des Wanderns.

Das Bild des Koffers ist ein Symbol für mein jetziges Leben geworden. Ich reise und schreibe im Zug. Meine Vorträge kreisen um den *Homo Sacer* und warum wir immer noch lieber in einer *Arena* leben als einer *Agora*. Kant würde verzweifeln, sähe er die Unmündigen, wie sie gierig als moderne Arbeitssklaven Geld scheffeln, das immer noch nichts weiter ist als gedrucktes Papier.

Wir sind unfreier denn je zuvor. Wir haben modernste Technologien und Kommunikationsmittel, übersehen aber Genozide in Afrika. Europa vergiftet (sich) erneut. Indem es vergessen lässt. Vorbeischaut. Wegschaut. Türen zunagelt. Vorbeisegelt. Verdursten lässt.

Meine Texte werden Wanderliteratur sein. Auf der Flucht vor der Bequemlich-
keit. Auf der Flucht vor einem neu aufflammenden Antisemitismus. Meine
Forschung wird sich mit der Liebe und dem Tod beschäftigen. Mit der gleichen
Leidenschaft und dem gleichen Respekt, wie Tadeusz Kantor ein Theater des
Todes und der Liebe erschaffen hat.

Ruth Gschwendtner-Wölfle

# solo mit pinsel

## frühes lernen

Sage es mir, und ich vergesse es;
zeige es mir, und ich erinnere mich;
lass es mich tun, und ich behalte es.
*Konfuzius*

klassenbeste – das waren immer die anderen. sie klemmten sich hinter ihre bücher, paukten vokabeln und ernteten stolz ihre einser. meine bestleistungen beschränkten sich (zumindest in der schule) auf turnen, singen, zeichnen; aber das war ja keine kunst. was mich viel mehr lockte, das waren die freunde und der wald mit seinen lehmgruben, schachtelhalmwiesen und kleinen flüssen, aus denen die buben weißfische fingen, ihnen die fischblase entnahmen und ihrer auserwählten verehrten – eine begehrte trophäe unter uns mädchen. im wald, dem klosterwald von kaufbeuren, lernte ich die survival kits meines lebens, nämlich wendigkeit – trainiert durch ausgiebiges bäumeklettern, ein waches auge – geübt am erspähen von eichelhähern und himbeersammlerinnen, ein aufmerksames ohr – geschult an den mannigfaltigen geräuschen der tiere, des windes, der tritte schleichender »rothäute«, und einen erfinderischen geist – entwickelt an den vorgefundenen urstoffen, die sich verwenden und gestalten ließen. diese basisqualifikationen machten mich lebenstüchtig, lern- und aufnahmebereit für das, was folgte.

ich bin eine klosterschülerin. seit der volksschule wachse ich im schatten der heiligen und der mutter kirche auf. als neunjährige habe ich jeden mai einen kleinen altar auf meinem nachtkästchen mit kerzen in silbernen ständern, beobachte gewissenhaft den plan der ministranten in der stadtpfarrkirche sankt martin und scheue mich nicht, die frühesten aller frühmessen zu besuchen, um den jeweils angebeteten unter ihnen zumindest von hinten verehren zu dürfen. ich trage zusammen mit meiner freundin unserem geliebten stadtpfarrer hilfsdienste an, die leider nicht benötigt werden, und, stets um ein gottgefälliges leben bemüht, erinnere ich mich an bußübungen auf dem heimweg von der schule: wir legen uns spitze steinchen in die schuhe, meine freundin und ich, und beißen die zähne zusammen, um die befürchtete sündenschuld loszuwerden – mit zehn! meine mutter klagt erfolglos über löchrige socken, was ich mit unschuldsmiene quittiere... die klosterschule hinterlässt lebenslange spuren.

der erste ausbruch aus dem engen kleinstadtkorsett ist die wahl der studienrichtung: verheißungsvoll der ort: die akademie der bildenden künste! eine aura von lebenslust, freiheit und verruchtheit schwebt über dieser institution.

1969 allerdings bedeutet studieren-wollen in münchen fehlanzeige, zumindest an der akademie. statt pinsel und stafflei werden sit-ins und teach-ins zur politischen bildung verordnet, ein wust an angesagten fremdworten ist unverzüglich zu lernen, die ersten studienanläufe beschränken sich auf das krisenlos angebotene aktzeichnen, auch kunstgeschichte, bildanalyse und die arbeit in werkstätten werden ohne störung durchgeführt. aber einfach nur malen ohne theorie – das gibt's nicht.

die sexuelle revolution der 68er und 70er jahre geht an mir als noch latent katholischer kunststudentin in der metropole spurlos vorüber, halbherzige versuche ausgenommen. die liebe ist für mich nach wie vor eine ernste sache. das landei im dirndl, die haare zu rattenschwänzen gebunden, muss in dieser artifiziellen umgebung eine sonderbare erscheinung abgegeben haben für all die langmähnigen superpolitischen kunst-aktivisten. trotzdem kommt die liebe. nach einigem geplänkel steht er fest, der mann fürs leben, und die »bürgerliche« institution der ehe zeichnet sich für die hoffnungsvolle studentin ab: befreiung aus der klosterhaut, künstlerleben, schwur zur kompromisslosen copia cooperativa. auch er ist künstler, liebt philosophie, lautes lachen, verrückte blitzreisen nach italien, gute restaurants, wo wir die letzten pfennige auf den kopf hauen und pläne, pläne, pläne. wir treffen uns in der logikvorlesung von prof. konrad, gehen danach zum hahnhof in der leopoldstraße, wo brot und senf umsonst sind, und reden die halbe nacht. einmal versäumt er die letzte tram. sein fußweg nach hause dauert bis ins morgengrauen. der hochzeitstermin, salopp am telefon übermittelt, überrumpelt unsere eltern. sie sind geschockt. so sollte es sein in dieser zeit. mein vater will sich im vorfeld mit den neuen schwiegereltern treffen und fährt unangemeldet nach reichenhall. leider trifft er nur die aus den fenstern hängenden betten meiner zukünftigen schwiegermutter an; sonst, außer einer versperrten haustür, keine menschenseele. er besteigt leicht verstimmt den zug zurück ins allgäu.

### »hoffnungsvolles glück«

> Das Glück ist verschwenderisch, aber unbeständig.
> *Demokrit*

unsere studentenehe verläuft leidenschaftlich, teils in der akademie, teils in der universität, teils bei freunden, aber am liebsten im bett. wir lesen uns nächtelang gegenseitig aus büchern vor, machen ausflüge, besuchen freunde, ausstellungen, besondere orte. wir bereiten uns gemeinsam auf prüfungen vor und bestehen sie. wir entwerfen weltbilder und verwerfen sie wieder. wir leben in luftschlössern und genießen die täglich neuen aussichten.

unser budget beträgt 5 mark pro tag, das sind 2,50 euro heute. wir kochen selbst, weil es immer noch billiger ist als in der mensa. unser galaessen sind krautkrapfen. man braucht nur mehl, salz und wasser für den teig, eine dose sauerkraut für die füllung und öl zum braten. alles zusammen kostet ca. 50

cent. so können wir sogar noch gäste mit durchfüttern, die immer überra-
schend zur mittagszeit auftauchen. ich erinnere mich an einen samstag: ich
will einkaufen gehen, habe aber das tagesbudget von fünf mark nur in fünf-
pfennig- und pfennigstücken. da im ds (deutscher supermarkt) auf der leo-
poldstrasse besonders samstags immer viel los ist, möchte ich die pfennige
bei der nachbarin in ordentliches geld wechseln lassen. sie schenkt mir kurzerhand die ganze summe von fünf mark. ich bin beeindruckt! einmal steht
ein bettler an der tür. ich habe eine dose tomatenfisch im kühlschrank, die ich
anbieten kann. kurz darauf gehen wir in die akademie. der mann sitzt auf der
treppe – er verspeist unseren fisch!

die studienabschlüsse machen wir nacheinander, damit wir jeweils den anderen auf seiner versetzungstour durch die bayerischen referendarschulen be-
gleiten können. meine warteschleife ist ausgefüllt von die geburt unseres ersten sohnes. dann folgt mein eigenes referandariat in kempten. mein mann
hat seine angebotene staatsstelle in amorbach – fünf autostunden entfernt
– abgesagt, was uns noch große schwierigkeiten bereiten wird. obwohl die begründung, als junger vater das neugeborene kind hüten zu wollen, pädagogisch und verantwortungsvoll ist, trägt uns das bayerische kultusministerium
diese absage nach und blockiert nach dem abschluss sämtliche stellen, auch
an privatschulen. ein zufall ermöglicht es uns in letzter sekunde, gemeinsam
eine stelle – jobsharing avant la lettre – in dillingen anzutreten, wo es beherzte
nonnen gibt, die sich von niemandem vorschreiben lassen, wer als lehrperson
genehm ist. dillingen, ein verschlafenes kleinstädtchen an der donau, nahe
dem kernkraftwerk gundremmingen, hat nicht gerade auf uns gewartet. hier
werden die rasenkanten mit der nagelschere geschnitten und jeder samstag
steht im zeichen des »strauß keahra« – des straße kehrens. nur schwer finden wir mit unserem abenteuerlichen hausrat eine bleibe. als unverbesser-
liche selbermacher haben wir nämlich »nur« einen haufen holz, das wir, je
nach behausung, immer wieder absägen und umdesignen. für den laien sieht
das nicht wie mobiliar aus, sondern eher wie brennholz. so werden wir nach
dem ersten geglückten hausbesitzergespräch unverzüglich wieder an die luft
gesetzt, sobald er unserer wurmstichigen werkbank ansichtig wird, die wir als
basis unseres vorhabens in der garage aufstellen.

die schule beginnt, und wir wohnen mit unserem knapp 2-jährigen sohn
immer noch im vw-bus. endlich haben wir wieder ein haus ausgespäht und
die mietverhandlungen scheinen erfolgreich. da – nach dem antransport unserer ersten karton- und regalladung (holzbretter) – haben wir dasselbe mal-
heur: man will uns sofort wieder loswerden. wir bieten drei monatsmieten
kaution, versichern, den rasen pünktlich zu mähen, erfinden die bestellung eines sündhaft teuren schweizer vorhangsystems, und – glück muss der mensch
haben – sie geben nach.

das unterrichten macht spaß, unser zweiter sohn kündigt sich an, das jobsharing verhilft der schule dazu, dass nie eine unterrichtsstunde ausfällt, da
immer der eine für den anderen einspringt. nach einem jahr ohne vorhänge

hat der vermieter die nase voll und kündigt. also wohin...? mit viel überredungskunst erreichen wir, dass im schlossgarten der stadt das barocke gärtnerhaus, eine halb ausgebrannte gebäulichkeit in diesem entzückenden park, renoviert wird – und zwar auf kosten der regierung und für uns! nun residieren wir mitten in der stadt, in fußgängerentfernung zur schule, mit obstgarten am südhang, einer radierwerkstätte im turm, einem atelier im oberen pavillon mit viel licht, einer großen keramikwerkstatt mit fotolabor im erdgeschoss des schlosses. meterdicke mauern beherbergen unsere produktionen. wir können uns nach allen richtungen ausbreiten.

## freie kunstflieger

> Phantasie ist wichtiger als Wissen;
> denn Wissen ist begrenzt.
> *Albert Einstein*

nach vier jahren der entschluss, »endlich nur« für die kunst zu leben, »wenn nicht jetzt, wann dann«? also kündigen wir unsere lehrerstelle, die, für uns zwei gesplittet, eigentlich ideal zu sein scheint. ab jetzt heißt es: kunst im freiflug – das erste kind gerade sieben, das zweite drei jahre alt – unsere eltern halten die luft an. als eingefleischte 68er wird die peinliche frage des geldes immer großzügig umschifft, obwohl wir keine galerie, keine finanziellen rücklagen und keine ahnung von geschäften haben. schon am ersten schultag unseres ältesten reicht das geld nicht für die schulsachen. ich kaufe die hälfte bücher und hefte, die auf der liste stehen, der rest muss warten. dann ein überraschender käufer in unserer keramikwerkstatt – ich laufe schnell zum schreibwarenladen und besorge den rest. so beginnt unsere künstlerische laufbahn ... und es soll mehr oder weniger so bleiben.

trotzdem: wir geniessen die neue freiheit. es folgen gemeinsame projekte, performances in meran und bozen mit künstlerfreunden um matthias schönweger und jacob de chirico, konzepte für raum- und landschaftsinstallationen, gemeinsam gemalte bilder. wir bekommen auszeichnungen, werden zur documenta des friedens von rene block eingeladen. mit all den verbindungen und freundschaften, die sich ergeben – zum beispiel mit liba und georg jappe, lili fischer, fria elfen, gerhard rühm, heinz gappmair – gelingt es uns nicht, auch nur annähernd unseren lebensunterhalt zu verdienen. stattdessen wiederholt sich stets dasselbe: wenig geld, viele ideen, dennoch immer ein klappriges auto und gerade genug benzin für schnelle trips nach italien, um ausstellungen zu machen oder anzusehen.

der feste wille, alles gemeinsam zu machen, kinder, schule, haushalt – diese unzertrennlichkeit – hat viel beglückendes, aber ebenso viele schattenseiten. egal, noch werden sie verdrängt, einfach nicht zur kenntnis genommen: »wir schaffen es – gemeinsam sind wir stark – gegen den strom landläufiger meinungen zu schwimmen; immer zu zweit«.

obwohl diese idee einer absoluten fusion bis zur gemeinsamen signatur führt (gert/ruth g.) und obwohl wir eine art gemeinsamer maltechnik entwickeln, das »rede-und-antwort-malen«, bei dem jeweils einer beginnt, dann der oder die andere seine sichtweise dazu gibt und darauf wieder die eine, und so weiter, bis die bildkomposition »malerisch ausdiskutiert« ist, und obwohl wir ein tryptichon malen mit einem flügel für jeden und dem mittleren herzstück für beide, beschränkt sich mein beitrag zur künstlerischen arbeit doch mehr und mehr auf das äußern von ideen. sie schlagen sich zwar in den projekten nieder, aber immer weniger in einem unmittelbar künstlerisch-praktischen anteil. meine eigenen arbeiten werden kleiner und kleiner, meine schrift nicht höher als 3 mm, meine künstlerischen spuren ziehen sich zu einem diminutiv zusammen. ich verlege mich auf das erfinden von kindergeschichten, vollende mein erstes kinderbuch (*das rasenstück*), das ich in der akademie begonnen habe, und lasse es vom erbe meines inzwischen verstorbenen vaters drucken.

die essenz der akademie erweist sich als überlebensstrategie: »kunst entsteht im kopf, konzepte lassen sich überall ausdenken und entwickeln«. in der von den freien gruppierungen eher herablassend betrachteten kunsterzieherklasse hat professor thomas zacharias in uns die fähigkeit zum selbstbewusstsein »qualifizierter autodidakten« geweckt. er hat uns nicht zu ölmalern oder siebdruckern ausgebildet, sondern uns zu nichts weniger als zum sehen befähigt. sein credo für die umsetzung ist »die angemessenheit der mittel«. für eine idee soll immer eine realisierungsmethode in abhängigkeit zur gewünschten aussage gefunden werden. die vielfalt der wahlmöglichkeiten und die erlernte flexibilität führen einerseits zu einer oft schwer verortbaren künstler»marke«, für mich persönlich aber auch zu einer denkgewohnheit, und noch mehr, zu einem arbeits- und lebensprinzip: einen gedanken (eine botschaft) konsequent zu verfolgen, die ausdrucksmittel flexibel zu halten und die umsetzung den möglichkeiten und umständen anzupassen.

beeindruckt und inspiriert bin ich von den arbeiten eines josef beuys, wolfgang laib, jannis kounellis, arman. sie verstehen es, mit den trivialen dingen des täglichen lebens vielschichtige botschaften zu transportieren, gleichzeitig geschichten zu erzählen und dabei (kunst)geschichte zu »schreiben«.


## verwerfungen

> Der lebt nicht, dessen Haupt nicht im Himmel steht,
> auf dessen Brust nicht die Wolken ruhen,
> dem die Liebe nicht im Schoß wohnt
> und dessen Fuß nicht in der Erde wurzelt.
> *Clemens Brentano*

wir leben für den augenblick, wir genießen den moment, wir entwickeln eine philosophie des glücks. und trotzdem... mit der zeit schleichen sich in unsere ehe kleine eifersüchteleien in bezug auf verkäufe ein. wenn ich eines meiner ohnehin wenigen bilder verkaufe, bekomme ich zu hören, meine arbeiten sei-

en eben sehr populistisch, zu bürgerlich, angepasst, lieblich. die geringe wertschätzung meiner arbeit verunsichert mich zutiefst, da ich sie zu ernst nehme und ohnehin nicht mit großem selbstbewusstsein ausgestattet bin. unsere
anfänglich glückliche sorglosigkeit und naivität beginnt sich unmerklich zu
wandeln. auch tauchen immer wieder affinitäten meines mannes zu anderen
frauen auf, mit dem argument, ich sei vergleichsweise ungebildet. als mutter wünsche ich mir eine intakte familie, also ignoriere ich die intermezzi –
schliesslich brauchen unsere kinder mutter *und* vater. ich bleibe auf meinem
posten, egal, was passiert. zunehmend spüre ich eine gewisse unterordnung
meinerseits. ich versuche, jenem unversehens aufbrausenden jähzorn zu entgehen, der als vererbt entschuldigt wird und mich jedesmal bis ins mark trifft.
dabei fliegen die fetzen. bleistifte werden zerbissen, zeichnungen zerrissen...
und nach den entladungen immer wieder ein offenes haus, ein geselliger und
gesprächiger mann, nächtelange diskussionen (und monologe) über gott und
die welt, trost für »heimatvertriebene« schülerinnen, ratlose freundinnen, ver-
zweifelte ehefrauen. all das lässt keinen zweifel an einem prallen leben aufkommen. manchmal ist es zum platzen prall.

### die zweite stimme

> Im Wesen der Musik liegt es, Freude zu bereiten.
> *Aristoteles*

bei festen habe ich begonnen, mit einem freund zusammen altfranzösische
und italienische lieder zu singen. wir kommen gut an, und bald darauf erhal-
te ich ein überraschendes angebot. einer unserer freunde lädt mich ein, in
seiner aufstrebenden musikgruppe als sängerin mitzuwirken. in münchens
kleinkunstbühnen wimmelt es zu dieser zeit von frechen kabarettensembles,
die gegen gott und die welt ansingen, sich gegen atomkraft, zersiedelung der
dörfer, verschmutzung von wasser und luft, sowie die aufrüstung zur wehr
setzen. die programme sind witzig und immer mit entspannenden liebes- und
weltliedern durchsetzt. mein allererster auftritt ist 1982 in der kongresshalle
in augsburg: vor 1000 besuchern stehe ich zusammen mit den *mehlprimeln*
und dem kabarettisten dieter hildebrandt im scheinwerferlicht. es folgen große und kleine konzerte, rundfunk- und tv-auftritte, unter anderem zweimal in
hildebrandts »scheibenwischer« in berlin. aus einer dieser sendungen blendet
sich das bayerische fernsehen spektakulär aus – der text vom »verstrahlten
großvater« (nach der tschernobyl-katastrophe), von lisa fitz im knallengen le-
derzeug frech vorgetragen, ist den dortigen medienmachern zu heftig. aber
der schuss geht nach hinten los: die aufzeichnungen werden nonstop und
gratis im münchner arri-kino (in bester lage neben der kunstakademie) vorgeführt. es gibt zwei life-aufführungen in den ausverkauften kammerspielen,
mit standing ovations am schluss. eindrücklich ist auch unser gesanglicher
einsatz in wackersdorf, wo die kleinkünstler dieser zeit sich gegen das geplante

kernkraftwerk zur wehr setzen. im taxöldner forst besetzen auf der soeben ge-
rodeten lichtung – der ersten vorbereitenden baumaßnahme – aktivisten das
areal. es entsteht eine art alternativ-dorf mit baumhäusern, kiosken, waldca-
fes und einer bühne, wo ein nonstopp-programm läuft. ich erinnere mich an
einen auftritt, bei dem die polizei mit glasschilden und helmen einen cordon
um uns zu ziehen beginnt und näher rückt. wir singen unerschüttert weiter,
und es kommt glücklicherweise zu keinem zwischenfall, da alle zuhörer die
nerven behalten und auf ihren plätzen bleiben. es gibt eindrückliche aktio-
nen wie die friedenskette am 22. oktober 1983, bei der 400.000 menschen
ohne unterbrechung hand in hand zwischen stuttgart und neu-ulm eine kette bilden und so gegen nachrüstung und den nato-doppelbeschluss demonstrieren. die organisation verläuft unglaublich perfekt und die stimmung ist
so euphorisch, dass es mir noch heute die haare aufstellt, wenn ich an den
moment denke, als auf ein zeichen hin sich alle an der hand nehmen und die
kette schließen.

die gagen in der kleinkunst stellen sich als lebenserhaltend heraus, während das einkommen aus der sogenannten hohen kunst, gemessen an den
investitionen, anhaltend um null pendelt. unser beziehungs- und arbeitskon-
zept, alles gemeinsam zu tun, den galerien als »kapitalistischen unternehmen« abzuschwören und nicht »auf halde« zu produzieren, erweist sich immer mehr als existenzbedrohend. trotzdem wird diese maxime bis zum ende
hoch gehalten. überzeugungen wie: kunst sei keine handelsware, für sie gäbe
es kein äquivalent auf geldebene, sie sei idealistisch, sie müsse individuell konzipiert und erstellt werden, usw. mögen einen wahren kern haben; sie führen
aber dazu, dass nur wenig entsteht und über alles unendlich diskutiert werden muss. das luftige element meines mannes und mein erdiger lebenszu-
gang geraten immer mehr in opposition, obwohl sie sich ebenso gut hätten
ergänzen können. trotzdem kämpfen wir uns nach diesen grundsätzen fast 30
jahre gemeinsam und buchstäblich verbissen durch. das tägliche leben finan-
ziere ich mit singen. auf der kunstseite entwickeln wir als »niederschwellig«
angebotenes produkt eine eigene linie von bilderbogenbildern. es entstehen
insgesamt sieben dieser abwechselnd gestalteten poster-zeichnungen. dabei
knüpfen wir an die uns von prof. zacharias während des studiums so anschaulich vermittelte bilderbogentradition des ausgehenden 19. und beginnenden
20. jahrhunderts an. die idee ist, billig und auch für einen schülergeldbeutel
erschwinglich feinteilige zeichnungen im a2-format anzubieten, die mit texten kombiniert sind und so eine bild»lese«hilfe mitliefern. 1986 erfinden wir
eine art kunst-leasing, wodurch über mehrere jahre hinweg bilder in raten
von zehn dm monatlich erworben werden können. neben kleinen skizzen und
texten bleibt von der großen copia cooperativa wenig, was meine unterschrift
trägt. außer unsere kinder!

# tibetische mönche

...dass die anderen glücklich sein mögen
*Shantideva*

nach einem völligen scheitern unseres älteren sohnes an der volksschule in dillingen verlassen wir deutschland. wir aus der »jute-statt-plastik«-generation sind sicher keine einfachen eltern für einen buben, der im schwäbisch-bayrisch-ländlichen raum seinen lederschulranzen gegen die aufstrebende plastik-generation vertreten soll. sogar die lehrerin macht sich über unsere selbstgemalten heftumschläge vor der klasse lustig, und so endet die laufbahn unsere sohnes in einer weitgehenden schreibverweigerung. nichts kann ihn mit der schule versöhnen. wir nehmen zuflucht in einem buddhistischen kloster im österreichischen vorarlberg, prüfen die dortige schulsituation und unsere möglichkeiten und fassen den entschluss, aus bayern auszuwandern. nach dem umzug erstehen wir zuerst auf abenteuerliche weise einen mercedes und in der folge auch noch ein haus, komplett auf kredit, welchen ich dann zehn jahre lang mehr oder weniger geschickt umschulde, bis mir eine arbeitsstelle zufliegt und mir erlaubt, alles mit meinem eigenen gehalt zurückzuzahlen – mit 50 jahren erstmals finanziell sorgenfrei. doch der reihe nach.

auf meiner suche nach erklärungen über die welt stolpere ich eines tages im jahre 1982 in ein buddhistisches kloster. heute weiß ich, dass es in diesen dingen keinen zufall gibt. ich erwarte einen interessanten vortrag in diesem ehemaligen vorarlberger bauernhof. das wort »buddhismus« kenne ich nur von fern.

die tür öffnet sich, ich sehe einen rot gekleideten asiatischen herrn nach vorn kommen, die anwesenden machen niederwerfungen. ich bin verwundert. jetzt setzen sich alle. ich auch. der vortrag in tibetischer sprache beginnt. die freundlichkeit und bescheidenheit des vortragenden berühren mich. ich staune über die gründlichkeit der ausführungen, die ein gewandter übersetzer in ein sachliches deutsch überträgt. die liebevolle ausstrahlung dieses mönchs, seine anschaulichkeit, der witz, der humor und die leichtigkeit seines vortrags, vor allem sein lachen, sind mir im religiösen kontext noch nie so nahe begegnet. das sind keine erlernten oder angelesenen weisheiten. hier spricht ein mensch aus tiefster innerer erfahrung und auf der basis der liebe und weisheit seiner meister und aller meister der vergangenheit. die unscheinbare und gleichzeitig donnernde präsenz des kleinen und doch so grossen mannes wirft mich um. es ist kein funke, der überspringt, es ist das feuer eines hochofens! ich will mehr wissen.

der vortrag des meisters geshe thubten trinley aus kham in tibet hat nicht nur mein leben verändert; das leben der ganzen familie bekommt eine neue wendung. zur zeit dieser ersten begegnung mit dem tibetischen buddhismus, 1982, lebt die familie noch in dillingen. danach versäumen wir keinen einzigen der vorträge mehr über leben und tod, den stufenweg zur erleuchtung, die logik der grenzenlosen liebe, die möglichkeiten, sich mit einer welt auseinanderzusetzen, von der wir irrtümlich annehmen, sie sei so, wie wir sie wahrnehmen.

die katastrophale schulsituation unseres ältesten ist der äußere umstand für den kompletten umzug nach österreich. da das bayerische schulsystem legastenie nicht kennt (möglicherweise bis heute), wird auch nichts dagegen unternommen. alle schriftlichen prüfungen unseres buben sehen so aus: wenig geschriebenes von ihm (um korrekturen zu vermeiden), viel rotes vom lehrer, der das wenige auf ein nichts zusammenstreicht. logische folge: uns wird geraten, den buben doch von der vierten klasse grundschule gleich auf eine sonderschule zu schicken, die seien »heutzutage schon sehr gut«. unser hausstand in bayern wird also aufgelöst. es gibt eine hitzige versteigerung unter allen freunden mit anschließendem picknick und bewegendem abschied. was übrig bleibt, wird verschenkt, der rest kommt zur caritas und der allerletzte rest in den müll.

wir verlassen das barocke gartenhaus im nahezu ausschließlich privat genutzten schlossgarten mit boule-bahn und schachspiel, der sieben meter hohen, riesigen kunstwerkstatt im schloss selbst, dem atelier mit fenstern nach allen seiten im rundturm, der kapelle, in der unser jüngster getauft wurde, dem privaten obstgarten mit jeder menge pflaumen-, apfel- und birnbäumen auf der südseite des schlossberges und der radierdruckwerkstatt (die maschinen und werkzeuge stellen wir unter, das gartenwerkzeug lassen wir zurück). und wir verlassen viele freunde, die uns in schwierigen lebenslagen immer wieder geholfen haben.

unser umzugsgut ist äußerst schmal (um kosten zu sparen): jeder von uns hat einen holzkasten mit zwei fächern als transportelement für kleidung und »privates« – gleichzeitig als regal aufstellbar. für die dokumente wird ein »reisebüro« gezimmert, das aufgeklappt auch ein schreibtisch ist. matratzen mit bettzeug, fahrräder. unsere erste unterkunft ist im kloster das ein-zimmer-appartement meines bruders, der hier gelegentlich wohnt. der kleine hausstand vereinfacht das leben, so dass ungewohnt viel zeit bleibt für die kinder, für das lernen der tibetischen sprache, für das lesen philosophischer texte. unser sohn lebt in der neuen schule auf. neun jahre später wird er ohne probleme die matura absolvieren.

war unsere finanzielle situation seit unserer entscheidung, freischaffend zu arbeiten, schon nicht rosig, so wird es jetzt noch enger. nennenswert für den lebensunterhalt bleibt nahezu ausschließlich mein einkommen als singende kabarettistin. wir haben zwar laufende ausgaben, sind aber »no names« in einem »fremden land«, ohne soziales netzwerk und ohne aussichten auf aufträge. trotzdem schwärmt mein mann beständig von einem eigenen haus. er findet es unmöglich, in gemieteten räumen künstlerisch zu arbeiten. der erlös aus der versteigerung in dillingen hat uns 6000 mark eingebracht. diese barschaft ist bald durch das tägliche leben aufgebraucht. ich besitze noch 20.000 mark auf einem konto, die mir mein onkel geschenkt hat, für den fall, dass wir eines tages ein haus kaufen würden. aber obwohl ich mir

gegen die vernunft alle parzellen rund um das kloster ansehe und auf kauf-
barkeit prüfe – kein einziges grundstück scheint auf uns zu warten

da ruft mich der übersetzer des klosters an, ob ich nicht seinen mercedes
kaufen wollte. natürlich ist mir klar, dass dieser »einige nummern zu groß«
für uns ist, bin aber höflich und sage, wir überlegen es uns. beim nächsten
telefonat mit dem übersetzer sage ich: »also, wir haben uns das überlegt, wir
kaufen den mercedes...«, und bevor ich noch sagen kann: »nicht«, höre ich
am anderen ende: «gut, dann ist ja alles klar«. nun muss ich noch ergänzen,
dass mir die damalige umrechnung von schillingen in mark nicht sehr geläufig war. der preis des autos nach meinem kalkül ist 2000 mark, nun stellt sich
heraus, dass ich mich um eine null vertan habe, es sind 20.000. das verändert die lage. 2000 mark haben wir – auf dem girokonto – nicht. aber 20.000
mark haben wir, nämlich auf dem sparkonto. also sagen wir uns, wenn wir
schon kein haus finden, nehmen wir halt einen mercedes, und außerdem sind
in diesem wagen bereits all unsere außergewöhnlichen meister gefahren worden, ein großer segen.

der lässt nicht auf sich warten. kaum haben wir den mercedes bezahlt, steht
ein haus in der zeitung zum verkauf, ganz in klosternähe. nun haben wir ein
auto, aber sonst keinen hosenknopf mehr. wir schauen das haus an. die lage ist
ausgezeichnet, die inneneinteilung veränderbar, die atmosphäre etwas bizarr.
trotzdem – es ist die gelegenheit. wie immer vor wichtigen entscheidungen
fragen wir unseren buddhistischen meister um rat: sollen wir es versuchen?
die antwort: »very good, go ahead«. da ich für die finanzen zuständig bin, ist
der weg zur bank meine aufgabe. ich parke den weißen mercedes vor dem ort
unserer wünsche. auf die frage nach dem beruf meines mannes und mir sage
ich, wir seien künstler. auf die frage nach dem einkommen sage ich: »unter-
schiedlich, mal mehr, mal weniger«. der bänker schaut auf meinen merce-
des-schlüssel, seufzt und sagt mir einen kredit zu. ich bin sprachlos. hätte ich
gesagt, wir haben 20.000 mark, hätte er mich sicher nach hause geschickt.
der mercedes hat eine andere aura hinterlassen. so geschieht das unglaubli-
che: zusammen mit geld meiner eltern, unserer großmutter und einer freundin erwerben wir ohne regelmäßiges eigenes einkommen ein ganzes haus! die
rückzahlungen und neuverschuldungen halten sich über 15 jahre annähernd
die waage. erst nach unserer scheidung kann ich auf grund einer gut bezahlten stelle das immer noch in gleicher höhe verschuldete haus allein zurück-
zahlen. sieben jahre später erweitere ich es um einen schwimmteich und ein
geräumiges atelier.

so hat die entscheidung, alles zu verlassen und mit einem minimum einen
neuanfang zu wagen, um unserem buben eine chance zu geben, auf vielen
ebenen für alle familienmitglieder frucht getragen. alles, was ich zurückge-
lassen habe, ist mir um ein vielfaches wieder gegeben worden. das wichtigste
ist die nähe zu den mönchen, in deren hohler hand ich mich geborgen fühle
wie ein kleiner vogel, an deren seite ich aber auch stark und mutig bin, wenn
es darum geht, etwas für andere zu erkämpfen.

## back to school

Wenn wir alles, was uns begegnet,
als Möglichkeit zu innerem Wachstum erkennen,
gewinnen wir innere Stärke.
*Milarepa*

nach 13 jahren kabarett – unsere söhne sind inzwischen 17 und 13 jahre alt –
entschließe ich mich, die musik an den nagel zu hängen und mich nur der
familie und der kunst zu widmen. der jubel ist groß, denn immer wenn ich
außer haus bin, bleibt alles liegen, und tristesse macht sich breit. aber bald
nach diesem entschluss beginnt die völlige finanzielle talfahrt. alle potenziellen kunden suchen das weite, niemand will ein bild kaufen, wir haben außer ausgaben nichts zu verbuchen. aufgrund eindringlicher fragen eines guten freundes, wie es denn mit ausstellungen und verkäufen stehe, müssen
wir ehrlicherweise zugeben: nichts ist in sicht. da bittet er uns geradezu, uns
nach einer zusätzlichen arbeit umzusehen. mein mann lehnt dies für seine
person ab – es sei wie eine bankrotterklärung für sein bisheriges leben, wenn
er jetzt »klein bei gebe« und einen »ordentlichen brotberuf« suche. so ist es
an mir, mich auf die suche zu machen, um das familienschiff nicht zum kentern zu bringen. ich bewerbe mich als kunsterzieherin an sieben gymnasien
im vorarlberg und der nahen schweiz, ohne erfolg. doch wie durch ein wunder stellt sich die letzte anfrage – noch dazu im nahen feldkirch – als treffer
heraus. ich bin überglücklich und frage gar nicht nach dem verdienst... zum
glück! ich werde als junglehrerin eingestellt, ohne österreichische ausbildung
zur werklehrerin, und finde auf meiner ersten gehaltsüberweisung 14.000
schillinge, das sind heute 1000 euro. das hatte ich nicht erwartet. mein letztes gehalt in bayern waren immerhin 3000 mark, heute 1500 euro. aber das
unterrichten in feldkirch ist angenehm und erfreulich. ich beginne, mit meinen schülerinnen projekte zu gestalten – kunstaktionen in der stadt, die eine
fußgängerunterführung und einen spielplatzes mit weidenarchitektur, eine
große rauminstallation in der johanniterkirche in feldkirch. dazu etwas neues: europäische projekte! durch unsere chronische geldnot ist reisen für mich
zu einem fremdwort geworden, aber jetzt, im rahmen einer kooperation, werden die reisekosten von der eu übernommen. wenn man die arbeitsstunden
nicht rechnet, ist es ein fantastisches angebot: alles umsonst! in meinem kopf
beginnen die ideen zu sprudeln. die erste reise geht nach griechenland, eine
klasse mit 35 mädchen im schlepptau. wir arbeiten mit fotos zu kinderspie-
len in griechenland und in vorarlberg. weitere projekte führen mich nach portugal (»von wegen... caminhos« – ein zweisprachiges fotobilderbuch für kinder und erwachsene) und nach zypern in eine blindenschule (»ich sehe was,
was du nicht siehst«). das bis jetzt größte projekt, zur visuellen alphabetisierung, heißt »sehen ist lernbar«. diese idee verfolge ich, weil ich immer wieder feststelle, wie hilflos viele menschen vor werken zeitgenössischer kunst
stehen. ich stelle keinen funken selbstvertrauen in die eigene konnotations-

fähigkeit fest, wenn kein fachmann/keine fachfrau in sicht ist. verunsiche-
rung und ratlosigkeit, wohin das auge reicht. warum? mir scheint, bereits in
der schule wird immer noch die unselige lehre der begabung gepredigt. für
lesen- und sich-ausdrücken-können in bildsprache scheint eine begabung erwartet zu werden (am besten noch genetisch nachweisbar), hingegen scheint
man das lesen- und sich-ausdrücken-können in wortsprache für erlernbar zu
halten (was es natürlich auch ist). aber ist nicht beides trainierbar? jedoch, wer
würde auf die idee kommen, zuhause pinselführung und farben mischen zu
üben? warum ist man landläufig schnell bei der hand mit dem kunstbegriff,
sobald jemand pinselspuren hinterlässt? wer würde sein kind als poeten bezeichnen, wenn es eine schriftliche spur hinterlassen hat, etwa in form eines
aufsatzes? malende kinder hingegen werden sofort als «junge künstler« bezeichnet, doch nach welcher logik? eine visuelle »alphabetisierung« ist dringend nötig, da reize über den visuellen kanal blitzschnell erfolgen und hoch-
wirksam im gedächtnis bleiben. die verführbarkeit über das auge ist eine der
wirksamsten und kann, wenn überhaupt, nur durch sensibilisierung des be-
wusstseins relativiert werden. ich kann elf institutionen aus neun ländern für
das thema begeistern, und es kommt ein zweijähriges internationales projekt
zustande, das mit einem (für mich) sehr hohen budget ausgestattet ist. es wird
mit einem später preisgekrönten buch abgeschlossen.

## standhalten oder fliehen ...?

> Wer lachen kann, dort wo er hätte heulen können,
> bekommt wieder Lust zum Leben.
> *Werner Finck*

das buch *flüchten oder standhalten* von horst-eberhard richter habe ich mir
gekauft, als ich mit unserem ersten kind schwanger war. mehrmals wiederholt sich darauf hin dieselbe situation: mein mann würde mich gern in eine
»ménage à trois« einbeziehen, was überhaupt nicht nach meinem geschmack
ist, obwohl es sich meist um freundinnen handelt, die uns ihr vielfältiges leid
klagen und uns, genauer: ihm immer etwas näher zu stehen beginnen. in solchen zeiten wird das arbeitstempo noch schleppender. geringe verkäufe, mühsame organisation des täglichen lebens, eifersüchtiger vergleich, wer mehr
pressepräsenz hat, zunehmend depressive stimmungen meines mannes. ich
gerate in eine zwickmühle: wenn ich ihm zuarbeite, indem ich von meinen
eu-konferenzen in brüssel und anderswo kontakte mitbringe und ausstellungen vermittle, werden von seiner seite keine arbeiten geliefert, und die kontakte versiegen. wenn ich aber die arbeit meines mannes nicht unterstütze, setze ich mich dem vorwurf aus, interesselos und lieblos zu sein. beiderseitiger
rückzug, aggressionen durch ihn gegenüber der »kulturlosen« gesellschaft (die
keine kunst kauft), passivität und die suche nach trost und anerkennung an
weiblichen zufluchtsorten sind die folge. nach einer ganzen reihe derartiger

grenzerfahrungen, missglückten vereinbarungen und zunehmenden blocka-
den entschließen wir uns mit fast 30 jahren ehe im rücken zur scheidung. die
kinder sind selbständig, was den entschluss erleichtert.

## solo mit pinsel

Trennung macht sehend.
*Alma Mahler-Werfel*

nach unserer trennung erlebe ich einen nie gekannten höhenflug. europäische
kunst-kooperationsprojekte, finanzielle sorglosigkeit, müheloses manövrieren
der tagesgeschäfte, bescheidene erfolge – eine neue zeit bricht an. es ist, als
wäre das seil gekappt worden, an dem ich einen ozeandampfer im schlepptau
hatte, als vermöchte ich mit gleicher kraft nun hundertmeilenstiefel zu bewegen. entscheidungen können ad hoc getroffen werden. ich plane sie in stufen
und setze sie stück für stück in die tat um. nur um die kunst, meine kunst,
bei der ich irgendwann den faden verloren habe, mache ich jahrelang einen
bogen. *wie* soll ich wieder beginnen, meine eigene kunstsprache finden? *was*
soll ich aufgreifen aus unserem 30-jährigen gemeinsamen kunstschaffen? *wo*
soll ich meine arbeit präsentieren? – mein selbstwertgefühl wächst nur langsam. immer noch glaube ich, alleine nichts zu sein. auf einer der ersten aus-
stellungs-eröffnungen, die ich nach meiner scheidung allein besuche, werde
ich einfach ignoriert. der markant aussehende mann an meiner seite fehlt,
als einzelperson scheint es mich nicht zu geben. der schock sitzt tief, und für
lange zeit meide ich jede vernissage.

erst die einladung zu einer ausstellungsbeteiligung reißt mich aus meinem
»kunstschlaf«. ich sage sofort zu. dann die frage: was stelle ich aus? ich entschließe mich zu einer visuellen aufarbeitung meiner vergangenheit in form
eines archivs. ich beginne, schnitte durch das haus zu legen, durch schubladen, papierstösse, gedankenfragmente, abfall – durch die vergangenheit und
die gegenwart. ich lege objektkästen an mit materialproben, verpackt in luft-
kammerbeuteln, mit staub aus dem staubsauger, spielzeugfigürchen vom
dachboden, abgekochten rezepten aus den tagen gemeinsamer kochgelage,
abgebrannten christbaumkerzen…

meine »spuren der vergänglichkeit« ordne ich in zwölf thematische kästen
zu je 24 materialproben. diese erste arbeit wird später, zusammen mit texten
von franz hohler, als buch mehrfach ausgezeichnet (»die schönsten bücher
österreichs« 2011, »red dot award« 2011). *was liegen blieb* (titel des buches) ist
die basis meiner neuen arbeit. es sind die kleinen, unscheinbaren dinge, die
mich anziehen, die in komprimierter form geschichten des täglichen lebens
dokumentieren – anschaulich und unendlich vielschichtig. sie sind weit mehr
als nur das, was sie darstellen: ein stück papier, ein knopf oder eine klammer.
die objekte werden für mich zu metaphern komplexer handlungszusammen-
hänge und zum auslöser philosophischer überlegungen. sogar staub – aus

dem kontext des müllsacks entnommen – erhält einen tieferen sinn. das reale fundstück – abgelegt in einem cleanen luftbeutel – hat indiz-charakter und wird der uneingeschränkten aufmerksamkeit des betrachters zugänglich. in der umformung als fotografie (ausgedruckt auf leinwand) kann die unschärfe des objekts zum beispiel auf ein versinken im vergessen verweisen, auf die vergänglichkeit und auflösung aller phänomene (in farbpunkte oder in kleinste teilchen oder magnetische ladungen).

das verfahren erinnert an archivierungsvorgänge im gehirn, an ordnungsweisen, die die individuelle welt strukturieren, gruppieren, variieren und differenzieren. aneignung von »welt« geschieht hierbei verbalsprachlich (durch benennen der dinge) und parallel dazu durch ausgedehnte visuelle begriffssammlungen.


## schule und/oder kunst?

> Kern ›Ästhetischer Forschung‹ ist die Verknüpfung vorwissenschaftlicher,
> an Alltagserfahrungen orientierter Verfahren,
> künstlerischer Strategien und wissenschaftlicher Methoden.
> *Helga Kämpf-Jansen*

ob unterricht oder kunst – mein forschungsfeld wird immer deutlicher: es geht um die beobachtung der wahrnehmung selbst, als veränderliche und zugleich richtungsweisende quelle aus ihr abgeleiteter wirklichkeitsbegriffe. so, wie ich die welt wahrnehme, wirkt sie auf mich zurück. je differenzierter ich meine wahrnehmung weiter entwickle, meine »lesefähigkeit« ebenso wie meine »schreibfähigkeit«, umso vielschichtiger und individueller kann ich die welt erfahren, deuten, und darüber etwas mitteilen.

nun ist der anfang gemacht. stück für stück eigne ich mir – aus einer art trotzhaltung heraus – all die bereiche der kunst an, die in unserer langen beziehung tabu waren, wie zum beispiel die ölmalerei. zugegeben, ölmalerei ist eine alte, möglicherweise altmodisch gewordene technik. beuys kritisiert sie in seinem manifest vom 1.11.1985 mit den worten: »der fehler fängt schon an, wenn einer sich anschickt, keilrahmen und leinwand zu kaufen«... von meinem ehemaligen mann wurde die disziplin der ölmalerei kategorisch abgelehnt, als bürgerlich und nicht mehr relevant. ich befreie mich von solchen unduldsamkeiten und entdecke die ölmalerei völlig neu, indem ich beginne, großflächig auf leinwand gedruckte fotoausschnitte als malgrund zu verwenden. durch diese vorgehensweise kann ich an das dialogische prinzip früherer tage anknüpfen. ich habe ein neues bezugssystem, ein gegenüber, mit dem ich eine wechselbeziehung eingehe. auf der einen seite der gefundene, fotografierte, nahezu abstrakte bildgrund, auf der anderen seite der pinsel, mit dem ich fast fotorealistisch gemalte elemente einsetze und in einen neuen zusammenhang bringe. es entsteht eine diaphanie der sphären, ein durchscheinen von assoziativ geladenen räumen und klar benennbaren elementen.

die bilder finden anklang und- sie lassen sich verkaufen. eine neue ära beginnt. nun folgen gestaltungsaufträge des landes vorarlberg und der stadt dornbirn. ich gewinne den geladenen wettbewerb zur gestaltung des außenraumes für das schulheim mäder. auf dem berggipfel des karren oberhalb von dornbirn entstehen drei aussichtsplätze mit dauerinstallationen. und ich gewinne den kunst-und-bau-preis zur ausgestaltung des foyerbodens eines altenheims in triesen in liechtenstein. das unterrichten am gymnasium und meine künstlerische auseinandersetzung mit wahrnehmung und wirklichkeit empfinde ich als gegenseitige steigerung und erweiterung, als eine art selbstorganisiertes lernen, dessen zwischenergebnisse mir gelegentlich gar lehraufträge für seminare und projekte an universitäten einbringen; so an den hochschulen in feldkirch und weingarten, darüber hinaus an der uni in innsbruck, sowie der eth in zürich.

## objet trouvé und déjà-vu

> die kunst des sammelns, suchens, findens, ordnens...
> ist eine anschauliche methode
> des denkens und philosophierens.
> *Ruth Gschwendtner-Wölfle*

nach den spuren sichernden tütchensammlungen in den objektkästen folgen stark vergrösserte einzelaufnahmen als fotos auf leinwand. durch das spiel von schärfe und unschärfe entsteht eine völlig neue welt von farben und formen, die das prinzip der ungegenständlichkeit weiterführt und verknüpft mit dem prinzip des »objet trouvé«. ich beginne nun verschiedenste vergrößerungen als c-print auszudrucken, auf große keilrahmen aufzuziehen und darauf weiter zu malen. eines meiner ersten themen sind die »samen-bilder«. mich interessieren baumsamen als kleinste »festplatte« mit unvorstellbar großen datenmengen, die, wenn die umstände günstig sind, sich zu riesigen (baum) gebilden entwickeln. ich male bevorzugt fotorealistische baumsamen auf die farbraum-sphären der fotogründe.

später kommen vertrocknete blütenblätter als zeichen der vergänglichkeit hinzu – z. b. in kombination mit schemenhaften selbstbildern.

abgeschlossene kompositionen fotografiere ich aus verzerrter perspektive, drucke sie erneut aus, bearbeite sie weiter. so entstehen bildreihen, in denen sich ein teil aus dem anderen entwickelt. jedes bild impliziert und evoziert eine serie von folgebildern. was früher françoise gilot für picasso in bewunderswerter nachtarbeit gepinselt hat, mache ich mit fotografie und c-print-technik. das variationspotenzial ist unendlich.

eine weitere neuentdeckung ist die variante unseres alten rede- und antwort-malens. ich wähle das werk eines malers aus und lade es auf die oberfläche meines labtop; so ein stillleben von jean-baptist-simeon chardin oder pfingstrosen von manet. ich drehe den labtop zum licht, damit spiegelungen entstehen, und zwar von ausschnitten meines eigenen gartens. ich fotografiere diese bildebene, in der zwei zeiten zu einer verschmelzen, erstelle ein c-print auf leinwand im originalformat und setze meinen malerischen kommentar »in öl« eine für mich atemberaubende dynamik setzt sich in gang, die immer weitere schritte erfordert. ich gerate gelegentlich in eine art geistiger atemlosigkeit, da die möglichkeiten denkbarer weiterentwicklungen faszinierend sind und die zur verfügung stehende zeit niemals ausreicht. ein nächster schritt ist das ritzen meiner bilder mit rasierklingen und japanmessern. erster auslöser dafür ist ein foto, das – durch eine gardine aufgenommen – schemenhaft die stadt dillingen zeigt. die besonderen umstände des bildes überspringe ich. wichtig für das ritzen ist der umstand, dass die gardine als membran zwischen innen und aussen nicht selten euphemistisch verschleiert, was sich dahinter abspielt. oft genug sind dies nicht enden wollende verletzungen, sticheleien, blutende wunden, die – wenn das maß voll ist – nach außen dringen und sichtbar werden. ich versehe die farboberfläche der bilder mit schnitten, manchmal vielen kleinen, dann wenigen großen, länglichen, und verspachtle die öffnungen auf der bildrückseite mit roter ölfarbe. durch den kräftigen spachtelprozess wird die ölfarbe durch die ritzungen gepresst, und es entstehen farbspuren auf der bildvorderseite. außer von »verletzung«, »blut«, »wunden« drängen sich assoziationen von »durchdringung«, »vitalität«, »ebenen verlassen« bis hin zu »grenzen sprengen« auf. (vgl. titelseite dieses buches; das zugrunde liegende bild folgt dieser technik.) der umgang mit farben und pigmenten, die ich von meinen reisen mitbringe, verschafft mir rauschhafte erlebnisse, die mich nicht mehr loslassen. der orgiastische malprozess erfordert meine ganze kraft und konzentration und hinterlässt mich erschöpft und glücklich.

## der garten

> Erfahrung ist nicht das, was einem zustößt.
> Erfahrung ist das, was man aus dem macht, was einem zustößt.
> *Aldous Huxley*

der garten um unser haus ist in den fast 15 jahren völlig zugewuchert. der efeu hat sich durch den rollladenkasten gebohrt und bereits die wohnzimmerdecke erobert. es gibt längst keinen weg mehr, der ohne hindernisse ums haus führt.

am tag unserer trennung lasse ich den gesamten garten, der an der hauswand emporwächst, roden. es sind vier lastwagen voll grünzeug, die abgefahren werden. ein schrecklicher anblick. trostlos und kahl steht das haus da wie ein zahn ohne zahnfleisch, kein efeu, nichts mehr. in mir steigt die vision eines neuen hauses auf: eine art mandala-palast, mit funkelnden wasserflächen, duftenden blumen und kühlen baumgruppen, mit früchten, wegen und ruheplätzen. in stufen beginne ich mit hilfe von freunden ganz neue strukturen anzulegen. was früher nicht möglich war, gelingt jetzt mühelos.

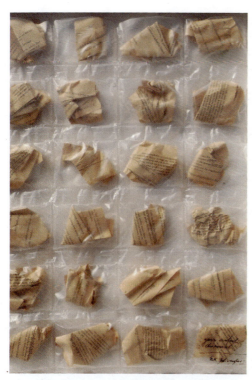

Abgekochte Rezepte, 2010
Objektkasten

Schöne Worte, 2010
75 × 100 cm
Öl auf C-Print

Sommernachtstraum, 2009
75 × 100 cm
Öl auf C-Print

Caput Mortuum, 2007
120 × 100 cm
Öl auf C-Print

mein ausbauplan hat zehn stufen. jahr für jahr entstehen neue umsetzungen. der rasenmäher wird verkauft, aus grasflächen wird ein kiesgarten, werden kräuterterrassen, sitzebenen, zum ende hin wasserflächen, ein schwimmteich, ein regererationsteich mit schilf, ein seerosenteich. nach außen in richtung auf das fußballfeld installiere ich ein eisengeflecht, das bald mit rosen und bambus verwuchert. holunder und weiden bilden den übergang zum ried. es entsteht eine laube mit kiwi, ein glashaus für die tomaten, aber auch mit einer liege für frühe sonnenbäder, und noch ein kühles teehaus mit holzterrasse und schattigem sitzplatz. das wasser des schwimmteichs ist glasklar, auf den grund des mittleren niveaus habe ich selbst gemalte platten gelegt, die einen achtfachen glücksknoten darstellen. leider ist immer auch etwas kies auf dem boden, so dass die zeichnung bald nicht mehr zu erkennen ist. meine mutter, die seit einiger zeit bei mir lebt, genießt bis zu ihrem 98. lebensjahr das wassertreten im niedrigeren teil des teiches. bis 97 ist sie regelmäßig morgens geschwommen.

mein äußerer garten entspricht meinem inneren paradies. die neuen strukturen erfüllen mein leben, machen es klar, selbstbestimmt, aufregend. rückblickend erkenne ich die zeit meiner ehe als die möglichkeit einer ausführlichen wurzelbildung. nun ist zeit und raum, früchte hervorzubringen. der garten gibt mir kraft, ist augenweide und rückzugsort, aus ihm schöpfe ich ruhe und inspiration. zeitweise auftretende zweifel, schwächen und besorgnisse, es allein nicht zu schaffen, haben sich gelegt und sind einer neuen leichtigkeit gewichen. das leben ist schön!

### »salon-dame«

> Die Mitte der Nacht ist der Anfang des Tages.
> *Demokrit*

nachdem sich meine schuldenstände zu lichten beginnen, entscheide ich mich zu einem neuen wagnis: obwohl mein haus nicht gerade klein ist, gibt es doch keinen raum, der groß genug wäre, um eine umfangreichere ausstellung vorzubereiten. also entschließe ich mich, mir den lange gehegten wunsch nach einem atelier zu erfüllen. noch liegen einige jahre schuldienst vor mir, in denen ich die neuen schulden abbauen kann. also die ärmel hochgekrempelt und los.

im herbst 2008 kann ich meinen anbau einweihen. mit der feinfühligen und kompetenten begleitung von günter welte, meinem »hausarchitekten«, wird der neue raum zu etwas besonderem! an meiner geburtstagsfeier im januar 2009 kündige ich aus freude über das geglückte werk die einrichtung eines »jour fix« an, der jeden ersten montag im monat stattfinden soll. ich lade zu offenen gesprächen und präsentationen von künstlerinnen und künstlern ein, die aus den unterschiedlichsten sparten kommen und ihre arbeit vorstellen. bis jetzt, im april 2012, sind es 25 veranstaltungen gewesen, zu denen ich zwischen sechs und 60 gäste begrüßen durfte. im schnitt finden sich jeden monat an die 30 besucher und -innen ein, die den kunstschaffenden aus den bereichen instrumentalmusik, kabarett, gesang, komposition, malerei, bildhauerei, goldschmidekunst, fotografie, literatur, theater, tanz, philosophie, astrologie... ihr interesse entgegenbringen. mein »kunstsalon« ist ein angebot an einen interessierten kreis von etwa 260 personen, die die möglichkeit wahrnehmen, mit künstlerinnen und künstlern ins gespräch zu kommen und ihr schaffen hautnah zu erleben. für mich ist es eine freude, mein weitverzweigtes netzwerk von freunden und bekannten (nach zwanzig umzügen!) in meinem atelier zu empfangen und mich mit ihnen. so weitet sich der kreis der kunstfreundinnen und freunde aus, und es entstehen neue ideen und projekte. die veranstaltungen des jour fix sind unkompliziert zu organisieren: ich versende ein rundmail und erwarte keine rückmeldung (nur in besonderen fällen). willkommen ist, wer zeit und lust hat, und es ist immer erwünscht, freundinnen und freunde mitzubringen. jeder gast steuert ein getränk oder etwas anderes verzehrbares bei, am unaufwändigen buffet besteht selbstbedienung. die veranstaltungen dauern von 20.00 bis 22.00 uhr. gelegentlich gibt es auch intensive gespräche bis in den morgen: über musik und kunst, himmel und erde, gott und die welt. schubladen beginnen sich zu öffnen, denken vernetzt sich, verwandte geister bewegen sich mit lichtgeschwindigkeit aufeinander zu (wie klaus meyersen zu sagen pflegt) und dann in sieben-meilenstiefeln miteinander fort, so weit die füße tragen!

**Wilfried Hiller**

# Selbstporträt in Künstler-Begegnungen

## Auf der Suche

Im Humanistischen Gymnasium St. Stephan in Augsburg hatten wir einen äußerst mäßigen Musikunterricht. Woche für Woche mussten wir die Tonleiter mit ihren Silben bi-to-gu-su-la-fe-ni-bi rauf und runter singen. So ist es kein Wunder, dass ich den Namen unseres Musiklehrers längst vergessen habe. Er lebt nur noch durch seinen Spitznamen in meiner Erinnerung fort: bi-gu-la. Der Deutschunterricht bei Dr. Uhl war dagegen für mich richtig aufregend. Uhl ging mit uns die Märchen der Brüder Grimm durch und veranschaulichte sie durch die Opern *Hänsel und Gretel*, sowie *Die Kluge* und *Der Mond* von Carl Orff, indem er uns Schallplatten vorführte. Das war ein so intensives Hineintauchen in die Klangwelt der Musik, wie ich es später am Konservatorium kaum noch erleben konnte.

Ich weiß noch heute, was mich seinerzeit so an den Orffschen Märchenopern fasziniert hat: der völlig organische Aufbau, der Ablauf und das Ineinandergreifen der Tonarten, die penetranten Wortwiederholungen, der Sprachwitz der Strolche und Burschen, der Unterhaltungswert einiger Szenen wie das »Lied von der Treue«, das ohne den Einfluss durch die Comedian Harmonists nicht denkbar ist. Hinzu kam der fließende Übergang von Musik in Sprache und umgekehrt. Ich war dem Musiktheater verfallen, obwohl ich damals nur die musikalische Oberfläche kennen gelernt hatte und nicht das, was hinter den Noten steht. 1957 kam ich ans Augsburger Leopold-Mozart-Konservatorium, um bei Wilhelm Heckmann das Klavierspiel zu erlernen. Da tat sich mir eine völlig neue Welt auf: Er konfrontierte mich mit Klaviermusik von Debussy und Messiaen und beschritt mit dem Erarbeiten des *Mikrokosmos* von Bartók den Weg eines völlig unorthodoxen Unterrichts.

Bei meinem ersten öffentlichen Auftritt bei einem Cäcilienkonzert im Goldenen Saal von Augsburg durfte ich das *Allegro Barbaro* von Bartók spielen, was zwischen Musik von Haydn, Mozart und Bach auf totales Unverständnis stieß. Der Schuldirektor Pater Gregor Lang beschimpfte mich und meinte, so eine »scheußliche Musik« dürfe man in so heiligen Hallen nicht zur Aufführung bringen. Ich war bei Bartók in eine völlig neue Welt aus dem benachbarten Osten getaucht: Ostinate Tonfolgen, bulgarische Rhythmen und Zigeunertonleitern, alles streng eingefügt in die Ordnung des Goldenen Schnitts. Seit 1911 – beginnend mit dem Allegro Barbaro – hatte sich Bartók Techniken des Goldenen Schnitts zueigen gemacht und mindestens einen Satz seiner wichtigsten Werke der Fibonacci-Reihe untergeordnet. Eine Ballettaufführung des *Bolero* brachte mir die Sinnlichkeit der Musik von Maurice Ravel nahe. Ravel ist mir wie Bartók und Orff bis heute ein großes Vorbild geblieben. Später kamen Messiaen und George Crumb hinzu. Der Bolero war übrigens das letzte Werk von Ravel, das Orff kurz vor seinem Tod noch einmal analysierte und zwar in der Fassung für zwei Klaviere. Der zentrale *Grabgesang der Antigonae*, ein Totentanz-Tango, basiert auf der Melodie des Ravelschen Bolero.

In München lernte ich die Märchenstücke Der Mond und Die Kluge auf der Bühne des Gärtnerplatztheaters kennen, dann bei Aufführungen im Marionettentheater und schließlich bei Plattenaufnahmen mit dem Münchner Rundfunkorchester unter Kurt Eichhorn, bei denen ich am Schlagzeug mitwirken durfte. Den Komponisten Karl Amadeus Hartmann traf ich 1963 in Darmstadt bei einer Vorlesung Karlheinz Stockhausens über dessen *Gruppen für drei Orchester*. Hartmann las in einer überdimensionalen Partitur mit, klappte sie schließlich wütend zu und sagte: »So ein Schmarrn! Gehen wir was essen!« In meinem Leben gab es immer solche Zufälle, die ich lieber als Fügungen bezeichnen möchte. Bei diesem Essen fragte mich Hartmann nach meinen Zukunftsplänen und riet mir, aus der Provinz Augsburg in die Musikhauptstadt München zu kommen und bei ihm das Komponieren zu erlernen. An der Hochschule müsse ich mein Schlagzeugstudium fortsetzen, denn »Du musst immer trommeln,« riet er, »vom Komponieren allein kann keiner leben.« Mich beeindruckten die Offenheit Hartmanns, sein musikalisches Wissen, seine Kenntnis in der Literatur und der Bildenden Kunst. Als ich ihn fragte, warum er die Gruppen für drei Orchester für die Reihe »Musica Viva« eingeplant habe, obwohl er sie ablehne, meinte er: »Ein Veranstalter darf nicht nur die Stücke bringen, die er mag, sondern auch solche, die das Publikum hören sollte.« Dieser Satz wurde für mich vorbildlich für meine spätere Arbeit als Veranstalter bei der Gründung von »Orff in Andechs« und der ION in Nürnberg sowie auch bei meiner Tätigkeit als Programmgestalter im Bayerischen Rundfunk, wo ich in 35 Jahren über 21.000 Stunden Musikprogramm gestalten konnte.

Als ich Hartmann im September 1963 bei den Proben zur Uraufführung seiner 8. Symphonie mit dem Symphonieorchester des Bayerischen Rundfunks traf, war er bereits von der Krankheit gezeichnet, der er einige Monate später erliegen sollte. Ich suchte also an der Musikhochschule nach einem Kompositionslehrer und wurde von verschiedenen Seiten auf Günter Bialas aufmerksam gemacht. 1964 kam ich schließlich in seine Klasse. Bialas war sehr aufgeschlossen, kam von der Spielmannsmusik, war dann einer der Gefolgsleute der Zwölftonmusik geworden und fand im Alter zu einer musikalischen Reife, die sich vor allem in seinen Chorwerken nach Martin Buber niederschlug. Wir hatten meist Gruppenunterricht, in dem wir über unsere Stücke miteinander diskutierten: Heinz Winbeck, Peter Kiesewetter, Evžen Zamečnik, Theodore Antoniou, Nikolaus A. Huber, Ulrich Stranz und Paul Engel.

Bei den Vorbereitungen für den Film *Der Mann in der Flasche*, für den ich die Musik schreiben sollte, lernte ich den Zeichner, Maler und Übersetzer Hans Henning von Voigt-Alastair kennen. Er muss damals schon um die 80 Jahre alt gewesen sein, eine Figur aus einer anderen fernen Welt, die mich ungeheuer faszinierte. Er hatte in Frankreich Claudel und Cocteau kennen gelernt und mit Malern, Musikern, Schriftstellern und Choreographen zusammen gearbeitet. Er war der erste Mensch (außer meiner Mutter natürlich), der an mich glaubte. Bei einem der unzähligen Gespräche in der Münchner Pension Biederstein, in der er seine letzten Lebensjahre verbrachte, klagte ich ihm meine Unzufriedenheit über den Unterricht an der Musikhochschule. Alastair sagte, für mich käme nur Carl Orff in Frage. Er habe dessen *Antigonae* im Nationaltheater gesehen und gehört, er wäre sicher ein idealer Lehrer. Bald darauf hatte ich die Gelegenheit, bei Fernsehaufnahmen in Unterföhring den Komponisten Olivier Messiaen kennen zu lernen, als ich ihm umblättern durfte. Es waren drei aufregende Tage. Ich fragte ihn, ob ich bei ihm Komposition studieren könnte. Auf seine Frage, wie ich mir meine Zukunft vorstelle, und als ich antwortete, ich möchte Opernkomponist werden, meinte er: »Von Oper habe ich kein Ahnung. Gehen Sie zu Carl Orff, der hier in der Nähe lebt. Ich habe seine Antigonae gehört. Ein großartiges Stück. Versuchen Sie es bei ihm!«

Beim Schreiben dieser Zeilen ist mir wieder einmal bewusst geworden, dass ich mein Leben lang auf der Suche nach einem Vater war: Wilhelm Heckmann – Karl Amadeus Hartmann – Olivier Messiaen – Alastair – Carl Orff.

Mein leiblicher Vater war bereits am 8. Januar 1944 in Idriza gefallen, nordwestlich der weißrussischen Stadt Witebsk, dem Geburtsort von Marc Chagall.

## Selbstporträt mit Marc Chagall

Wenn ich zurückdenke, welche Komponisten mich auf meiner musikalischen Laufbahn begleitet haben, komme ich ins Grübeln: Béla Bartók – Leoš Janáček – Jean Sibelius – Karl Amadeus Hartmann – Oswald von Wolkenstein – Dimitri Schostakowitsch – Carl Orff. Alle diese Künstler waren ihr Leben lang von schöpferischen Zweifeln geplagt. Je depressiver sie waren, umso heiterer wurden ihre Stücke. Über meinen langjährigen Kompositionslehrer Carl Orff schrieb seine Ehefrau Luise Rinser: »... ein Genie, ein Mann, der von seinem Daimon gejagt und geschunden war.« Auch der legendäre König Dawid soll von zerstörerischen Selbstzweifeln geplagt gewesen sein. Obwohl er die Depressionen seines königlichen Vorgängers Saul mit Gesang und Harfenspiel zu heilen vermochte, verfügte er über kein Mittel, sich selbst zu kurieren. Wie bei vielen schöpferischen Menschen hatten auch bei Dawid die Ehefrauen therapeutische Aufgaben. »Du hast den König geheilt, heile dich selbst!« ermahnt ihn die schöne Abigail, und Bathseba fordert ihn auf: »Spiel, Dawid, spiel für mich und mein Kind!«

Wir wissen nicht, welche Musik Dawid damals gespielt und gesungen haben könnte, wir können es nicht einmal erahnen. Aber die Wirkung muss ungeheuer gewesen sein. Der Nürnberger Regionalbischof Stefan Ark Nitsche, der früher Musikdramaturg war, hat mich vor zwei Jahren auf König Dawid angesprochen, über den er eine packende Biographie geschrieben hatte. Er weckte mein Interesse an diesem ersten Musiker und Musiktherapeuten, und je mehr Texte aus Nitsches Feder zu einem gemeinsamen Opernprojekt bei mir eintrudeln, umso gebannter bin ich von dieser sagenhaften Gestalt, deren Nöte und Selbstzweifel ich zu meinen eigenen machte. »Hüll in dein Lied dich wie in ein heilendes Kleid!« Diese Aufforderung versuche ich zu meiner Lebensaufgabe zu machen, seit mein Theorielehrer Hermann Pfrogner an der Münchner Musikhochschule uns junge Komponisten aufforderte, mit unserer Musik die Hörer »zu heilen und zu harmonisieren«.

Seit meinem ersten Werk versuche ich auch, mit meiner Musik Geschichten zu erzählen. Der argentinische Klarinettist Giora Feiman bestätigte mich eines Tages darin, dass dies die Aufgabe eines Musikers sei. Bei einem gemeinsamen Besuch einer Chagallausstellung fragte er mich vor einem rot strahlenden Liebespaar: »Hörst Du, wie das Bild klingt?« Dann nahm er seine Klarinette und versuchte, das Bild zum Klingen zu bringen. Doch kaum hatte er einige Töne seinem Instrument entlockt, hastete ein Aufseher auf uns zu und wollte ihm die Klarinette entreißen. »Wir sind in Deutschland,« kommentierte Feidman den Vorfall, »hier muss man alles legalisieren. Weißt Du was: Du schreibst mir eine Chagallmusik!« Das ist nun 20 Jahre her. Die Zusammenarbeit mit Feidman verlief sehr ungewöhnlich. Immer, wenn ich ein Bild musikalisch umgesetzt hatte, faxte ich ihm die Noten, wo auch immer auf der Welt er sich gerade befand. Einige Minuten später rief er mich zurück, ich schaltete mein Telefon auf laut, Feidman spielte mir seinen Part durchs Telefon vor und ich begleitete ihn in München am Klavier. Das war die bisher ungewöhnlichste Probensituation. Durch die Zusammenarbeit mit Feidman vertiefte sich meine Liebe zu Chagall. Ich sammelte in den letzten zwei Jahren unzählige seiner Dawid-Darstellungen, von denen ich den Eindruck habe, dass sie klingen. So schlich sich Chagall auch als einer der Hauptdarsteller in unsere Kirchenoper *Dawid* und verwandelt sich im Laufe des Stücks in Dawids kritischen Beobachter, den Propheten Nathan.

Meine Lieder und Tänze der Liebe mit dem Titel *Schulamit* basieren auf dem *Hohenlied*, in der Verdeutschung durch Martin Buber. Zu dieser Komposition inspirierten mich auch die fünf Bildtafeln *Cantique des Cantiques* im Musée National Marc Chagall in Nizza. In Chagalls poetischen Bildern fand ich Gedanken, die mich zu musikalischen Entsprechungen reizten: das mehrfache Auftauchen eines Liebespaares auf einem Bild wurde zum kollektiven Liebesgesang, die Grundfarbe Rot spiegelte sich in einem leicht dissonant angereizten Farbenakkord, der sich durch die gesamte Komposition zieht. In Anlehnung an Chagalls Geburtsort Witebsk, der in seinen Gemälden immer wieder auftaucht, brachte ich meine schwäbische Geburtsstadt Weißenhorn in die Komposition mit ein, indem ich die drei weißen Hörner des Stadtwappens gegen Ende des Stückes ertönen lasse. Die Zartheit der Chagallschen Bilder legt sich seither wie ein Schleier über meine Musik und das Farn »Haar der Schulamit«, das ich in Engedi, einer Oase am Toten Meer entdeckte, wurde zum musikalischen Liebesbett. Im Sommer 2011 hatte ich das Glück, gemeinsam mit meiner Frau die Bilder zum Hohenlied im Chagallmuseum in Nizza bestaunen zu können. Es umgab uns ein Atem der Liebe, wie ich es noch bei keinem anderen bildenden Künstler des 20. Jahrhunderts erlebt habe.

Seit ich erfahren habe, dass mein Vater 1943 in der Nähe von Chagalls Geburtsort Witebsk gefallen ist, verbinde ich mit dieser kleinen weißrussischen Stadt meine ganz persönliche Geschichte.

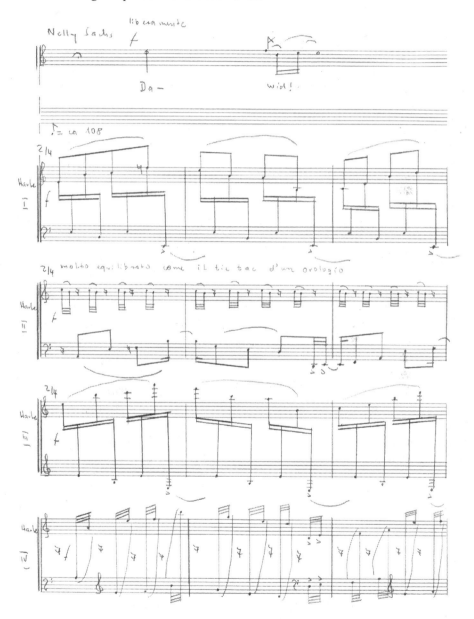

*Wilfried Hiller, Partiturseite aus der entstehenden Kirchenoper DAWID, 2012*

## Morgenstund hat Orff im Mund

Orff war 1919 in Berlin nach einem Liederabend mit eigenen Kompositionen
dem Musikwissenschaftler Curt Sachs begegnet, der ihn mit den Worten begrüßte: »Sie sind der geborene Musikdramatiker. Ihr Feld ist die Bühne. Gehen
Sie beim ersten großen Musikdramatiker in die Lehre!« Dieser Musikdramatiker war Claudio Monteverdi, dessen Partituren in den Archiven der Bibliotheken schlummerten. Orff nahm sich den Satz von Curt Sachs zu Herzen und
vertiefte sich in die Partituren von Monteverdi. Er begann, den *Orpheus*, *Die
Klage der Ariadne* und den *Tanz der Spröden* zusammen mit seiner Freundin Dorothee Günther ins Deutsche zu übertragen, und instrumentierte die
Particelle, lange bevor sich Ottorino Respighi mit ihnen auseinandersetzte.
Aus Dankbarkeit dafür, dass Monteverdi ihm den Weg zum Musiktheater gewiesen hatte, setzte Orff die Einleitungstakte der Klage der Ariadne an den Anfang seines (von ihm so bezeichneten) Opus 1. An seinen Verleger Willy Stre-
cker schrieb er nach der Frankfurter Uraufführung am 8. Juni 1937: »Mit den
*Carmina Burana* beginnen meine gesammelten Werke!«

Als Orff 1920 die dynamische Sängerin Alice Solscher heiratete, bekam er
auch Kontakt zu ihrem Cousin, dem Musikwissenschaftler, Volksliedforscher,
Psychologen und Philosophen Kurt Huber, der als Gründungsmitglied der
»Weißen Rose« von den Nazis hingerichtet wurde. 1942 brachten Huber und
Orff bei Schott *Musik der Landschaft* heraus, Volksmusik in neuen Sätzen aus
dem bajuwarischen Raum. Einige dieser Tänze hatte Orff auch für sein Schul-
werk bearbeitet und in veränderter Form in die Carmina Burana aufgenommen. Der wohl schwerste Gang für Orff war jener, als er Kurt Hubers Frau begleitete, da sie das Geld für die Hinrichtung ihres Mannes hinterlegen musste.
Die intensive Beziehung zwischen Orff und Huber ist bis heute von der Wissenschaft noch nicht genügend gewürdigt worden. Orff widmete ihm die Partitur seiner *Bernauerin*. Nach der Uraufführung der Carmina Burana hatte
Orff gesagt: »Ab jetzt kann ich *Karl* nur noch mit *C* schreiben!«

Der Anfang »O Fortuna« aus den *Carmina Burana* erinnert an den berühmten Dialog zwischen Romeo und Julia im Drama von Shakespeare. Nachdem
Romeo seiner Geliebten beim Mond ewige Liebe schwört, antwortet sie:

> Oh schwöre nicht beim Mond, dem wandelbaren,
> der immerfort in seiner Scheibe wechselt,
> damit nicht wandelbar dein Lieben sei.

Die Initialen C und O hat Orff selbst immer wieder mit dem abnehmenden
Mond und dem Vollmond in Beziehung gebracht. »CO«, sagte er immer, »ist
völlig ungefährlich, erst bei $CO_2$ wird's problematisch.«

Am Schluss der Carmina Burana taucht der »Fortuna«-Chor noch einmal
auf, diesmal allerdings um einen Fortissimoschlag des Tam-Tam erweitert.
Dieser Schlag wird manchem Dirigenten zum Verhängnis, der in seiner Begeisterung den Schlusschor nach Abschluss einer gelungenen CD-Einspielung

auch an den Anfang setzen lässt. So beginnt manche Aufnahme tatsächlich mit jenem finalen Tam-Tam-Schlag, der hier nicht vorgesehen ist.

Orff saß bei den Aufnahmen seiner Stücke im Studio I des Bayerischen Rundfunks immer im Regieraum beim Produzenten Theo Holzinger und überwachte die gesamten Produktionen. Auch hatte er sich immer ein Mitbestimmungsrecht bei der Besetzung der verschiedenen Rollen ausbedungen und mit den Künstlern im Vorfeld gearbeitet. Er wollte eben nichts dem Zufall überlassen. Wenn man über eine ganze Woche als Interpret in ein Werk eingebunden ist, kann man viel tiefer in die Musik eintauchen, als es bei einer einmaligen szenischen Aufführung möglich ist.

Was mich unter anderem in Orffs Partituren so erstaunt hat, ist die unverblümte und unverarbeitete Übernahme von Zitaten von Mozart in der Märchenoper Die Kluge. In der dritten Szene beim tafelnden König spielt das Orchester Ausschnitte aus Mozarts *Entführung aus dem Serail*: Die Einleitungstakte zu »Vivat Bacchus, Bacchus lebe...« Etwas später dann in der Rätselszene, wenn der König glaubt, die kluge Bauerntochter überlisten zu können, schicken die vier Hörner und die Celli ein Zitat aus *Figaros Hochzeit* voraus: »Ach, öffnet eure Augen, blinde betörte Männer, und sehet wie das Weibervolk euch durch Bezaubrung täuscht!« Der König hört die Warnung aus dem Orchester nicht (vielleicht, weil er die Stelle gar nicht kennt). Statt dass die Kluge auf ihn hereinfällt, ist es umgekehrt. Sie verabreicht dem König einen Schlaftrunk und er wird von ihr in jene Truhe gelegt, in der sie das Liebste, das sie besitzt, mitnehmen darf. Mozart war für Orff ein lebenslanges Vorbild gewesen. In der Sendung »Musik meiner Wahl« hatte er nur Musik von Mozart ausgesucht, mit der Begründung: »Wenn man so alt ist wie ich und sein Leben lang Musik gehört hat, bleibt am Schluss nur noch ein Komponist übrig: Mozart.« Aber auch andere Komponisten tauchen mehr oder weniger versteckt in Orffschen Partituren auf: Johann Sebastian Bach, Richard Wagner, Richard Strauss, Camille Saint-Saëns...

Ein entscheidender Einschnitt meines Lebens war die Münchner Erstaufführung des *Prometheus* von Carl Orff bei den Opernfestspielen 1968 im Nationaltheater. Da ich unter den 20 Schlagzeugern keinen allzu schweren Part und oft lange Pausen hatte, in denen ich nicht zählen musste, konnte ich mich während der Proben intensiv mit der Partitur auseinandersetzen. Mich faszinierte die konsequente Art, mit der Orff seinen in den *Trionfi* begonnenen Weg der »musikalischen Abstrahierung« weiterverfolgte, wie er die Tragödie des leidenden Prometheus in modernes Musiktheater umformte, indem er musikalische Akzente wie Satzzeichen setzte, Klangsymbole einschob, breit angelegte farbige Teppiche webte und große Blöcke aufbaute, die wie Tonsäulen die gesamte musikalische Architektur trugen. Von Orffs Auseinandersetzung mit den japanischen Theaterformen *Nô, Kabuki und Bunraku* wusste ich damals noch nichts, doch blieb mir die Annagelung des Titanen an den Felsen, musikalisch umgesetzt mit 24 Fortissimoschlägen auf der japanischen Schamanentrommel *Odaiko* stets in lebhafter Erinnerung. In meiner Redak-

tionszeit beim BR habe ich gelegentlich am Karfreitag diesen Prometheus als
»Griechische Passion« gesendet.

Neben dieser Odaiko lernte ich bei den Proben zum Prometheus noch eine
Reihe mir bis dahin unbekannter Schlaginstrumente kennen:

| | |
|---|---|
| TAIKO | kleine japanische Trommel, mit Kuh- oder Pferde-haut bespannt |
| DARABUKKA | arabische Handtrommeln |
| LITHOPHO | gestimmte Steinplatten |
| HOLZPAUKE | Klangbretter, dem Seimanterion der griechisch-orthodoxen Kirche nachempfunden |
| TÜRKISCHE BECKEN | |
| CHINESISCHE BECKEN | |
| ANTIKE ZIMBELN | |
| CROTALES | |
| METALLPLATTEN | |
| TIEFE METALLGLOCKE | |
| HÄNGENDE BAMBUSROHRE | |
| WASAMBA-RASSEL | afrikanisches Kalebassensistrum, bestehend aus dem winkelförmigen Aststück eines Baumes, auf dem Fruchtschalen aufgereiht sind |
| BIN SASARA | japanische Reihenklapper, ein kurzes schnarrendes Geräusch ergebend |
| HYOSHIGI | japanische Gegenschlagstäbe, im *Nô*-Theater als Ankündigung dramatischer Höhepunkte eingesetzt |

Carl Orff versammelt hier ein Kompendium von exotischen Schlaginstrumen-
ten, um der Klage des gefesselten Prometheus und der durch die Lande irren-
den IO einen akustisch rituellen Raum zu geben. Unterstützt werden diese Instrumente durch vier Flügel, vier Harfen, zwei Orgeln und neun Kontrabässe.
Es ist ein rituelles Fest musikalischer Ekstase.

Keiner der damals mitwirkenden Schlagzeuger beherrschte diese exotischen Instrumente wirklich. Keiner war sich der Zusammenhänge bewusst,
in denen die Instrumente in ihren Heimatländern und bei Carl Orff eingesetzt wurden. Selbst das rituelle Spiel der großen japanischen Trommel Odaiko war damals in Europa noch nicht bekannt. Eine neue Aufführung mit exzel-
lenten Schlagzeugern würde diese karge, hermetische und doch so packende
vorchristliche Kreuzigung in einem neuen Klangbewusstsein hörbar machen.
Für mich war es Anstoß genug, mich mit außereuropäischer Musik und ihrem Instrumentarium vertraut zu machen. Diese Beschäftigung floss in viele
meiner Partituren ein, wie etwa in *Niobe, Gilgamesch, Ischäm-Aias, Augustinus, Der Sohn des Zimmermanns.*

Bei Ischäm-Aias wurde mir schmerzlich bewusst, dass Musik doch auch ihre
Grenzen kennt: Beim Erarbeiten des Stücks stellte sich heraus, dass die japani-

schen Künstler keine europäische Notenschrift beherrschten und man ihnen alles vorsingen und vorspielen musste, was ich dann auch tat, aber eine zwischenmusikalische Verständigung blieb aus.

Was Orff in seinem Prometheus an exotischen Klangwerkzeugen einsetzte, ist an Intensität weder von ihm selbst, noch von anderen Komponisten je übertroffen worden. Diese radikale Instrumentationskunst veränderte das Klangbild meiner Musik total und prägt es bis zu meinem bisher letzten Werk, *Ophelias Schattentheater*. In der Kirchenoper Dawid, die ich zusammen mit Stefan Ark Nitsche erarbeite, werde ich versuchen, den gesamten Klangraum des vorderasiatischen Raumes in der Zeit vor etwa 3000 Jahren in meine Partitur einfließen zu lassen.

Nach der Premiere des Prometheus kam ich aufgewühlt nach Hause und konnte lange nicht einschlafen. Ich zog mich wieder an und lief mit großen Schritten die ganze Nacht durch Schwabing. Mein Freund und Vermieter Thomas Schilke schrieb für mich am nächsten Morgen einen Brief an Orff, dass ich sein Schüler werden möchte. Ich selbst war viel zu aufgeregt und zu schüchtern. Mein Lehrer Günter Bialas sagte damals einen Satz, den ich nie vergessen werde:»Geh zu Orff, da kannst Du viel lernen! Ich bin ein Komponist, er ist ein Genie.« Es dauerte 3 Monate, bis ich eine Antwort von Orff erhielt. Er hatte sich beim Direktor der Musikhochschule über mich erkundigt und schrieb mir, ich solle doch mal bei ihm in Dießen vorbeischauen. Das war der Anfang einer zwölf Jahre andauernden Lehrer-Schüler-Beziehung, die sich allmählich in eine Freundschaft wandelte. Später wagte seine Witwe Liselotte sogar den Satz: »Der Hiller war für ihn wie der eigene Sohn.«

Es ist schwer, das Wesentliche dieser Jahre heraus zu destillieren. Orff war ein sehr weltoffener und neugieriger Mensch, aufgeschlossen für alles, was um ihn herum komponiert, gedichtet und gemalt wurde. Da er aber leider nur Altphilologen wie Wolfgang Schadewald und Werner Thomas erlaubte, über ihn zu schreiben, wurde über die vielen, auf ihn einwirkenden Einflüsse fast nichts veröffentlicht. Beispiele:
- Der Einfluss der Unterhaltungsmusik der 30er Jahre (die Comedian Harmonists prägten viele Stellen in Carmina, Mond und Kluge)
- Orffs Auseinandersetzung mit der alpenländischen Musik, die vertieft wurde durch seinen Freund Kurt Huber
- Orffs Beschäftigung mit der Musik anderer Kulturen. Für ihn war es selbstverständlich, dass die traditionellen Theaterformen Nô, Kabuki und Bunraku auf das altgriechische Theater von Aischylos, Sophokles und Euripides zurückgehen. Schon mit 17 Jahren hatte er die Oper *Gisei* nach einem japanischen Bunraku-Stück komponiert.
- Orffs intensive Auseinandersetzung mit der Musik seiner Kollegen, mit denen er auch in der Musica Viva zusammenkam.
- Seine Beschäftigung mit dem Jazz. Er hörte im Beisein von mir und meiner Frau Schallplatten von Ella Fitzgerald , Louis Armstrong, Don Ellis und Miles Davis.

Ich erinnere mich, wie er mir einmal um 6 Uhr morgens mitteilte, er habe die neue Platte *Sketches of Spain* von Miles Davis und wolle sie mit uns anhören.

Orff war immer der erste Anrufer am Morgen. »Morgenstund hat Orff im Mund!« meldete er sich. Nur meine Mutter rief schon vor 6 Uhr an, weil es wegen des Nachttarifs »noch billiger gwäsa isch.« Orff war ein Künstler, der gerne seine Mitmenschen für sich vereinnahmte. So wurden auch meine Frau und ich in dieses Umfeld einbezogen. Sei es, dass er uns Teile seiner damals entstehenden *Dokumentation* vorlas und um Kritik bat, sei es, dass er einige Musiker dazuholte – vor allem Schlagzeuger – und seine Stücke immer und immer wieder ausprobierte. Ich habe nie erlebt, dass er mit einem abgeschlossenen Werk zufrieden war. Er feilte unentwegt an seinen Texten und Noten. Die Korrekturen an *De Temporum Fine Comoedia* beschäftigten ihn nach der missglückten Uraufführung 1973 bei den Salzburger Festspielen durch Karajan bis zu seinem Tod im Jahr 1982. Als ich ihn zuletzt in der Klinik besuchte, sagte er zu mir: »Wenn ich rauskomme, feilen wir an der *Comoedia* weiter!« Es sollte nicht mehr dazu kommen. Die letzten Korrekturen sind von meiner Hand.

Als im Jahr 1971 die S-Bahnen in München für die Olympiade 1972 fertig waren, rief er in aller Frühe an und sang ins Telefon: » O Geltendorf, o Geltendorf, wann fährt der nächste Zug zum Orff?« Unzählige Male fuhr ich mit der S-Bahn hinaus, später mit meiner Frau im Auto, um sein Frühwerk nach seiner Tauglichkeit zu überprüfen oder auch, um ihm meine neuesten Kompositionen zu zeigen. Ich spielte meist den Klavierpart, er sang die Solostimme oder den Chor, meine Frau blätterte um.

Am 22. Juli 1976 notierte ich in meinem Tagebuch:

> Orff sprach über die Verantwortungslosigkeit der Kritiker, das Desinteresse des Publikums an neuen Werken, die Probleme mit den Regisseuren. Er erzählte, dass bei der Uraufführung der frühen Strauss-Opern noch kein Regisseur im Programmheft erwähnt war. Hermann Bahr sei der erste gewesen, der überhaupt Regie führte. Heute dagegen spräche man von Regietheater. Die Werke selbst spielten kaum eine Rolle mehr. In den Symphoniekonzerten verlagere sich die Aufmerksamkeit von der Musik auf den Dirigenten, so wie man etwa von der »Neunten von Karajan« spricht. Das Werk selbst stehe im Hintergrund.

Zwischendurch ließ er auch Anekdotisches einfließen. Wie am Abend der *Antigonae*-Uraufführung in Salzburg, als alle Künstler schon in den Garderoben waren, ein Herr auf ihn zukam und begeistert ausrief: «Ihre Musik kommt von den Göttern!« Orff, der den Unbekannten für einen Bühnenarbeiter hielt, sagte nur: «Naja, Du musst es ja wissen.« Später bei der Premierenfeier saß der Unbekannte neben Orff und entpuppte sich als der große Philosoph Martin Heidegger, der 1944 *Erläuterungen zu Hölderlin* veröffentlicht hatte, eines der wichtigsten Bücher für Orff bei der Komposition von Antigonae.

Die Stunden bei Orff vergingen immer viel zu schnell. Man bekam gar nicht mit, dass es schon nach Mitternacht war, als seine Frau anrief und ihn zum Schlafengehen mahnte. Am 16. März 1978 kam ein Brief von Orff aus seinem

Urlaubsort in Italien. Er sehne sich aus dem nebeligen Italien ins sonnige Bayern. Er wollte die Antigonae im Nationaltheater besuchen. Er war neugierig zu erfahren, wie eine Aufführung läuft, wenn man ihn in Italien vermutet. Da uns die Inszenierung seinerzeit nicht gefallen hatte, nahmen wir uns einen Partiturplatz in der Galerie links. Plötzlich ruft meine Frau. «Schau mal, da ist ja der Carli!» Wir setzen uns zu ihm. Ich lese in seiner Partitur mit. Meine Frau sitzt zu seiner Linken und liest in der Hölderlin-Gesamtausgabe mit. Orff zeichnet sich (leise brummend) die vielen Striche mit VI-DE in die Partitur ein, streicht von einem dreifachen Pianissimo ein P weg, zischt ab und zu »zu laut!« oder »zu schnell!« und klagt über den schlechten Klang der Klaviere. Am Schluss wirkt er aber doch einigermaßen zufrieden. Ein paar Tage später gehen wir wieder sein Sorgenkind, die Comoedia, durch, mit deren Schluss er nach wie vor hadert. Er hatte in den letzten Wochen immer wieder Messiaens *Quartett für das Ende der Zeit* mit der Partitur angehört und wollte sein Schlussquartett statt mit vier Violen mal mit vier Celli ausprobieren, was sich dann aber als zu sinnlich für eine Endzeitmusik herausstellte.

Zur Zeit konzentriert sich das Interesse an Orffs Schaffen ausschließlich auf seine Carmina Burana, die wohl täglich irgendwo auf der Welt gespielt werden, meist kombiniert mit Ravels Bolero, Strawinskys *Psalmen-Symphonie* oder der *Symphonie Fantastique* von Berlioz. Es hat sich immer noch nicht herumgesprochen, dass die Carmina Burana der erste Teil eines Triptychons sind, der mit den *Catulli Carmina* fortgeführt und mit dem *Trionfo di Afrodite* abgeschlossen wird. 2012, wenn sich Orffs Todesjahr zum 30. Male jährt und die Carmina Burana ihren 75. Geburtstag feiern, werden sich hoffentlich die Wertmaßstäbe verschieben und aufzeigen, dass der Weg zu Orff mit den Carmina Burana nicht abgeschlossen ist, sondern erst begonnen hat.

Als Carl Orff seinen 80. Geburtstag feierte, beschlossen die 20 besten Schlagzeuger Bayerns, ihm mit seiner Bearbeitung des *Gassenhauers* von Hans Newsiedler ein Ständchen darzubringen. Es handelt sich um ein äußerst einfaches Stück für Schlagzeugensemble. Ein etwa dreiminütiges Stück, das man als Profi locker ohne Probe spielen kann. Wie das Schicksal wollte, übersprang der Stimmführer der Xylophonisten aus Versehen eine Zeile, die einen spielten stur weiter, andere übersprangen auch ein paar Takte, um mit dem Solisten wieder zusammenzukommen, kurzum: die Darbietung zum Geburtstag endete in einem totalen Chaos. Orff nahm die Gelegenheit gelassen und sagte zu den Profis: »Kein Wunder, dass das schief gehen musste, ich hab's ja auch für Kinder komponiert.«

## August Everding oder: den Komponisten im Nacken

26. Juni 1993: Eine lange Musiknacht in allen Räumen des Münchner Prinzregententheaters. Thema war in einer Zeit wachsender Ausländerfeindlichkeit ab 20 Uhr mit verschiedenen Moderatoren: »Musik gegen Krieg und Gewalt«.

»Fünf vor Zwölf« spricht August Everding. Als er kurz vor Mitternacht in der Inspizientenloge erscheint, hat der Generalmusikdirektor einen mehr als ausgefüllten Tag hinter sich: Debatte in Berlin wegen der geplanten Schließung des Schillertheaters, Laudatio auf John Neumeier in Hamburg, nachmittags Proben zu Orffs Bernauerin am Roten Tor in Augsburg, um 19.30 Uhr Eröffnung des Münchner Theatertreffens mit kurzer Ansprache, Besuch einer Inszenierung von Strehler im Residenztheater mit anschließendem Empfang, dann von »Fünf vor Zwölf« bis zwei Uhr morgens live auf Bayern 4. Was für jeden Normalsterblichen mit Mühe in einer Woche zu bewältigen war, schaffte Everding an einem Tag, und ich bin sicher, dass zwischen den Hauptterminen noch wichtige Telefonate, Interviews und Besprechungen lagen, wie auch die Betreuung seiner Studenten, die er gerne auf langen Taxifahrten unterrichtete. Small Talk war seine Sache nicht. Besprechungen – »Sie sind heute mein 48. Termin«, so begrüßte er mich einmal am frühen Nachmittag – führte er hochkonzentriert, brachte die entscheidenden Dinge auf den Punkt, ließ sich von keinem lästigen Telefonat ablenken, war sofort wieder bei der Sache. Er machte alles, was er machte, mit Liebe, und deshalb fiel ihm die Arbeit auch so leicht, er arbeitete mit Lust und Leidenschaft, und Kultur war für ihn ebenso lebensnotwendig wie Essen und Trinken, aber es musste immer vom Feinsten sein.

Meine Bekanntschaft mit Everding liegt schon lange zurück. Für die Opernfestspiele 1979 war im Marstall in München die Uraufführung von *An diesem heutigen Tage* für eine Schauspielerin und vier Schlagzeuger geplant. Mir war klar, dass das Stück mit einer knappen Stunde Dauer nicht abendfüllend war. Umso mehr freute ich mich, als ich durch Everdings Dramaturgen erfuhr, ich solle den Einakter durch ein anderes Monodram ergänzen. Meine Freude war schnell getrübt: Ich durfte nur einen Darsteller einsetzen, keine Kostüme, kein Bühnenbild, und außer den vier Schlagzeugern des ersten Stücks keine weiteren Instrumentalisten. Außerdem stehe kein Auftragshonorar zur Verfügung. Trotzdem sagte ich zu. Als Klaus Wiendl in den Tagesthemen zwei Stunden nach der Uraufführung berichtete, Elisabet Woska als Maria Stuart müsse im Marstall nackt auftreten, da wegen der teuren *Meistersinger*-Produktion von Everding im großen Haus kein Geld für ein Kostüm auf der Experimentierbühne übrig war, tobte Everding und wollte die Nacktszene streichen. Es gab dann aber doch keine Zensur. Die Münchner Boulevardblätter spielten den Fall hoch und sorgten für ein volles Haus. Vielleicht hatte Carl Orff ihn nach der Premiere überzeugt, doch alles zu belassen. Everding war nicht nachtragend, aber er vergaß nichts, er hatte ein Gedächtnis wie ein Elefant.

Für die Salzburger Festspiele 1990 sollte ich eine neue Bühnenmusik zu *Jedermann* schreiben. Everding war Regisseur, Zehetbauer der Bühnenbildner. Ich hatte einen Entwurf gemacht, der auf dem Höhepunkt, der Wahnsinnsszene Jedermanns, alle Salzburger Glocken gleichzeitig läuten lässt. Das war damals von der Polizei genehmigt worden. Außerdem sollte der Tod von einer geigenden Frau dargestellt werden. Aus der Zeitung erfuhr ich, dass die Produktion einer Intrige zum Opfer gefallen war.

Nach dem Erfolg der bairischen Mär *Der Goggolori* bestellte Everding Michael Ende und mich wieder einmal in sein Büro. Er zeigte uns das Modell der Bühne des Prinzregententheaters: »Es ist die kleine Lösung. Wir haben eigentlich gar keine Bühne, nur eine Vorbühne und auch keinen Orchestergraben, das Orchester müssen Sie also auf der Bühne, die es nicht gibt, unterbringen.« »Da kann man nur eine Nonsensoper schreiben«, folgerte Ende und schlug spontan seine Dramatisierung von Lewis Carrolls Nonsensgedicht *Die Jagd nach dem Schlarg* vor. Beim Studium des Librettos machte sich Everding Notizen am Rand wie »hier lacht nur ein Engländer«. Ende hatte in seinem Libretto mehrmals notiert: »Achtung, Pause für Lacher einplanen!« Bei der Uraufführung 1988 im Prinzregententheater waren wohl tatsächlich zu wenig Engländer, das Stück wurde, wie Everding sagte, »ein Schlarg ins Wasser« und hat sich seit damals nicht mehr erholt.

Zur Eröffnung des Prinzregententheaters, der »Großen Lösung«, gab er bei Michael Ende und mir wieder ein Stück in Auftrag. Es sollte wie Der Goggolori eine Oper für die ganze Familie werden. Ende wollte ein Stück über ein Everdingsches Lieblingsthema schreiben, das Geld, und fand eine Vorlage in Robert Louis Stevensons *Flaschendämon* mit der wundersamen Geldvermehrung. Es sollte eine Komödie werden, wo es doch in den modernen Opern so wenig zu lachen gäbe. Im Mai 1995 teilte mir Ende mit, dass er nur noch wenige Monate zu leben habe. Angesichts des Todes sei es ihm unmöglich, eine Komödie zu schreiben. Am 28. August starb er in einer Stuttgarter Klinik nach langer schwerer Krankheit. *Der Flaschendämon* blieb Fragment.

Einige Monate später erhielt ich einen Anruf von Regine Koch, der Leiterin der Theaterpädagogischen Einrichtung des Bayerischen Kultusministeriums, die ihren Sitz im Prinzregententheater hatte. Everding habe ihr mitgeteilt, Hiller habe noch eine Oper gut. Spontan schlug ich Erich Kästners deutsche Fassung von Barries weltbekanntem *Peter Pan* vor. Everding griff sofort zu: »Den Regisseur kenne ich auch schon, das bin nämlich ich selber.« Ich zog mich für vier Monate auf eine griechische Insel zurück, wo ich in der totalen Abgeschiedenheit in einem wahren Schaffensrausch die Musik zu Peter schreiben konnte. Aus München erreichte mich per Fax die Hiobsbotschaft »Uraufführung fällt Rotstift zum Opfer. Kein Geld für Peter Pan«. Ich ließ mich nicht beirren und schrieb weiter. Es wurde meine lustigste und heiterste Partitur. Ich widmete sie Everding in Dankbarkeit für seine über Jahre andauernde Treue mir und meinem Werk gegenüber und konnte ihm die Noten am Tag der Eröffnung seines Theaters überreichen. Ich erinnere mich noch gut daran, wie er mich bei der ersten Besprechung zu Peter Pan auf die Seite nahm und mir zuflüsterte: »Hiller, ich muss es Ihnen sagen: ich habe keinen Pfennig Geld für die Produktion, ich muss jetzt so tun, als wäre alles in Butter, sonst haben meine Mitarbeiter keinen Elan mehr. Mir fehlen genau 750.000 Mark.« Wie er das Geld in kurzer Zeit auftrieb, wird immer eines seiner Geheimnisse bleiben.

Bei den Vorbereitungen und den Proben zu Peter Pan hatte ich dann Gelegenheit, Everding näher kennen zu lernen und ihn bei der Arbeit zu beobachten. Auch hier höchste Konzentration, ganz auf die Arbeit fixiert, keinerlei Störung duldend, auf die Besonderheiten der jungen Darsteller eingehend, ein untrügliches Gehör. »Sie haben ab dem eingestrichenen C aufwärts alle Töne einen Viertelton zu tief gesungen, ist Ihnen das bewusst?« – »Warum haben Sie das ganze Lied gerade in F-Dur gesungen und nicht in der Originaltonart?« – »Ich habe kein Wort verstanden, können Sie mir mit eigenen Worten sagen, um was es in dem Lied geht?« Die meisten der jungen Sängerinnen und Sänger, die gerade ihren Abschluss gemacht hatten oder noch studierten, scheiterten an Everdings Wunsch, einen Choral möglichst einen Gregorianischen, oder ein schlichtes Volkslied ohne »Drücker« hören zu lassen. Da entstanden peinliche Situationen, die Everding abkürzte, indem er bat, wenigstens ein Volkslied zu sprechen.

Bei den szenischen Proben versuchte ich, möglichst oft anwesend zu sein. Ich musste dann immer in der Reihe hinter dem Regiepult sitzen. »Bei 95 % der Stücke, die ich inszeniere, kann ich die Komponisten nicht mehr fragen, weil sie schon tot sind. Bleiben Sie mir ruhig im Nacken sitzen!« Unentwegt drehte er sich um und fragte: »Die Tigerlilly ist doch auch die Lilith, oder?« –»Ja!« – »Das klingt wie Grieg.« – » Es ist Grieg.« – »Dann muss ich versuchen, die Peer-Gynt-Anspielung herauszuarbeiten. Wendy wird Eva, Tigerlilly wird Lilith. Das merkt natürlich kein Kind. Ich muss das Stück genauso für Erwachsene wie für Kinder inszenieren!« – »Können Sie mir eine Schattenmusik komponieren?« – »Wie lang?« – »Das probieren wir aus. Ich erstelle eine Schattenchoreographie und Sie schreiben dann eine lustige Musik.« – »Darf es an Charlie Chaplin erinnern?« – »Unbedingt.« – »Hat die Komponistengattin noch etwas anzumerken? Sie haben doch mit Wendy gearbeitet?« –» Ich habe versucht, Ihre Arbeit zu verfeinern.« – »Ist das überhaupt möglich?« – »Ich versuche es, wenn Sie's erlauben.« Ich kannte seine Probleme mit lyrischen Passagen. Während des Liebesliedes zwischen Peter Pan und Tigerlilly ließ er eine Schildkröte von rechts nach links über die Bühne laufen. Der Jubel über das lustige Tier in einer Testvorstellung für ein Kindergartenpublikum war unglaublich. Die Musik an dieser Stelle war überhaupt nicht mehr zu hören. »Sehen Sie, Hiller, das Liebeslied muss weg!« – »Nein, Herr Professor, die Schildkröte.« Er ließ sich überzeugen. Als die beiden Brüder John und Michael im Prolog fröhlich in ihr Doppelbett hüpften, rief ein etwa zehnjähriger Junge:« Ui, die sind ja schwul!« Everding: »Ich hab' in dem Alter noch gar nicht gewusst, was das ist. Da musste ich schon erst ans Theater kommen. Und heute ist es Mode.«

»Der Hiller soll mir zur Eröffnung des Prinzregententheaters eine Fanfare schenken!« hatte er mir mitteilen lassen. Bei einem so charmant formulierten Auftrag hatte ich natürlich nicht nein sagen können. Ich fasste Motive, aus Stücken, die Everding bei mir in Auftrag gegeben hatte, zusammen und formte daraus eine Fanfare für Blechbläser und Pauken. »Wenn ich mit dem Bundespräsidenten zur ersten Tür vorne links hereinkomme, müsst ihr zu spielen beginnen!« Der Dirigent Michael Stern hatte mit Bläsern und Schlagzeugern der Münchner Musikhochschule alles gut vorbereitet Um eine bestmögliche Raumwirkung zu erreichen, verteilte ich die Musiker im Zuschauerraum an Positionen, wo sie eine gute Sicht zum Dirigenten hatten. Mit einem hatten wir nicht gerechnet: Als Everding mit Roman Herzog zur Tür hereinkam und unser Pauker im Fortissimo einsetzte, sprang das Publikum von den Sitzen hoch, und die Bläser konnten den Dirigenten nicht mehr sehen. Es hätte eine Katastrophe werden können, aber die Musiker waren Gott sei Dank so gut vorbereitet, dass die Fanfare sicher zu Ende gespielt wurde.

Everding liebte die bayerische, barocke Art, Feste zu feiern, und so war es ein Leichtes, ihn von Hamburg nach München zu locken. Er war listig, und wenn man etwas gegen ihn durchsetzen wollte, musste man schon ebenso listig sein. Für die Rolle des Peter Pan hatte er sich unbedingt eine bestimmte Schauspielerin in den Kopf gesetzt, die auch ein bisschen singen konnte. Bevor ich mich mit dem gesamten künstlerischen Team im Prinzregententheater traf, um die Oper am Klavier zu demonstrieren, komponierte ich noch eine komplizierte Koloraturarie. »Das schafft ja eine Schauspielerin nie«, konstatierte er, »da brauchen wir wirklich eine Sängerin!«

Bei der Derniere des Peter Pan am 27. Dezember 1998 sah ich ihn zum letzten Mal. Wir standen auf der Bühne und verfolgten den Schluss der Vorstellung vom Inspizientenpult aus. Everding freute sich über den tosenden Applaus der vielen Kinder und meinte, der Beifall sei doch das schönste Geräusch. Nach der Vorstellung wurden Kulissen, Requisiten und Kostüme verpackt und standen abholbereit auf der Bühne. Ein trauriges Bild des Abschieds. Am nächsten Morgen wurde alles auf Lastwagen geladen und an die Wiener Staatsoper transportiert. Everding sagte mit einem lachenden und einem weinenden Auge: »Jedes Ende ist auch ein Neubeginn.«

### Kennen Sie Alastair?

Wenn man in den einschlägigen Lexika über die Kunst des 20. Jahrhunderts nachschlägt, wird man den Namen *Alastair* vergeblich suchen. Das hängt mit der Verschleierung seiner Persönlichkeit zusammen und der ihm eigenen Bescheidenheit. Seine Herkunft liegt im Dunkeln. Angeblich war er ein illegitimer Sohn Eduards VII. von England (Sohn Königin Viktorias und Kaiser von Indien) und einer spaniolischen Tänzerin.

Alastair musizierte mit Pablo Casals, spielte vierhändig mit Alfred Cortot und Martin Heidegger, illustrierte Luxusausgaben von *Salome*, *Manon Lescaut*, *Zauberflöte*, *Tosca*, und *Büchse der Pandora*. Alastair war Tanzpartner der Diseuse Yvette Guilbert während einer einjährigen Europa-Tournee. In Paris pflegte er Kontakte zu Gabriele d'Annunzio, Debussy, Ravel, Cocteau und Satie. Er initiierte einen Kompositionsauftrag für Igor Strawinsky in der Schweiz, aus dem schließlich *Die Geschichte vom Soldaten* hervorging. Alastair schrieb seine Gedichte in englischer und deutscher Sprache.

In seinem Pass wurde er als Baron Hanns Henning von Voigt geführt. Seine Übertragungen aus dem Englischen, Französischen, Italienischen, Spanischen und Lateinischen gab er unter verschiedenen Pseudonymen heraus, meist jedoch als Alastair. Das waren seine Fingerübungen, wie er sagte, und auch sein Lebensunterhalt. Ich lernte ihn in der Schwabinger Pension Biederstein kennen, wo er eine Suite bewohnte und auf dem Dachboden ein Studio hatte, in dem er in Ruhe zeichnen konnte und seine Übersetzungen anfertigte. Dazwischen improvisierte er auf seinem weißen Klavier. Ich war von der Münchner Musikhochschule als Komponist für einen Dokumentarfilm über Alastair empfohlen worden, den Herbert Seggelke für das Bayerische Fernsehen drehen sollte. Da Alastair die Personen kennen lernen wollte, die sich mit seiner Kunst auseinander setzten, bestellte er mich zu sich in die Pension. Er empfing mich im Bett liegend, verwöhnte mich mit köstlichen Häppchen und Champagner (meinem ersten) und zeigte mir Zeichnungen aus seinem neuesten Zyklus *Der Mann in der Flasche* nach Gustav Meyrink. Seggelkes Idee war, die Bilder Alastairs zur Musik »tanzen« zu lassen und dazwischen mit dem Künstler zu sprechen. Alastair selbst hatte ganz konkrete Ideen, wie man seine Zeichnungen mit Musik und Film zu einem Gesamtkunstwerk gestalten könnte. An Seggelke störte ihn, dass er permanent von sich sprach und nicht zuhören konnte. Aus anfangs wöchentlichen Besuchen entwickelten sich lange abendliche Gespräche. Alastair erzählte nur von sich, wenn ich unablässig in ihn drang. Nach Abschluss der Filmproduktion drückte er mir seine Übertragung der Maria-Stuart-Briefe in die Hand, mit dem leisen Hinweis, daraus vielleicht mal einen Monolog zu Maria Stuart zu komponieren, was ich dann viele Jahre später zusammen mit Elisabet Woska in die Tat umsetzte. »Vergessen Sie nicht,« ermahnte er mich, » dass der Herzschlag der Mutter der erste Rhythmus überhaupt ist, den der Embryo wahrnehmen kann.« Dieser Herzschlag war der zentrale musikalische Ausgangspunkt für den Film *Der Mann in der Flasche* geworden und später auch die Grundlage für das Maria Stuart-Monodram für eine Schauspielerin und vier Schlagzeuger, mit dem Titel *An diesem heutigen Tage*. Das Stück wurde zuerst 1974 im Zweiten Deutschen Fernsehen und 5 Jahre später bei den Münchner Opernfestspielen mit Elisabet Woska als Maria Stuart realisiert.

Am Donnerstag, dem 6. Mai 2006 konnte ich in den Räumen der Bayerischen Akademie der Schönen Künste eine Alastair-Nacht durchführen mit einer Ausstellung seiner Zeichnungen, mit Lesungen seiner Gedichte und Aufführungen seiner Komponistenfreunde Debussy, Ravel und Strawinsky. Der Holzbildhauer Rudolf Wachter hatte nach dem Anhören des Maria-Stuart-Monologs fünf Skulpturen angefertigt, die ebenfalls gezeigt wurden. Seggelkes Film Der Mann in der Flasche konnte das Publikum definitiv von seinem Genie überzeugen.

In seinen letzten Lebenstagen durfte ich Alastair pflegen und konnte seine Disziplin bewundern, mit der er seine Schmerzen meisterte. Als ich mich eines Abends von ihm verabschiedete und mein Wiederkommen für den nächsten

Morgen um halb drei Uhr ankündigte, sagte er mit seiner leisen beruhigenden Stimme: »Mein Lieber, sie brauchen nicht mehr zu kommen, ich werde eine Stunde vorher sterben.« So war es dann auch. Einige Tage später sang Hildegard Heichele meine Alastairlieder für Sopran und Viola an Alastairs Grab, Joachim Krist begleitete: »Ich heiße Kummer, meine Mutter Leid, mein Vater Wahnsinn und Geschlagenheit...« Einen Menschen, der so bewusst lebte und starb, habe ich nie wieder kennen gelernt.

## Von Chrysomilea zu den Sternen

> Bellmann, stell die Noten wie Sterne,
> die im grossen Bären stehen!
> *Rilke*

Seit Jahrtausenden setzen sich Musiker mit dem klingenden Kosmos auseinander. Die Aborigines sehen in den auf- und absteigenden Sternformationen »Songlines«, die sie in ferne Länder führen. Wollen sie wieder zurück, müssen sie ihre Sternenmelodie einfach rückwärts singen. Johannes Kepler bezeichnete seine *Weltharmonik* als sein Hauptwerk, Paul Hindemith hat Keplers Gedanken in seiner Oper *Die Harmonie der Welt* aufgegriffen. Heinrich Ignaz Franz Biber setzte die vier Sterne der himmlischen Lyra mit den skordatierten Saiten seiner Violine gleich, Leonardo Vinci (nicht zu verwechseln mit dem Maler) komponierte zu Beginn des 18. Jahrhunderts ein Orchesterwerk mit dem Titel *Planeten*, der Jesuit Athanasius Kircher sprach in seiner *Musurgia Universalis* von einer Weltenorgel, die das All zusammenhält, und schon der junge Mozart beschäftigte sich in *Scipios Traum* mit der Sphärenharmonie. Vor allem im 20. Jahrhundert interessierten sich Komponisten für den Himmel: Gustav Holst (*Die Planeten*), Béla Bartók (*Mikrokosmos*), Karlheinz Stockhausen (*Tierkreis Sirius*), George Crumb (*Makrokosmos*), Iannis Xenakis (*Pleiades*), Toru Takemitsu (*Orion und Pleiades*), Olivier Messiaen (*Des Canyons aux Etoiles; Eclairs sur l'Au-Delà*) Oft habe ich mir vorgestellt, wie beeindruckend für Joseph Haydn der Blick in den Nachthimmel durch das 14 Meter lange Teleskop seines Komponistenkollegen Wilhelm Herschel gewesen sein musste. Eine seiner ersten Kompositionen danach war ein *Lied an den Mond*.

Als ich im Jahr 1996 zum ersten Mal das schöne Haus betrat, das meine Frau Elisabet Woska in Chrysomilea auf der kleinen Insel Phournoi im Ägäischen Meer gebaut hatte, faszinierte mich zu allererst das Ambiente: die totale Einsamkeit, der Gesang der Zikaden, das gewaltige Rauschen des Meers und nachts der Sternenhimmel, den wir in den Großstädten wegen der Lichtüberflutung nicht mehr wahrnehmen können. Die Sterne waren zum Greifen nahe, vor allem dann, wenn wir, wie so oft, nachts keinen Strom hatten. Sie fielen mir buchstäblich auf den Kopf. Als mir eines Tags bewusst wurde, dass der nördliche und südliche Sternenhimmel aus 88 Sternbildern besteht und das Klavier 88 Tasten hat, wusste ich sofort, dass das kein Zufall sein kann, und begann im Laufe der Jahre, die Sterne vom Himmel zu holen und auf die Klaviertasten zu legen.

Seit meiner Zeit am Humanistischen Gymnasium bei St. Stephan in Augsburg in den 50er Jahren ist mir die griechische Mythologie bestens vertraut. Fast alle 48 Sternbilder des nördlichen Sternenhimmels setzen sich damit auseinander: Die schöne, aber stolze *Kassiopeia* und ihre Tochter *Andromeda*, das geflügelte Pferd *Pegasus*, der Held *Herkules*, Drache, Hydra und Schlange, wie auch der Schlangenträger *Ophiuchus*. Alle finden wir in klaren Nächten am Himmel wieder. Ich habe versucht, in diesen kleinen »Opern ohne Sänger« Augenblicke aus dem Mythos einzufangen und zum Klingen zu bringen.

Den südlichen Sternenhimmel bevölkern vor allem unzählige Meerestiere und exotische Vögel, vom Tukan, Pfau und Paradiesvogel bis zum Phönix, aber auch technische Errungenschaften aus dem 18. Jahrhundert wie das Mikroskop, der chemische Ofen und der Kompass. Macht man auf einer Karte von Frankreich überall dort ein Sternchen, wo sich eine gotische Kathedrale *Notre Dame* befindet und verbindet diese durch Linien, erhält man das Sternbild Jungfrau. Eridanus – der mittlere Fluss der Unterwelt – ist im griechischen Mythos ein riesiger Fluss im fernen Westen, am Ende der Welt. Setzt man den himmlischen Eridanus mit der polnischen Weichsel gleich, liegt an jener Stelle, an der der Hauptstern Achernar leuchtet (der Eingang zur Unterwelt), die Stadt *Auschwitz*. Die drei Gürtelsterne des Orion haben die ägyptischen Pyramidenbauer mit der Anordnung der drei Pyramiden von Gizeh in Verbindung gebracht, die Milchstraße wurde zum Nil.

Der elsässische Zeichner Tomi Ungerer sagte einmal, jeder Stern am Himmel sei das Ende einer Geschichte. Er meine damit nicht die alten Mythen der Sumerer oder der Griechen, sondern die unzähligen persönlichen Geschichten jedes einzelnen Menschen. Als mein Vater während des Zweiten Weltkriegs als Soldat nach Russland eingezogen wurde, sah er jeden Abend um 10 Uhr zum Alkor, jenem Reiterlein, hinauf, das auf der Deichsel des Grossen Wagens sitzt. Zur gleichen Zeit blickte meine Mutter in unserem schwäbischen Dorf Beuren bei Neu-Ulm nach dem Stern, und obwohl er viele Lichtjahre von uns entfernt strahlt, fanden meine Eltern mit diesem Blick in die Vergangenheit für Minuten eine gemeinsame Heimat. Jeden Tag schrieb mein Vater einen Brief nach Hause. Angesichts eines aussichtslosen Krieges sah er für ein zweites Kind – mein Bruder Wolfgang war schon 1935 zur Welt gekommen – keine Chance. Meine Mutter war da anderer Meinung. Sie wollte ein Zeichen setzen. »Wir wollen Frieden, und das Kind soll Wilfried oder Wilfriede heißen!«

Während Vaters Fronturlaub setzte sie ihren Plan in die Tat um. So ist jener Alkor im Ursa Maior meine ganz persönliche Geschichte. Mein Vater kam nicht mehr aus Russland zurück. Nach der Fertigstellung des Hauses in Chrysomilea nahm mich meine Frau an der Hand und führte mich behutsam vom Mikrokosmos in den Makrokosmos hinaus und zeigte mir so den Weg zu mir selbst.

**Elisabet Woska**

# Selbstporträt mit Hiller

Über unserem Haus auf 380 m Seehöhe steht je nach Jahreszeit das Sternbild Orion oder Pegasus.

»Nach der Fertigstellung des Hauses in Chrysomilea nahm mich meine Frau an der Hand und führte mich behutsam vom Mikrokosmos in den Makrokosmos...«, schreibt Hiller am Ende seiner Porträt-Reihe. Klingt einfach, war aber ein langer Weg. Über 18 Jahre. Ich hatte das winzige Fischerdorf auf der zerlappten, ariden Insel Phournoi 1977 zusammen mit meinem Sohn Carl Amadeus entdeckt. Ein kleines Paradies, ohne Strom, ohne Telefon, nur per Kaiki (einem Fischerboot) oder einer vierstündigen Fußwanderung über einen Ziegenpfad vom Hauptort aus erreichbar. Viele Jahre verbrachten Amadeus und ich Pfingst- und Sommerferien auf der Insel. Meinen Lieblingsplatz hatte ich schnell gefunden: Einen Marmorblock zwischen zerzausten Pinien, neben der auf einem antiken Tempel gebauten Kirche Agia Triada. Das war *mein* Stein.

1992 reifte der Gedanke, für Hiller eine »Komponierklause« zu schaffen. Meine Idee, ein Haus auf einer kleinen Insel, wurde von Hiller belächelt: »Wie kommt man dorthin? Ich habe Flugangst, ich kann nicht schwimmen, ich esse keinen Fisch – bin selber Fisch!« Im Oktober 1995 war es soweit. Das Haus war renoviert, eingerichtet, sogar Bibliothek und E-Piano (aus Landshut herangekarrt!) warteten auf den Komponisten. Hiller reiste an mit Aktentasche, 50 leeren Notenblättern, 20 Bleistiften, Bleistiftspitzer und Radiergummi. Einen Tag nach seiner Ankunft war mein Marmorstein besetzt. Hiller saß darauf und strahlte mich an: »Ich habe *meinen* Platz gefunden.« Auf der kleinen Insel sind seit 1995 bis heute eine ganze Reihe von Bühnenwerken entstanden, wurden weiterentwickelt oder zu Ende komponiert.

Erste Begegnung mit Hiller 1971:

Ich war als Schauspielerin am Münchner Residenztheater verpflichtet. Walter Haupt (Komponist) und Dieter Gackstetter (Choreograph) fragten bei mir an, ob ich Zeit und Lust hätte, in einer Uraufführung der Experimentierbühne mit dem Titel *Fata Morgana* die Rolle einer Oasenpoetin zu übernehmen. Die Partitur bestand zu meiner Verwunderung nur aus einem Ton, was mich veranlasste, ziemlich herablassend den Komponisten, der für mich keiner war, zu begrüßen. »Sie sind also der Komponist, dem nur ein Ton eingefallen ist!« Hiller lächelte mich schüchtern an: »Die anderen suchen den richtigen Ton, ich habe ihn gefunden!« Aus dieser Begegnung entwickelte sich eine lebenslange Freundschaft. Die FATA MORGANA besteht bis heute.

Beginn der Zusammenarbeit 1971:

Hiller: »Ich möchte ein Stück für Sie schreiben!«

Woska: »Gut. Sie schreiben die Musik. Ich das Libretto.«

Hiller: »Thema?«

Woska: »Die letzten Stunden einer zum Tode verurteilten Frau.«

Wir waren uns schnell einig.

»Maria Stuart ! Die schottische Königin.«

In den folgenden Monaten entstand unser erstes gemeinsames Werk für eine Schauspielerin und vier Schlagzeuger, *An diesem heutigen Tage*, nach Briefen der Maria Stuart in der Übertragung von Alastair.

Werk Nummer zwei: *Schulamit* – Lieder und Tänze der Liebe. Meine Recherchen in der Staatsbibliothek München für Schulamit haben sich über Monate hingezogen, Hiller beendete seine kompositorische Arbeit mit der Uraufführung der erweiterten Fassung nach 23 Jahren.

Gemeinsam begaben und begeben wir uns immer wieder auf die Suche nach neuen, interessanten Stoffen. In den Fragmenten des Aischylos fanden wir z.B. einen aufregenden Text zum *Niobe*-Mythos. Daraus wurde ein einstündiges Fernsehdrama in altgriechischer Sprache. In kürzester Zeit musste ich Altgriechisch lernen!

Eine Zusammenarbeit erfordert Toleranz. Von beiden Seiten. Und ich bin meistens Hillers erster Kritiker. Seit Michael Endes Tod arbeite ich intensiv als Musikdramaturgin bei seinen Bühnenwerken mit, was meistens nicht ohne »blaue Flecken« abläuft. Wenn Hiller eine Sequenz seiner noch jungfräulichen Komposition immer und immer wieder am Klavier durchspielt und zu verbessern versucht, bin ich der erste Zuhörer. Zwischenrufe wie »Das kenn ich doch! Das ist aus dem Rattenfänger!« hört er nicht gern. Kritik zu üben ist leicht und reizt den suchenden Komponisten. »Dann schreib doch die Oper selber!« Wütend verlässt der so Kritisierte den Raum. Schnell angle ich das zerrissene Notenblatt aus dem Papierkorb und klebe es mit Tesa-Film zusammen. Spätestens zwei Stunden danach sitzen Komponist und Musikdramaturgin mit heißen Köpfen über der Partitur und versuchen in entspannter Atmosphäre – es geht ja um ein Werk – das Problem zu lösen.

Unser bestes gemeinsames Werk: Sohn Carl Raphael Amadeus Hanael Magnus – Hiller und ich konnten uns nicht auf einen Vornamen einigen – geboren 1974. Für mich das schönste, weil lebendigste Werk.

Aufregend waren die »Nächte« mit Hiller immer. Aufregend und spannend in künstlerischer und finanzieller Hinsicht. Wir mussten mit den Einnahmen sämtliche Ausgaben decken.

Mit den Münchner Musiknächten in der Hochschule für Musik erfand Hiller eine neue Form von Konzertveranstaltung, die das übliche Konzertritual aufbrach und dem Publikum bekannte und unbekannte Komponisten auf »schmackhafte« Weise präsentierte. Für Küche und Keller war der Hausmeister der Hochschule zuständig, der die Kulinarik, nach Beratung mit uns, genau auf das Programm abstimmte. Eine geniale Idee und ein Riesenerfolg bei Publikum und Presse. Da die Räume der Hochschule bald zu klein wurden, verlegte Hiller seine Nächte in die Studios des BR und zuletzt in den Gasteig, wo etwa 7000 Konzertbesucher in den Genuss einer Italienischen Nacht kamen.

Bei diesen Musiknächten war ich zuständig für die Literaturauswahl, für Lesungen, und ich durfte in verschiedene Rollen schlüpfen: Ich war tätig als Inspizient, Umblätterer, Notenwart, Konzertflügelschieber, Kassenwart und ab und zu auch als Sprecherin und Schauspielerin. Im Laufe der Jahre haben sich die Aufgaben etwas verlagert, aber im Grunde nicht geändert (zu den üblichen Tätigkeiten wie Putzfrau, Köchin, Seelsorgerin, Psychotherapeutin kamen neue Aufgabengebiete hinzu, als Privatsekretärin, Managerin, Chauffeuse, Bauherrin, Musikdramaturgin). Sie sind eher noch etwas üppiger geworden, wie man dem Terminplan vom 20.05.12 unschwer entnehmen kann:

> Hiller und ich stecken bis über beide Ohren in Arbeit.
> ION – Musica Sacra Nürnberg, 22.06. bis 09.07.12. Künstlerischer Leiter: Hiller. Auch ich stehe mal als Interpret auf der Bühne.
> Musik zu *Theresienstädter Tagebuch* (Ergänzung zu *Brundibar*), Auftrag für Würzburg. Abgabe 09.07.12. Musikdramaturgie: E. Woska
> Projekt DAWID, Librettist Stefan Ark Nitsche kommt zwecks intensiver Zusammenarbeit vom 11.06. bis 17.06.12 in unsere Klause auf der griechischen Insel. Musikdramaturgie: E. Woska
> *Der Flaschengeist*, ein Auftrag des Staatstheaters am Gärtnerplatz, steht vor der Tür. Librettist: Felix Mitterer. Musikdramaturgie: E. Woska. Abgabe der Partitur bei Schott bis Januar 2013.
> Griechenland: dringende Reparaturen an unserem Haus erwarten mich. Abreise 22.05.12 um 00 Uhr. Hiller besitzt keinen Führerschein. Er sitzt entweder schlafend neben mir oder teilt mir seine musikalischen Einfälle mit.
> Vom 13.07. bis 15.07.12 feiern wir mit dem Schott-Verlag den 70. Geburtstag unseres Verlegers Dr. Hanser-Strecker.
> Vom 23.07. bis 13.08. 12 sind wir nochmals in unserem Haus im griechischen Chaosland.
> Vom 16.08. bis 20.08.12 gastieren wir mit 2 Hiller-Produktionen beim Lucerne-Festival. Vertragsverhandlungen und Organisation der Konzerte gehen über mich. Bei beiden Produktionen stehe ich auch als Schauspielerin auf der Bühne.
> Vom 03.09. bis 16.09.12 wieder in unserer griechischen Enklave. Arbeit am *Flaschengeist* und an *Ikarus*, einem Auftrag für Coburg.
> Vom 21.09. bis 22.09. 12. Duisburg-Ruhrtriennale, *Prometheus* von Carl Orff. Hiller ist Vorsitzender der Carl Orff Stiftung.
> 23.09.12 Würzburg, *Augustinus* (Hiller/Böhm)
> Vom 23.09. bis 29.09.12 Rom. Zwei Aufführungen von *Augustinus*. Am 25.09. in San Ignazio, am 26.09.12. in Castel Gandolfo vor Papst Benedikt XVI. Anschließend endlich 2 Tage Urlaub, und das in Rom, unserer dritten Heimat.
> Die Organisation der Reisen, Hotelbuchungen etc. obliegt mir.
> (Neben der gesamten Hausarbeit für 2 Leute in einer 240 Quadratmeter großen Wohnung in München.)

Für die CD-Einspielungen der Fabeln von Michael Ende mit Musik von Wilfried Hiller für die Deutsche Grammophon schlüpfte ich – der Etat, der uns zur Verfügung stand, war beinahe Null – in verschiedene Rollen. Außerdem kannte ich – der Komponist probierte alles mit mir aus – alle Partien bestens.

Und so entwickelte sich im Lauf der Jahre langsam, aber unaufhaltsam meine dramaturgisch – konzeptionelle Mitarbeit bei Hillers Werken.

### Selbstporträt

Ich stehe nicht gerne im Mittelpunkt (für eine Schauspielerin eher ein Ausnahmefall), lieber beobachtend abseits. Und so entdeckte ich Ende der 80er Jahre ein neues Betätigungsfeld, das einer Ausstellungskuratorin. Meine Kreativität war gefordert, und die Arbeit bereitete mir ungeheuren Spaß.

Mit einer kleinen Liszt-Dokumentation in Hillers »Liszt-Nacht« in der Münchner Musikhochschule fing es an. Es folgten Ausstellungen über Genzmer, Bialas, Orff, Hiller & Ende (Staatstheater am Gärtnerplatz), »Das Münchner Abkommen 1938«, »Der Schamanismus der zirkumpolaren Völker« (beide in der Münchner Musikhochschule) oder den Workoholiker J.P. Ponnelle (Bayerische Staatsoper). Politische und gesellschaftliche Themen reizten mich besonders, wie z.B. der Voyeurismus als gesellschaftliches Phänomen. Unter dem Titel »Liebe, Lust und Leidenschaft« konzipierte ich anlässlich der Landshuter Hofmusiktage eine lästerlich-lüsterne Gesamtschau – von den Medien als »historische Peepshow« bezeichnet – aus 6 Jahrhunderten, in der ich den Ausstellungsbesucher teilweise in die Rolle des Voyeurs versetzte. Die Ausstellungswände und drei Dia-Shows in Guckkästen, nur durch schmale Sehschlitze zu bewundern, waren zu einem spannungsreichen Labyrinth der Lüste aufgestellt.

Meine Vorliebe für Dokumentationen kommt auch Hiller zugute. Zu seinem 70. Geburtstag konzipierte ich im Münchner Gasteig ein Hiller-Festival mit Talks, Konzerten und einer großen Werkausstellung, die im Kulturzentrum Roggenburg mit einer ausführlichen Dokumentation der Vita ergänzt wurde und bis Ende 2011 zahlreiche Besucher anlockte.

Was mich an Hiller beeindruckt, sind Eigenschaften, die man ganz selten in einem Menschen so gebündelt findet. Seine Selbstlosigkeit, Gutmütigkeit, Bescheidenheit, sein ungeheures musikalisches Wissen (Nachschlagelexikon »Hiller«), seine Hilfsbereitschaft, das freundschaftlich-väterliche Verhältnis zu all seinen Schülern und Kollegen, sein untrügliches Gespür für künstlerische Qualität, die Förderung von jungen Interpreten und sein Einsatz sowohl für Neue Musik wie auch für traditionelle Musik anderer Kulturen.

Von ihm und seinen Talenten überzeugt, stelle ich ihn und sein Werk in den Mittelpunkt unseres gemeinsamen Lebens. Diese Aufgabe bedeutet für mich eine immerwährende Kraftquelle und ist auch mein Lebensinhalt seit 41 Jahren. Ich bin eben *hillerisiert*!

Hiller ist für mich ein Seiltänzer ohne Seil. Immer wieder versuche ich, ihn behutsam aus seiner Welt der Musik auf den Boden der Tatsachen herunterzuholen, so dass er nicht ganz ins All entschwebt wie Michael Endes Seiltänzer:

Ihm lag nicht viel an Gut und Geld,
nichts an der Menge Gunst,
ihm ging's nicht um den Ruhm der Welt,
ihm ging es um die Kunst

# Die Autorinnen und Autoren

*Ruth Gschwendtner-Wölfle*: Malerin und Zeichnerin, Objektkünstlerin, Sängerin, Pädagogin. Lebt in Frastanz/Vorarlberg. Kontakt: ruth@kunstsalon.eu

*Klaus P. Hansen*: Amerikanist und Kulturwissenschaftler. Entpflichteter Professor der Universität Passau; leitet dort die Forschungsstelle Grundlagen Kulturwissenschaft. Lebt in Passau und Düsseldorf. Kontakt: klaupe-h@freenet.de

*Wilfried Hiller*: Musiker, Komponist, Musikdramatiker. Lebt in München. Kontakt: s. Woska

*Franz Hohler*: Einer der bedeutendsten und vielfach ausgezeichneten Erzähler der heutigen Schweiz. Lebt in Zürich.

*Heike Anna Koch*: Regisseurin, Autorin, Therapeutin. Lebt in Hamburg und München. Kontakt: hk@heike-koch.de

*Frauke Liesenborghs*: Soziologin. Geschäftsführerin des *Global Challenges Network e. V.* Lebt in Wasserburg am Inn und München. Kontakt: info@gcn.de

*Katharina Neukirchinger*: Chemikerin. Professorin an der Hochschule München für Angewandte Wissenschaften. Lebt in München. Kontakt: kneukirc@hm.edu

*Begoña Prieto-Peral*: Historikerin. Hauptamtliche Dozentin an der Hochschule München für Angewandte Wissenschaften. Lebt im Raum München. Kontakt: m.prieto_peral@hm.edu

*Eduard A. Wiecha*: Romanist und Germanist, Literatur- und Kulturwissenschaftler, Pädagoge. Professor an der Hochschule München für Angewandte Wissenschaften. Lebt im Raum München. Kontakt: ewiecha@hm.edu

*Elisabet Woska*: Schauspielerin, Dramaturgin, Librettistin, Kuratorin. Lebt in München. Kontakt: contact@pegasus51.de

*Christoph Zehntner*: Gärtner, Philosoph, Konzeptkünstler. Lebt in Bern. Kontakt: ch.zehntner@sunrise.ch

*Rainer E. Zimmermann*: Philosoph und Physiker. Professor an der Hochschule München für Angewandte Wissenschaften. Life Member of Clare Hall an der Universität Cambridge. Lebt in München und Berlin. Kontakt: rainer.zimmermann@hm.edu